토익
한번에
끝내기
LC

토익 한 번에 끝내기 LC **신토익 개정판**

지은이 플랜티 어학연구소
펴낸이 임상진
펴낸곳 (주)넥서스

초판 1쇄 발행 2015년 1월 15일
초판 3쇄 발행 2016년 1월 10일

2판 1쇄 발행 2016년 7월 20일
2판 6쇄 발행 2019년 1월 15일

출판신고 1992년 4월 3일 제311-2002-2호
10880 경기도 파주시 지목로 5
Tel (02)330-5500 Fax (02)330-5555

ISBN   979-11-5752-885-1   13740

www.nexusbook.com

신토익
개정판

20일 만에
끝내는
가장 빠른
토익 솔루션

플랜티 어학연구소 지음

로익
한번에
끝내기
LC

넥서스

PREFACE | 머리말

토익! 지금도 너무나 많은 교재가 매월 출간되고 잊혀집니다.

토익 시험을 분석하고 대비하는 교재라고는 하지만, 준비하는 수험생에 맞추기보다는 저자나 강사의 일방적인 이론과 검증되지 않는 비법과 전략을 강요하고 있는 게 현실입니다. 토익 교재의 콘텐츠도 이를 공부하는 수험생의 상황과 그때의 경향에 따라 변해야 합니다. 시간이 지나도 내 것이 되지 않는 백과사전식의 나열식 구성보다는 단기간에 토익 공부를 끝내길 원하는 수험생들의 요구에 맞추어 중도에 포기하지 않도록 20일 안에 각 파트별로 문제에 접근하는 최소한의 전략과 비법을 숙지하고 바로 문제에 적용하는 훈련을 통해 불필요한 이론 학습에 들이는 시간을 줄이며 원하는 점수 달성에 최종 목표를 두었습니다.

본 교재는 20일, 700점 이상 점수 달성을 위한 이론과 내용만 담았습니다.

700점 이상이 목표라면 매월 80% 정도 중복으로 출제되는 부분만 확실히 숙지해도 중급 이상의 점수 획득이 가능합니다. 그동안 초중급자임에도 모든 내용을 숙지하기 위해 불필요한 시간을 소비하고 있었다면 이 책이 당신에게 최적의 교재입니다.

매일매일 제시된 이론을 학습한 후 바로 복습하고 실전 활용하는 3단계로 구성했습니다.

교재를 완전히 습득하기 위한 전체 20일 구성으로, 하루하루 정해진 시간과 절차에 맞추어 학습하면 중도에 포기하지 않고 하루 4~5시간, 월 80시간 정도의 학습량만으로 700점 이상을 달성할 수 있도록 구성되어 있습니다.

최근 3년간 토익 출제 경향을 완벽히 분석하여 반영했습니다.

교재의 출간을 위해 매월 시험을 분석하였고, 이런 과정을 통해 개발한 문제를 1,000명이 넘는 학생들이 직접 풀어보고 피드백에 참여하였습니다. 무조건적으로 암기하지 마세요. 이론은 시험에 꼭 나오는 유형과 경향만 최소한으로 파악하면 되고 직접 문제로 들어가는 것이 장기 학습자가 되지 않는 비결입니다.

이제 토익을 시작하는 초보자부터 매월 중도에 학습을 포기하는 학습자, 토익 시험을 목전에 두어 당장 실전 문제를 여러 차례 풀어 봐야 하는 수험생까지 단 20일 만에 이 모든 과정을 끝내기를 원하는 모두에게 최고의 교재라고 자부할 수 있습니다.

CONTENTS | 목차

Section 2
파트별 실전 연습

Section 3
Practice Test

FEATURES | 구성과 특징

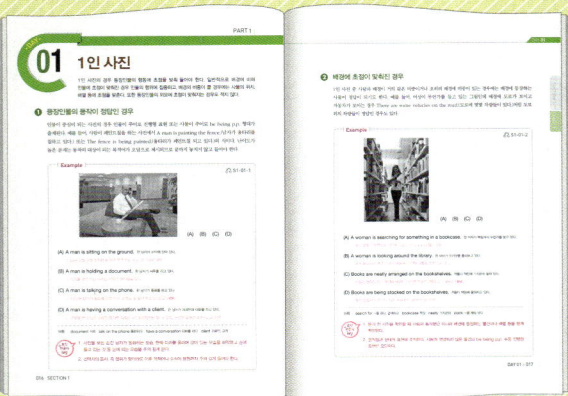

단 20일 만에 유형과 전략을 완벽하게 파악하는 토익 LC 비법

모든 파트의 주요 포인트를 예제와 함께 하나하나 짚어 가며 분석하여 철저한 유형 학습이 가능하다.

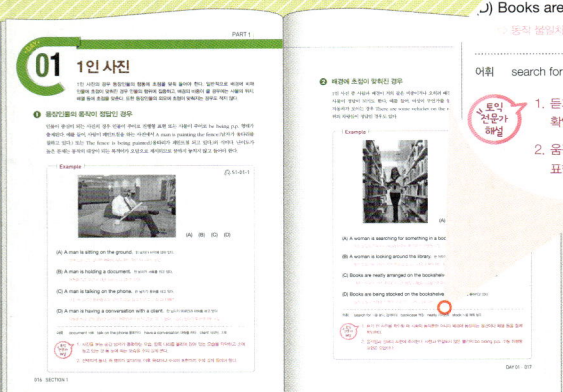

노하우가 생생하게 살아 있는 토익 전문가 해설

각 파트의 문제 풀이 핵심과 오답 함정을 피하는 노하우만을 정확하게 짚어 주는 토익 전문가의 해설로 꼼꼼하게 대비한다.

단 20일 동안의 실전 감각 집중 훈련 20회

실제 토익 시험을 보지 않고도 파트별 실전 감각을 극대화할 수 있는 20회 문제로 제대로 연습한다.

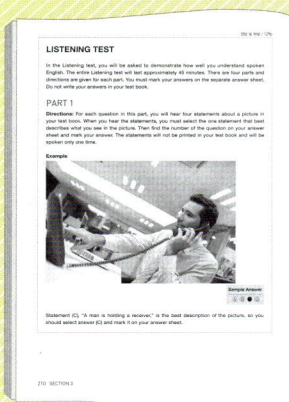
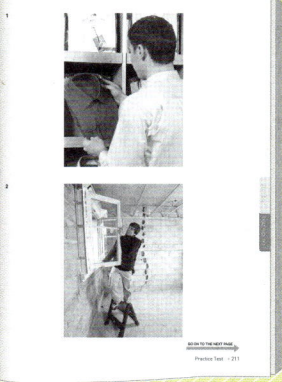

실전 대비 Practice Test

최신 출제 경향을 반영한 Practice Test로 시험 직전
토익 정기 시험에 자신감을 키운다.

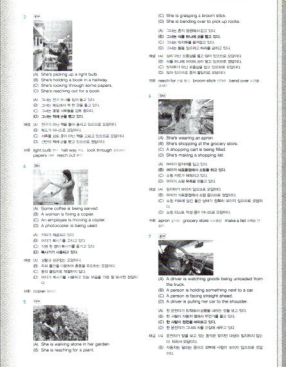

모든 문제의 상세한 정답+해석+해설+어휘

모든 문제에 대한 상세하고 친절한 해석+해설+어휘
로 해설지를 따로 구매하지 않고 한 권으로 해결한다.

MP3 바로 듣기

모든 문제가 녹음된 MP3 파일

까다로워진 영국, 호주 발음 듣기를 제대로 반영한
미국, 영국, 호주 MP3 음원으로 학습한다.
www.nexusbook.com 다운로드 또는 QR 코드

신토익 구성과 핵심 정보

TOEIC®은 Test of English for International Communication의 약자로 영어가 모국어가 아닌 사람들을 대상으로 언어 본래의 기능인 '커뮤니케이션' 능력에 중점을 두고 일상생활 또는 국제 업무 등에 필요한 실용영어 능력을 평가하는 시험이다.

» 출제 분야

TOEIC은 일상생활과 비즈니스 현장에서 필요한 영어 능력을 측정하는 실용영어 평가 시험이다. 따라서 일상생활과 비즈니스 현장에서 자주 사용되는 말들이 TOEIC 문제로 출제된다. 이외 전 세계 모든 응시자에 대한 타당한 시험이 될 수 있도록 다음과 같은 기준을 적용하고 있다.

1. 어휘, 문법, 관용어 중에서 미국 영어에만 쓰이는 특정한 것은 피한다.
2. 특정 문화에만 해당되거나 일부 문화권의 응시자에게 생소할 수 있는 상황은 피한다.
3. 여러 나라 사람의 이름을 고르게 등장시킨다.
4. 특정 직업 분야에만 해당되는 상황은 피한다.
5. 다양한 문화와 성에 대한 편견이 없도록 유의한다.
6. 듣기 평가에서는 다양한 국가(주로 미국, 영국, 호주)의 발음 및 악센트가 출제된다.

» 신토익 시험의 구성

구성	Part	Part별 내용	문항 수	시간	배점
Listening Comprehension	1	사진 묘사	6	45분	495점
	2	질의 응답	25		
	3	짧은 대화	39		
	4	설명문	30		
Reading Comprehension	5	단문 공란 채우기	30	75분	495점
	6	장문 공란 채우기	16		
	7	단일 지문	29		
		이중 지문	10		
		삼중 지문	15		
Total	7 Parts		200문제	120분	990점

» 신토익 핵심 정보

Part 3	화자의 의도 파악 문제	2~3문항	• 대화문에서 화자가 한 말의 의도를 묻는 유형
	시각 정보 연계 문제	2~3문항	• 대화문과 시각 정보(도표, 그래픽 등)간 연관 관계를 파악하는 유형
	3인 대화	대화 지문 1~2개	• 일부 대화문에서 세 명 이상의 화자가 등장함
	5턴 이상의 대화		• 주고 받는 대화가 5턴 이상으로 늘어난 대화 유형 추가

Part 4	화자의 의도 파악 문제	2~3문항	• 담화문에서 화자가 한 말의 의도를 묻는 유형
	시각 정보 연계 문제	2~3문항	• 담화문과 시각 정보(도표, 그래픽 등)간 연관 관계를 파악하는 유형

Part 6	알맞은 문장 고르기	4문항 (지문당 1문항)	• 지문의 흐름상 빈칸에 들어갈 알맞은 문장 고르기 • 선택지가 모두 문장으로 제시되며 문맥 파악이 필수

Part 7	문장 삽입 문제	2문항 (지문당 1문항)	• 지문 흐름상 주어진 문장을 삽입할 수 있는 적절한 위치 고르기
	문자 메시지·온라인 채팅	각각 지문 1개	• 2명이 대화하는 문자 메시지, 다수가 참여하는 온라인 채팅
	의도 파악 문제	2문항 (지문당 1문항)	• 화자가 말한 말의 의도를 묻는 문제 • 문자 메시지, 온라인 채팅 지문에서 출제
	삼중 지문	지문 3개	• 세 개의 연계 지문에 대한 이해도를 묻는 문제

Section **1**

파트별
유형 분석

◀ MP3바로 듣기

PART 1 사진 묘사

Part 1은 주어진 사진을 가장 잘 묘사한 선택지를 고르는 유형이다. 주로 현재진행, 현재, 현재완료의 3가지 시제가 출제되며, 그중 현재진행형이 가장 높은 비중으로 출제되므로 시제를 정확히 익혀 둔다. 단, 사물이나 배경이 주어인 선택지에서 동사는 is[are] being p.p.의 현재진행 수동태 또는 have[has] been p.p.의 현재 완료 수동태 형태로 출제되므로 알아 둔다.

시제	형태	의미	예문
현재진행	주어+is[are] -ing	주어가 ~하고 있다	He is typing on a keyboard. 그는 키보드를 두드리고 있다.
현재	주어+be동사[일반동사] There is+주어 ~	주어가 ~이다[한다]	The sky is overcast. 하늘에 구름이 껴 있다. There are some pictures on the wall. 벽에 그림이 걸려 있다.
현재완료	주어+have[has] p.p.	주어가 ~했다	Buses have stopped in front of the traffic light. 버스가 신호등 앞에 정차해 있다.

사물이나 배경이 주어인 문장에서 동사는 보통 현재진행 수동태(is[are] being p.p.)와 현재완료 수동태 (have[has] been p.p.)가 되고, 〈There is[are]+주어〉 구문도 종종 나온다.

❶ 사람 주어

Part 1은 사람과 사물이 정지해 있는 사진을 올바르게 묘사한 선택지를 고르는 문제이므로 상태를 나타 내는 be동사(is, are)가 많이 등장하는데, 이때 be동사는 움직임이 없는 상태를 설명할 때 사용된다. 또 한, 사람이 등장할 경우 진행형으로 자주 사용된다. 또한, 사람이 등장하지 않는 사물 및 배경 사진에서 는 수동태 표현이 나온다는 것을 알아 둔다.

예문 1 **He is using a tool.** 그는 도구를 사용하고 있다.

예문 2 **Some boats are tied to a dock.** 몇몇 배가 부두에 묶여 있다.

» 예문에서는 -ing의 진행형을 사용해서 사진에서 묘사하는 사람의 동작을 설명하고 있다. 또한, 수동태 문장에서 be동사가 쓰이는 경우는 특정한 행위가 끝난 상태를 설명하는 경우이다.

➋ 현재 완료

Part 1에서 완료 용법 또한 자주 사용되는데, 과거의 행위를 현재 시점에서 이야기해 주는 내용으로 정지된 사진을 설명할 때 용이하다.

예문 The train has stopped at the platform. 열차가 플랫폼에 정차했다.

» 위의 예문은 열차가 멈춰 있는 승강장 사진에서 주로 정답이 되는 표현이다.

➌ 수동태

일반 수동태

〈be동사+과거분사〉 형태이며 사람이 없는 사진에서 사물을 주어로 많이 나온다.

예문 Flowers are arranged on the tables. 꽃이 탁자 위에 가지런히 정렬되어 있다.

» 사물이나 배경 사진에 등장하는 주요 사물들의 상태를 표현하는 경우이다.

진행 수동태

〈be동사+being+과거분사〉 형태이며 '~이 되고 있는 중이다'라는 의미이다. 보통 사람이 등장하지 않는 사진에서 진행 시제는 오답으로 출제가 되는데, 진행 수동태도 오답으로 자주 출제된다.

예문 Some tools are being repaired. 몇몇 도구들이 수리되고 있다.

» 사람이 등장하지 않는 사진에서 진행 수동은 물리적으로 불가능하므로 오답 중 하나로 등장한다.

현재완료 수동태

〈have[has] been+과거분사〉 형태이며 주로 사물 주어로 등장한다. 현재완료 수동태 문장도 정답으로 자주 출제되므로 기억해야 할 필수 문장 형태이다.

예문 Plates have been stacked on the tables. 접시들이 탁자 위에 쌓여 있다.

» 접시와 주방 용품이 놓여 있는 부엌 사진에서 정답이 될 수 있는 예문이다.

01 1인 사진

1인 사진의 경우 등장인물의 행동에 초점을 맞춰 들어야 한다. 일반적으로 배경에 비해 인물에 초점이 맞춰진 경우 인물의 행위에 집중하고, 배경의 비중이 클 경우에는 사물의 위치, 배열 등에 초점을 맞춘다. 또한 등장인물의 외모에 초점이 맞춰지는 경우도 적지 않다.

❶ 등장인물의 동작이 정답인 경우

인물이 중심이 되는 사진의 경우 인물이 주어로 진행형 표현 또는 사물이 주어로 be being p.p. 형태가 출제된다. 예를 들어, 사람이 페인트칠을 하는 사진에서 A man is painting the fence.(남자가 울타리를 칠하고 있다.) 또는 The fence is being painted.(울타리가 페인트칠 되고 있다.)의 식이다. 난이도가 높은 문제는 동작의 대상이 되는 목적어가 오답으로 제시되므로 끝까지 놓치지 않고 들어야 한다.

Example

🎧 S1-01-1

(A) (B) (C) (D)

(A) A man is sitting on the ground. 한 남자가 바닥에 앉아 있다.

⇨ 앉아 있는 것은 맞지만 바닥에 앉아 있는 것은 아니므로 오답

(B) A man is holding a document. 한 남자가 서류를 쥐고 있다.

⇨ 뭔가를 쥐고 있긴 하지만 서류가 아니므로 오답

(C) A man is talking on the phone. 한 남자가 통화를 하고 있다.

⇨ 사진 속 남자가 통화를 하고 있는 모습을 잘 묘사하고 있으므로 |정답|

(D) A man is having a conversation with a client. 한 남자가 의뢰인과 대화를 하고 있다.

⇨ 대화를 하고 있는 모습은 맞지만 의뢰인과의 통화인지는 알 수 없다. 주관이 들어간 표현이므로 오답

어휘　document 서류　talk on the phone 통화하다　have a conversation 대화를 하다　client 의뢰인, 고객

 1. 사진을 보는 순간 남자가 통화하는 모습, 한쪽 다리를 올리며 앉아 있는 모습을 파악하고 손에 들고 있는 것 등 눈에 띄는 모습을 주의 깊게 본다.

2. 선택지의 동사, 즉 행위가 맞더라도 이후 목적어나 수식어 표현까지 주의 깊게 들어야 한다.

❷ 배경에 초점이 맞춰진 경우

1인 사진 중 사람과 배경이 거의 같은 비중이거나 오히려 배경에 비중이 있는 경우에는 배경에 등장하는 사물이 정답이 되기도 한다. 예를 들어, 여성이 무언가를 들고 있는 그림인데 배경에 도로가 보이고 자동차가 보이는 경우 There are some vehicles on the road.(도로에 몇몇 차량들이 있다.)처럼 도로 위의 차량들이 정답인 경우도 있다.

┤ Example ├

🎧 S1-01-2

(A) (B) (C) (D)

(A) A woman is searching for something in a bookcase. 한 여자가 책장에서 무언가를 찾고 있다.

   ⇨ 동작 불일치 유형으로 사진에 나오는 동작과 맞지 않는 오답

(B) A woman is looking around the library. 한 여자가 도서관을 둘러보고 있다.

   ⇨ 동작 불일치로 여자가 서서 책을 보고 있는 내용과 맞지 않는 오답

(C) Books are neatly arranged on the bookshelves. 책들이 책장에 가지런히 놓여 있다.

   ⇨ 사람의 동작이 아닌 배경에 보이는 책장과 책들의 내용으로 이루어진 [정답]

(D) Books are being stocked on the bookshelves. 책들이 책장에 꽂혀지고 있다.

   ⇨ 동작 불일치 유형이다. 책은 꽂혀 있는 상태이므로 오답

어휘   search for ~을 찾다, 검색하다   bookcase 책장   neatly 가지런히   stock ~을 채워 넣다

토익 전문가 해설

1. 듣기 전 사진을 확인할 때 사람의 동작뿐만 아니라 배경에 등장하는 물건이나 배열 등을 함께 확인한다.

2. 움직임과 상태의 표현에 주의한다. 사람과 연결되지 않은 물건의 be being p.p. 수동 진행형 표현은 오답이다.

③ 등장인물의 외모가 정답인 경우

보통은 동작에서 정답이 되는 경우가 많으나 때로는 등장인물의 외모가 정답이 되는 경우도 있다. 여자가 자전거를 타고 있는 그림에서 She is wearing protective gear.(여자는 보호 장구를 착용하고 있다.)와 같은 문장이 정답이 될 수 있으므로 섣불리 정답을 미리 예측해서는 안 된다.

Example

🎧 S1-01-3

(A)　(B)　(C)　(D)

(A) A man is working in the office. 남자가 사무실에서 일하고 있다.
　사진을 보니 사무실은 아니다. 단지 '일하고 있다'만 듣고 정답으로 고르게 만드는 유형의 선택지로 오답

(B) A man is fixing the equipment. 남자가 장비를 고치고 있다.
　남자는 장비를 작동(operating)하고 있지 고치는 모습은 아니므로 오답

(C) A man is wearing protective gear. 남자가 보호 장구를 착용하고 있다.
　남자는 보호 장갑과 고글 등을 착용하고 있으므로 [정답]

(D) A man is waiting for materials. 남자가 자재를 기다리고 있다.
　사진에서의 행위와 전혀 관계없는 내용으로 오답

어휘　　equipment 장비　protective gear 보호 장구　wait for ~을 기다리다　material 재료, 자료

1. 남자가 하고 있는 동작뿐만 아니라 남자가 착용하고 있는 것들 또한 주요 포인트가 된다.

2. 〈be wearing+명사〉가 정답으로 출제되는 경우가 많다. 따라서 몸에 걸치거나 입는 어휘들을 챙겨 두어야 한다.

비법 적용 연습

PART 1

음성을 듣고 가장 적절한 응답을 고르세요. 🎧 PracticeS1-01-4~13

1

(A)　(B)　(C)　(D)

2

(A)　(B)　(C)　(D)

3

(A)　(B)　(C)　(D)

4

(A)　(B)　(C)　(D)

5

(A)　(B)　(C)　(D)

6

(A)　(B)　(C)　(D)

7

(A) (B) (C) (D)

8

(A) (B) (C) (D)

9

(A) (B) (C) (D)

10

(A) (B) (C) (D)

토익 빈출 표현 리스트

DAY 01

|1인 사진 빈출 어휘| S1-01-14 미M 호W

- □ placing a call
  전화를 하고 있다

- □ talking on a cellular phone
  휴대전화로 통화 중이다

- □ hanging up the phone
  전화를 끊는 중이다

- □ speaking into the microphone
  마이크에 대고 말하는 중이다

- □ sitting at the desk
  책상 앞에 앉아 있다

- □ be seated near the door
  문 옆에 앉아 있다

- □ resting on the rocking chair
  흔들의자에 앉아 쉬고 있다

- □ relaxing on the beach
  해변에서 휴식을 취하고 있다

- □ lying on the floor
  바닥에 누워 있다

- □ writing something down
  무언가를 적고 있다

- □ taking notes on a notepad
  메모장에 기록을 하고 있다

- □ studying the menu
  메뉴를 자세히 보고 있다

- □ browsing in a bookstore
  서점을 둘러보고 있다

- □ looking at pictures
  사진을 보고 있다

- □ looking out the window
  창밖을 보고 있다

- □ looking over a document
  문서를 훑어보고 있다

- □ looking inside the bag
  가방 안을 들여다보고 있다

- □ pointing at a monitor
  모니터를 가리키고 있다

- □ wearing protective gear
  보호 장구를 차고 있다

- □ trying on an apron
  앞치마를 입어보고 있다

- □ adjusting his tie
  넥타이를 조절하고 있다

- □ drinking from a glass
  유리잔으로 마시고 있다

- □ sipping a cup of coffee
  커피를 조금씩 마시고 있다

- □ putting some food on a plate
  접시에 음식을 담고 있다

- □ fixing a meal
  식사를 준비하는 중이다

- □ leaning against the wall
  벽에 기대어 있다

- □ sitting on the bench
  벤치에 앉아 있다

- □ installing a fence
  울타리를 설치하고 있다

- □ talking on the phone
  전화 통화를 하고 있다

- □ pointing at[to] an item
  물건을 가리키고 있다

- □ setting a table
  상을 차리고 있다

- □ performing outdoors
  야외에서 공연[연주]을 하고 있다

- □ sweeping
  빗자루로 쓸고 있다

- □ taking a walk
  걷고 있다, 산책하고 있다

- □ arranging flowers
  꽃꽂이를 하고 있다

- □ eating[having] ~
  ~을 먹고 있다

- □ fixing[repairing, working on] the equipment
  장비를 고치고 있다

- □ carrying a box
  상자를 옮기고 있다

- □ holding a pen
  펜을 들고 있다

- □ moving a pile of paper
  서류 더미를 옮기고 있다

- □ examining[inspecting] an item
  물건을 살펴보고 있다

- □ taking an order
  주문을 받고 있다

- □ organizing items
  물건을 정리하고 있다

- □ stepping onto a boat
  배에 올라타고 있다

- □ getting off a car
  차에서 내리고 있다

- □ straightening wires
  전선을 펴고 있다

- □ reaching for a ladder
  사다리를 향해 손을 뻗고 있다

- □ setting up a ladder
  사다리를 세우고 있다

- □ entering a building
  건물에 들어가고 있다

- □ leading a presentation
  발표를 이끌고 있다

- □ packing[unpacking] a piece of luggage
  짐을 싸고[풀고] 있다

SECTION 1 PART 1

DAY 01 » 021

02 2인 이상 사진

2인 이상 사진에서는 다수가 공통적으로 하는 행동을 우선 파악한다. 하지만 다수의 행동이 다양할 경우 어느 것이든 정답이 될 수 있다. 보통 쉬운 문제는 눈에 크게 띄는 공통 동작이 정답이 되는 반면 사진에는 작게 나오더라도 공통 동작이 아닌 개별 동작이나 배경 설명이 정답이 될 수도 있다.

❶ 등장인물의 공통되는 특징이 정답인 경우

다수의 사람이 등장하는 사진에서는 공통적으로 취하고 있는 동작이나 외모 등의 특징이 정답으로 출제된다. 예를 들어, 다수의 사람들이 계단에 앉아 있는 사진에서 People are sitting on the stairs.(사람들이 계단에 앉아 있다.)가 정답이 될 수 있다.

Example

🎧 S1-02-1

(A) (B) (C) (D)

(A) Some people are marching down the street. 사람들이 거리를 행진하고 있다.

　➫ '행진하다'라는 의미의 march를 알고 있는지 묻는 문제이다. 사람들이 행진을 하고 있으므로 **정답**

(B) Some people are singing on the street. 사람들이 거리에서 노래를 부르고 있다.

　➫ 노래를 부르고 있는 사람은 없으므로 오답

(C) Some people are playing musical instruments on the stage. 사람들이 무대에서 악기를 연주하고 있다.

　➫ 선택지를 끝까지 듣는 것이 중요함을 일깨워 주는 선택지이다. 무대 위에서 연주하는 것은 아니므로 오답

(D) Some people are standing by the bench. 사람들이 벤치 옆에 서 있다.

　➫ 사진에 등장하지 않는 bench가 틀리므로 오답

....

어휘　march 행진하다　musical instrument 악기　stage 무대

 1. 눈에 크게 띄는 모습은 악기를 연주하며 걷고 있는 사람들과 주변에 서 있는 사람들이다.

　2. 크게 보이는 공통된 동작이 우선이나 작게 보이는 모습들이나 사물까지도 유심히 살펴야 한다.

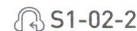

❷ 일부의 특징이 정답인 경우

등장인물 간에 공통적인 동작이나 특징이 보이지 않는다면 개별 동작이나 특징이 정답이 될 수 있다. 회의를 진행하는 장면에서 대부분의 사람들은 서류를 보고 있고 한 사람이 이야기를 하고 있다면 A man is making a presentation.(한 사람이 발표를 하고 있다.)이 정답이 되는 식이다.

Example

S1-02-2

(A)　(B)　(C)　(D)

(A) They are walking downtown. 그들은 시내를 걷고 있다.
　 뛰고 있는 사람도 있고 시내도 아니므로 오답

(B) They are finishing a race. 그들은 경주를 끝마치고 있다.
　 경주 중이므로 오답

(C) One of them is wearing a cap. 그들 중 한 명은 모자를 쓰고 있다.
　 한 사람은 모자를 쓰고 있으므로 [정답]

(D) One of them is wearing long pants. 그들 중 한 명은 긴 바지를 입고 있다.
　 모두 짧은 바지를 입고 있으므로 오답

어휘　downtown 시내

 1. 2인 이상이 등장한 사진이다. 따라서 등장인물의 공통점과 차이점을 두루 살펴야 한다.

2. 공통점은 어떤 달리기 경기에 참여하고 있는 모습이다. 차이점은 한 명만 고글을 쓰고 있는 것과 세 명은 뛰고 한 명은 걷고 있는 것이다. 모자의 착용 여부도 역시 차이점이다. 선택지를 끝까지 다 듣고 오답을 소거하는 식으로 문제를 푼다.

❸ 배경이 정답인 경우

1인 사진과 마찬가지로 배경의 비중이 더 크거나 인물과 배경이 골고루 나오는 경우 배경이 정답이 되는 문제 유형도 자주 등장한다. 따라서 배경을 나타내는 표현이나 〈전치사+명사〉와 같이 위치를 나타내는 표현들에 귀를 기울여야 한다.

Example

🎧 S1-02-3

(A) (B) (C) (D)

(A) People are wearing vests. 사람들이 조끼를 입고 있다.

⇨ 조끼를 입은 사람은 없으므로 오답

(B) People are resting on the road. 사람들이 길에서 쉬고 있다.

⇨ 모두 일을 하고 있고 쉬고 있는 사람은 없으므로 오답

(C) Piles of earth are on the ground. 바닥에 흙더미가 있다.

⇨ 배경에 등장하는 흙더미를 잘 묘사한 |정답|

(D) Some equipment is laid out. 몇몇 장비들이 놓여 있다.

⇨ 바닥에 정리되어 놓여 있는 장비나 도구가 없으므로 오답

어휘   vest 조끼 rest 쉬다 pile of earth 흙더미 lay out ~을 펼쳐 놓다

1. 가장 눈에 띄는 것은 세 명의 남자가 공사 현장에서 일을 하고 있는 모습이다. 하지만 배경도 중요하므로 흙더미가 있는 모습이나 다른 배경에 등장하는 어휘를 파악해 둔다.

2. 눈에 가장 잘 띄는 모습은 오히려 오답으로 만들기 쉽다는 것을 알아 둔다.

비법 적용 연습

PART 1

음성을 듣고 가장 적절한 응답을 고르세요. 🎧 S1-02-4~13

1

(A)　(B)　(C)　(D)

2

(A)　(B)　(C)　(D)

3

(A)　(B)　(C)　(D)

4

(A)　(B)　(C)　(D)

5

(A)　(B)　(C)　(D)

6

(A)　(B)　(C)　(D)

7

(A) (B) (C) (D)

8

(A) (B) (C) (D)

9

(A) (B) (C) (D)

10

(A) (B) (C) (D)

| 2인 이상 사진 빈출 어휘 | 🎧 S1-02-14 영M 미W

□ be involved in a meeting
회의에 참석하고 있다

□ sitting at a round table
둥근 탁자에 앉아 있다

□ sitting around the table
탁자 주위에 둘러앉아 있다

□ giving a lecture
강의를 하고 있다

□ listening to the speaker
연사의 말을 듣고 있다

□ conversing with each other
서로 대화를 나누고 있다

□ having a chat with each other
서로 잡담을 나누고 있다

□ shaking hands
악수를 하고 있다

□ greeting each other with a handshake
악수를 하며 인사하고 있다

□ wearing glasses
안경을 쓴 상태이다

□ sitting side by side
나란히 앉아 있다

□ have their legs crossed
다리를 꼬고 있다

□ sitting on the bench with their arms folded
벤치에 팔짱을 끼고 앉아 있다

□ facing forward
정면을 바라보고 있다

□ waiting in line
줄을 서 있다

□ walking in the same direction
같은 방향으로 걷고 있다

□ holding onto the railing
난간을 잡고 있다

□ be lined up in front of the shop
상점 앞에 줄을 서 있다

□ crossing the intersection
교차로를 건너가고 있다

□ walking arm in arm
팔짱을 끼고 걷고 있다

□ walking in groups
여러 무리를 지어 걸어가고 있다

□ leaning on the railing
난간에 기대어 있다

□ boarding the airplane
비행기에 탑승하고 있다

□ be ahead of other people
다른 사람들보다 앞서 있다

□ moving the boxes
상자를 옮기고 있다

□ enjoying the performance outdoors
야외에서 공연을 즐기고 있다

□ getting ready to perform on the stage
무대에서 공연 준비를 하고 있다

□ working at a construction site
공사 현장에서 일을 하고 있다

□ painting the fences
울타리를 페인트칠하고 있다

□ trimming the man's hair
남자의 머리를 다듬고 있다

□ serving food to guests
손님들에게 음식을 제공하고 있다

□ waiting for their turn
그들의 차례를 기다리고 있다

□ picking fruits in an orchard
과수원에서 과일을 따고 있다

□ climbing the steps
계단을 오르고 있다

□ approaching an arch way
아치 지붕 길에 접근하고 있다

□ looking at paintings together
함께 그림을 보고 있다

□ taking a group picture
단체 사진을 찍고 있다

□ carrying[moving, transporting]
옮기고 있다

□ standing in line
줄을 서 있다

□ spending time together
함께 시간을 보내고 있다

□ paving
닦고[포장하고] 있다

□ relaxing around a fountain
분수대 주변에서 쉬고 있다

□ be gathered
모여 있다

□ sitting on the grass
잔디에 앉아 있다

□ loading[unloading] boxes
박스를 싣고[내리고] 있다

03 사물 · 배경 사진

인물이 등장하지 않는 사물이나 배경 사진은 주로 배경이나 위치에 관련된 표현이 정답이 된다. 인물이 등장하지 않기 때문에 사람이 할 수 있는 동작이 나오거나 be being p.p.의 진행 수동형이 나오면 보통 오답이다. 하지만 완료 수동형인 have[has] been p.p.는 이미 동작이 끝난 상태를 의미하므로 정답이 될 수 있다.

❶ 사물 중심 사진

사진에 등장한 사물의 어휘를 아는 것이 중요하며 상태나 위치 표현에 초점을 맞춰 듣는다. 머그컵에 펜이 꽂혀 있는 사진에서 Pencils have been placed in a mug.(연필이 머그잔에 들어 있다.)가 정답이다. 하지만 의자가 위로 쌓여 있는 사진에서 Chairs are being piled up.(의자가 위로 쌓이고 있다.)은 얼핏 들으면 맞는 문장 같지만 동작이 진행 중인 상태가 아니므로 오답이다.

┤ Example ├

🎧 S1-03-1

(A) (B) (C) (D)

(A) Vases are being polished. 꽃병을 광내고 있다.

⇨ 사람이 없는 사진에서 be being p.p.는 정답이 될 수 없으므로 오답

(B) The shelves are being fixed. 선반이 수리되고 있다.

⇨ 사람이 없는 사진에서 수리되고 있다는 진행 시제를 쓸 수 없으므로 오답

(C) Items have been arranged in a row. 물건이 열을 맞춰 정렬되어 있다.

⇨ 꽃병이 열 맞춰 정렬되어 있는 모습을 표현함 |정답|

(D) The wall has just been painted. 벽이 막 페인트칠된 상태이다.

⇨ 사진에서 벽의 페인트칠이 벗겨져 있고 막 페인트칠 되었는지는 알 수 없으므로 오답

....

어휘   vase 꽃병   polish ~을 광내다   fix ~을 수리하다   arrange ~을 정렬[정리]하다   in rows 열을 맞춰

1. 꽃병과 같은 것들이 선반 위와 바닥에 놓여 있는 그림이다. 따라서 꽃병이 주요 특징임을 파악하고 위치 표현에 주의한다.

2. 사람이 없으므로 be being p.p.와 같은 어구는 정답이 될 수 없음을 파악해야 한다.

❷ 넓은 실내 사진

특별하게 눈에 띄는 사물이 없고 사진에 등장하는 각각의 물체나 모양 등의 특징을 물어보는 까다로운 문제 중 하나이다. 벽에 무언가가 걸려 있거나 평범한 화분 등 작은 특징도 선택지로 나올 수 있다는 생각으로 들어야 한다. 사진을 보고 정답을 미리 예측하는 방식이 아닌 선택지 하나하나를 잘 듣고 오답을 지워가는 방식으로 접근해야 실수를 줄일 수 있다.

| Example |

🎧 S1-03-2

(A)　(B)　(C)　(D)

(A) Windows are left open. 창문이 열려 있다.

　　⇨ 창문처럼 보이는 것들은 등장하지만 열려 있는 창문은 없으므로 오답

(B) Some sculptures are lit by spotlights. 몇몇 조각상들이 스포트라이트 조명을 받고 있다.

　　⇨ 조각상들에 집중된 조명을 잘 표현한 |정답|

(C) The room is very crowded. 방 안이 매우 붐비는 상태이다.

　　⇨ 사람이 별로 없는 실내 사진으로 '붐비다'라는 의미의 crowded는 오답

(D) Some lights are being installed. 조명이 설치되고 있다.

　　⇨ 조명이 있긴 하지만 설치되고 있는 조명은 없으므로 오답

....

어휘　leave+목적어+형용사 ~을 …인 채 남겨 두다　sculpture 조각상　crowded 붐비는　install ~을 설치하다

토익 전문가 해설

　1. 사람이 한 명 보이는 넓은 실내 사진이다. 따라서 사진에 보이는 물체들을 나타내는 명사 어휘와 위치 표현에 집중한다.

　2. 딱히 눈에 띄는 특징이 없는 사진이므로 각각의 선택지를 듣고 오답을 철저하게 지워 나간다는 생각으로 문제를 푼다.

③ 야외 배경 사진

야외 배경 사진의 경우 산이나 강, 바다, 도시 등이 다양하게 출제된다. The bridge is reflected on the lake.(다리가 호수에 비친다.)와 같이 굉장히 세부적인 내용을 물어보기 때문에 난이도가 높은 문제 중 하나이다. 실내 사진 문제와 마찬가지로 오답을 지워가면서 풀어야 실수를 줄일 수 있다.

Example

S1-03-3

(A) (B) (C) (D)

(A) Some of the chairs have been occupied. 몇몇 좌석이 이용되고 있다.

　　↳ 좌석은 모두 비어 있으므로 오답

(B) Empty cargo vessels are in the water. 텅 빈 화물선들이 물에 떠 있다.

　　↳ 배는 보이지만 화물선은 보이지 않으므로 오답

(C) Dinner has been served on the table. 탁자 위에 저녁이 차려져 있다.

　　↳ 탁자 위는 비어 있으므로 오답

(D) Chairs and tables are casting shadows. 의자와 탁자가 그늘을 드리우고 있다.

　　↳ 의자와 탁자로 인해 그늘이 드리워져 있으므로 | 정답

....

어휘　　occupy ~을 점유하다, 차지하고 있다　 cargo vessel 화물선　 serve ~을 제공하다
　　　　cast a shadow 그림자를 드리우다

> 토익
> 전문가
> 해설
>
> 1. 사람이 등장하지 않는 야외 배경 사진이다. 따라서 탁자, 의자, 선박, 건물 등이 출제 포인트이다.
>
> 2. 섣불리 정답 표현을 예측하지 말고 오답을 지워가며 풀어야 하는 문제이다.

비법 적용 연습

PART 1

음성을 듣고 가장 적절한 응답을 고르세요. 🎧 S1-03-4~13

1

(A)　(B)　(C)　(D)

2

(A)　(B)　(C)　(D)

3

(A)　(B)　(C)　(D)

4

(A)　(B)　(C)　(D)

5

(A)　(B)　(C)　(D)

6

(A)　(B)　(C)　(D)

7

(A)   (B)   (C)   (D)

8

(A)   (B)   (C)   (D)

9

(A)   (B)   (C)   (D)

10

(A)   (B)   (C)   (D)

토익 빈출 표현 리스트

| 사물 · 배경 사진 빈출 어휘 | S1-03-14 (미M) (호W)

1. 위치 배열 관련 어휘

☐ **be arranged on the shelf**
선반에 정돈되어 있다

☐ **be piled up**
쌓여 있다

☐ **be stacked next to the desk**
책상 옆에 쌓여 있다

☐ **be neatly folded**
가지런히 접혀 있다

☐ **be hung on the wall**
벽에 걸려 있다

☐ **be surrounded by ~**
~에 둘러싸여 있다

☐ **be spread across the desk**
책상 위에 펼쳐져 있다

☐ **leaning against the wall railing**
벽 난간에 기대어 있다

☐ **stack crates in a row[rows]**
상자들을 일렬로[여러 줄로] 쌓다

☐ **lead up to the mountain**
산까지 이어져 있다

☐ **at the bottom of ~**
~의 바닥에

☐ **at the back of the office**
사무실 뒤편에

☐ **along the shore**
물가를 따라

☐ **along the side of the building**
건물의 측면을 따라

☐ **on opposite sides of ~**
~의 맞은편에

☐ **on both sides of the road**
길 양쪽에

☐ **pass under the bridge**
다리 아래를 지나다

☐ **place A on top of B**
A를 B 위에 놓다

2. 빈출 다의어

☐ **ride** 놀이기구, 탈 것
vs **ride** 탈 것을 타다

☐ **scale** 저울, 체중계
vs **scale** ~을 저울에 달다

☐ **work** 작품
vs **work** 일하다

☐ **store** 상점
vs **store** 저장하다

☐ **shop** 가게, 상점
vs **shop** 쇼핑을 하다

☐ **board** 보드, 나무 판
vs **board** 탑승하다

☐ **present** 선물
vs **present** 발표하다, 제시하다

☐ **row** 줄, 열
vs **row** 노를 젓다

☐ **plant** 식물, 초목, 공장
vs **plant** ~을 심다

☐ **shovel** 삽
vs **shovel** 삽으로 퍼내다

☐ **water** 물
vs **water** 식물에 물을 주다

☐ **wire** 전선
vs **wire** ~에 전보를 치다, 송금하다

☐ **park** 공원
vs **park** 주차하다

☐ **book** 책
vs **book** 예약하다

☐ **break** 휴식
vs **break** 부수다

☐ **clear** 맑은
vs **clear** 치우다

☐ **sign** 간판
vs **sign** 서명하다

☐ **order** 주문, 순서
vs **order** 주문하다

3. 빈출 전치사

☐ **along** ~을 따라서

☐ **between** ~ 사이에

☐ **opposite** ~ 맞은편에

☐ **against** ~에 반하여

☐ **beside** ~ 옆에

☐ **past** ~을 지나서

☐ **onto** ~ 위로

☐ **inside[into]** ~ 안으로

☐ **in front of** ~ 앞에

☐ **at the rear of** ~의 뒤편에

☐ **on top of** ~의 위에

☐ **next to** ~의 옆에

☐ **at the edge of** ~의 가장자리에

☐ **in the corner of** ~의 구석에

☐ **adjacent to** ~에 가까운

PART 2 질의 응답

Part 2는 주어진 문장에 알맞은 응답을 고르는 유형이다. 의문사, 조동사 등의 의문문이 가장 많이 출제되지만 평서문, 권유문, 명령문도 출제되므로 다양한 표현을 익혀 둔다. 특히 평서문은 응답 표현이 가장 다양해서 비교적 까다로운 문제이므로 다양한 상황을 알아 두는 것이 도움이 된다.

의문사 의문문	Who, When, Where, How, What, Which, Why
일반 의문문	be동사, 조동사(Do, Have, Can, Will, Should 등)
기타 의문문	선택 의문문(A or B), 부가 의문문, 부정 의문문, 간접 의문문, 제안문
평서문	정보 전달, 의견 제시

❶ 기본 답변 방법

의문사 의문문은 Yes나 No로 대답할 수 없다

의문사 의문문은 바로 구체적인 답변이 나와야 하는 의문문이다. 따라서 Yes나 No로 대답할 수 없고 단, 제안의 표현은 Yes나 No로 대답할 수 있다.

예문 **Who is going to lead a presentation at the meeting?** 회의에서 누가 발표를 이끌 건가요?

» 예문에 대해 No, she is out of town.과 같이 대답할 경우 Who 의문문에 대한 대답으로 적절하지 않다.

꼭 틀에 박힌 대답을 할 필요는 없다

장소에 대한 질문에 장소로 대답하고, 시기에 대한 질문에 시기의 표현으로 대답하는 경우도 있지만 '모른다, 확실하지 않다, 확인해 보겠다' 등으로 대답하는 경우도 자주 출제된다. 또한, 질문에 대해 동의하는 대답도 정답으로 출제되기 때문에 가장 자연스러운 대답을 고른다는 생각으로 문제를 풀어야 한다.

예문 **What's the dress code for the event?** 행사의 드레스 코드가 어떻게 되나요?

» 위의 질문에 Let's ask the director.(부장님께 물어봐요.)와 같이 대답할 수도 있다.

❷ 오답을 피하는 방법

같은 단어를 이용한 오답

질문과 같은 어휘를 사용한 선택지는 오답인 경우가 많다.

예문 How much are the bus tickets to Quebec? 퀘벡 가는 버스표는 얼마인가요?

» 위의 질문에 From the ticket counter(매표구에서요.)로 대답한 경우 같은 어휘 ticket을 사용해 오답을 유도하고 있다.

유사 발음 어휘, 파생어 오답

유사 발음의 단어나 파생어를 이용하여 오답 선택지를 만드는 경우가 흔하다.

예문 Where can I find the projector? 프로젝터가 어디 있나요?

» 위 질문에 대한 오답으로 projector와 파생어 관계에 있는 project를 이용한다. 예를 들어, The project manager will do it.(프로젝트 매니저가 할 겁니다.)과 같은 형태로 출제된다.

연상되는 어휘를 이용한 오답

잘 들리는 명사에 대한 연상 단어로 오답을 만드는 경우가 많다.

예문 When will her article be published? 그녀의 기사는 언제 출간되나요?

» 위 질문에서 article에 대한 연상 어휘로 Probably the editor(아마 그 편집자요.)와 같이 오답이 출제된다.

대명사 불일치 오답

질문에 등장한 대명사와 답변에 등장한 대명사가 불일치하는 오답이 출제된다. 나머지 내용이 자연스럽더라도 대명사가 불일치할 경우 오답으로 지워내야 한다.

예문 Do you have a reservation at our restaurant? 저희 레스토랑에 예약을 하셨습니까?

» 위 질문에 Yes, she does.와 같이 대답할 경우 얼핏 들으면 맞는 것처럼 보이지만 you로 물어본 질문에 I가 아닌 she로 대답했기 때문에 적절하지 않다.

시제 불일치 오답

질문에 대한 답변으로 내용은 맞지만 시기가 일치하지 않아서 오답이 되는 경우이다.

예문 Who is going to get the promotion? 누가 승진을 하나요?

» 위 질문에 Mr. Goodman got promoted.(굿맨 씨가 승진했어요.)와 같이 과거형으로 대답해 시제가 일치하지 않는 오답이 출제된다.

04

Who 의문문

의문사 의문문에서는 첫 단어인 의문사를 듣는 것이 매우 중요하다. 또한, 특이한 형태를 제외하고 Yes나 No로 대답하는 경우는 오답일 가능성이 높다. Who(m)로 시작하는 의문문은 보통 사람을 나타내는 명사나 직업, 단체, 회사 등이 정답이 되는 경우가 많다.

❶ 사람이 정답인 경우

직접적으로 사람 이름을 언급할 때에도 이름만 얘기하지 않고 '~라고 생각한다'는 식의 아닐 가능성을 열어 두거나 '모른다'라는 의미로 정답이 되는 경우가 아주 많다는 것을 알아 두자. 또한, Who has the annual meeting agenda?(누가 연례 회의 의제 자료를 가지고 있습니까?)라는 질문에 Mr. Kim does.와 같이 〈이름+대동사〉 형태로 자주 출제가 되므로 일반동사가 쓰였는지, be동사나 조동사가 쓰였는지를 잘 들어 둔다.

| Example |

🎧 S1-04-1

Mark your answer.　　　(A)　(B)　(C)

Who is using the conference room right now? 누가 지금 회의실을 사용하고 있나요?

(A) I think Jake is. 제이크 같습니다.
⇨ 제이크라는 사람이 등장한 선택지로 **정답**

(B) The room is not available. 그 방은 이용할 수 없습니다.
⇨ room이라는 같은 단어를 사용해 오답을 유도하는 선택지 유형으로 오답

(C) Right around the corner 바로 모퉁이 돌아서요.
⇨ 질문의 right을 이용한 오답

어휘　conference room 회의실　available 이용 가능한　around the corner 모퉁이를 돌아

 1. 질문이 Who로 시작한다는 것에 집중한다. 따라서 정답의 확률이 높은 '모른다' 류의 대답이나 사람이 등장하는 선택지가 있는지 살핀다.

2. 같은 단어를 사용하는 오답 선택지에 넘어가지 말고 끝까지 정확히 들어야 한다.

SECTION 1
PART 2

❷ 직업이나 직책이 정답인 경우

Who 의문문의 경우 특정 직책이나 직업 명사가 정답이 되기도 한다. 따라서 직업이나 직책을 나타내는
어휘를 필수로 기억하고 있어야 한다.

┤ Example ├

🎧 S1-04-2

Mark your answer.　　　(A)　(B)　(C)

Who needs a copy of this schedule? 누가 이 스케줄의 사본이 필요한가요?

(A) It is scheduled for tomorrow. 내일로 계획이 잡혀 있습니다.

　➪ 질문에서 명사로 쓰인 스케줄을 형용사로 사용한 선택지로 누가 필요한지에 대한 대답이 될 수 없으므로 오답

(B) The marketing director 마케팅 부장이요.

　➪ 사람 대신 직책을 이용한 **|정답|**

(C) For the meeting 회의를 위해서요.

　➪ 마지막 선택지이기 때문에 질문을 제대로 기억하고 있지 않으면 헷갈려서 고를 수 있는 오답

어휘　copy 복사본, ~부　schedule 일정, 스케줄　be scheduled for (시점, 날짜, 요일에) 계획이 잡혀 있다
　　　marketing director 마케팅 부장

1. 누가 스케줄의 복사본이 필요한지 물어보는 문제이므로 답변으로 이름이나 직책을 예상한다.

2. Part 2는 듣고만 푸는 문제이기 때문에 다의어 함정에도 주의해야 한다.

❸ 부서나 단체가 정답인 경우

Who 의문문의 경우 사람만이 정답이 된다고 생각하는 경우가 있는데 부서 또는 회사 등의 단체가 정답이 되는 경우도 많다. 예를 들어, Who ordered this new printer?(누가 이 새 프린터를 주문했나?)라는 질문에 The marketing department did.(마케팅 부서요.)와 같이 부서명이 정답으로 올 수 있다는 것을 알아 둔다.

⊢ Example ⊣

🎧 S1-04-3

Mark your answer.　　　(A)　(B)　(C)

Who's going to lead the training?　누가 교육 훈련을 진행하나요?

(A) The train has not arrived yet.　열차가 아직 도착하지 않았어요.
　⇨ training과 유사 발음인 train을 이용한 오답

(B) The sales department　영업 부서에서요.
　⇨ 영업 부서라고 훈련을 이끄는 주체를 잘 설명한 |정답|

(C) The renewable energy　재생 가능한 에너지요.
　⇨ '누가'라고 질문했으므로 사물인 '재생 가능한 에너지'는 오답

어휘　　lead ~을 진행하다, 이끌다　sales department 영업 부서　renewable 재생 가능한

1. Who 의문문이라고 해서 사람 이름만 나오길 기다려선 안 된다. 부서나 단체가 정답으로 출제되기도 하니 부서나 단체를 나타내는 표현을 알아 둔다.

2. training과 train은 유사 발음으로 자주 출제되는 단어이니 주의한다.

---

④ 장소가 정답인 경우

'누가 무엇을 가지고 있나?'라는 질문 유형에서 사람이나 단체, 부서가 아닌 〈It is[They are]+ 전치사+명사〉와 같이 장소가 정답이 되는 경우도 있다.

┤ Example ├

🎧 S1-04-4

Mark your answer.　　(A)　(B)　(C)

Who has the list of participants? 누가 참석자 명단을 가지고 있나요?

(A) It's on your desk. 당신 책상 위에 있습니다.

　　'당신의 책상 위에 있다'는 말로 간접적으로 위치를 물어보는 질문에 대한 [정답]

(B) No, I won't. 아니요, 저는 안 할 거예요.

　　의문사 의문문은 보통 Yes나 No로 대답하지 않으므로 오답

(C) At least 15 people 최소 15명이요.

　　list와 유사한 발음을 가진 least, participants와 연관된 people을 이용한 오답

....

어휘　list 목록, 명단　participant 참석자　at least 적어도

1. 누가 가지고 있냐는 문제는 간접적으로 위치를 물어보는 문제이기 때문에 사람이 아닌 위치가 정답으로 등장할 수 있다.

2. 질문의 후반부를 이용해서 상상의 대화를 만드는 오답 선택지에 주의해야 한다.

비법 적용 연습

PART 2

음성을 듣고 가장 적절한 응답을 고르세요. S1-04-5~14

1   (A)   (B)   (C)

2   (A)   (B)   (C)

3   (A)   (B)   (C)

4   (A)   (B)   (C)

5   (A)   (B)   (C)

6   (A)   (B)   (C)

7   (A)   (B)   (C)

8   (A)   (B)   (C)

9   (A)   (B)   (C)

10   (A)   (B)   (C)

| 다양한 질문에 정답으로 등장하는 엑기스 표현 | S1-04-15 영M 미W

모른다
- □ I don't know.
- □ I have no idea.
- □ Let me check ~
- □ I'll find out.
- □ I haven't checked.

물어볼게요
- □ I will ask ~
- □ I will check with ~
- □ Let me ask ~

아직 결정 안 됐어요
- □ It's not decided.
- □ It depends on the situation.

- □ We'll have to wait and see.
- □ We are still uncertain.

좋은 생각이다
- □ That sounds good.
- □ That's a good idea.
- □ That would be great.
- □ That sounds fine to me.

| 부서명 |

- □ human resources department
  인사부
- □ personnel department
  인사부
- □ purchasing department
  구매부
- □ accounting department
  회계부

- □ sales department
  영업부
- □ maintenance department
  관리부
- □ tech department
  기술부
- □ shipping department
  배송부
- □ marketing department
  판매부

- □ public relations department
  홍보부
- □ payroll department
  경리부
- □ customer service department
  고객 지원부
- □ facility department
  시설부

| 직책명 |

- □ secretary
  비서
- □ president
  회장
- □ vice president
  부회장
- □ supervisor
  상사
- □ manager
  과장

- □ general manager
  총지배인
- □ production manager
  공장장
- □ assistant
  비서, 조수
- □ CEO
  최고 경영자
- □ chairman
  의장

- □ director
  이사
- □ division head
  부서장
- □ editor in chief
  편집장
- □ executive officer
  중역, 이사
- □ foreman
  현장 감독

| 직업 |

- □ accountant
  회계사
- □ doctor
  의사
- □ operator
  전화 교환원
- □ professor
  교수
- □ editor
  편집인
- □ attorney
  변호사

- □ engineer
  기술자
- □ realtor
  부동산 중개업자
- □ banker
  은행가
- □ financial advisor
  재정 고문
- □ repairman
  수리공
- □ contractor
  도급 업자

- □ janitor
  건물 관리인
- □ dentist
  치과 의사
- □ lawyer
  변호사
- □ mechanic
  정비사
- □ sales representative
  영업 사원

When · Where 의문문

When · Where 의문문의 경우 시간과 장소를 나타내는 〈전치사+명사구〉를 파악해야 한다. When 의문문은 시간이나 때를 묻는 질문 속의 시제가 중요하다. 상대적인 시제를 나타내는 표현이 포함되어 있는 선택지가 정답으로 자주 출제된다. Where 의문문은 장소를 물어보는 질문으로 간혹 사람이 정답으로 출제되기도 한다.

❶ When 의문문: 과거 시제가 정답인 경우

When was ~?, When did ~? 등과 같이 질문 자체의 시제가 과거로 출제되는 경우 선택지 중 과거 시제로 쓰인 표현이나 과거 부사구가 포함된 선택지가 정답이 된다.

⊣ Example ⊢

🎧 S1-05-1

Mark your answer.　　　(A)　(B)　(C)

When was the last time you were in Canada?　캐나다에 있었던 게 언제가 마지막이었나요?

(A) By plane 비행기로요.
　　⇨ How 의문문에 대한 대답으로 When 의문문의 자연스러운 대답이 될 수 없어 오답

(B) Yes, I was there for 2 months. 네, 2달간 있었어요.
　　⇨ 의문사 의문문은 Yes나 No로 대답할 수 없으므로 오답

(C) Two years ago 2년 전입니다.
　　⇨ 과거 시간의 부사구로 질문에 자연스러운 대답이므로 **정답**

....

어휘　last 마지막의, 가장 최근의

💬 토익
전문가
해설
　1. 의문사 · When을 들었다면 이후 시제도 신경 써서 들어야 한다.
　2. 의문사 · 의문문은 Yes나 No로 답하지 못한다는 것을 알아 둔다.

---

② When 의문문: 미래 시제가 정답인 경우

질문 자체에 미래 시제가 쓰였다면 선택지 중 미래 시제로 쓰인 내용이나 미래 시제의 부사가 들어간 표현이 정답이 된다. 내용은 맞지만 시제가 어울리지 않는 선택지는 오답으로 지워내야 한다.

| **Example** |

🎧 S1-05-2

Mark your answer.　　　　(A)　(B)　(C)

When does your membership expire? 당신의 멤버십은 언제 만료되나요?

(A) For a year 1년간이요.

　　기간의 표현으로 시점을 나타내는 When 의문사 의문문과는 어울리지 않으므로 오답

(B) Next February 내년 2월이요.

　　〈Next+명사〉의 시간 부사구로서 미래를 나타내므로 |정답|

(C) I am a regular customer. 저는 단골입니다.

　　질문과 관련이 없는 내용으로 학습자의 상상으로 선택할 수 있는 오답

....

어휘　expire ~이 만료되다　regular customer 단골 고객

🗨 토익
전문가
해설
　　1. 의문사 When은 직접적으로 시점이 언급된 선택지와 잘 어울린다.

　　2. 〈for+기간〉은 How long ~? 의문문에 대한 답변이다.

❸ When 의문문: 중립적인 시제 표현이 정답인 경우

상대적인 시제를 나타내는 in the morning, in the afternoon, in the evening, ⟨this+기간을 나타내는 명사[morning, afternoon, evening, week, month, quarter, year]⟩ 등의 표현은 미래도 될 수 있고 과거도 될 수 있다. 예를 들어, this week의 경우 '이번 주'라는 의미로 이때 미래나 과거 시제 질문의 정답이 될 수 있으므로 주의해야 한다.

| Example |

🎧 S1-05-3

Mark your answer.　　(A)　(B)　(C)

When are you going to stop by Tina Laundry?　당신은 언제 티나 세탁소에 들를 건가요?

(A) In the afternoon　오후에요.
　　↪ '오후에'라는 의미로 When 의문문에서 자주 정답이 되는 표현으로 |정답|

(B) There is a stop sign.　정지 표지판이 있네요.
　　↪ stop이라는 같은 단어를 이용한 오답

(C) I lost my pants there.　거기서 바지를 잃어버렸어요.
　　↪ 세탁소에서 연상되는 오답 유형이며 내용과 어울리지 않으므로 오답

....

어휘　stop by ~에 들르다(=come by, drop by)　stop sign 정지 표지판

1. stop by는 '멈추다'라는 의미가 아닌 '들르다'의 의미로 혼동하지 않도록 한다.
2. 같은 단어라도 의미는 상황에 따라 다르니 내용 파악에 더 신경을 써야 한다.

❹ When 의문문: 시간을 나타내는 부사구나 절이 정답인 경우

When 의문문의 경우 시간의 접속사 표현과 전치사 표현이 자주 정답으로 출제된다. 〈On+날짜[요일]〉, 〈at+시각〉, 〈in+월〉, 〈after[before]+시점[주어+동사]〉 등의 표현이 자주 사용되며 까다로운 문제의 경우 〈as soon as+주어+동사〉, 〈not until+시점〉 등이 출제된다. When 의문문은 시점을 물어보는 질문이기 때문에 기간을 뜻하는 〈for+기간(two hours, three days, a week 등)〉 표현이나 '~이래로'라는 의미인 since가 사용된 선택지는 정답이 될 수 없다.

| Example |

🎧 S1-05-4

Mark your answer.　　　(A)　(B)　(C)

When is the new movie supposed to be released? 새로운 영화는 언제 개봉되나요?

(A) No, I've never seen that movie. 아니요, 그 영화 본 적 없습니다.
　　의문사 의문문에 Yes나 No로 대답할 수 없으므로 오답

(B) It was quite interesting. 꽤 재밌었어요.
　　영화 이야기에 대한 연상으로 고를 수 있는 오답

(C) Not until September 9월에나 비로소 나올 거예요.
　　Not until 구문은 정답으로 자주 출제되며, 시기를 묻는 말에 적절한 대답으로 **[정답]**

- -

어휘　be supposed to ~하기로 되어 있다　release ~을 출시하다, 개봉하다　quite 꽤, 상당히

1. 질문의 키워드는 When, movie, released이다.
2. '~라야, 그제야'라는 의미의 〈not until+시점〉 표현을 알아 둔다.

⑤ Where 의문문: 장소의 부사구가 정답인 경우

Where 의문문의 경우 장소를 나타내는 부사 표현에 귀를 기울여야 한다. 단, 장소를 나타내는 부사 표현이 있더라도 질문에서 제시한 주어 명사의 수나 성이 맞지 않아서 오답이 되는 경우도 있으니 주의해야 한다. 예를 들어, Where are the files?(파일들이 어디 있니?)라는 질문에 It's on the desk.(그것은 책상 위에 있습니다.)라는 문장은 답이 될 수 없다.

Example

🎧 S1-05-5

Mark your answer.   (A)   (B)   (C)

Where is the payroll department? 경리 부서는 어디 있나요?

(A) No, it's closed. 아니요, 문이 닫혔어요.
   ⇨ 의문사 의문문에 Yes나 No로 대답할 수 없으므로 오답

(B) We get paid biweekly. 저희는 격주로 급여를 받습니다.
   ⇨ payroll과 관련 있는 어휘인 paid를 이용한 오답

(C) In room 102 102호예요.
   ⇨ 정확하게 In room 102라고 전치사구로 대답한 **|정답|**

....

어휘   payroll department 경리 부서   biweekly 격주로

> 토익 전문가 해설
> 1. 키워드는 Where과 department이며, 이를 통해 장소를 묻고 있음을 알아야 한다.
> 2. 유사 어휘(payroll–paid)를 이용한 함정에 주의해야 한다.

---

❻ Where 의문문: 사람이 정답인 경우

Where로 시작하는 의문문이라고 해서 무조건 장소만 정답이 되는 것은 아니다. 가령 '~이 어디에 있나요?'라는 질문에서 '~가 가지고 있습니다'라는 대답도 자연스러운 응답이다. Who 의문문뿐만 아니라 다른 의문문에서도 사람이 정답으로 등장하는 경우가 많다. 예를 들어, Where is the annual report draft?(연례 보고서 초안이 어디에 있나요?)라는 질문에 Mr. Kang has it.(강 씨가 가지고 있습니다.)이라고 대답할 수 있다.

┤ Example ├

🎧 S1-05-6

Mark your answer.　　(A)　(B)　(C)

Where is the annual conference going to be held? 연례 회의는 어디서 열릴 예정인가요?

(A) I think Mr. Sturgess has the details. 스터게스 씨가 세부 사항들을 알고 있을 겁니다.
　　➾ 스터게스 씨가 세부 내용을 가지고 있다는 의미로 [정답]

(B) I'm not going. 저는 안 가요.
　　➾ 질문에 나온 going을 중복 사용한 오답

(C) It's about sales strategies. 영업 전략에 관한 겁니다.
　　➾ 질문에 등장한 conference로 연상되는 내용을 표현한 오답

....

어휘　annual 연례의　conference 회의　detail 세부 사항　strategy 전략

1. I think, actually, in fact 등의 표현은 자주 정답 문장 앞에 등장하므로 알아 둔다.
2. 출처를 밝히기 위해서 종종 사람이 정답으로 등장한다.

비법 적용 연습

PART 2

음성을 듣고 가장 적절한 응답을 고르세요. 🎧 S1-05-7~16

1   (A)   (B)   (C)

2   (A)   (B)   (C)

3   (A)   (B)   (C)

4   (A)   (B)   (C)

5   (A)   (B)   (C)

6   (A)   (B)   (C)

7   (A)   (B)   (C)

8   (A)   (B)   (C)

9   (A)   (B)   (C)

10   (A)   (B)   (C)

토익 빈출 표현 리스트

과거 시제 🎧 S1-05-17 미M 호W

- ☐ three days ago
  3일 전에
- ☐ half an hour ago
  30분 전에

- ☐ last night
  지난밤에
- ☐ last year
  작년에

- ☐ in 2014
  2014년에
- ☐ the day before yesterday
  그저께

미래 시제

- ☐ in an hour
  한 시간 뒤에
- ☐ in a week
  일주일 뒤에
- ☐ in a month
  한 달 뒤에
- ☐ sometime today
  여하튼 오늘
- ☐ by noon
  정오까지

- ☐ by tomorrow
  내일까지
- ☐ by the deadline
  마감 시한까지
- ☐ next week[month]
  다음 주[달]에
- ☐ sooner or later
  조만간
- ☐ the day after tomorrow
  내일 모레

- ☐ not until next month
  다음 달이 되어서야
- ☐ soon[shortly]
  곧
- ☐ immediately[right now]
  당장

시간 접속사 절 및 전치사 구

- ☐ when he arrives
  그가 도착할 때
- ☐ when it is ready
  그것이 준비될 때
- ☐ when you are available
  당신이 시간이 날 때
- ☐ after it finishes
  그것이 마무리됐을 때

- ☐ after he returns
  그가 돌아온 후에
- ☐ after the seminar
  세미나 후에
- ☐ before he leaves
  그가 떠나기 전에
- ☐ before lunch
  점심 전에

- ☐ as soon as you complete
  this form
  이 양식을 작성하자마자
- ☐ as soon as possible
  가능한 한 빨리

장소 관련 전치사 표현

- ☐ at[in] the corner
  모퉁이에
- ☐ on Liverpool Street
  리버풀 가에
- ☐ on the second floor
  2층에
- ☐ in the cabinet
  캐비닛 안에
- ☐ in the top drawer
  맨 위 서랍에
- ☐ in my office
  내 사무실에
- ☐ at the restaurant
  식당에서

- ☐ at the end of street
  길 끝에서
- ☐ at the main gate
  정문에서
- ☐ to Mr. Kwon's office
  권 씨의 사무실로
- ☐ across from the store
  상점 맞은편에
- ☐ across the street
  길 건너편에
- ☐ around the department
  store
  백화점 주위에
- ☐ close to the bank
  은행 가까이에

- ☐ by the entrance
  입구 옆에
- ☐ beside the desk
  책상 옆에
- ☐ from the warehouse
  창고로부터
- ☐ next to the table
  테이블 옆에
- ☐ near the museum
  박물관 근처에
- ☐ near here
  이 근처에
- ☐ opposite the park
  공원 맞은편에

06 How · Why 의문문

How 의문문은 수단이나 방법을 묻는 질문의 출제 비중이 높지만 의견을 물을 때도 있다. 또한, 〈How+형용사[부사]〉와 같이 다른 형용사나 부사와 함께 사용되어 가격, 거리, 기간 등을 묻는 문제로도 출제된다. 이 경우 How와 함께 쓰이는 형용사나 부사 표현들을 기억해 무엇을 묻는지를 빠르게 잡아내야 한다. Why 의문문의 경우 이유를 묻는 문제가 많이 출제되지만 제안의 표현으로도 자주 나온다.

❶ How 의문문: 방법이나 수단을 묻는 경우

How가 형용사나 부사와 함께 쓰이지 않고 단독으로 쓰이는 경우에는 보통 방법이나 수단을 물어보는 문제이다. 특히 '어떻게 해야 합니까?,' '할 수 있습니까?'라는 의미로 문제가 출제될 경우 '~을 하세요'와 같이 명령문이 답이 되는 경우도 자주 있다.

| **Example** |

🎧 S1-06-1

Mark your answer.   (A) (B) (C)

How did you hear about the job opening? 이 공석에 대해서는 어떻게 알게 되셨나요?

(A) My friend told me. 제 친구가 이야기해 주었습니다.
   ➡ 방법을 물어보는 How 의문문에 친구가 이야기해 줘서 알았다고 적절하게 대답한 **정답**

(B) By next Friday 다음 주 금요일까지요.
   ➡ When 의문문이 아니므로 시기에 관한 답변은 오답

(C) Here at the office 이곳 사무실에서요.
   ➡ hear과 유사 발음인 here을 사용한 오답

....

어휘   job opening 빈자리

1. How와 hear을 잘 듣고 어떻게 알게 되었는지 방법을 물어보는 질문임을 파악한다.
2. 전치사 by는 '~에 의해서'라고 수단을 나타내기도 하지만 시간 또는 위치와 관련된 표현에도 쓴다.

---

② How 의문문: How+형용사[부사] 의문문

How가 형용사나 부사와 함께 나란히 쓰이는 경우는 보통 '얼마나 ~한'이라는 의미이다. 예를 들어, How many trainees are there?은 '얼마나 많은 실습생들이 있나요?'로 해석된다. 따라서 How와 함께 쓰이는 형용사나 부사 표현들을 익혀 하나의 의문사처럼 들리도록 훈련한다.

| Example |

🎧 S1-06-2

Mark your answer.   (A)   (B)   (C)

How often should the website be updated? 웹 사이트는 얼마나 자주 업데이트되어야 하나요?

(A) Wednesday, March 12 3월 12일 수요일이요.
⇨ When 의문문에 대한 답이며 횟수를 물어보는 질문에 정답이 될 수 없으므로 오답

(B) How about tomorrow? 내일은 어떠신가요?
⇨ '얼마나 자주'라고 횟수를 물어보는 표현에 대한 대답이 될 수 없으므로 오답

(C) At least every two weeks 적어도 2주마다요.
⇨ '2주마다'라고 횟수를 표현하고 있으므로 [정답]

....

어휘   update ~을 업데이트하다   at least 적어도

1. How often을 듣고 횟수를 물어보는 표현임을 파악한다.

2. once, twice 등의 횟수 표현과 〈every+기간〉 표현도 주의해서 들어 둔다.

---

❸ How 의문문: 제안을 나타내거나 의견을 묻는 경우

'~은 어때요?'라는 의미로 청유문이며 다른 의문사 의문문과는 달리 Yes나 No로 답변이 가능하다. 방법이나 수단을 말하는 오답 선택지에도 주의하며 How is[was]+명사 ~?, How would you like+명사 ~?, How come ~?과 같이 출제되는 경우는 의견을 묻는 문제이므로 이에 맞는 정답을 골라야 한다.

│ Example │

🎧 S1-06-3

Mark your answer.　　　　(A)　(B)　(C)

How about using a projector? 프로젝터를 사용하는 것이 어때요?

(A) About the project 프로젝트에 관해서요.
　⇨ projector와 유사 발음인 project로 혼동을 주는 오답

(B) That sounds great. 좋은 생각이에요.
　⇨ 제안의 문장에 잘 어울리는 |정답|

(C) By train 기차로요.
　⇨ 수단에 대한 정답으로 제안하는 질문에는 어울리지 않는 오답

⋯⋯

어휘　　How about -ing? ~하는 게 어때?

토익
전문가
해설
　　1. How about -ing?가 제안의 표현임을 알아 둔다.
　　2. projector를 project로 변형해서 자주 출제되는 유사 발음 오답에 주의하자.

❹ Why 의문문: 이유를 묻는 경우

이유를 묻는 Why 의문문의 경우 의문사 이후 내용어 위주로 잘 들어 두는 것이 중요하며, 이유를 묻기 때문에 이유를 나타내는 접속사(because, since 등)와 전치사(because of, due to 등) 표현을 숙지해야 한다. 하지만 이유의 접속사는 생략 가능하기 때문에 〈주어+동사〉만 올 수도 있다는 것을 알아 둔다.

│ Example │

🎧 S1-06-4

Mark your answer.　　(A)　(B)　(C)

Why did the client change his mind about the purchase? 왜 고객이 구매에 대한 마음을 바꾸었나요?

(A) I don't really mind. 저는 별로 신경 쓰지 않습니다.
　⟶ 질문에서 등장한 mind를 다른 품사로 이용한 오답

(B) Because the price was not reasonable. 가격이 합리적이지 않아서요.
　⟶ 가격이 비싸서 마음을 바꾸었다는 내용으로 이유를 묻는 Why 의문문에 대한 적절한 [정답]

(C) How about others? 다른 것들은 어때요?
　⟶ 이유를 물어보았는데 제안을 하고 있으므로 내용에 어울리지 않는 오답

....

어휘　client 고객, 의뢰인　mind 마음, ~을 꺼리다, 신경 쓰다　reasonable 합리적인

1. Why, change, mind, purchase를 키워드로 구매에 대한 변심의 이유를 묻는 내용임을 파악한다.
2. 유사 발음에 유의하면서 자연스럽게 이어지는 이유 선택지에 초점을 맞춘다.

---

❺ Why 의문문: 제안을 하는 경우

Why 의문문은 이유를 묻는 내용으로 많이 출제되지만 제안이나 권유 내용으로도 자주 등장한다. Why don't I ~?는 '제가 ~하는 것은 어떻습니까?', Why don't you ~?는 '당신이 ~하는 것은 어떻습니까?', Why don't we ~?는 '우리 (함께) ~을 하는 것이 어때?'라는 의미이다. 단, 발음이 비슷해 혼동이 될 수 있는 Why didn't you ~?는 권유가 아닌 이유를 묻는 의문문임을 주의한다.

┤ Example ├

🎧 S1-06-5

Mark your answer.   (A)   (B)   (C)

Why don't we discuss it after the meeting? 회의 이후에 논의해 보는 건 어때요?

(A) The meeting is scheduled for 2 o'clock. 회의가 2시로 계획되어 있습니다.
⇨ 마지막에 들리는 단어 meeting을 이용한 연상 오답

(B) No, I don't have it. 아니요, 저한테는 없습니다.
⇨ 제안의 표현은 Yes나 No로 대답할 수 있지만 질문과 전혀 관계가 없는 표현이므로 오답

(C) Sorry, I have an appointment then. 죄송하지만 그때 제가 약속이 있습니다.
⇨ 약속이 있어서 안 된다는 거절의 표현으로 제안의 내용에 적절하게 대답한 |정답|

···

어휘   discuss ~을 논의하다   appointment (공적인) 약속

1. Why로 시작하지만 Why don't we를 바탕으로 이유를 묻는 내용이 아니라 제안의 표현임을 파악해야 한다.
2. 제안의 표현이기 때문에 거절과 승낙의 답변에 초점을 맞춘다.

PART 2

음성을 듣고 가장 적절한 응답을 고르세요. S1-06-6~15

1   (A)   (B)   (C)

2   (A)   (B)   (C)

3   (A)   (B)   (C)

4   (A)   (B)   (C)

5   (A)   (B)   (C)

6   (A)   (B)   (C)

7   (A)   (B)   (C)

8   (A)   (B)   (C)

9   (A)   (B)   (C)

10   (A)   (B)   (C)

토익 빈출 표현 리스트

How 결합형 어휘

- How much ~?
  얼마나 많이(양/가격)
- How many ~?
  얼마나 많이(개수/인원 수)
- How often ~?
  얼마나 자주(빈도수)
- How far ~?
  얼마나 먼(거리)
- How long ~?
  얼마나 오래(기간), 얼마나 긴(물리적 길이)
- How soon ~?
  얼마나 빨리, 곧(시기)
- How late ~?
  얼마나 늦게(보통 마감 시간)

교통수단 어휘

- by car
  차로
- by bus
  버스로
- by cab[taxi]
  택시로
- by plane
  비행기로
- by ship
  배로
- by subway
  지하철로
- by train
  기차로

기간 / 시간 / 빈도 관련 어휘

- once
  한 번
- twice
  두 번
- three times
  세 번

- every time
  매번
- hourly
  1시간마다, 매 시간
- daily
  날마다
- weekly
  주마다
- monthly
  달마다
- quarterly
  분기마다
- yearly[annually]
  매년마다
- decade
  10년
- score
  20년
- for ten days
  10일 동안
- more than an hour
  한 시간 이상
- dozen
  12개
- a couple of
  둘의

의견을 묻는 질문에 대한 형용사 어휘

- amazing
  놀라운
- astonishing
  놀라운
- surprising
  놀라운
- boring
  지루한
- bored
  지루하게 느끼는

- concerned
  우려하는
- exciting
  신 나는
- excited
  흥분되는
- exhausted
  지치는
- exhausting
  지치게 하는
- tired
  피곤한
- tiring
  피곤하게 하는
- gorgeous
  멋진
- fantastic
  환상적인
- unhappy
  불행한
- awful
  끔찍한
- satisfactory
  만족스러운
- satisfied
  만족한
- disappointed
  실망한
- disappointing
  실망스러운
- frustrated
  좌절한
- frustrating
  좌절하게 하는
- worried
  걱정하는

| 이유의 전치사 |

- □ because of
- □ owing to
- □ for
- □ due to
- □ on account of
- □ thanks to

| 이유의 접속사 |

- □ because
- □ as
- □ now that
- □ since
- □ in that

| 목적 |

- □ so that+주어+동사
- □ in order to+동사원형
- □ so as to+동사원형

| 제안에 대한 승낙의 표현 |

- □ Sure[Certainly / Absolutely / Of course].
  물론이죠.

- □ That sounds good[great/nice].
  좋은 생각이네요.

- □ That's fine with me.[It's OK with me.]
  저는 좋아요.

- □ That would work out for me.
  저는 좋아요

- □ Why not?
  왜 안 되겠어요.

- □ No problem.
  문제없습니다.

- □ I'd appreciate it.
  저야 감사하죠.

- □ I'd love to.
  하고 싶어요.

| 제안에 대한 거절의 표현 |

- □ I'm afraid ~
  유감이지만, 죄송하지만

- □ No thanks.
  고맙지만 사양할게요.

- □ I'm sorry ~
  죄송하지만

- □ Thanks, but ~
  고맙지만 ~

- □ Unfortunately ~
  불행하게도

- □ I wish I could, but ~
  그러고 싶지만 ~

07 What · Which 의문문

의문사 What은 바로 뒤이어 나오는 명사와 결합되는 경우가 많으므로 뒤의 명사를 듣는 것이 중요하다. 또한, 동사의 의미와 시제가 중요하므로 동사를 들으면서 시제도 정확히 파악해야 한다. 의문사 Which도 What과 마찬가지로 어떤 명사와 함께 쓰이는지가 중요하다. A or B처럼 선택의 범위와 함께 쓰이는 경우 둘 중 하나가 언급되거나 제3의 내용이 나오거나 아무거나 상관없다는 내용이 정답으로 출제된다.

❶ What 의문문: 다양한 명사와 쓰이는 경우

〈What+명사 ~?〉의 형태로 What과 연결되는 명사가 핵심이므로 뒤의 명사를 놓치지 않고 들어야 한다.

What time ~? 몇 시에 ~?

What date ~? 며칠 ~?

What day ~? 무슨 요일 ~?

What reason~? 무슨 이유 ~?

What made you think ~?
무엇 때문에 ~라고 생각했나요?

What brought you+장소 부사(구) ~?
어쩐 일로 ~에 오셨나요?

What's the price? 가격이 얼마예요?

What's the cost? 비용이 얼마예요?

What's the rate? 요금이 얼마예요?

What's the fee? 요금이 얼마예요?

What's the type [kind/sort] of ~?
어떤 종류의 ~예요?

| Example |

🎧 S1-07-1

Mark your answer.　　　(A)　(B)　(C)

What time does your store close on Sundays? 일요일마다 몇 시에 문을 닫습니까?

(A) It's next to the bank. 은행 옆에 있어요.
　　⇨ 장소에 대한 대답으로 오답

(B) Some other time 나중에요.
　　⇨ time을 중복해서 사용하여 혼동을 유발하는 오답

(C) At 6 P.M. 오후 6시에요.
　　⇨ 시간을 정확히 이야기함으로써 What time(=When)에 대한 적절한 대답을 나타내는 [정답]

어휘　some other time 나중에, 언젠가

토익 전문가 해설

1. What time이 함께 쓰인 표현으로 When의 의미가 있다는 것을 기억해야 한다.

2. 질문에 나온 어휘가 선택지에 쓰이면 오답인 경우가 많다.

❷ What 의문문: 관용적인 용법

What 의문문은 What ~ like?와 같이 How의 의미를 뜻하는 의문문과 What ~ for?와 같이 이유를 물어보는 경우 또는 What about ~?과 같이 청유문의 의미를 갖는 경우도 있다. 따라서 이러한 관용적인 표현을 알아 두면 문제 풀이가 쉬워진다.

| Example |

🎧 S1-07-2

Mark your answer.　　　(A)　(B)　(C)

What's the weather like today? 오늘 날씨 어때요?

(A) I'm not sure whether he likes it or not. 그가 좋아할지 확실하지 않습니다.
　　⇨ 유사 발음 어휘 whether를 이용한 오답

(B) It's Thursday. 목요일이요.
　　⇨ today라는 마지막 단어를 이용한 연상 오답

(C) It is still raining. 여전히 비가 내리고 있어요.
　　⇨ 날씨를 물어보는 질문에 대한 적절한 답변으로 |정답|

....

어휘　　whether+주어+동사 ~인지 아닌지　still 아직도, 여전히

1. What, weather, today를 키워드로 날씨를 물어보는 문제임을 파악한다.
2. weather와 whether, 전치사 like와 동사 like는 오답을 유도하는 어휘로 자주 사용된다.

---

❸ Which 의문문: Which+명사 ~?

보통 둘 중 하나를 선택하는 의미로 출제되며 Which 이후 명사를 놓치지 않고 듣는 것이 중요하다. 이때 대답으로 대명사 one을 이용하기도 한다. 예를 들어, Which color do you think looks better?로 물어본 경우 The lighter one(더 밝은 색이요.)과 같이 대명사 one을 이용하는 경우가 많다.

> **Example**
> 🎧 S1-07-3
>
> Mark your answer.　　　　(A)　(B)　(C)
>
>
> **Which attendees are missing from the list?** 어느 참석자가 목록에서 누락되었나요?
>
> **(A) Yes, I'm leaving now.** 네, 저 지금 떠납니다.
> ⇨ 발음이 선명하게 들리는 list와 혼동되는 발음인 leaving을 이용한 오답
>
> **(B) The new employees still haven't been added.** 새 직원들이 아직 추가되지 않았습니다.
> ⇨ '새로운 직원들이 빠져 있다'라는 의미로 질문에 대해 가장 적절하게 답변한 |정답|
>
> **(C) At least 20** 적어도 20명이요.
> ⇨ 역시 list와 유사 발음을 가진 least를 이용한 오답
>
> -
>
> 어휘　attendee 참석자　missing 실종되다, 분실되다, 누락되다　add ~을 추가하다, 더하다
>
> 🟣 **토익 전문가 해설**　1. Which도 중요하지만 바로 뒤의 명사 attendees를 듣는 것이 더욱 중요하다.
> 　　2. 유사·발음 오답으로 자주 출제되는 list와 least를 알아 둔다.

❹ Which 의문문: Which A or B?

선택의 범위가 의문문 끝에 같이 오는 경우 둘 중에 하나를 고르거나 둘 다 상관없다는 식의 대답, 혹은 아주 다른 제안을 하는 경우가 정답으로 출제된다. 범위를 나타내는 표현은 귀에 잘 들리는 특징이 있다. 비슷한 발음으로 오답을 만든 경우에도 실수 없이 오답을 소거해 가면서 풀도록 한다.

| Example | 🎧 S1-07-4

Mark your answer.　　　(A)　(B)　(C)

Which would you prefer, coffee or tea? 커피와 차 중 어느 것을 드릴까요?

(A) I sent 15 copies already. 이미 15부 보냈습니다.
⇨ coffee의 유사 발음 어휘 copies를 이용한 오답

(B) Either is fine with me. 어느 것이든 괜찮아요.
⇨ 어느 것이든 괜찮다는 의미로 질문에 대한 적절한 응답이 되어 |정답|

(C) I'm not prepared yet. 전 아직 준비가 안 됐습니다.
⇨ prefer의 유사 발음 어휘 prepared를 이용한 오답

....

어휘　prefer ~을 더 좋아하다　prepare 준비하다, 대비하다

토익
전문가
해설

1. 선택 의문문의 경우 선택의 범위로 주어지는 내용(coffee, tea)을 놓치지 않아야 한다.

2. coffee-copy, prefer-prepare로 이어지는 오답 선택지에 주의한다.

PART 2

음성을 듣고 가장 적절한 응답을 고르세요. S1-07-5~14

1   (A)   (B)   (C)

2   (A)   (B)   (C)

3   (A)   (B)   (C)

4   (A)   (B)   (C)

5   (A)   (B)   (C)

6   (A)   (B)   (C)

7   (A)   (B)   (C)

8   (A)   (B)   (C)

9   (A)   (B)   (C)

10   (A)   (B)   (C)

의문사 what과 잘 쓰이는 명사 어휘 ┃ 🎧 S1-07-15 미M 호W

What is the+명사 ~? 유형

□ fare
요금

□ estimate
견적가

□ value
가치

□ fee
수수료, 요금

□ price
가격

□ penalty
벌금

□ rate
요금

□ fine
벌금

□ opinion
의견

□ cost
비용

□ charge
요금

□ the best way
가장 좋은 방법

□ expense
비용

□ quote[quotation]
견적

의문사 what과 잘 쓰이는 동사 어휘

□ **What made you so late?**
왜 늦었어요?

□ **What brought you here?**
여기는 무슨 일 때문에 오셨나요?

□ **What do you do?**
직업이 무엇인가요?

□ **What would you like for dinner?**
저녁으로 무엇을 드시겠습니까?

□ **What took you so long?**
왜 이렇게 오래 걸렸어요?

□ **What do you think about the proposal?**
제안에 대해 어떻게 생각하시나요?

의문사 what · which와 자주 쓰이는 장소 명사

□ venue
개최지

□ location
위치

□ inn
여관, 여인숙

□ site
부지, 현장

□ stadium
경기장

□ garage
차고

□ museum
박물관

□ scene
현장

□ cafeteria
구내식당

□ restaurant
식당

□ stage
무대

□ store
상점

□ theater
극장

□ hotel
호텔

□ department
부서

□ position
지점

□ intersection
교차로

□ accommodation
숙박시설

□ spot
장소

□ auditorium
강당

□ lounge
라운지, 휴게실

08 be동사 의문문 · 조동사 의문문

의문사가 없는 의문문을 Yes/No 의문문이라고 한다. Can, Should, Must, May, Will 등의 조동사는 동사원형과 함께 쓰이는데 이때 동사원형과 함께 뉘앙스를 파악하는 것이 중요하다. 반면 대부분의 의문문에서 주어 앞에 등장하는 be동사, Do, Have[Has] 등은 특정한 의미가 없는 기능어이므로 뒤에 이어지는 의미어를 파악하는 것이 문제를 푸는 열쇠이다. 단, 기능어는 시제를 담고 있으므로 시제를 확인한다.

① be동사 의문문: be동사 뒤 형용사 보어가 오는 경우

be동사 뒤에 형용사를 취하는 의문문은 be동사보다 주어 뒤의 형용사를 잘 들어야 한다. 이 형용사 보어가 패러프레이징되어 정답으로 등장하는 경우가 많다. 예를 들어, Are you tired?(피곤하세요?)와 같은 질문에서는 앞에 등장한 Are는 중요하지 않고 you와 tired 두 단어를 키워드로 선택지를 들어야 한다. 그래야 I feel exhausted.(네, 많이 지쳤습니다.)와 같은 내용을 정답으로 고를 수 있다.

Example

🎧 S1-08-1

Mark your answer.　　　(A)　(B)　(C)

Are you available at noon? 정오에 시간이 되시나요?

(A) How about 10 o'clock? 10시는 어떠십니까?
　⇨ 정오에 시간이 되냐는 질문에 거꾸로 제안을 하는 내용으로 |정답|

(B) Yes, he is. 네, 그는 가능합니다.
　⇨ 주어가 맞지 않으므로 오답

(C) It's not available. 그것은 이용 불가합니다.
　⇨ 같은 단어 available을 중복 사용해서 혼동을 유발하는 오답

어휘　available 이용 가능한

1. 의문사가 없는 의문문이기 때문에 Yes나 No로 대답이 가능하지만 주어가 일치하는지를 확인해야 한다.

2. 같은 단어가 질문과 선택지에 똑같이 등장할 때 오답인 경우가 많으므로 주의해서 듣는다.

❷ be동사 의문문: be동사 뒤 명사 보어가 오는 경우

be동사 뒤에 명사 보어가 나오는 경우 의미상 앞에 주어로 나온 명사와 같다는 것을 알아 둔다. 또한 Is[Are] there+명사 ~?와 같은 의문문의 경우 명사를 잘 들어야 한다는 것도 알아 둔다. 주어가 사람이나 사물이냐에 따라서 직책이나 직업 또는 관련 사물 어휘를 바꿔 말한 어휘가 정답 또는 오답으로 출제되기 때문에 집중해서 들어야 정답을 찾을 수 있다.

| Example |

🎧 S1-08-2

Mark your answer.　　　(A)　(B)　(C)

Is the woman standing there your designer? 저기 서 있는 여자가 당신 디자이너입니까?

(A) It's designed for children. 아이들을 위해 고안됐습니다.
　⇨ 마지막 단어 designer의 파생어를 이용한 발음 함정으로 오답

(B) Yes, she is. 네, 맞아요.
　⇨ 디자이너가 맞냐는 질문에 Yes로 대답하고 대명사 she, be동사 is로 적절하게 마무리한 **정답**

(C) No, there isn't. 아니요, 없습니다.
　⇨ 같은 단어인 there를 반복해서 사용한 오답

··

어휘　stand ~에 서 있다　design 고안하다

1. 질문의 핵심인 the woman과 your designer를 잘 듣고 기억해 둔다.

2. 대동사(조동사, be동사, Do동사류)를 이용한 짧은 대답도 정답으로 자주 출제된다는 것을 알아 둔다.

---

❸ Do 의문문: Do+주어+동사원형 ~?

주어 앞에 있는 Do, Does, Did의 경우 일반동사의 의문문을 만들기 위해 필요한 조동사이기 때문에 기능어로 분류된다. 따라서 주어와 동사원형을 잘 들어 두는 것이 문제 풀이에 도움이 된다. 예를 들어, Do you have any questions on the schedule?(혹시 스케줄 관련 질문이 있으신가요?)에서 Do는 기능어일 뿐이므로 you have any questions를 잘 듣는 것이 중요하다. 단, 여기서 시제는 구별해서 들어야 한다.

| **Example** | 🎧 S1-08-3

Mark your answer.　　　(A)　(B)　(C)

Did the Vancouver office call today? 밴쿠버 사무실에서 오늘 전화했었나요?

(A) It isn't cold outside. 아니요, 밖에 춥지 않아요.
　⇨ '전화하다'라는 의미인 call과 유사 발음을 가진 cold를 이용해 만든 오답

(B) Yes, Mr. Rei left a message for you. 네, 레이 씨가 메시지를 남겼어요.
　⇨ '전화했냐'라는 질문에 '메시지를 남겨 놓았다'라는 내용으로 적절하게 답변한 |정답|

(C) Why don't you try this on? 이거 한 번 걸쳐 보시는 게 어떠세요?
　⇨ 질문과 전혀 관련이 없는 내용으로 만들어진 오답

....

어휘　　leave ~을 남겨 놓다　try ... on ~을 한번 입어 보다

🔵 토익
전문가
해설
　1. office와 call을 힌트로 질문의 핵심 의미를 파악한다.
　2. did를 힌트로 과거 시제 상황임을 알아 둔다.

---

❹ Have 의문문: Have[Has]+주어+과거분사 ~?

현재완료 시제의 의문문으로서 역시 Have나 Has는 시제와 관련된 기능적인 역할만 하는 단어이므로 실제 문제에서는 주어와 그 뒤의 과거분사가 키워드가 된다. 따라서 각각 의문문에 등장하는 과거분사의 내용을 놓치지 않도록 듣기 훈련을 해 두는 것이 중요하다. 예를 들어, Have you returned the projector?(프로젝터 반납했나요?)의 경우 Have보다는 내용어인 you와 returned가 키워드이다.

┤ **Example** ├

🎧 S1-08-4

Mark your answer.　　　　(A)　(B)　(C)

Have you finished testing the new product? 새로운 제품 테스트는 끝내셨나요?

(A) No, we are not done yet. 아니요, 아직 다 못했습니다.
　　↳ 끝냈냐는 질문에 아직 끝내지 못했다는 의미로 |정답|

(B) It's not what I want. 제가 원한 게 아닙니다.
　　↳ 질문과 전혀 관련이 없는 내용으로 오답

(C) A few programs 몇 개의 프로그램이요.
　　↳ Have you 발음과 A few의 유사 발음을 이용해서 만든 오답

- -

어휘　　test 시험해 보다　product 제품

 1. 주어 you와 finished를 듣고 어떤 일의 완료 여부를 묻는 문제임을 파악한다.

2. complete, done 등 '~을 끝내다'라는 의미의 다양한 어휘를 알아 둔다.

⑤ 기타 조동사 의문문

보통 Can[May/ Will/ Must/ Shall/ Should]+주어+동사원형 ~?의 형태로 사용되며 각각 의미가 다르기 때문에 이후 〈주어+동사〉 표현과 잘 연결하여 알아 두는 것이 중요하다.

│ Example │ 🎧 S1-08-5

Mark your answer. (A) (B) (C)

Should I send the document now? 제가 서류를 지금 보내야 하나요?

(A) No, I don't. 아니요, 저는 그렇지 않아요.
⇨ Should I로 물어보았기 때문에 대답을 하더라도 No, you shouldn't와 같이 주어와 조동사가 모두 일치해야 하는데 I don't로 대답했기 때문에 오답

(B) Wait until tomorrow. 내일까지 기다려 주세요.
⇨ 내일까지 기다리라는 의미로 자연스럽게 연결되는 **│정답│**

(C) Both of the pages 양쪽 모두요.
⇨ 질문과 상관없는 내용으로 오답

어휘 document 서류 both 둘 다

 1. Should I send ~? 형태로 '~을 보내야 하나요?'라고 묻는 질문이다. 질문의 첫 단어 Should와 동사원형 send를 잘 들어 둔다.

2. 조동사로 묻는 질문이지만 Yes, No로 답하지 않는 경우도 많다.

❻ 조동사를 이용한 권유 · 부탁 · 제안의 의문문

Can you help me with this report?(이 보고서 관련해서 도와줄 수 있나요?)와 같이 부탁의 표현이나
Would you mind opening the window?와 같은 허락을 구하는 표현들은 따로 익혀 두자.

Would you like(care) to ~? ~하시겠습니까?

Can[Could] you ~? ~해 주실 수 있으신가요?

Would you mind -ing ~? ~해 주지 않으시겠어요?

Shall we ~? ~할까요?

Shouldn't you ~? ~해야 하지 않나요?

┤ Example ├

🎧 S1-08-6

Mark your answer.　　　　(A)　(B)　(C)

Could you schedule the luncheon for Tuesday? 화요일에 오찬을 잡아주시겠어요?

(A) OK, how many people will be there? 네, 몇 명이나 참석하나요?

⇨ 오찬을 잡아달라고 부탁한 표현에 자연스럽게 긍정으로 대답한 |정답|

(B) Here's the schedule. 여기 스케줄이 있습니다.

⇨ 같은 단어(schedule)를 품사를 바꿔 선택지로 제시한 오답

(C) I heard that too. 저도 들었습니다.

⇨ 부탁의 표현에 '저도 들었어요'라는 의미로 자연스럽게 연결되지 않는 오답

....

어휘　schedule ~의 스케줄을 잡다, 일정   luncheon 오찬

1. Could you schedule ~?은 '~ 스케줄을 잡아주세요'라는 의미로 부탁의 표현임을 파악한다.

2. 권유의 표현에 대한 승낙, 거절의 답변 표현도 함께 알아 둔다.

비법 적용 연습

PART 2

음성을 듣고 가장 적절한 응답을 고르세요. 🎧 S1-08-7~16

1　　(A)　　　(B)　　　(C)

2　　(A)　　　(B)　　　(C)

3　　(A)　　　(B)　　　(C)

4　　(A)　　　(B)　　　(C)

5　　(A)　　　(B)　　　(C)

6　　(A)　　　(B)　　　(C)

7　　(A)　　　(B)　　　(C)

8　　(A)　　　(B)　　　(C)

9　　(A)　　　(B)　　　(C)

10　(A)　　　(B)　　　(C)

|Part 2 주요 명사 어휘| 🎧 S1-08-17 영M 미W

- [ ] catalogue
  안내 책자
- [ ] report
  보고서
- [ ] plant
  공장
- [ ] chart
  차트
- [ ] meeting
  회의
- [ ] conference
  회의
- [ ] graph
  그래프
- [ ] vegetarian
  채식주의자
- [ ] form
  양식
- [ ] speech
  연설
- [ ] award
  상
- [ ] prize
  상
- [ ] slip
  작은 종이쪽지
- [ ] product demonstration
  제품 시연
- [ ] survey
  설문 조사
- [ ] property
  부동산
- [ ] real estate
  부동산
- [ ] rule
  규정
- [ ] regulation
  규정
- [ ] policy
  규정, 정책
- [ ] research
  연구, 조사
- [ ] study
  연구

- [ ] branch
  지사
- [ ] headquarters
  본사
- [ ] prototype
  시제품
- [ ] software
  소프트웨어
- [ ] promotion
  승진, 판촉
- [ ] workshop
  워크숍
- [ ] budget
  예산
- [ ] inspection
  점검, 검사
- [ ] equipment
  장비
- [ ] renovation
  보수, 수리
- [ ] travel agency
  여행사
- [ ] document
  문서
- [ ] clothing
  의류
- [ ] part
  부품
- [ ] traffic
  교통
- [ ] warranty
  보증(서)
- [ ] night shift
  야간 근무
- [ ] business trip
  출장
- [ ] goods
  상품, 제품
- [ ] product
  제품
- [ ] appointment
  약속
- [ ] engagement
  약속

- [ ] merchandise
  제품
- [ ] reservation
  예약
- [ ] booking
  예약
- [ ] leave
  휴가
- [ ] public transportation
  대중교통
- [ ] deadline
  마감일
- [ ] discount
  할인
- [ ] analysis
  분석
- [ ] stockholder's meeting
  주주총회
- [ ] special offer
  특가 판매
- [ ] special deal
  특가 판매
- [ ] label
  라벨, 상표
- [ ] procedure
  절차
- [ ] reminder
  상기시켜 주는 것(메모, 쪽지 등)
- [ ] presentation
  발표
- [ ] article
  기사
- [ ] suggestion
  제안
- [ ] proposal
  제안
- [ ] reception
  연회

부가 의문문 · 간접 의문문

부가 의문문은 평서문 뒤에 are you?, don't you?, have you? 등으로 쓰여 의문문을 더해 주는 의문문이다. 부가 의문문은 중요하지 않은 정보이므로 앞의 〈주어+동사〉를 신경 써서 듣는다. 그리고 간접 의문문은 동사나 전치사 뒤에 〈의문사[if, whether]+주어+동사〉의 형태로 쓰이는 의문문이다. 예를 들어, Do you know when the conference starts?(회의가 언제 시작되는지 아십니까?)라는 문장에서 Do you know는 중요하지 않고 의문사와 이후 내용이 중요하다.

❶ 〈주어+동사〉가 중요한 부가 의문문

부가 의문문은 평서문으로 나온 내용을 다시 한 번 확인하는 것에 불과하다. 따라서 〈주어+동사〉를 제대로 파악해서 관련 내용으로 알맞은 답변을 골라야 한다. 부가 의문문도 의문사가 없는 의문문과 마찬가지로 Yes나 No로도 답변이 가능하다.

| Example |

🎧 S1-09-1

Mark your answer. (A) (B) (C)

Her article was published, wasn't it? 그녀의 기사가 출판이 되었죠, 그렇지 않나요?

(A) No, but it will be. 아니요, 그런데 곧 될 거예요.

⇨ 출판이 되었냐는 질문에 No로 대답을 하고 바로 but으로 이어지면서 출판 시기를 알려 주는 |정답|

(B) Yes, she is an artist. 네, 그녀는 예술가예요.

⇨ article과 유사한 발음으로 시작하는 artist를 이용한 오답

(C) Maybe the director 아마도 부장님이요.

⇨ 질문의 내용과 전혀 관계가 없는 내용의 오답

....

어휘 article 기사 publish 출판하다 artist 예술가 director 부장

1. 질문 초기에 등장하는 Her article과 published가 질문의 핵심이다.

2. 답변 중간에 but으로 반전을 주는 선택지는 정답인 경우가 많다는 것도 알아 둔다.

---

❷ 의문사가 중요한 간접 의문문

간접 의문문은 〈의문사+주어+동사〉의 형태로 문장 중간에 들어가는 것이 대부분이다. 따라서 〈의문사+주어+동사〉의 내용만 잘 들어도 문제를 풀 수 있다. 때에 따라서 I am not sure if[whether] Mr. Kim will visit us tomorrow.와 같이 '~인지 아닌지'라는 의미로 의문사 자리에 if나 whether가 등장할 수 있다는 것을 알아 둔다.

| Example | 🎧 S1-09-2

Mark your answer.　　　(A)　(B)　(C)

Do you know why Mrs. Peterson hasn't been in the office this week?
왜 이번 주에 피터슨 씨가 사무실에 없었는지 아세요?

(A) I think she's on leave now. 그녀는 지금 휴가 중일 거예요.

⇨ 피터슨이 왜 사무실에 없었는지에 대한 자연스러운 답변으로 |정답|

(B) No, it was last week. 아니요, 지난주였어요.

⇨ 질문의 this week를 이용한 연상 내용 답변 오답

(C) I haven't seen you in ages. 오랫동안 뵙질 못했네요.

⇨ been의 유사 발음으로 seen을 넣어 혼동을 유발시키며 피터슨이 주어인데 you로 답변해 어색한 오답

어휘 leave 휴가　ages 오랫동안, 한참

1. 질문에서 Do you think는 중요한 내용이 아니며 why 이후 표현들이 질문의 핵심이다.

2. 오답을 거르는 방법으로 대명사의 활용은 매우 중요하다. 특히, 질문에서 Mrs. Peterson과 같이 제3자가 등장하면 정답에도 보통 제3자를 지칭하는 대명사가 등장한다.

비법 적용 연습

PART 2

음성을 듣고 가장 적절한 응답을 고르세요. 🎧 S1-09-3~12

1   (A)   (B)   (C)

2   (A)   (B)   (C)

3   (A)   (B)   (C)

4   (A)   (B)   (C)

5   (A)   (B)   (C)

6   (A)   (B)   (C)

7   (A)   (B)   (C)

8   (A)   (B)   (C)

9   (A)   (B)   (C)

10   (A)   (B)   (C)

| Part 2 주요 형용사 어휘 | 🎧 S1-09-13 [미M] [호W]

□ latest
최신의

□ available
이용 가능한

□ used
사용된, 중고의

□ updated
업데이트 된

□ expensive
비싼

□ costly
값 비싼

□ affordable
여유 있는

□ reasonable
합리적인

□ competitive
경쟁력이 있는

□ several
몇몇의

□ recent
최근의

□ wonderful
훌륭한

□ challenging
도전적인

□ enjoyable
즐거운

□ excellent
훌륭한

□ professional
전문적인

□ informative
유익한

□ useful
유용한

□ friendly
친근한

□ user-friendly
사용자 친화적인

□ local
지역의, 지방의

□ regional
지역의, 지방의

□ secure
안전한

□ experienced
경험이 많은

□ extra
여분의, 추가의

□ additional
추가의

□ international
국제적인

□ national
전국적인

□ efficient
효율적인

□ effective
효과적인

□ valuable
귀중한

□ precious
귀중한, 소중한

□ impressive
감동적인

□ satisfactory
만족스러운

□ positive
긍정적인

□ negative
부정적인

□ possible
가능한

□ impossible
불가능한

□ customized
고객 맞춤의

□ favorite
가장 좋아하는

□ usual
보통의

□ last
지난, 마지막의

□ far
먼

□ necessary
필수적인

□ essential
필수적인

□ relieved
안심이 되는

□ valued
귀중한

□ satisfied
만족을 느끼는

□ annoying
성가시게 하는

□ annoyed
짜증을 느끼는

□ touching
감동이 있는

□ moving
감동이 있는

□ touched
감동을 느끼는

□ moved
감동을 느끼는

부정 의문문 · 평서문

부정 의문문은 '~하지 않습니까?,' '~ 않죠?'와 같이 부정어가 포함된 의문문이다. 여기서 부정어는 무시해도 문제 풀이에는 전혀 어려움이 없다. 의문문에 상관없이 부정이면 No, 긍정이면 Yes로 대답하므로 부정어에 신경 쓰지 않고 나머지 표현을 제대로 들어 둔다. 평서문은 가장 다양한 정답이 등장하므로 문장 전체를 빠짐없이 들어야 하는 까다로운 문제이다.

❶ 부정 의문문은 일반 의문문과 결국 동일

부정 의문문이나 일반 의문문은 우리말과는 달리 영어에서는 의미를 파악하는 데 큰 차이가 없다. 예를 들어, Aren't you supposed to attend the meeting?(회의에 참석하기로 되어 있지 않았나요?)에서 not은 결과적으로 문장의 의도를 파악하는 데는 있으나 마나 한 부분이다. 따라서 Yes, but I have to finish this report first.(네, 하지만 이 보고서를 먼저 끝내야 해요.)를 정답으로 고를 수 있어야 한다.

| Example |

🎧 S1-10-1

Mark your answer.   (A)   (B)   (C)

Don't you want to reserve an aisle seat? 통로 쪽 좌석을 예약하고 싶지 않으신가요?

(A) Please write down your address. 당신의 주소를 적어 주시기 바랍니다.
  ⇨ 질문의 내용과 전혀 관계가 없는 오답

(B) No, I like looking out the window. 아니요, 저는 창밖을 보는 게 좋아요.
  ⇨ 창문 밖을 보는 게 좋아서 창가 쪽 좌석이 좋다는 의미로 **|정답|**

(C) It will be sent sooner or later. 조만간 배송될 것입니다.
  ⇨ seat와 유사 발음 sent를 이용한 유사 발음 오답

....

어휘   reserve ~을 예약하다   aisle seat 통로 쪽 좌석   soon or later 조만간, 곧

1. 부정 의문문으로 시작하든 아니든 전혀 중요하지 않다. 중요한 것은 주어인 you와 이후 등장하는 내용을 정확히 기억하는 것이다.
2. 혼동을 유도하는 유사 발음 어휘에 주의한다.

❷ 놓칠 것이 없는 평서문

평서문의 경우 의문문과는 달리 정답을 예측하기 어렵다. 따라서 철저하게 오답을 지워내는 방향으로 문제를 풀어야 한다. 비슷한 발음이 들리지는 않았는지 혹은 대명사나 시제가 어긋나지는 않았는지 등을 파악해 가면서 선택지를 들어야 하는 문제 유형이다.

| **Example** | 🎧 S1-10-2 |

Mark your answer. (A) (B) (C)

I'll be happy to give you a ride to the airport. 제가 공항까지 태워다 드리겠습니다.

(A) I will pick you up at the airport. 제가 공항으로 마중 나갈게요.
↪ airport를 중복해서 사용한 오답

(B) Thanks, but I've already called a taxi. 감사합니다만 벌써 택시를 불렀어요.
↪ 태워다 주겠다는 호의에 감사함을 전하며 자연스럽게 거절하는 표현으로 |정답|

(C) It's been canceled. 취소됐습니다.
↪ 내용과 전혀 관계가 없는 문장으로 오답

···

어휘   give ... a ride ~을 태워다 주다   pick ... up ~을 마중 나가다   cancel ~을 취소하다

토익 전문가 해설

1. 평서문의 경우 의문문이 아니기 때문에 특정하게 정해져 있는 대답이 없다는 것을 명심한다.

2. give you a ride의 표현을 바탕으로 제안하는 내용임을 파악한다.

비법 적용 연습

PART 2

음성을 듣고 가장 적절한 응답을 고르세요.   S1-10-3~12

1   (A)   (B)   (C)

2   (A)   (B)   (C)

3   (A)   (B)   (C)

4   (A)   (B)   (C)

5   (A)   (B)   (C)

6   (A)   (B)   (C)

7   (A)   (B)   (C)

8   (A)   (B)   (C)

9   (A)   (B)   (C)

10   (A)   (B)   (C)

토익 **빈출 표현** 리스트

| Part 2 빈출 동사 어휘 | S1-10-13 영M 미W

□ get to
~에 도달하다, 도착하다

□ print
인쇄하다

□ be held
~이 개최되다

□ leave
떠나다, ~한 상태로 남기다

□ expire
만료되다

□ supply
공급하다

□ demonstrate
시연하다

□ display
보여 주다, 진열하다

□ appoint
임명하다

□ return
반납하다, 돌아가다

□ pass
통과하다, 지나가다

□ ask for
요청하다

□ park
주차하다

□ place an order
주문하다

□ meet
만나다, 충족시키다

□ relocate
이전하다

□ look forward to
고대하다

□ complete
작성하다

□ fill out
작성하다

□ connect
연결하다

□ hire
고용하다

□ employ
고용하다, 이용하다

□ replace
교체하다

□ take place
발생하다, 열리다

□ break
깨뜨리다, 고장 나다

□ reserve
예약하다

□ set up
설치하다, 차리다

□ register
등록하다

□ promote
홍보하다, 승진시키다

□ rent
대여하다

□ finalize
마무리하다, 성사시키다

□ deliver
배송하다, 배달하다

□ fix
고치다, 고정하다

□ repair
수리하다

□ submit
제출하다

□ prefer
선호하다

□ mention
언급하다

□ proofread
교정을 보다

□ release
출시하다, 개봉하다

□ afford
~할 여유가 있다

□ attend
참석하다

□ participate in
참석하다

□ apply for
지원하다, 신청하다

□ locate
발견하다

□ train
훈련시키다

□ publish
출판하다

□ present
발표하다, 제시하다

□ install
설치하다

□ discuss
논의하다

□ negotiate
협상하다

□ spend
쓰다, 소비하다

□ sign
서명하다

□ revise
수정하다

□ work
일하다, 효과가 있다

□ consider
고려하다

□ plant
심다

□ review
검토하다

□ purchase
구매하다

□ edit
편집하다

□ renew
갱신하다

□ operate
운영하다, 작동시키다

□ run
운영하다

□ share
공유하다

□ remind
상기시키다

□ inform
알려 주다

PART 3 짧은 대화

Part 3는 두 사람의 대화를 듣고 3문제를 풀어야 하는 유형이다. 대화를 듣기 전에 질문을 미리 읽어 두어야 지문을 들으면서 정답을 바로 찾아낼 수 있다. 따라서 듣기 능력뿐만 아니라 속독 능력도 필요한 파트이다.

❶ 듣기를 요약해라

지문을 듣고 3문제를 풀어야 하기 때문에 지문을 듣기 전에 문제를 요약하는 것이 매우 중요하다. 3문제를 빠르게 스캔해서 듣기 전에 핵심 어구를 반드시 기억하고 지문을 들으면서 정답을 체크할 수 있도록 연습을 해 두는 것이 중요하다. Part 4도 마찬가지겠지만 읽으며 요약하기와 들으면서 정답 찾기가 동시에 이루어질 수 있도록 연습해 두어야 하는 파트이다.

❷ 문제의 순서와 지문의 순서는 보통 동일하다

두 사람의 대화를 듣고 3문제를 푸는 Part 3의 경우 대개 문제는 대화의 순서에 맞춰 등장하는 경우가 많다. 문제를 까다롭게 만들기 위해서 순서를 지키지 않는 경우도 1지문 정도 등장한다. 그러나 대부분 첫 번째 문제는 지문의 초반에, 두 번째 문제는 중반에, 세 번째 문제는 지문의 후반에 보통 등장한다. 따라서 지문을 문제에 맞춰 상/중/하로 분리해서 듣는 능력을 갖추면 문제 풀이가 쉬워진다. 초반에 푸는 문제와 후반에 푸는 문제는 어렵지 않은 경우가 많으나 3문제 중 구체적인 내용을 묻는 두 번째 문제가 까다로운 문제인 경우가 많다. 따라서 초반 문제와 후반부 문제는 놓치지 않도록 하는 것이 중요하다.

❸ 패러프레이징되는 표현을 익힌다

Part 3에서 대화에서 사용한 표현이 그대로 정답으로 제시되는 경우는 많지 않다. 같은 의미를 가진 다른 표현으로 바꿔서 제시하는데, 이를 패러프레이징(paraphrasing)이라고 한다. 패러프레이징된 표현을 잘 파악하는 것이 Part 3, 4를 잘 풀 수 있는 비결이므로 같은 의미를 가진 다양한 표현을 익혀 두어야 한다.

지문의 초반을 공략하는 문제 유형

What are the speakers discussing? 화자가 논의하고 있는 것은 무엇인가?

What is the main topic of this conversation? 대화의 주제는 무엇인가?

What is being discussed? 무엇이 논의되고 있는가?

What are the speakers doing? 화자는 무엇을 하고 있는가?

What is the man's occupation? 남자의 직업은 무엇인가?

Who most likely is the woman? 여자는 누구인가?

Where are the speakers? 화자가 어디에 있는가?

Where does this conversation take place? 이 대화는 어디에서 이루어지고 있는가?

지문의 후반을 공략하는 문제 유형

What does the man ask the woman to do? 남자가 여자에게 부탁하는 것은 무엇인가?

What does the man offer to do? 남자가 제안하는 것은 무엇인가?

What is the man asked to do? 남자가 부탁받은 것은 무엇인가?

What will the man probably do next? 남자가 다음에 할 일로 알맞은 것은?

Where will the woman go next? 여자가 다음에 갈 곳은 어디인가?

What will happen next? 이어서 일어날 일로 알맞은 것은?

신유형

Part3은 30문제에서 39문제로 문제 수가 늘어났다. 추가된 신유형은 총 3가지이며 기존에 없었던 유형이라 초반에 다소 당황하거나 고전할 수 있다.

❶ 화자의 의도 파악 문제

Part4과 더불어 Part3에서도 화자의 의도를 파악하는 문제가 등장한다. 대화에서 한 말에서 원래 단어의 자체의 의미가 아닌, 문맥상 화자가 한 말의 의도나 의중을 파악하는 것이다. 보통 대화의 중·후반부에서 등장할 가능성이 높다. 문장만 곧이곧대로 해석하면 오답을 고르기 쉽다. 실제로 대화 내용 속에서 어떤 의미를 가지고 있는지 파악하고 그 표현의 앞뒤 문장에 힌트가 숨어 있으니 전후를 잘 들어야 한다. 당연히 오답에는 문장에 쓰인 단어와 비슷한 뜻을 가진 표현이 등장할 가능성이 높다.

Example　　　　　　　　　　　　　　　　🎧 S1-N1

What does the man imply when he says, "So do I"?
(A) He doesn't want to delay in getting food.
(B) He doesn't book a reservation for dinner.
(C) He wants to eat exotic cuisine.
(D) He is stuck up in a traffic jam.

M　Wow, the restaurant is so crowded with people.
W　Right. After *San Francisco Journal* introduced this as one of the best places to eat, more and more people have started to come in.
M　I didn't know that all tables have already been booked up. Sadly, we have to wait.
W　Even though it is incredibly good in taste, I don't want to wait like this.
M　So do I. Why don't we go to someplace? I know a great one.
W　That sounds perfect!

남　와, 레스토랑이 사람들로 가득하네요.
여　네, 〈샌프란시스코 저널〉에서 이곳을 꼭 맛봐야 할 장소로 소개한 이후로 점점 더 많은 사람들이 여길 찾네요.
남　모든 자리가 벌써 예약이 찰 줄 몰랐어요. 안타깝지만 기다려야겠어요.
여　여기 음식이 엄청나게 맛있더라도 이렇게 기다리고 싶지는 않아요.

남	저도 마찬가지에요. 우리 어딘가로 가는 게 어때요? 제가 좋은 곳을 알고 있어요.
여	좋은 생각이에요!

남자가 "저도 마찬가지에요"라고 말한 의미는 무엇인가?
(A) 음식을 먹는 데 지체하기를 원하지 않는다.
(B) 저녁 식사 예약을 하지 않는다.
(C) 색다른 요리를 맛보길 원한다.
(D) 교통 체증에 걸렸다.

어휘 be crowded with ~로 가득 차다 come in 방문하다(=visit) be booked up 예약이 꽉 차다 incredibly 놀랄 정도로 good in taste 맛이 좋다 someplace 어딘가 exotic cuisine 색다른 요리 be stuck up in traffic jam 교통 체증을 겪다

토익 전문가 해설

So do I라는 표현은 앞에서 상대방이 한 말을 동의할 때 쓰는 말이다. 흔히 I agree와 동일하게 생각하면 된다. 앞의 문장을 살펴보면 이렇게 기다리고 싶지는 않다(I don't want to wait like this)는 말이 나온다. 따라서 적절한 내용은 (A)이며 delay는 wait를 패러프레이징한 표현이다.

대표 질문 유형

What does the man mean when he says, "I don't think so"?
남자가 "나는 그렇게 생각하지 않는데요"라고 말한 의미는 무엇인가?

What does the woman imply when she says, "So do I"?
여자가 "저도요"라고 말한 의미는 무엇인가?

❷ 표, 그래프를 이용한 정보 연계 문제

토익 스피킹에서는 이미 도표를 이용한 문제가 출제되고 있는데 토익 듣기에도 등장했다.
표나 그래프는 우선 대화 내용을 듣기 전엔 숫자만 체크를 하고 듣기에 집중한다.
표의 경우 왼쪽에는 고유명사나 품목명이, 오른쪽에는 시간, 수량, 가격 등이 제시되는데
그 경우 대화에서 숫자나 단어를 그대로 말하지 않고 '가장 큰, 가장 작은' 이런 식으로 표현한다.
정답의 키워드는 대화의 후반부에서 등장할 가능성이 높다.

| Example | 🎧 S1-N2

Flight Schedule	
Flights	Departure
Flight 138 (nonstop)	4:26 A.M.
Flight 907 (1 stop)	5:55 A.M.
Flight 4018 (nonstop)	6:36 A.M.
Flight 2639 (2 stop)	7:25 A.M.

Look at the graphic. Which plane will the woman get on?

(A) Flight 138

(B) Flight 907

(C) Flight 4018

(D) Flight 2639

비행 일정	
항공편	출발 시각
138편 (직항)	오전 4:26
907편 (1회 경유)	오전 5:55
4018편 (직항)	오전 6:36
2639편 (2회 경유)	오전 7:25

M Hi, this is Timothy Cane calling for Ms. Lewinsky.

W Yes, this is she.

M Recently I sent you an email to invite you as a keynote speaker on July 14th.
Are you available at that time?

W It's an honor for me to deliver a speech. How can I get there?

M If you want to arrive on time, a direct plane to Rio de Janeiro departing before 6 A.M. is recommended.

남 안녕하세요. 르윈스키 씨에게 전화한 티모시 케인입니다.

여 네, 접니다.

남 최근에 제가 티모시 씨를 7월 14일 기조연설자로 초청하고자 이메일을 보내 드렸습니다. 그때 시간이 가능하신 가요?

여 연설하게 되어 영광입니다. 제가 어떻게 가면 되나요?

남 시간에 맞게 도착하시려면 오전 6시 전에 출발하는 리우데자네이로 직항편을 권합니다.

시각 정보에 의하면, 여자가 탈 비행기는?
(A) 138편
(B) 907편
(C) 4018편
(D) 2639편

어휘 keynote speaker 기조연설자 deliver a speech 연설하다 arrive on time 정시에 도착하다 direct plane 직항편
depart 출발하다 departure 출발

제일 마지막 문장에서 키워드를 찾을 수 있다. a direct plane to Rio de Janeiro departing before 6 A.M.에서 direct plane이 nonstop을 달리 표현한 것으로, departing before 6 A.M.에서 6시 이전 항공편을 고르면 정답이 (A)라는 것을 알 수 있다.

대표 질문 유형

Look at the graphic. Which plane will the man get on?
시각 정보에 의하면, 남자는 어떤 비행기를 타게 될 것인가?

Look at the graphic. Which item will be free for buyers?
시각 정보에 의하면, 어떤 아이템이 구매자에게 무료로 제공될 것인가?

❸ 3인 대화

3명이 한꺼번에 등장하는 문제로 속도가 다소 빠를 수 있다. 대화를 주고 받는 횟수도 8회~10회로 늘어났기 때문에 정확하게 문제와 연계해서 파악하는 연습이 필요하다. 〈남자 2명-여자 1명〉 또는 〈여자 2명-남자 1명〉으로 구성된다.

간단하고 가벼운 주제의 3인 대화에서 "화자의 의도 파악 문제"가 출제될 수 있으니 성별이 바뀌고 나서 들리는 첫 문장에 집중한다. 또, 〈남자 2명-여자 1명〉 혹은 〈여자 2명-남자 1명〉에서는 적은 인원의 성별에 신경 쓰되, 그 사람에 관한 문제가 1문제 출제될 수 있다. 특히 이름을 후반부에 언급을 한다면 그 사람에 관한 문제가 출제될 가능성이 높다.

⊣ Example ⊢

🎧 S1-N3

What does the woman mean when she says, "why don't you give it a shot"?

(A) She wants to buy a gun for a shooting competition.

(B) She wants Ashley to take part in an event.

(C) She thinks that Ashley gets a flu shot.

(D) She lets Ashley know how to open a design class in a company.

W1 Hi, Anthony, Did you see the poster on the bulletin board?

M No, I haven't looked at it yet. What is it?

W1 Uh, it's about the competition for our new company logo.

M I'm not good at designing something. But Ashely is gifted with design ability.

W1 Is that right, Ashley? Why don't you give it a shot? The contest winner will be awarded one thousand dollars.

W2 Well, I'm not sure. But…Yeah, I'll think about it.

M Right, it must be a good opportunity for you.

여1 안녕, 앤서니. 게시판에 붙은 포스터 봤어?

남 아니, 아직 못 봤어. 뭔데?

여1 새 회사 로고 대회에 관한 거야.

남 난 뭔가 디자인하는 것을 잘 못하지만 애슐리는 디자인하는 능력이 타고났어.

여1 사실이야 애슐리? 한 번 참가해 보는 게 어때? 우승자에게는 1,000달러 상금을 준대.

여2 글쎄, 잘 모르겠어. 하지만… 그래, 생각해 볼게.

남 맞아. 너에게 좋은 기회임이 틀림없어.

여자가 "한 번 참가해 보는 게 어때?"라고 말한 의미는 무엇인가?

(A) 사격 대회를 위해 총을 사길 원한다.

(B) 애슐리가 대회에 참가하길 원한다.

(C) 애슐리가 독감 주사를 맞았다고 생각한다.

(D) 애슐리에게 회사에서 디자인 수업을 개설하는 방법을 알려 준다.

어휘 bulletin board 게시판   be good at ~를 잘하다   be gifted with ~를 타고나다   give a shot 시도하다, 도전하다   be awarded 상을 타다   shooting competition 사격 대회   take part in ~에 참가하다

대충 듣게 되면 give it a shot이라는 말에서 "shot"이 가진 여러 가지 의미 때문에 혼동이 온다. 여기에서 give it a shot은 try와 일맥상통한다. 대회에 참가해 보라고 권유하는 표현이므로 정답은 (B)이다. 이 표현은 "Why don't you give it a try"라는 말로 바꿔 쓸 수 있다.

비법 적용 연습

PART 3

대화를 듣고 가장 적절한 답을 고르세요. 🎧 S1-N4~7

1 What problem is being discussed?
(A) A computer is not working properly.
(B) Technical service is not available.
(C) An electrical wire is missing.
(D) A computer is not charging at all.

2 What does the man mean when he said "I don't think so"?
(A) He did not think it's too expensive.
(B) He cannot fix the hard drive.
(C) He asked her thoughts about the computer.
(D) He thinks that the files are important.

3 What does the man offer to do?
(A) Make an appointment
(B) Fix a hard drive
(C) Provide a replacement
(D) Check an expiration date

4 What is the woman inquiring about?
(A) A new mobile phone
(B) A new mobile accessory
(C) A silicone bottle
(D) A mobile power adapter

5 What does the man say about the pink color?
(A) He does not like the color.
(B) He has used it before.
(C) He like the most.
(D) He thinks that it is quite old-fashioned.

6 What does the woman mean when she says, "But, it's worth trying"?
(A) She is encouraging to buy a product.
(B) She is explaining some features of new model.
(C) She wants to try a pink dress on.
(D) She has an additional request for a case.

Hotel	Price (per day)
Lunar Hill Hotel	$240
Atlantis Courtyard Hotel	$380
Empire Hotel	$550
Onyx Hill Hotel	$635

7 What is the conversation mainly about?
(A) Participation in an engineering competition
(B) Transportation for members of a department
(C) Hotel reservation with limited money
(D) Preparation for a conference

8 What problem does the woman mention?
(A) A traffic jam is expected.
(B) Some members will leave the company.
(C) A budget is limited.
(D) A conference is postponed.

9 Look at the graphic. Which hotel will the woman reserve?
(A) Lunar Hill Hotel
(B) Atlantis Courtyard Hotel
(C) Empire Hotel
(D) Onyx Hill Hotel

10 What is the main inquiring about?

(A) Renovate an office

(B) Recycle and replace electronic devices

(C) Buy some replacements for old computers

(D) Move an office

11 What does the man mean when he says, "That's strange"?

(A) He did not agree with what she said.

(B) He thought the renovation was canceled.

(C) He believes that electronic devices can be fixed.

(D) He knows who is in charge of a renovation project.

12 What will employees do to get new devices?

(A) They will work in the recycling centers.

(B) They will sell the old devices.

(C) They will erase some information on the computers.

(D) They will apply for government grants.

주제 · 목적

주제나 목적을 묻는 문제는 보통 대화의 초반에 답이 있다. 주제 문제의 경우 3문제 중 첫 번째로 등장하며 What are the speakers mainly talking about? 또는 What+명사+are the speakers mainly discussing?과 같이 등장하는데, What+명사 ~?의 경우 명사가 문제의 열쇠가 된다는 것을 알아 둔다. 목적 문제의 경우에는 Why is the man calling?, What is the purpose of this conversation?과 같이 등장한다.

❶ 주제 문제

짧은 대화를 듣고 문제를 푸는 Part 3에서는 처음 말하는 사람이 꺼낸 주제를 중간에 뒤집을 수가 없다. 즉, 화제 전환이 거의 불가능하다. 따라서 처음 말하는 화자의 말을 잘 들어 두어야 한다. 간혹 Hello, Tylor speaking. How may I help you?(안녕하세요, 타일러입니다. 무엇을 도와 드릴까요?)와 같이 자기소개를 하는 경우에는 주제에 대한 힌트를 얻을 수 없으므로 두 번째 사람의 말에 귀를 기울이는 것이 주제 문제를 쉽게 해결할 수 있는 방법이다.

Example

🎧 S1-11-1

What are the speakers talking about?

(A) Scheduling a delivery

(B) Buying a computer

(C) Preparing for the meeting

(D) Changing the schedule

> **W** Mr. Martinez, thanks for purchasing our computer. Please tell me when you would like to have it delivered to your place.
>
> **M** Well, I will be at home on September 7 but only in the morning. Is it possible for me to have it before noon that day?
>
> **W** Our delivery service usually takes three working days, and that's only two days from now. So it'll cost you an additional charge.
>
> **M** No problem. I need my new computer for my presentation because the one I have now is very outdated.

> 여 마르티네즈 씨, 저희 컴퓨터를 구매해 주셔서 감사합니다. 언제 배송되면 좋을지 알려 주시기 바랍니다.
> 남 음, 제가 9월 7일에 집에 있을 예정이지만 오전에만 있어요. 그날 정오 전에 받아 볼 수 있을까요?
> 여 저희 배송 서비스는 보통 영업일 기준 3일이 걸리고 9월 7일은 이틀 뒤입니다. 그래서 추가 비용이 들 거예요.
> 남 괜찮습니다. 지금 가지고 있는 것은 너무 구식이라 발표를 하려면 새로운 컴퓨터가 필요해요.

SECTION 1 PART 3

화자들은 무엇에 관해 이야기하고 있는가?
(A) 배달 일정을 정하는 것
(B) 컴퓨터를 구입하는 것
(C) 회의를 준비하는 것
(D) 일정을 변경하는 것

해설 여자의 첫 번째 말에서 when you would like to have it delivered to your place(언제 배송되면 좋을지)
라고 묻고 남자가 날짜를 정해 주고 있으므로 정답은 (A) Scheduling a delivery이다. 후반부 내용을 들으
면 들을수록 오답 선택지에 대한 어휘들이 많이 등장함을 알 수 있다.

어휘 purchase ~을 구매하다 possible 가능한 cost 비용이 들다 additional charge 추가 비용 outdated 구식의

1. 주제 문제임을 알고 초반부에 귀를 기울인다. would like to 이후 표현을 잘 듣는다.

2. 주제 문제는 대화의 후반부로 갈수록 오답으로 이끄는 어휘들이 등장함을 인지하고, 초반에
들었던 내용을 잊지 않도록 한다.

대표 질문 유형

What are they talking about? 그들은 무엇에 관해 얘기하는가?

What are the speakers discussing? 화자들은 무엇을 논의 중인가?

What is the topic of this conversation? 이 대화의 주제는 무엇인가?

❷ 목적 문제

목적을 묻는 문제의 경우 대화 초반의 미래 표현에 집중하는 것이 기본이다. 목적이라는 것 자체가 화자가 앞으로 달성하고자 하는 내용을 의미하기 때문에 미래 표현이 중요하다. 예를 들어, Why did Kevin call?(케빈이 왜 전화했나요?)이라는 질문이 문제로 나왔다면 대화 중 I would like to meet at 10 instead of 11.(저는 11시 말고 10시에 만나고 싶어요.)이라고 말한 내용을 토대로 To change the meeting time(만날 약속 시간을 변경하기 위해서)을 정답으로 고를 수 있어야 한다. 목적을 언급하는 표현들로 I'm calling to+동사원형(~하려고 전화했다), I am trying to+동사원형(~을 하려고 한다), I would like to+동사원형(~을 하고 싶다)과 같은 표현들이 자주 등장한다.

| Example | 🎧 S1-11-2 |

Why is the man calling?

(A) To register for the seminar

(B) To get his ID card back

(C) To apply for the editor's position

(D) To get access to the database

M Hi, I'm a new assistant editor here at Market Trends Research. It's my first day working here, but I don't know how to access the company database to upload my work. My supervisor told me to call you.

W Well, you called the right place. I can help you to access to the database. Could you please tell me your employee ID Number?

M Oh no, I don't have it yet. The security office told me to pick it up at 6 P.M. today.

W Well then, there is nothing I can do for you now. Without the ID number, no one can access the database.

남 안녕하세요. 저는 마켓 트렌즈 리서치의 새로운 보조 편집자입니다. 오늘 여기서 일하는 첫날인데요. 제 작업을 업로드하기 위해서 들어가야 할 회사 데이터베이스에 어떻게 접속하는지 모르겠습니다. 제 상사가 당신에게 전화해 보라고 하셨어요.

여 네, 제대로 전화하셨어요. 제가 데이터베이스 접속 관련 도움을 드릴 수 있습니다. 직원 ID 번호 좀 알려 주시겠어요?

남 오, 저는 아직 없습니다. 보안 사무실에서 오늘 오후 6시에 찾아가라고 하긴 했습니다.

여 음 그렇다면, 지금 제가 해 드릴 수 있는 것이 없습니다. ID 번호 없이는 아무도 데이터베이스에 접근할 수 없거든요.

남자는 왜 전화했는가?
(A) 세미나에 등록하기 위해서
(B) ID 카드를 되돌려 받기 위해서
(C) 편집자 자리에 지원하기 위해서
(D) 데이터베이스에 접근하기 위해서

해설   전화 건 목적을 묻는 문제이므로 초반부에 집중해서 들어야 한다. 통화 초반부에 남자가 I don't know how
to access the company database(회사 데이터베이스에 접속하는 법을 모르겠다)라고 이야기하고 있다.
따라서 (D) 데이터베이스에 접근하기 위해서가 정답이다. 대화에 나온 editor를 이용한 구직과 관련된 내용의
오답을 걸러낼 수 있어야 한다.

어휘   assistant 보조, 조수   access ~에 접근하다   upload ~을 업로드하다   supervisor 감독, 상사   security 보안
pick up (물건을) 수령하다

1. to부정사가 들어간 표현은 목적 문제의 정답 표현으로 많이 등장한다.

2. 후반부의 오답으로 이끄는 어휘들에 주의해야 한다.

대표 질문 유형

Why is the man calling? 남자가 왜 전화했는가?

What is the purpose of the call? 전화의 목적은 무엇인가?

What is the woman calling about? 여자는 무슨 일로 전화했는가?

비법 적용 연습

PART 3

대화를 듣고 가장 적절한 답을 고르세요. 🎧 S1-11-3~14

1 Why is the man calling?
(A) To get information on a meeting
(B) To inform Mr. Smith of the changes
(C) To ask for a document
(D) To change the schedule

2 What does the man ask for?
(A) A map of the branch office
(B) A description of a building plan
(C) A time schedule
(D) An email address

3 What does the woman say she will do?
(A) Make a call later
(B) Send an email
(C) Talk to her boss
(D) Check some information

4 What are the speakers talking about?
(A) Maintenance problems
(B) A good business
(C) Accounting help
(D) Book orders

5 What suggestion does the woman make?
(A) Extending their business
(B) Hiring a full-time worker
(C) Asking an outside consultant
(D) Starting an accounting service

6 What information does the man want the woman to provide?
(A) A service estimation
(B) Number of books
(C) Contact number
(D) Her friend's name

7 Why is Mr. Sean calling?
(A) To inquire about design
(B) To inform about an insulation design
(C) To ask for a draft for a design
(D) To contact customers

8 What does the woman say she did last week?
(A) She handed over a design.
(B) She visited Gobe Design.
(C) She sent some reports.
(D) She forgot some results.

9 According to the woman, what is the problem with the design?
(A) It is not practical.
(B) It is a little expensive.
(C) It doesn't have the right materials.
(D) It is not available.

10 What are the speakers talking about?
(A) Inspecting a car regularly
(B) Choosing a vehicle
(C) Being a car dealer
(D) Arranging for a meeting

11 What does the man suggest doing?
(A) Speaking to one of his workers
(B) Showing her more products
(C) Visiting the company's website
(D) Taking her to another car sale

12 How can the woman receive a discount?
(A) By buying a car within a month
(B) By becoming a member
(C) By introducing more customers
(D) By purchasing two vehicles

토익 빈출 표현 리스트

장소나 신분을 묻는 문제의 정답 힌트 어휘 🎧 S1-11-15 미M 호W

garage / gas station

☐ **engine**
엔진

☐ **gas**
휘발유, 가솔린

☐ **fuel**
연료

☐ **tire**
타이어

☐ **parts**
부품

☐ **mechanic**
정비공

☐ **transmission**
변속기

☐ **fill up**
기름을 가득 채우다

☐ **diesel**
디젤

☐ **inspect**
점검하다

☐ **gas tank**
연료통

bank

☐ **bank account**
은행 계좌

☐ **bank book**
통장

☐ **check**
수표

☐ **cash**
현금

☐ **withdraw**
인출하다

☐ **deposit**
입금하다

☐ **transfer**
이체하다

☐ **wire**
송금하다

☐ **ATM**
현금 자동 인출기

☐ **teller**
은행 출납 계원

☐ **interest rate**
이자율

☐ **collateral**
담보물

☐ **bank statement**
은행 거래 명세서

☐ **exchange rate**
환율

airport

☐ **arrival**
도착

☐ **departure**
출발

☐ **boarding pass**
탑승권

☐ **flight**
비행

☐ **check-in**
탑승 수속

☐ **gate**
비행 탑승구

☐ **flight attendant**
승무원

☐ **captain**
기장

☐ **passport**
여권

☐ **luggage**
수화물

☐ **customs office**
세관

☐ **takeoff**
이륙

☐ **landing**
착륙

☐ **window seat**
창가 자리

☐ **aisle seat**
통로 자리

hospital / dental clinic

☐ **sneeze**
재채기하다

☐ **medicine**
약

☐ **pill**
알약

☐ **tablet**
알약

☐ **cough**
기침하다

☐ **cavity**
충치

☐ **blood pressure**
혈압

☐ **stomachache**
복통

☐ **prescription**
처방전

☐ **dentist**
치과 의사

surgery
수술

☐ **operation**
수술

☐ **symptom**
증세

☐ **fever**
열

☐ **toothache**
치통

☐ **patient**
환자

☐ **nurse**
간호사

hotel

☐ **bell boy[bellhop]**
호텔 벨보이

☐ **porter**
짐꾼

☐ **lobby**
로비

☐ **room reservation**
방 예약

☐ **book**
예약하다

☐ **check-in**
입실

☐ **check-out**
퇴실

☐ **room service**
룸서비스

store

☐ **cashier**
출납원

☐ **on sale**
할인 중인

☐ **clothing**
의류

☐ **product**
제품

☐ **display**
진열

☐ **goods**
제품

☐ **receipt**
영수증

☐ **customer**
고객

화자·대화 장소

Part 3는 하나의 대화를 듣고 3문제를 풀어야 한다. 보통 각 지문의 첫 문제로 자주 출제되는 화자의 정체를 밝히는 문제나 대화 장소를 묻는 문제의 경우 대화 초반에 정답이 보이는 경우가 대부분이다. 예를 들어, skirt, pants 등이 들렸다면 clothing store와 같은 표현을 떠올릴 수 있어야 한다. 대화가 중반 이후로 넘어가면 오답 함정이 등장하므로 초반을 놓쳐서는 안 된다. 대화 장소를 묻는 질문은 직장이나 업무 내용을 들으면 정답을 고를 수 있다.

❶ 화자의 정체를 묻는 질문

정체를 밝히는 문제는 대화의 초반을 잘 들어 두는 것이 중요하다. 보통 지문에서는 I, You 등 대명사로 등장하기 때문에 두 가지에 초점을 맞춰 문제를 풀어야 한다. 첫 번째로는 하는 행동을 보면 알 수 있다(예: fix the printer – repairman). 다음으로는 지문에 등장하는 물건을 보면 알 수 있다(예: medical files – doctor). 하지만 대개 두 가지를 종합적으로 판단해서 푸는 것이 안전하다.

Example　　　　　　　　　　　　　　　　　　　　　🎧 S1-12-1

Who most likely is the woman?

(A) A painter

(B) A waiter

(C) A salesclerk

(D) A designer

W　May I help you?

M　Yes, I'm thinking about buying this table. But I think it's too big for my office. Do you have a smaller one in this model?

W　Yes, but they're currently out of stock. You can use this brochure to choose the right size for your office. Please let me know and I can put in a special order for the table.

M　Oh, that sounds good. Let me check out the brochure first. Thank you.

여　제가 도와 드릴까요?

남　네, 이 탁자를 사고 싶은데요. 그런데 제 사무실에 놓기에는 너무 큰 것 같아서요. 혹시 같은 모델의 더 작은 크기가 있나요?

여　네, 그런데 현재 재고가 없습니다. 이 안내 책자에서 사무실에 맞는 크기를 고르실 수 있습니다. 제게 알려 주시면 테이블의 특별 주문을 넣도록 하겠습니다.

남　오, 그거 괜찮네요. 먼저 안내 책자 좀 보겠습니다. 감사합니다.

여자는 누구이겠는가?
(A) 화가
(B) 웨이터
(C) 판매원
(D) 디자이너

해설 여자의 첫 번째 말과 뒤이어 남자가 하는 말에서 여자는 가구점에서 근무하는 직원임을 알 수 있다. 우선 직원임을 파악하고 이후 키워드 table 등을 들어 오답을 지워내는 것이 중요하다. 따라서 정답은 (C) A salesclerk이다. (D) A designer는 대화에서 들리는 model 때문에 혼동할 수 있는 오답이다.

어휘 currently 현재　out of stock 재고가 없는　brochure 안내 책자　put in an order 주문을 넣다

1. May I help you?(도와 드릴까요?)라는 문장을 통해 일단 점원임을 알 수 있다.

2. table, out of stock이 지문의 키워드이다.

대표 질문 유형

Who most likely is the woman? 여자는 누구이겠는가?

Who is the man talking to? 남자는 누구와 얘기하고 있는가?

What is the woman's occupation? 여자의 직업은 무엇인가?

What kind of job does Mr. Wright have? 라이트 씨의 직업은 무엇인가?

What department does Rory most likely work in? 로리는 어느 부서에서 일하겠는가?

② 대화 장소, 일하는 장소나 부서를 묻는 문제

대화가 이루어지는 장소는 보통 대화의 초반에서 결정되는 경우가 많다. 따라서 대화의 초반을 잘 들어야한다. 대화의 초반을 들으면서 파악할 수 있는 명사나 동사의 의미에 초점을 맞춘다. 주제나 목적을 묻는 문제와 마찬가지로 주로 지문의 초반을 노려 들어야 하기 때문에 주제나 목적 문제와 동시에 출제되지 않는다.

Example

🎧 S1-12-2

Where most likely are the speakers?

(A) At a restaurant

(B) At a bookstore

(C) At an airport

(D) At a bank

M	Good afternoon, ma'am. How may I help you?
W	Good afternoon. I would like to open an account here and get a debit card as well.
M	Sure. Do you have any type of photo identification with you now? Either your passport or driver's license would be fine.
W	Yes, I have my driver's license with me. Here you are.
M	Thank you. Please complete this form first and sign here right next to your name. I will be right back after making a copy of your driver's license.

남	안녕하세요, 선생님. 어떻게 도와 드릴까요?
여	안녕하세요. 여기서 은행 계좌를 만들고 직불 카드도 발급받고 싶어요.
남	물론입니다. 사진이 들어가 있는 신분증을 지금 가지고 계신가요? 여권이나 운전 면허증 어느 것이나 괜찮습니다.
여	네, 운전 면허증 가지고 있습니다. 여기요.
남	감사합니다. 먼저 이 양식을 작성해 주시고 여기 이름 바로 옆에 서명 부탁드립니다. 운전 면허증을 복사하고 바로 돌아오겠습니다.

화자들은 어디에 있겠는가?
(A) 식당
(B) 서점
(C) 공항
(D) 은행

해설 대화의 초반 여자의 말에서 open an account here and get a debit card(은행 계좌를 개설하고 직불 카드를 만들다)라는 표현이 등장한다. 따라서 대화가 이루어지는 장소는 은행임을 알 수 있다. (C)는 신분증인 passport를 보여 주며 airport(공항)로 유도하기 위한 오답이다.

어휘 account 은행 계좌 debit card 직불 카드 photo identification 사진이 있는 신분증 passport 여권
driver's license 운전 면허증 complete ~을 작성하다 form 양식

1. 대화 초반에 집중한다. 두 번째 대사에서 open an account and get a debit card(은행 계좌를 개설하고 직불 카드를 만들다)의 표현이 보인다.

2. 중반 이후부터는 passport와 같이 오답 함정이 나오므로 초반에 정답의 단서를 정확히 들어야 한다.

대표 질문 유형

Where are the speakers? 화자들은 어디에 있는가?

Where do the speakers work? 화자들은 어디에서 일하는가?

Where are the man and woman? 남자와 여자는 어디에 있는가?

Where does this conversation take place? 이 대화는 어디서 이루어지는가?

비법 적용 연습

PART 3

대화를 듣고 가장 적절한 답을 고르세요. 🎧 S1-12-3~14

1 Who most likely is the man?
(A) A baker
(B) A repair person
(C) A sales man
(D) A lifeguard

2 Where most likely does the conversation take place?
(A) At a home
(B) At an electrical company
(C) At a hardware store
(D) At a recreation site

3 What option does the man offer the woman?
(A) Call him back if she is in need
(B) Clean up the washing machine
(C) Give him her address
(D) Watch out for mud

4 Who most likely is the woman?
(A) A broadcaster
(B) A builder
(C) An ambassador
(D) A business expert

5 What are the speakers mainly talking about?
(A) Improving the quality of service
(B) Attracting foreign workers
(C) Expanding business
(D) Providing a new material

6 What does the woman ask the man about?
(A) A building site
(B) Job types
(C) The number of people
(D) Major cities

7 Who most likely is the man?
(A) A real estate agent
(B) A building manager
(C) A tour guide
(D) A janitor

8 What does the woman ask about?
(A) Where is the closest transportation
(B) How much she will pay each month
(C) How she can go to work
(D) When the office is available

9 According to the man, how far is the subway station?
(A) A few stops away
(B) A few blocks away
(C) 30 minutes on foot
(D) A few minutes by driving

10 Where most likely does the man work?
(A) At a cell phone store
(B) At a research company
(C) At a software company
(D) At an accessory shop

11 Why is the woman calling?
(A) To stop the service
(B) To make a payment
(C) To talk about her plan
(D) To make a reservation

12 What does the man request?
(A) A telephone number
(B) A bank account number
(C) A current address
(D) A new ring

토익 빈출 표현 리스트

| Part 3 시간 관련 핵심 어휘 | 🎧 S1-12-15 영M 미W

- ☐ at the end of the week
  이번 주말에

- ☐ every hour on the hour
  매시 정각에

- ☐ in a couple of days
  이틀 후에

- ☐ not for another 4 days
  4일 뒤에나

- ☐ three weeks from now
  지금부터 3주

- ☐ every two months
  2개월마다, 격월로

- ☐ not until next Monday
  다음 주 월요일에야 비로소

| 시간 관련 주요 패러프레이징 어휘 |

- ☐ annual 연례의
  ➲ every year[once a year]

- ☐ one month 한 달
  ➲ four weeks

- ☐ thirty minutes 30분
  ➲ half an hour

- ☐ in two weeks 2주 뒤에
  ➲ the week after next

- ☐ at the beginning of the year 연초에
  ➲ January

- ☐ Monday through Friday 월요일부터 금요일까지
  ➲ five days a week[weekdays]

- ☐ effective immediately 즉시, 곧
  ➲ from now on

- ☐ quarterly 분기별의
  ➲ every three months

- ☐ within 24 hours 24시간 내에
  ➲ a certain period of time[limited time]

- ☐ every week 매주
  ➲ regularly[periodically]

- ☐ in the morning 오전에
  ➲ before noon

- ☐ the following day 다음 날
  ➲ the next day

- ☐ every other day 하루걸러 하루
  ➲ every two days

13 문제점 · 이유 · 원인

문제점을 묻는 문제는 부정형, 과거형, 또는 미래형 문장을 듣고 추론해야 하는 경우가 있다. Why 의문문으로 시작하는 이유나 원인을 묻는 문제는 패러프레이징되어 제시되기 때문에 탄탄한 어휘력이 뒷받침되어야 한다. 예를 들어, Why does the woman apologize?(왜 여자가 사과를 하는가?)의 질문에 대해 대화에는 Sorry, we sold out this morning.(죄송합니다, 오늘 아침에 다 팔렸습니다.)으로, 선택지에는 An item is unavailable.(품목을 이용할 수 없다.)로 출제된다.

❶ 문제점을 묻는 문제

과거나 부정어를 이용해 직접적으로 문제점을 이야기하는 표현과 미래에 대한 해결책이나 대안을 제시하며 간접적으로 문제 제시를 하는 상황을 잘 구별해서 풀어야 한다. 예를 들어, I will have to learn to use this software.(이 소프트웨어 사용법을 배워야 할 것이다.)와 같은 내용이 나오면 He doesn't know how to use a program.(그는 프로그램 사용법을 모른다.)과 같은 선택지가 정답이 된다.

Example

🎧 S1-13-1

What is the woman's problem?

(A) She has a problem withdrawing cash.

(B) She lost money.

(C) She forgot her password.

(D) She didn't know how to use the ATM.

M Elizabeth, you look very upset. What's the problem?

W Well, I've tried several times now to withdraw some money from the ATM, but it doesn't seem to work. I'm sure I have plenty of money in my account.

M Did you enter the right password? You told me you changed your password a couple of days ago for a security reason. I think you might have entered your password incorrectly. Just try it again.

W But I tried many times already. I think I'd better ask the teller to help me.

남 엘리자베스, 기분이 매우 안 좋아 보여요. 무슨 문제예요?

여 네, 현금 인출기로 벌써 몇 번째 돈을 인출하려고 하는데 작동이 안 되는 것 같아요. 분명 제 계좌에 돈이 충분히 있거든요.

남 비밀번호 제대로 입력했어요? 이틀 전에 보안 문제로 비밀번호 바꾸었다고 했잖아요. 비밀번호를 잘못 눌렀을 수도 있었을 것 같아요. 다시 시도해 보세요.

여 하지만 이미 많이 해 봤어요. 은행 직원에게 도와 달라고 하는 게 나을 것 같아요.

여자의 문제는 무엇인가?
(A) 현금을 인출하는 데 문제가 있다.
(B) 돈을 잃어버렸다.
(C) 비밀번호를 잊어버렸다.
(D) 현금 인출기 사용법을 모른다.

해설 여자의 문제를 물어보는 문제이므로 여자의 첫 번째 대사에 집중해야 한다. 여자가 첫 번째 대화에서
I've tried several times now to withdraw some money from the ATM, but it doesn't seem to
work.(벌써 몇 번째 돈을 인출하려고 하는데 작동이 안 되는 것 같아요.)라고 말하므로 정답은 (A) She has
a problem withdrawing cash.(현금을 인출하는 데 문제가 있다.)이다.

어휘 withdraw 돈을 인출하다   ATM 현금 자동 인출기(Automated Teller Machine)   account 계좌
enter 입력하다   password 비밀번호   teller 은행 창구 직원

1. 부정어가 들어간 문장이 정답의 단서인 경우가 많으므로 부정어를 잘 들어야 한다.

2. 질문에서 언급하지 않은 대상인 남자가 추론하는 문제는 오답이므로 주의해서 들어야 한다.

대표 질문 유형

What is the problem? 무엇이 문제인가?

What problem are the speakers discussing? 화자들은 어떤 문제에 대해 얘기하고 있는가?

What is the man's problem? 남자의 문제는 무엇인가?

What problem does the woman report? 여자는 어떤 문제를 알리는가?

② 이유나 원인을 묻는 문제

어떤 결과에 대한 이유를 묻는 문제로서 Why 이후에 등장하는 주어와 동사를 잘 들어 둬야 한다. 사람과 관련해서 이유를 물을 때는 남자와 관련된 이유인지 여자와 관련된 이유인지를 파악해야 하고, 만일 사람 이름이 등장한 경우 그 사람이 대화를 나누는 당사자인지, 제3의 인물인지 파악하는 훈련도 필요하다. 대화 내용을 정확하게 파악해야 문제가 요구하는 정답을 정확히 찾을 수 있다.

Example

🎧 S1-13-2

Why is Dr. Yun unavailable?

(A) He is on vacation.

(B) He is at a conference.

(C) He is having lunch.

(D) He is with another patient.

W Hello. This is Mitsi Jennings, a patient of Dr. Yun. May I speak with him, please?

M I'm sorry to tell you that he is out of town at a conference. Is there anything I can help you with?

W Last week, he gave me a piece of paper describing some exercises. However, I think I've lost it. So can I get another copy of it?

M I know what document you are talking about, and I am happy to send it to you in an email. Can I have your email address?

여 안녕하세요. 저는 밋시 제닝스입니다. 윤 선생님의 환자예요. 선생님 좀 바꿔 주시겠습니까?

남 죄송하지만, 선생님은 지금 회의 때문에 출장 중이십니다. 제가 도와 드릴 수 있는 게 있을까요?

여 지난주에 몇 가지 운동을 설명하는 종이 한 장을 주셨어요. 그런데 제가 그것 잃어버린 듯합니다. 한 장 더 받을 수 있을까요?

남 무슨 서류를 말씀하시는지 알겠어요. 제가 기꺼이 이메일로 보내 드리겠습니다. 이메일 주소가 어떻게 되나요?

윤 선생님은 왜 지금 통화가 불가능한가?
(A) 휴가 중이다.
(B) 회의에 참석 중이다.
(C) 점심을 먹고 있다.
(D) 다른 환자와 함께 있다.

해설 윤 선생님이 왜 전화를 받을 수 없는지에 대한 이유를 묻고 있다. 윤 선생님을 바꾸어 달라는 여자의 말에 남자가 지금 없다고 말하고 있다. 이것이 문제에서 unavailable로 제시되었고 이어서 나오는 he is out of town at a conference는 그에 대한 근거나 이유가 된다. 전화를 못 받는 이유는 회의로 출장을 갔기 때문이므로 정답은 (B) He is at a conference.이다. out of town만 듣고 (A)를 고르면 안 된다.

어휘 patient 환자   out of town 시외로 간, 출타 중인   conference (큰 규모의) 회의   describe ~을 설명하다   document 서류

1. Why 이후에 등장하는 주어가 Dr. Yun으로 대화를 주고받는 남녀가 아닌 제3의 인물임을 파악해 둔다.

2. 질문의 키워드인 unavailable에 해당하는 부분(out of town at a conference)을 잘 들어야 한다. 그 부분에서 정답이 등장할 확률이 매우 높다.

대표 질문 유형

Why is the woman unable to leave the office? 여자는 왜 사무실을 떠날 수 없는가?

Why is the presentation delayed? 프레젠테이션이 왜 연기되었는가?

Why does the man need help with the project? 남자는 왜 그 프로젝트에 도움이 필요한가?

비법 적용 연습

PART 3

대화를 듣고 가장 적절한 답을 고르세요. S1-13-3~14

1 What is the woman's problem?
(A) She hasn't been invited to the factory tour.
(B) She can't attend a conference.
(C) She can't take some people to the factory.
(D) She was late for the plane.

2 How does the woman fix the problem?
(A) By accepting the offer
(B) By sending someone else
(C) By preparing proposal
(D) By booking a hotel

3 What does the man need to do before the tour?
(A) He needs to visit the factory.
(B) He has to call her assistant.
(C) He has to modify an assembly line.
(D) He needs to give information about the tour.

4 Who most likely is the woman?
(A) A doctor
(B) A pharmacist
(C) A patient
(D) An assistant

5 What problem does the woman have?
(A) She doesn't know what diagnosis she got.
(B) She was late for a doctor's appointment.
(C) She has no idea how to take her medication.
(D) She lost her prescription.

6 What does the man say she has to do?
(A) Swallow the medication
(B) Read the prescription
(C) Ask a pharmacist
(D) Wait for a while

7 What is the topic of conversation?
(A) A delayed order
(B) An upcoming conference
(C) Paperwork errors
(D) An accounting system

8 What problem does the man mention?
(A) A report has been submitted late.
(B) A report has been returned.
(C) An accounting service is not available.
(D) An assistant didn't review his schedule.

9 What does the woman say she will do?
(A) Get the right form
(B) Organize copies in order
(C) Correct mistakes
(D) Look around the department

10 Why is the woman calling?
(A) To borrow a printer
(B) To change an environmental plan
(C) To distribute an assignment
(D) To find out the progress of something

11 What problem did the man have?
(A) He didn't finish his assignment.
(B) A printer is not working properly.
(C) A printer was delivered late.
(D) A computer needs to be fixed.

12 What does the man have to do next?
(A) Go to the management office
(B) Forward a file
(C) Print out a file
(D) Fax a report

토익 빈출 표현 리스트

| Part 3에 자주 등장하는 표현 | 🎧 S1-13-15 [미M] [호W]

□ **come with**
~가 딸려 나오다

□ **come up with**
~을 생각해내다

□ **collaborate with**
~와 협력하다

□ **have experience in**
~에 경험이 있다

□ **leave for**
~로 떠나다

□ **available**
이용 가능한

□ **user-friendly**
사용하기 쉬운

□ **be concerned about**
~을 걱정하다

□ **be in charge of**
~을 담당하다

□ **be responsible for**
~에 책임이 있다

□ **place an order**
주문을 하다

□ **take a look at**
~을 살펴보다

□ **stop by**
~에 잠깐 들르다

□ **come by**
~에 잠깐 들르다

□ **drop by**
~에 잠깐 들르다

□ **attract customers**
고객을 끌어 모으다

□ **miss**
~을 놓치다

□ **send over**
사람을 보내다

□ **work for**
~에서 일하다, ~에게 효과가 있다

□ **by the time**
~할 때 즈음에

□ **not … until**
~에 비로소

□ **double**
두 배가 되다

□ **triple**
세 배가 되다

□ **be ready**
준비가 되다

□ **on schedule**
스케줄에 맞춰

□ **ahead of schedule**
일정에 앞서

□ **behind schedule**
일정보다 늦어진

□ **be supposed to**+동사원형
~하기로 되어 있다

□ **be expected to**+동사원형
~을 할 것으로 기대되다

□ **I wonder if ~**
~인지 궁금하다

□ **I'd be happy to**+동사원형
기꺼이 ~하다

□ **I'd like you to**+동사원형
당신이 ~하면 좋겠다

□ **That's why ~**
그게 바로 ~한 이유이다

□ **Have you heard that ~?**
~을 들으셨나요?

현재 하고 있는 일 · 앞으로 해야 할 일

현재 하고 있는 일을 묻는 문제는 진행형으로 표현되며, 대부분 패러프레이징된 선택지가 등장한다. 앞으로 해야 하는 일을 묻는 문제는 What are the employees asked to do?(직원이 부탁받은 일은 무엇인가?), What will the man do next?(남자가 다음에 할 일은 무엇인가?)와 같은 질문 유형으로 출제된다. 대부분의 대화 내용은 '현재 상황 → 문제점 → 해결책(요청, 부탁, 제안)'의 구조를 갖기 때문에 후반부에 정답의 열쇠가 있다.

❶ 현재 하고 있는 일을 묻는 문제

현재 하고 있는 일을 묻는 질문은 보통 What is the man doing? 정도로 출제된다. 현재 하고 있는 행동을 물어보기 때문에 진행형이 많이 쓰이며, 대화에서 진행하고 있는 동작까지 주의 깊게 들어야 한다. 예를 들어, I am working on the sales report.라는 문장을 통해 Working on a document가 정답이 되는 식이다. 보통 대화의 초반에서 정답의 단서를 찾을 수 있다.

Example

S1-14-1

What is the woman doing?

(A) Writing a news article
(B) Buying a ticket to the museum
(C) Preparing a budget
(D) Reviewing the report

W　Carlos, I'm working on the theater budget for next year, but I need the data about the revenues from ticket sales this year.

M　I can help you with that but I have to leave for the Beacon show right away and I have to be there until the end of the day. Do you need it right away?

W　Yeah, I need to get this done today, so that I can send it to Mr. Thompson tomorrow morning.

M　Alright! Why don't you check out my laptop? It's in the folder marked the year's income data.

여　카를로스, 저는 내년도 극장 예산 작업을 하고 있는데 올해 티켓 판매 수입에 관한 정보가 필요해요.
남　도와 드릴 수 있지만 지금 당장 비컨 쇼에 참석하러 떠나야 하고, 오늘 저녁까지 거기에 있어야 해요. 지금 당장 필요한가요?
여　네, 이것을 오늘 해야 하거든요. 내일 아침 톰슨 씨에게 보내려면 말이죠.
남　맞다! 제 노트북 컴퓨터를 찾아보시겠어요? 올해 수익 데이터라고 표시된 폴더에 있습니다.

여자는 무엇을 하고 있는가?
(A) 기사 작성
(B) 박물관 티켓 구매
(C) 예산 준비
(D) 보고서 검토

해설 여자가 하고 있는 일을 물어보고 있으므로 여자의 첫 번째 말에 집중한다. 여자의 첫 번째 말에서 I'm working on ~의 표현을 들을 수 있다. 따라서 이후에 나오는 표현 the theater budget for next year를 잘 들어 둔다. 따라서 이 내용이 패러프레이징된 (C) Preparing a budget(예산 준비)이 정답이다.

어휘 budget 예산 revenue 수입 check out 확인하다, 조사하다 income 소득, 수입

1. 질문에서 행위의 주체가 여자인지 남자인지 확인하고 행위자의 말에서 단서를 찾는다.

2. 하고 있는 일은 진행형으로 정답이 출제된다. 다만 그 내용이 패러프레이징되어 선택지에 등장한다는 것을 기억한다.

대표 질문 유형

What is the man doing? 남자는 무엇을 하고 있는가?

What is the woman doing? 여자는 무엇을 하고 있는가?

❷ 할 일, 부탁이나 요청을 묻는 문제

부탁, 요청을 묻는 문제는 처음과 마지막 문제 둘 다 출제되지만 할 일이나 제안을 묻는 문제는 보통 대화의 후반부에서 정답의 단서를 찾을 수 있기 때문에 마지막 문제로 나온다. 주로 What will the man probably do next?(남자가 다음에 할 일은 무엇인가?), What is the man asked to do?(남자가 부탁받은 것은 무엇인가?) 등의 질문으로 나오며 보통 미래의 표현에서 정답의 단서가 등장한다.

Example   S1-14-2

What is the woman going to do next?

(A) She is going to take pictures.

(B) She is going to make some copies.

(C) She is going to shake the cartridge.

(D) She is going to look at the paper.

W That's annoying. The copies are suddenly coming out very faint. Wasn't the machine repaired a few days ago?

M It was. But as you probably know, this copier is almost 5 years old now. Let me take a look at those copies. Yes, I can hardly read the text.

W I have to make 10 copies of this report for the meeting at 10. What should I do?

M Well, why don't you take out the toner cartridge, give it a good shake, and put it back? Then, it will probably work.

여 짜증 나네요. 복사가 갑자기 흐리게 나와요. 며칠 전에 기계를 수리하지 않았나요?
남 맞아요. 그런데 아마 당신도 아시겠지만 이 복사기를 벌써 5년째 쓰고 있어요. 제가 복사한 것들을 좀 볼게요. 그러네요, 거의 안 보여요.
여 10시 회의를 위해서 이 보고서를 10부 복사해야 해요. 어떻게 해야 할까요?
남 음, 토너 카트리지를 빼서 흔들어 보고 다시 넣어 보는 건 어때요? 그러면 아마 효과가 있을 거예요.

여자는 다음에 무엇을 할 것인가?
(A) 사진을 찍을 것이다.
(B) 복사를 할 것이다.
(C) 카트리지를 흔들 것이다.
(D) 종이를 볼 것이다.

해설 남자의 마지막 말에서 why don't you ~ ?를 이용한 제안의 표현을 확인할 수 있다. 따라서 여자는 남자의
말에 따라 카트리지를 흔들 것이므로 (C) She is going to shake the cartridge.가 정답이다.

어휘 annoying 짜증 나는   faint ~이 흐린[선명하지 않은]   take a look at ~을 보다, 살펴보다   take out ~을 꺼내다
give ... a shake ~을 흔들다   put ... back ~을 다시 제자리에 갖다 놓다

앞으로 할 일은 보통 대화 후반부에 제안이나 명령문, 의문문 등의 형태로 등장한다. 따라서 Why
don't you[we]+동사원형 ~?으로 등장한 내용이 문제를 푸는 열쇠이다.

대표 질문 유형

What did the man ask the woman to do? 남자는 여자에게 무엇을 하라고 요청했는가?

What does the woman offer the man? 여자가 남자에게 제안하는 것은 무엇인가?

What is the man going to do next? 남자는 다음에 무엇을 할 것인가?

비법 적용 연습

PART 3

대화를 듣고 가장 적절한 답을 고르세요. 🎧 S1-14-3~14

1 What does the man ask for?
(A) Conference program
(B) Family business
(C) Extending his vacation
(D) Hotel reservation

2 What does the woman want the man to do?
(A) Take care of his business
(B) Complete some work
(C) Make a plan
(D) Set up a conference

3 What does the man say he will do next?
(A) Meet Ms. Carpenter on Monday
(B) Give a resignation
(C) Make a presentation
(D) Call his family

4 What are the speakers talking about?
(A) Gaining a promotion
(B) Working with Anne
(C) Changing images
(D) Making a strategy

5 What is the man doing at the moment?
(A) Working on a project with colleague
(B) Painting a picture
(C) Practicing teamwork
(D) Promoting a new product

6 What will the man want to do next?
(A) Ask for some more feedback
(B) Finalize his work
(C) Attend a gathering
(D) Ask for more supplies

7 What does the man want to do?
(A) Meet his manager
(B) Adjust his work schedule
(C) Ask for a ride to work
(D) Come to work earlier

8 What does the man say he has to do in the morning?
(A) Drive his wife to medical facility
(B) Attend driving school
(C) Take care of his baby
(D) Drop his friends off at his house

9 What is Jennifer going to do next?
(A) Notify her colleague of his new schedule
(B) Meet the man's wife
(C) Stay late at work
(D) Go to a celebration

10 Where is this conversation probably taking place?
(A) In an advertising presentation
(B) In a computer training session
(C) In an art class
(D) In a job interview

11 What is the man interested in?
(A) Museum exhibition
(B) Traveling opportunities
(C) Movie
(D) Webpage design

12 What does the woman offer to do?
(A) Give a tour
(B) Arrange a meeting
(C) Write a recommendation letter
(D) Introduce a workshop

토익 빈출 표현 리스트

| Part 3 빈출 패러프레이징 표현 | 🎧 S1-14-15 영M 미W

☐ do not get the job 일자리를 얻지 못하다
  ➥ fail to have a job 구직에 실패하다

☐ flaw 결함
  ➥ defect 결함

☐ doctor 의사
  ➥ physician 의사, 내과 의사

☐ alone 홀로
  ➥ by oneself 홀로

☐ coast 바닷가
  ➥ beach 해변

☐ starving 배고파 죽을 지경인
  ➥ hungry 배고픈

☐ coffee 커피
  ➥ beverage 음료

☐ drive 차를 태워주다
  ➥ give somebody a ride ~에게 차를 태워주다

☐ tight finance 어려운 재정
  ➥ do not have enough money 돈이 넉넉지 못하다

☐ other 다른
  ➥ alternate 대안의, 대체의

☐ surprised 놀라운
  ➥ unexpected 예상 밖인

☐ in advance 미리, 먼저
  ➥ beforehand 미리

☐ confusing 헷갈리는
  ➥ complex 복잡한

☐ reschedule 시간을 다시 조정하다
  ➥ change a time 시간을 바꾸다

☐ lost 사라진
  ➥ deleted 삭제된

☐ renovation 보수, 개조
  ➥ remodel 새롭게 바꾸다, 새 단장하다

☐ charge 비용을 부과하다
  ➥ expense 비용

☐ frustrated 화난, 짜증 난
  ➥ angry 화난, 짜증 난

☐ gas 기름
  ➥ gasoline 기름

☐ repair person 수리공
  ➥ technician 기술자

☐ loan 대출
  ➥ borrow money 돈을 빌리다

☐ item 상품
  ➥ goods 제품, 상품

☐ meeting 모임
  ➥ gathering 모임

☐ bonus 보너스
  ➥ extra pay 특별 수당

☐ not more people 많지 않은 사람들
  ➥ small audience 적은 관객

세부 내용

세부 내용 문제는 보통 두 번째 문제로 등장하며, 가격, 행사의 날짜, 요일, 제3의 인물, 장소를 묻는 문제가 자주 출제되는 편이다. 또한, 숫자 관련 내용으로 참가 인원은 몇 명인지, 시간은 언제인지를 물어보는데 보통 정답이 패러프레이징되어 출제되므로 의미를 이해하지 않고 들으면 정답을 고르기 어렵다. Part 2에서와 마찬가지로 〈How+형용사[부사]〉는 다양한 의미로 물어볼 수 있으므로 꼭 기억하도록 한다.

❶ 방법을 묻는 문제

How 의문문으로 물어보며, 질문의 주어, 동사나 목적어의 내용을 잘 들어야 하는 문제이다. 예를 들어, How can the woman receive a free service?(여자가 무료 서비스를 받을 수 있는 방법은 무엇인가?)의 문제에서 a free service(무료 서비스)가 키워드가 된다. 따라서 대화에서 a free service가 등장한 전후로 정답을 찾을 수 있다.

Example 　　　　　　　　　　　　　　　　　　　　　　　🎧 S1-15-1

How can the woman make a purchase order?

(A) By doing some paperwork

(B) By returning items

(C) By sending an email

(D) By registering as a member

W　I'm calling to ask if it's possible for you to send me some fabric samples for my new office.

M　Yes, we have fabric samples available for your needs. What sort of pattern are you looking for?

W　I'd like to get a sample of the striped pattern in green seen on your website.

M　OK. We will send it to you right away with a few other samples you might like. Please email us what you want with the product number when you are ready to purchase the materials you need.

여　제 새 사무실에 필요한 원단 샘플을 보내 주실 수 있는지 문의하기 위해서 전화드렸습니다.
남　네, 고객님의 요구에 맞는 원단 샘플이 가능합니다. 어떤 무늬를 찾고 계신가요?
여　저는 귀사의 웹 사이트에서 본 초록색에 줄무늬가 있는 샘플을 받아 보고 싶습니다.
남　네, 좋아하실 만한 샘플들과 함께 바로 보내 드리도록 하겠습니다. 필요한 자재 구매 준비가 되시면 제품 번호와 함께 이메일을 보내 주세요.

여자는 어떻게 구매 주문을 할 수 있는가?
(A) 서류 작업을 함으로써
(B) 반품함으로써
(C) 이메일을 보냄으로써
(D) 회원으로 등록함으로써

해설 How로 시작하는 질문으로서 주문을 하는 방법을 묻고 있다. 대화의 후반부에 Please email us what you want with the product number when you are ready to purchase the materials you need.에서 제품 번호와 함께 이메일을 보내라고 했으므로 정답은 (C) By sending an email이다.

어휘 fabric 원단 sort 종류 pattern 무늬 look for ~을 찾다 striped pattern 줄무늬 right away 당장
purchase ~을 구매하다 material 자료, 자재, 물질

1. 의문사 How 이후 make a purchase order를 보고 주문하는 방법을 묻는 문제임을 파악한다.

2. 주문 방법과 같은 세부 정보를 묻는 문제는 보통 후반부에 등장하는 정보가 정답의 단서가 되므로 대화의 후반부에 초점을 맞춰 듣는다.

대표 질문 유형

How did the woman learn about the event? 여자는 행사에 대해 어떻게 알게 되었는가?

How will the man contact the manager? 남자는 관리자에게 어떻게 연락할 것인가?

How long will the woman stay in New York? 여자는 얼마나 오래 뉴욕에 머무를 것인가?

How many applicants will be interviewed? 얼마나 많은 지원자들이 면접을 받을 것인가?

❷ 시간이나 날짜, 요일을 묻는 문제

보통 행사가 열리는 시간, 구체적인 만날 요일이나 시간 등에 관한 내용이 출제되며 정답은 정확히 같은 단어를 사용하지 않는 반면에 오답은 그대로 대화 속에 등장하기 때문에 지나치게 소리에만 집중하면 오답을 고를 수 있다. 예를 들어, What time will the speakers most likely meet?(두 화자는 몇 시에 만날 것인가?)의 질문에 I'm available after one.(저는 1시 이후에 가능해요.)과 We can meet up at 2 o'clock.(두 시에 만나죠.)이 동시에 등장하여 1시는 오답으로, 2시가 정답으로 출제된다. 날짜나 요일을 물어보는 경우 여러 가지 대안을 두고 상대방에게 선택하게 하는 경우도 있는데 둘 중 하나를 고르거나 완전히 다른 날짜를 선택할 수도 있다는 것을 기억한다.

| Example | 🎧 S1-15-2

What time does the meeting begin?

(A) 8:00 A.M.

(B) 8:30 A.M.

(C) 9:00 A.M.

(D) 9:30 A.M.

M   I am sorry I'm late. I was stuck in traffic and it was really bad.

W   No problem. It is only 8:30 and you still have 30 minutes left. The meeting will not start until 9.

M   I know, but I have to have all the materials ready for the presentation and I haven't printed them all.

W   Oh, right! You are the one who is going to make a presentation on the new project. Good luck.

남   늦어서 죄송합니다. 차가 막혀서요. 아주 심각했어요.
여   괜찮아요. 겨우 8시 30분이고 아직 30분 남았어요. 회의는 9시나 돼야 시작하잖아요.
남   알아요. 하지만 발표 자료 준비를 해야 해서요. 아직 인쇄를 다 못했거든요.
여   아, 그러네요! 오늘 새 프로젝트 관련 발표하는 사람이 바로 당신이죠. 행운을 빌어요.

회의는 몇 시에 시작하는가?
(A) 오전 8시
(B) 오전 8시 30분
(C) 오전 9시
(D) 오전 9시 30분

해설   회의가 언제 시작하는지 물어보는 문제이다. 여자가 회의 시작 시간이 9시라고 알려 주고 있으므로 정답은 (C) 9:00 A.M.(오전 9시)이다. 참고로 not until 구문은 '그때까지 아니다'보다는 '그때야 비로소 ~한다'라는 의미로 해석한다.

어휘   be stuck in traffic 차가 막히다   make a presentation 발표하다

1. 시간의 표현이 등장한다고 먼저 나오는 표현만 들으면 오답을 고르게 되는 경우가 많다. 따라서 질문에 부합하는 내용을 잘 듣고 정답을 고르도록 주의한다.

2. start와 begin은 패러프레이징되어 자주 출제되므로 알아 둔다.

대표 질문 유형

When will the event start? 행사는 언제 시작되는가?

When do the manuals have to be ready by? 설명서가 언제까지 준비되어야 하는가?

What day will the man see Dr. Adams? 남자는 아담스 박사를 무슨 요일에 만날 것인가?

❸ 시제나 수식어 표현이 중요한 문제

세부 내용을 묻는 문제는 의문사만큼이나 세부적으로 등장하는 내용이 매우 중요하다. 예를 들어, recently, lately(최근에) 등처럼 시간이 곧 키워드가 된다. 대화를 듣고 푸는 문제이기 때문에 보통 현재의 이야기를 많이 하며 앞으로 할 일, 부탁, 요청, 제안 등이 주를 이루는데 과거나 특정 시점들이 등장하면 문제와 관련이 있는 경우가 많다.

Example

🎧 S1-15-3

What does the woman want to schedule on Friday?

(A) A product launch

(B) A client meeting

(C) An applicant interview

(D) A business trip

W Hello, Mr. Kim. This is Mary Campbell from Perfect Design. I received your résumé and application for the branch manager position and I would like you to come in for an interview. How about next Friday?

M Well, I will be in Vancouver that day, which is not that far from your place. I think I can be there in the afternoon.

W Perfect. See you then. Oh, can you bring a portfolio with you that day?

여 안녕하세요, 김 씨. 저는 퍼펙트 디자인의 메리 캠벨입니다. 지부장 자리를 위한 당신의 이력서와 지원서 잘 받았고 면접에 와 주셨으면 합니다. 다음 주 금요일 어떠신가요?
남 음, 제가 그날 그곳에서 별로 멀지 않은 밴쿠버에 있을 겁니다. 오후에는 갈 수 있을 것 같습니다.
여 좋습니다. 그때 뵙도록 하죠. 참, 그날 포트폴리오를 가져오실 수 있으신가요?

여자가 금요일에 잡고 싶어 하는 스케줄은 무엇인가?
(A) 제품 출시
(B) 고객 미팅
(C) 지원자 면접
(D) 출장

해설 문제에서 Friday(금요일)가 키워드이다. 따라서 키워드 주변에 있는 문장인 I would like you to come in for an interview.가 힌트이다. 따라서 정답은 지원자 면접인 (C) An applicant interview이다.

어휘 receive ~을 받다 application 지원서 branch 지사 far (거리가) 먼 portfolio 포트폴리오

1. 질문에서의 시간의 표현 on Friday가 문제의 키워드이다.

2. 질문의 키워드 전후로 정답 힌트가 등장한다. 키워드 전에 정답 표현이 등장한 경우에 주의한다. 자칫 키워드를 들었다 하더라도 결정적인 표현은 이미 지나갔기 때문에 정답을 고르기 어려워지는 경우가 있다.

대표 질문 유형

What problem occurred last year? 작년에 어떤 문제가 있었는가?

What does the woman have to do this afternoon? 여자는 오늘 오후에 무엇을 해야 하는가?

What will start next week? 다음 주에 무엇이 시작될 것인가?

비법 적용 연습

PART 3

대화를 듣고 가장 적절한 답을 고르세요. S1-15-4~15

1 What will the woman do on the train?
(A) Take a nap
(B) Make flight reservations
(C) Review the report
(D) Chat with her friend

2 What will the speakers do on Saturday?
(A) Go on a picnic to Chicago
(B) Attend a seminar
(C) Exercise together
(D) Make a presentation

3 Why is the woman taking the train?
(A) She wants to avoid traffic jam.
(B) Her car is broken.
(C) It is much more comfortable than the car.
(D) It's much cheaper.

4 What is the woman asking for?
(A) A refund for a medicine
(B) A tip for stopping a headache
(C) A help choosing a medicine
(D) A prescription for a painkiller

5 What does the man suggest the woman do?
(A) Talk to a pharmacist
(B) Wait in a line
(C) Follow the directions
(D) Try another shelf

6 What does the man request finally?
(A) To stock the inventory
(B) To take the customer to an employee
(C) To wait for a moment
(D) To bring a new medication

7 What does the woman want to do?
(A) Apply for a job
(B) Get a loan
(C) Rent a house
(D) Move to a new place

8 Where is the house located?
(A) It is near downtown.
(B) It is near the river.
(C) It is in a suburb of the city.
(D) It is in an industrial district.

9 Why is the man worried?
(A) The woman is not eligible for mortgages.
(B) The interest rates are high.
(C) It is a luxury house.
(D) He can't arrange an appointment.

10 What are the speakers talking about?
(A) Delicious caviar
(B) A car accident
(C) Removing a stain
(D) A donation

11 What will the man do if he can't complete the service?
(A) Offer a coupon
(B) Reimburse the client
(C) Press the attire
(D) Replace the clothes

12 What does the woman say she will do tomorrow?
(A) Raise money for charity
(B) Pick up her laundry
(C) Get a refund
(D) Exchange clothes

토익 **빈출 표현** 리스트

| Part 3 빈출 패러프레이징 표현 | 🎧 S1-15-16 [미M] [호W]

- ☐ cousin 사촌
  - ➥ relative 친척

- ☐ a big parking lot 큰 주차장
  - ➥ plenty of parking 충분한 주차 공간

- ☐ over 200 years old 200년 넘게
  - ➥ more than 2 centuries ago 2세기도 더 전에

- ☐ gorgeous interior 멋진 인테리어
  - ➥ beautiful inside 멋진 내부

- ☐ right away 지금 당장
  - ➥ immediately 즉시

- ☐ behind the times 시대에 뒤떨어지는
  - ➥ outdated 구식의

- ☐ reduce 줄이다
  - ➥ lower 낮추다

- ☐ ten past nine 9시 10분
  - ➥ 9:10 9시 10분

- ☐ attend 참가하다
  - ➥ participate in 참가하다

- ☐ concerned 걱정하는
  - ➥ worried 걱정하는

- ☐ line is busy 통화 중이다
  - ➥ talking to someone else 다른 누군가와 통화 중인

- ☐ captain 기장
  - ➥ pilot 조종사

- ☐ review 검토하다
  - ➥ go over 검토하다

- ☐ bathing suit 수영복
  - ➥ swimsuit 수영복

- ☐ heavy traffic 교통 체증
  - ➥ traffic jam 교통 체증

- ☐ make a reservation 예약하다
  - ➥ book 예약하다

- ☐ a lot longer 훨씬 더 긴
  - ➥ much more economical 훨씬 더 경제적인

- ☐ waiter 웨이터
  - ➥ server 웨이터

- ☐ work out 운동하다
  - ➥ do exercise 운동하다

- ☐ always gain five minutes a day 매일 5분씩 더 가다
  - ➥ malfunction 오작동하다

- ☐ different route 다른 길
  - ➥ alternative road 다른[대안의] 길

- ☐ run out of 다 떨어진
  - ➥ out of stock 품절된

- ☐ fix 고치다
  - ➥ repair 고치다

- ☐ be broke 빈털터리다
  - ➥ do not have money 돈이 없다

- ☐ exhausted 지친
  - ➥ tired 피곤한

PART 4 짧은 담화

Part 4는 한 사람의 담화를 듣고 관련된 3문제를 푸는 유형이다. Part 3와 마찬가지로 시험지에서 문제를 볼 수 있기 때문에 담화를 듣기 전에 미리 문제를 모두 읽어 두어야 한다.

❶ 기본 답변 방법

의문사 의문문은 바로 구체적인 답변이 나와야 하는 의문문이므로 Yes나 No로 대답할 수 없다. 단, 의문문의 형태이나 제안하는 표현은 Yes나 No로 대답할 수 있다.

내용어는 중요 정보를 가지고 있는 어구이다

명사 employees, firm, meeting, budget …

동사 close, start, change, increase …

형용사 significant, special, customized …

부사 recently, next year, every year, never, always …

기능어는 문법적인 기능이 강한 어구이다

대명사 it, she, he, they …

전치사 at, on, in, of …

관사 a(n), the …

접속사 and, or, but

조동사 can, could, would, have, did …

❷ 문제가 구체적인 경우

Part 3와 마찬가지로 지문을 읽기 전에 문제를 요약해야 한다. 문제에 따라서 선택지까지 봐야 하는 경우가 있고 문제만 봐도 충분한 경우가 있는데 이는 문제가 구체적이냐 아니냐에 따라 달라진다. 단, 듣기 문제 대부분은 구체적이라는 점을 참고한다.

구체적인 문제인 경우 선택지를 미리 볼 필요가 없다

어차피 선택지는 예측이 가능하기 때문에 볼 필요가 없는 문제이다. 오히려 오답 선택지를 보면서 지문을 듣기 때문에 방해가 되어 혼란스러워진다. 따라서 구체적인 문제는 선택지를 미리 보지 않고 문제만 따로 요약해 두는 것이 중요하다. 보통 구체적이지 않은 문제의 경우 mention, state 등의 어휘가 등장한다.

예문 Why is the business special? 왜 그 사업이 특별한가?

» 위 질문의 경우 Why(왜), business(사업체), special(특별한) 등의 내용어를 키워드로 요약을 하고 지문을 들을 준비를 한다.

예문 Where will the conference be held this Friday? 이번 주 금요일 컨퍼런스는 어디서 열리는가?

» 위 질문의 경우 Where, conference, held, this Friday 등을 키워드로 미래 행사의 장소를 질문으로 이해한다.

❸ 패러프레이징

Part 4는 패러프레이징이 많이 된다. 표현은 달리 하지만 뜻이 같은 내용을 얼마나 정확히 이해하느냐를 물어보므로 지문별, 상황별 패러프레이징 유형을 알고 있는 것이 중요하다.

예시 1 increasing sales …» boosting sales 영업 실적 증가

예시 2 thirty minutes …» half an hour 30분

예시 3 This special offer is good until at the end of the month.

…» This special offer will end at the end of the month. 이 특별 행사는 이번 달 말까지 진행됩니다.

신유형

Part 4에 추가된 신유형은 총 2가지로 문제의 난이도는 기존과 비슷하다. 다만 한 번 더 사고의 과정을 거쳐야 하는 유형으로 문제에 최대한 빨리 적응하는 것이 관건이다.

❶ 화자의 의도 파악 문제

Part 3와 마찬가지로 Part 4에서도 화자의 의도를 파악하는 문제가 출제된다. 담화에서 화자가 한 말을 그대로 인용해서 어떤 의미인지를 묻는 문제인데, 그 문장 그대로의 의미가 아닌 담화 문맥상 의미를 묻는다. 따라서 전후 문장을 통해 담화 속에서 가지는 의미를 파악해야 하며 선택지에 단어의 원래 의미가 오답으로 등장하는 경우를 주의한다.

Example

🎧 S1-N8

What does the speaker mean when he says, "The thing is that"?

(A) To explain why attendees should move

(B) To explain why attendees should learn about art

(C) To explain why attendees should receive a syllabus

(D) To explain why attendees should expand the way of thinking

> Welcome to the lecture of Enjoying Modern Art, expanding the way of thinking in contemporary art. Before we start our class, I would like to express my sincere apology to all of you. The thing is that we don't have enough room to accommodate attendees as we have a greater number of people than we expected. So, we have no choice but to switch our room. Before you leave the room, please make sure that my assistant will give a syllabus out to you.

> '현대 미술 즐기기' 수업에 오신 것을 환영합니다. 이 수업은 현대 미술에 관한 사고 방식을 확장시킬 수 있는 수업입니다. 수업을 시작하기 전에 먼저 진심으로 사과를 드리고 싶습니다. 실은 말이죠 예상했던 것보다 훨씬 많은 수의 사람들이 수업을 듣게 되어 이 많은 사람들을 수용할 공간이 부족합니다. 그래서 부득이하게 방을 옮겨야 합니다. 방을 나가시기 전에 제 조교가 여러분께 강의 계획서를 드리는지 확인 바랍니다.

화자가 "실은 말이죠"라고 말한 의미는 무엇인가?
(A) 화자가 왜 참가자들에게 이동해야 하는지 설명하기 위해서
(B) 화자가 왜 참가자들에게 예술을 배워야 하는지 설명하기 위해서
(C) 화자가 왜 참가자들에게 강의 계획서를 받아야 하는지 설명하기 위해서
(D) 화자가 왜 참가자들에게 사고 방식을 확장해야 하는지 설명하기 위해서

어휘   lecture 수업   modern art 현대 미술   expand 확장시키다   the way of thinking 사고 방식   contemporary art 현대 미술   sincere 진심에서 우러난   apology 사과   have no choice but to ~할 수밖에 없다   syllabus 강의 계획서

보통 The thing is that은 앞의 내용에 대한 부연 설명을 할 때, 혹은 이유에 대한 설명을 할 때 시작하는 말이다. 따라서 뒤에 나오는 내용으로 파악할 수 있다. We don't have enough room to accommodate attendees를 통해서 수용할 공간이 부족하기 때문에 방을 옮겨야 한다는 내용이 나오므로 정답은 (A)가 된다.

대표 질문 유형

What does the speaker mean when he says, "But no worries"?
화자가 "하지만 걱정하지 말아요"라고 말한 의미는 무엇인가?

What does the speaker imply when she says, "That's unbelievable"?
화자가 "믿을 수 없어요"라고 말한 의미는 무엇인가?

❷ 표, 그래프를 이용한 정보 연계 문제

Part 3와 마찬가지로 표나 그래프를 함께 보면서 문제를 푸는 유형이다. Part 3에서와 같이 표, 그래프 문제에서는 담화를 듣기 전 숫자만 체크하고 듣는다. 표나 그래프의 왼쪽에는 고유명사나 품목명이, 오른쪽에는 시간, 수량, 가격 등이 제시되지만 막상 담화에서는 표에 나온 단어 그대로 말하지 않고 돌려서 표현하는 경우가 많다. 재차 강조하지만 처음보다는 마지막 부분에서 핵심을 얘기할 가능성이 높다.

Example

🎧 S1-N9

Purchase History	
Mini envelope postcard	$5
Cartoon ballpoint pen	$15
Highlighter pen	$8
Art pencil	$12

Look at the graphic. How much will the speaker have to refund?

(A) $15

(B) $27

(C) $28

(D) $40

구매 내역	
미니 봉투 엽서	5달러
만화 볼펜	15달러
형광펜	8달러
미술 연필	12달러

Good morning, everyone. Yesterday we received some complaints from a buyer over stationery we recently sold on our own Web site. It appears that some of them we shipped to him are damaged. So, I decided to refund his money in full and to ship replacements to him. In order to prevent this issue from happening again, from now on, we'll start to check how many damaged items we have in our warehouse.

여러분 안녕하세요. 어제 우리 회사 웹 사이트에서 최근에 판매했던 문구류에 대해서 한 구매자로부터 컴플레인을 받았습니다. 아마도 배송 중에 일부 품목이 파손된 것으로 보입니다. 그래서 저는 전액 환불과 함께 물건을 교체해 주기로 결정했습니다. 이런 일이 다시 발생하지 않도록 지금부터 우리 창고에 보유하고 있는 파손된 상품의 수량을 파악할 것입니다.

시각 정보에 의하면, 화자가 얼마를 환불해 주어야 하는가?
(A) 15달러
(B) 27달러
(C) 28달러
(D) 40달러

 돈과 관련된 문제인데 표에서는 숫자가 나오지만 실제 담화에서는 숫자가 전혀 나오지 않는 유형의 문제다. 이런 문제의 경우 숫자의 위치로 판단해야 하거나(제일 위, 제일 아래), 더하기 빼기의 문제가 될 수도 있다. refund his money in full이라는 표현을 잘 들었어야 했다. 전액 환불을 해 준다는 말에서 표에 있던 모든 숫자의 합인 (D)가 정답이다.

대표 질문 유형

Why is a change being made?
왜 변화가 발생했는가?

What event is being rescheduled?
어떤 일의 일정이 재조정되는가?

담화를 듣고 가장 적절한 답을 고르세요. 🎧 S1-N10~13

1 Who most likely is the speaker?
(A) A government official
(B) A board member
(C) An auto designer
(D) A radio newsperson

2 According to the speaker, where does the speaker say the car will be demonstrated?
(A) At company's headquarter
(B) In department stores
(C) On company's web site
(D) At conference hall

3 What does the speaker imply when he says, "That's unbelievable?"
(A) The car is made from recycled materials.
(B) The car has a wide variety of colors.
(C) The car has a lower price than others.
(D) The car is made overseas.

4 Where most likely is the announcement being made?
(A) At a fitness center
(B) At a massage clinic
(C) At a home appliance store
(D) At a department store

5 What does the speaker imply when she says, "But no worries?"
(A) The chair is not too heavy to move.
(B) Most shoppers feel that the chair is extremely comfortable.
(C) Shoppers can feel the same way as they do in the department store.
(D) The chair is affordable to buy.

6 According to the speaker, what are listeners offered today only?
(A) Free delivery
(B) A gift certificate
(C) An extended warranty
(D) A discount coupon

Conference Schedule	
Climate Change	Orchid Room
Financial Management	Lotus Room
In-home education	Queen Room
Marine Ecology	King Room

7 Where most likely is the speaker?
(A) At a musical theater
(B) At department store
(C) At exhibition hall
(D) At conference room

8 What are participants asked to do?
(A) Turn off their phones
(B) Sign up for the session
(C) Take a note
(D) Take a seat

9 Look at the graphic. Which session will be moved?
(A) Climate Change
(B) Financial Management
(C) In-home education
(D) Marine Ecology

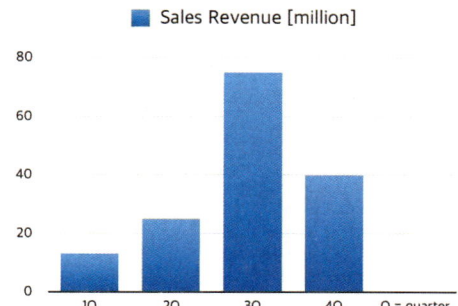

10 Who most likely is the audience?
(A) Web site managers
(B) Interior designers
(C) A marketing team
(D) Athletes

11 What does the speaker put emphasis on?
(A) Online sales volume
(B) The popularity of sports apparel
(C) The way to improve sales in winter season
(D) The cost of a product

12 Look at the graphic. Which quarter will marketing strategy focus on?
(A) First quarter
(B) Second quarter
(C) Third quarter
(D) Fourth quarter

16 안내 · 공지 (Announcement)

안내 및 공지 지문은 기본적으로 정보를 알려 주는 내용이다. 따라서 목적을 나타내는 〈I would like(want) to remind you that+주어+동사〉 표현이 자주 등장하며 주로 정답과 연결된다. 또한, 거의 빠지지 않고 출제되는 문제는 안내 및 공지가 나오는 장소 문제이다. 지문의 초반에서는 안내 방송이 어디서 이루어지는지에 대한 힌트가 나오며, 중반에는 세부 사항을 묻는 문제, 후반에는 앞으로 할 일(부탁이나 요청 등)에 대한 힌트가 주로 출제되므로 문제에 따라 어떤 부분에 더욱 집중해서 들어야 할지 판단하며 듣는다.

❶ 장소를 묻는 문제

안내 방송에서 장소를 물어보는 문제는 첫 문장을 놓치면 안 된다. 예를 들어, Thanks for coming out to celebrate the retirement party of Jim Rojo.(짐 로조의 퇴임을 축하하기 위해 와 주신 여러분께 감사를 전합니다.)의 내용으로 첫 문장이 나올 경우 안내 방송을 하는 곳을 묻는 문제의 정답이 A retirement party(은퇴 파티)로 출제된다. 따라서 첫 문장을 잘 듣는 것이 가장 중요하다.

Example

🎧 S1-16-1

Where is this announcement most likely being made?

(A) A building supply store

(B) A bank

(C) A hospital

(D) A clothing store

Attention, please. I have an announcement for the store managers. I just received a request from our security office and they want all the managers in kitchen, bar and flooring areas to perform a regular safety check right after the new shift starts. The safety check lists are located in the box near the security office. The completed check list should be returned to the security department by the end of the business day. I hope you will do your best for the safety of our customers when they shop for their building and home improvement materials in our store. Feel free to contact me if you have any questions about this.

주목해 주세요. 점포 매니저분들께 안내 말씀드립니다. 저희 경비실에서 요청을 하나 받았습니다. 경비실에서는 각 층의 모든 부엌, 바, 바닥재 매장 매니저들이 업무 교대 후 바로 정기 안전 점검을 실시하기를 원합니다. 안전 점검 리스트는 경비실 근처 상자에 있습니다. 작성된 점검 리스트는 업무가 종료되기 전 경비실로 제출되어야 합니다. 고객이 우리 매장에서 건물과 주택 개조를 위한 자재를 쇼핑할 때 고객의 안전을 위해 최선을 다해 주시길 바랍니다. 문의 사항이 있으시면 언제든지 제게 연락 주세요.

이 안내 방송은 어디서 들을 수 있는가?
(A) 건축 자재 상점
(B) 은행
(C) 병원
(D) 의류 매장

해설 안내 방송이 들리는 장소를 묻는 질문으로 지문의 세 번째 문장인 I just received a request from our security office and they want all the managers in kitchen, bar and flooring areas to perform a regular safety check right after the new shift starts.에서 부엌, 바, 바닥재 등의 키워드를 바탕으로 (A) A building supply store가 정답임을 알 수 있다.

어휘 announcement 안내   security 안전, 보안   flooring 바닥재   perform 수행하다   regular 규칙적인   check list 점검 사항   material 자료, 자재, 물질

1. 장소의 힌트를 주는 사물 어휘에 초점을 맞춰야 한다. 초반에 store를 들은 뒤 무엇을 파는 상점인지를 파악한다.

2. 일시적인 사건, 행사에 연관된 어휘로 만드는 함정에 조심해야 한다. security(보안)와 은행을 연결 지어 오답을 고르지 않도록 한다.

대표 질문 유형

Where is the announcement being made? 이 안내는 어디서 이루어지고 있는가?

Where most likely is the announcement being made? 이 공지는 어디에서 이루어질 것 같은가?

❷ 변경 사항이나 특이 사항을 묻는 문제

안내 방송의 특징상 변경 사항 또는 새로운 정보를 알려 주는 내용이 일반적이다. 따라서 지문 내용에서 변경 사항이나 새로운 정보가 들린다면 정답과 관련이 있을 확률이 매우 높기 때문에 반드시 들어 둬야 한다. 특히, 변경 사항이나 새로운 정보에 앞서 unfortunately, however, but, now, new 등의 어휘가 등장하므로 이때 집중해서 잘 들어 둔다.

Example

🎧 S1-16-2

Why are the listeners told they will need to wait?

(A) There is a sudden change to the schedule.

(B) A tour guide hasn't arrived yet.

(C) The weather is not good.

(D) The area is very crowded.

> Hello, everyone and welcome to Palm Trees Park. Unfortunately, we will have to stay here a bit longer to wait for the second tour guide. He's a little late. Upon his arrival, we'll begin our next tour and there are two different versions of this tour. One is for the bird watching walk and the other is for identifying native plants here in this area. If you want to go bird watching, then line up here on the right and the others on the left. Thank you very much.

> 안녕하세요, 여러분. 저희 팜 트리스 파크에 오신 걸 환영합니다. 죄송하게도 두 번째 투어 가이드를 기다리면서 이곳에 좀 더 머물러야 할 것 같습니다. 조금 늦는 것 같네요. 도착하는 대로 바로 다음 투어를 진행할 예정입니다. 그리고 이번 투어는 두 가지 다른 버전으로 준비가 되어 있는데요. 하나는 야생 조류를 관찰하며 걷는 투어이고, 또 다른 하나는 이 지역의 야생 식물을 관찰하는 투어입니다. 조류 관찰을 하고자 하시는 분들은 오른쪽에, 다른 분들은 왼쪽에 줄을 서 주세요. 대단히 감사합니다.

청자들은 왜 기다려야 한다고 전달받는가?
(A) 스케줄에 갑작스러운 변경이 있다.
(B) 투어 가이드가 아직 도착하지 않았다.
(C) 날씨가 좋지 않다.
(D) 장소가 매우 붐빈다.

해설 질문에서의 키워드 wait를 힌트로 지문에서의 정답을 찾아야 한다. 지문의 초반에 투어 가이드를 기다려야 한다는 표현이 나오며 도착하자마자 다음 투어를 진행하겠다고 말하고 있으므로 정답은 (B) 투어 가이드가 도착하지 않아서이다.

. . . .

어휘 unfortunately 불행히도 upon+명사 ~하자마자 identify ~을 확인하다, 발견하다 native plant 야생 식물

1. 안내문에서 중요 정보(변경 사항, 새로운 정보, 특이 사항)를 알리는 부분을 강조하기 위해서 사용되는 unfortunately 등과 같은 어휘에 집중한다.

2. 질문에서의 키워드 wait 또는 그 유사한 내용을 잘 듣는 것이 중요하다.

대표 질문 유형

Why is a change being made? 왜 변화가 발생했는가?

What event is being rescheduled? 어떤 이벤트의 일정이 재조정되는가?

비법 **적용 연습**

PART 4

담화를 듣고 가장 적절한 답을 고르세요.  S1-16-3~14

1 What is the main purpose of the announcement?
(A) To announce the closing of the shop
(B) To recruit employees
(C) To place an order
(D) To promote a new product

2 What does the speaker suggest customers do?
(A) Call the service desk
(B) Make a reservation
(C) Talk to the event manager
(D) Finish their shopping

3 What is the new service provided by the store?
(A) Online product reviews
(B) Extended business hours
(C) Online shopping services
(D) Special offers on weekends

4 What is the purpose of the announcement?
(A) To inform employees about a road closure
(B) To explain parking restrictions
(C) To remind employees about a deadline
(D) To announce revised operation hours

5 What should employees do?
(A) Commute to work together
(B) Adjust their work schedules
(C) Use a different entrance
(D) Check the weather

6 When does the speaker expect normal condition to return?
(A) On Monday
(B) On Wednesday
(C) On Thursday
(D) On Friday

7 Where is this announcement most likely being made?
(A) At a train station
(B) On a plane
(C) In a hotel lobby
(D) At an airport

8 What is the cause of the problem?
(A) Weather conditions
(B) Mechanical problems
(C) Absent employees
(D) Heavy traffic

9 What is provided for these customers?
(A) Hotel accommodations
(B) Complimentary beverages
(C) Partial refunds
(D) Seating upgrades

10 Where is this announcement most likely taking place?
(A) At a photography exhibit
(B) At a music concert
(C) At a movie theater
(D) At a store opening

11 What is the main reason for this announcement?
(A) To list upcoming events
(B) To welcome a photographer
(C) To request proper behavior
(D) To introduce team members

12 According to this announcement, what is available at the front entrance?
(A) Framed pictures
(B) Food and beverages
(C) An event schedule
(D) Product samples

토익 빈출 표현 리스트

| 공지 안내 주요 표현 | S1-16-15 영M 미W

1. 지문 초기 표현

☐ Attention, shoppers.
주목해 주세요, 고객 여러분.

☐ May I have your attention please?
주목해 주시겠어요?

☐ Sorry for the inconvenience.
불편을 드려서 죄송합니다.

☐ Thanks for your cooperation.
협력해 주셔서 감사합니다.

☐ I'm happy to announce ~
~을 알려 드리게 돼서 기쁩니다

☐ I regret to inform you that ~
~을 알려 드리게 돼서 유감입니다

☐ I would like to tell you about ~
~을 대해서 알려 드리고자 합니다

2. 지문 중반 표현

☐ Due to a problem with ~
~의 문제로

☐ There has been a slight change to ~
~에 작은 변화가 있습니다

☐ There are no changes to ~
~에 변화는 없습니다

☐ The leave policy will remain the same.
휴가 정책에는 변화가 없을 것입니다.

☐ The meeting will be postponed.
회의는 연기될 것입니다.

☐ The conference will be held.
회의가 열릴 것입니다.

☐ As planned
계획대로

☐ As scheduled ~
계획대로

☐ be accompanied by ~
~와 동반하다

3. 지문 후반부 표현

☐ Don't forget to ~
~을 잊지 마세요

☐ Please make sure that ~
~을 확실히 해 주세요

☐ Be sure to ~
반드시 ~해 주세요

☐ You must ~
~해야 합니다

☐ You are asked to ~
~을 부탁드립니다

☐ You are advised to ~
~을 해 주세요

☐ You are required to ~
~을 해 주세요

☐ We apologize for ~
~에 대해 사과드립니다

☐ We look forward to ~
~을 고대하고 있습니다

☐ Present your ID badge.
신분증을 제시해 주세요.

☐ Should you have any questions ~
혹시 질문이 있으시면

☐ Please proceed to ~
~으로 이동해 주시기 바랍니다

라디오 방송 · 뉴스 리포트
(Radio broadcasting · News report)

라디오 방송이나 뉴스 관련 지문은 대체로 진행자와 시청자와의 관계라는 것을 기억하는 것이 중요하다. 따라서 나올 수 있는 내용들이 비슷하기 때문에 흐름을 놓치지 않는다면 문제 풀이가 어렵지 않다. 지역 주민에게 나가는 라디오 방송, 비즈니스 뉴스, 방송 프로그램 소개 또는 끝나고 하는 멘트에서 다음 방송을 소개하는 내용이 많이 출제된다. 빠지지 않고 출제되는 것은 방송의 주제를 묻는 문제이며 지문의 초반에 등장한다. 마지막으로 교통 관련 방송, 날씨 관련 방송도 역시 자주 출제되는 내용이며 교통 방송은 정체 구간이나 시간, 우회 도로를 묻는 문제가 많고, 날씨 관련 방송에서는 날씨의 변화 흐름에 초점을 맞춰 듣는 것이 중요하다.

❶ 라디오 방송의 주제를 묻는 문제

라디오 방송의 주제를 묻는 문제는 지문 유형의 특성상 초반부터 청취자의 관심을 끌어야 하므로 주제가 바로 등장하는 것이 대부분이다. 하지만 간혹 방송의 주제가 아닌 소개되는 책이나 영화 등의 주제를 물을 수도 있으니 문제를 파악할 때 혼동해서는 안 된다.

Example

🎧 S1-17-1

What is the report about?

(A) A construction firm

(B) A moving company

(C) A shopping center

(D) A city park

> This is Jefferson Daniel for CCS business news. Kimberly's, the largest department store in Canada, announced the completion of its new shopping center, today. Due to unfavorable weather conditions during the summer, the construction of the shopping center has been delayed. However, the opening of the 7 story shopping center in the Quebec business park is expected to revive the local economy. A spokesperson announced that all visitors will be offered a 20 percent discount coupon on all purchases for the first 2 weeks of business.

> CCS 비즈니스 뉴스의 제퍼슨 다니엘입니다. 캐나다의 가장 큰 백화점 킴벌리스는 새로운 쇼핑센터가 완공되었다고 오늘 발표했습니다. 여름 동안의 좋지 않은 기상 조건으로 인해 쇼핑센터의 완공이 지연되었지만 퀘벡의 비즈니스 파크에 위치한 7층짜리 쇼핑센터의 개장으로 지역 경제가 활성화될 것으로 기대되고 있습니다. 백화점 대변인은 영업 첫 2주간 모든 고객에게 모든 제품 구매에 적용되는 20퍼센트 할인 쿠폰을 제공한다고 발표했습니다.

보도는 무엇에 관한 것인가?
(A) 건설 회사
(B) 이삿짐센터
(C) 쇼핑센터
(D) 시 공원

해설 주제를 묻고 있는 문제다. 따라서 지문의 초반에 등장하는 내용이 매우 중요하다. 초반에서 the largest department store, shopping center라고 이야기하므로 정답은 (C) A shopping center이다.

어휘 department store 백화점   announce ~을 발표하다   completion 완성, 완공, 마무리   unfavorable 불리한, 좋지 않은 construction 건설, 건축   story (건물의) 층   revive 부활시키다   spokesperson 대변인   purchase 구매

1. 주제를 묻는 문제로 지문의 초반을 노린다.

2. construction이나 park 등으로 유도되는 오답에 주의한다.

대표 질문 유형

What is being announced? 무엇이 발표되고 있는가?

What type of product is being discussed? 어떤 종류의 제품이 논의되고 있는가?

❷ 세부 내용을 묻는 문제

방송에서의 세부적인 내용은 중반과 후반에 나누어 출제가 되는데 보통 방송에서 언급한 내용 중에 변경 사항이라든지 특이 사항들이 출제된다. 후반부에 등장하는 세부 내용은 보통 청취자가 다음에 할 일을 묻는 문제로 출제되며 조동사나 to부정사, 명령문을 이용하여 힌트를 준다.

Example

🎧 S1-17-2

According to the speaker, what will the listeners be asked to do?

(A) Use public transportation

(B) Buy the ticket to the concert

(C) Take other routes

(D) Get a parking permit

Good morning. Welcome back to the 8 o'clock news. This is Danny Jones with News Brief. Last week, the city council announced that the construction project on the city's new art center will begin next Monday. Basic construction work is in progress, so all road traffic will be detoured around the construction site. In addition, it is much more difficult to find a parking area downtown. The new art center, where music concerts and performances will be held, is expected to increase the profits of our city. I'll be back with news updates in half an hour. Now, here's Richard Park with the sports news.

좋은 아침입니다. 8시 뉴스에 오신 걸 환영합니다. 저는 뉴스 단신의 대니 존스입니다. 지난주, 시 의회에서는 시의 새로운 아트 센터 건축 프로젝트가 다음 주 월요일에 시작한다고 발표했습니다. 기초 공사 작업은 현재 진행 중입니다. 따라서 모든 차량은 공사 현장을 우회해야 합니다. 게다가 도심에서 주차 공간을 찾는 것은 훨씬 어려움이 많습니다. 음악 콘서트와 공연이 열릴 새로운 아트 센터는 우리 시의 수익을 증가시킬 것으로 기대됩니다. 30분 뒤에 새로운 소식으로 찾아뵙도록 하겠습니다. 이제 리처드 박과 함께 스포츠 소식을 듣겠습니다.

화자에 따르면, 청취자들이 무엇을 요청받을 것인가?
(A) 대중교통을 이용해라.
(B) 콘서트 티켓을 구매해라.
(C) 다른 길을 이용해라.
(D) 주차증을 받아라.

해설 세부 내용을 묻는 문제로 지문 중간에 all road traffic will be detoured around the construction site(모든 차량은 공사 현장을 우회하라)라는 내용이 나왔으므로 (C) Take other routes가 정답이다. 주차 공간 관련, 또는 교통 관련 어휘를 듣고 연상해서 고를 수 있는 오답에 유의해야 한다.

어휘 news brief 단신, 짧은 뉴스   council 의회   in progress 진행 중인   detour 우회하다   in addition 게다가   profit 수익

1. 주제를 나타내는 부분 이후 내용을 잘 듣는다. be asked to do 질문 유형은 will, should 등 미래 표현을 잘 듣는 것이 중요하다.

2. 보통 세부적인 내용은 두 번째 문제로 등장하기 때문에 중반 이후를 잘 들어야 한다. 참고로, 대부분의 문제는 지문의 내용 순서와 일치한다는 것을 알아 둔다.

대표 질문 유형

Who will the speaker talk with next? 화자는 이후에 누구와 이야기할 것인가?

What is said about the company? 화자에 대해 언급된 내용은 무엇인가?

Who is Mark Anderson? 마크 앤더슨은 누구인가?

What is causing traffic delays? 무엇 때문에 교통 정체가 발생하는가?

비법 적용 연습

PART 4

담화를 듣고 가장 적절한 답을 고르세요.  S1-17-3~14

1 What is the main topic of the program?
(A) How to become a medical director
(B) How to choose the right vitamins
(C) How to stay away from a cold
(D) How to check your body temperature

2 What does the speaker mention as a way of dealing with the winter cold?
(A) Staying indoor
(B) Enjoying winter sports
(C) Wearing thick clothes
(D) Taking vitamin C

3 What will the listener probably hear next?
(A) A weather report
(B) Some travel advice
(C) An interview
(D) An advertisement

4 Who is most likely listening to the report?
(A) Baseball fans
(B) Students
(C) Vehicle drivers
(D) Subway passengers

5 What issue is mentioned?
(A) An accident in a downtown area
(B) A highway workers' strike
(C) Construction on Interstate Highway 4
(D) A big sales event in the city

6 What is scheduled to happen at 5:30 P.M.?
(A) A Main Street accident
(B) City blackouts
(C) A new traffic update
(D) A baseball game

7 What is the focus of the program being announced?
(A) Music and art
(B) A city building
(C) Travel and vacation
(D) International relations

8 Who is Phil Smith?
(A) A travel agent
(B) A newscaster
(C) An orchestra member
(D) An art critic

9 What will be broadcast next?
(A) An advertisement
(B) A travel report
(C) A musical performance
(D) A book review

10 What is causing the problem?
(A) A damaged electrical line
(B) Heavy traffic
(C) Cold weather
(D) Building construction

11 What does the speaker suggest?
(A) Driving slowly
(B) Leaving for work early
(C) Staying indoors
(D) Taking a different route

12 When are the temperatures expected to drop further?
(A) On Wednesday
(B) On Thursday
(C) On Friday
(D) On Saturday

| 라디오 방송 및 뉴스 표현 | S1-17-15 (미M) (호W)

□ after the commercial break
짧은 광고 후에

□ We will be talking about ~
저희는 ~을 주제로 이야기를 나눌 것입니다

□ The advertisement will go on.
광고가 계속됩니다.

□ Please stay tuned.
주파수를 고정해 주세요.

□ We'll be right back after ~
~ 후 바로 돌아오도록 하겠습니다

□ Are you interested in ~?
~하는 데 관심이 있으십니까?

□ It is estimated that ~
~로 추산됩니다

□ Traffic will not be permitted on ~
~에서 교통이 통제될 것입니다

□ Residents are advised not to ~
주민들은 ~하지 않는 것이 권장됩니다

□ I suggest using public transportation.
대중교통을 이용할 것을 권합니다.

□ This program is sponsored by ~
이 프로그램은 ~의 후원을 받습니다

□ And now for the weather updates.
이제 날씨를 전해 드리도록 하겠습니다.

□ be caught up in traffic
교통 체증에 움직이지 못하다

□ bumper to bumper
차가 꽉 막힌

□ traffic congestion
교통 정체

□ traffic jam
교통 정체

□ let up
비나 눈이 약해지다, 교통이 풀리다

□ take a detour
우회하다

□ take an alternate route
우회로로 가다

□ take a short cut
지름길로 가다

□ a chance[possibility] of rain
비올 확률

□ humid
습한

□ inclement weather
나쁜 날씨

□ blizzard
눈보라

□ precipitation
강수량

□ bottleneck
병목 현상

□ Feel free to call in or ask a question on our website.
주저하지 마시고 전화 주시거나 저희 웹 사이트를 이용해 질문을 해 주세요.

전화 메시지 · 녹음된 메시지
(Telephone Message · Recorded Message)

메시지는 누가 누구에게 보내는 메시지인지를 먼저 파악하는 것이 중요하다. 거의 빠지지 않고 등장하는 내용으로 전화를 건 이유를 묻는 내용이 상당히 많은데 이때는 I am calling to(~하기 위해 전화드립니다)의 내용에서 정답이 결정되는 경우가 많다. 자주 등장하는 내용은 고객의 문의, 주문, 항의에 대한 답변, 유명 인사에게 인터뷰를 요청하며 약속을 잡는 내용, 업체에서 변경 사항을 알리는 내용, 지원자에게 채용 관련 정보를 안내하는 내용이다. 전화 메시지 관련 문제는 누가 누구에게 남기는 메시지인지, 변경 및 특이 사항이 무엇인지, 요청하는 정보나 향후 행동에 대한 안내는 무엇인지에 대한 내용을 흐름에 맞춰 잘 들어 두는 것이 필수이다.

❶ 목적 또는 화자를 묻는 문제

전화를 받지 않아서 남기는 메시지이기 때문에 목적을 지문의 초반에 언급을 하는 게 일반적이다. 이때 자신을 밝히는 내용이 나오고 이어서 이유가 등장하기 때문에 둘을 하나의 덩어리처럼 기억해 두어야 한다. 〈This is+사람+from+부서[회사명]〉와 같이 언급되는 부분을 놓치면 안 되는 문제이다.

Example   🎧 S1-18-1

Who is the speaker?

(A) A sales representative

(B) A restaurant manager

(C) A carpenter

(D) An operator

Hi, Carol. This is Jason calling from the sales department at the Moonlight furniture store. I need to talk to you about the cupboard you ordered last week. By misfortune, the two-shelf model you wanted is not available right now. It can be placed on special order but it will take about four weeks to get here. However, there is a three-shelf model that's in stock at the present time. I need to know if you want to order the three-shelf cupboard, or if you would rather wait for the two shelf cupboard. I will be here until 6 today, so please call me back. And let me know which one you choose.

캐롤 씨, 안녕하세요. 문라이트 가구점의 영업부 제이슨입니다. 지난주에 주문하신 찬장 관련해서 드릴 말씀이 있습니다. 죄송하지만 2단 선반 모델이 현재 재고가 없습니다. 특별 주문을 할 수 있지만 이리로 도착하기까지는 4주 가량 걸릴 듯합니다. 하지만 현재 3단 선반 모델은 재고가 남아 있습니다. 그래서 혹시 3단 선반 모델을 주문하고자 하시는지 아니면 그냥 2단 선반 모델을 기다리실 건지 알려 주셔야 할 듯합니다. 오늘 6시까지 여기에 있을 것이니 전화 주시기 바랍니다. 원하시는 바를 알려 주시기 바랍니다.

화자는 누구인가?
(A) 영업 직원
(B) 식당 매니저
(C) 목수
(D) 전화 교환원

해설 전화를 건 사람이 누구인지를 물어보는 것이기 때문에 초반을 잘 들어야 한다. 초반에 이름을 밝히면서 sales department에서 전화했다는 내용이 등장하므로 정답은 (A) A sales representative(영업 직원)이다. 또한 I need to talk to you about the cupboard you ordered에서도 영업 직원임을 알 수 있다.

어휘 sales department 영업 부서 cupboard 찬장 shelf 선반 in stock 재고가 있는

1. 전화를 건 사람을 묻는 경우 말하는 사람이 초반에 소개하는 부분을 잘 듣는다. 전화를 받는 사람이 누구인지 묻는 경우 대명사 You가 나올 때 주변 표현을 잘 들어야 한다.

2. 화자를 묻는 문제는 1인칭 대명사 I나 We가 들어간 문장을 주의 깊게 들어야 한다.

대표 질문 유형

What is the purpose of the message? 메시지의 목적이 무엇인가?

Who is the message intended for? 메시지는 누구를 대상으로 한 것인가?

❷ 정보를 묻거나 요구, 부탁하는 문제

전화 메시지의 후반부 내용에서는 보통 정보를 묻는 문제나 '~해 주세요,' '~해 주실 수 있으십니까?'와 같이 요구나 부탁을 하는 문제가 자주 출제된다. 또한, '답변을 주세요'와 같이 다시 전화를 걸어 달라는 부탁도 자주 등장하는 내용 중 하나이다. 따라서 의문문이나 Please 명령문 또는 정보를 구하는 내용은 어떠한 정보를 원하는지를 구체적으로 듣고 패러프레이징되어 나오더라도 당황하지 않고 고를 수 있는 어휘력이 필요하다.

Example

🎧 S1-18-2

What does the caller ask Sophia to do?

(A) Send her an email

(B) Call her mobile phone

(C) Call her at home

(D) Lend her another book

Hi, Sophia, it's Mary. I'm calling to see if we can get together this coming Saturday or Sunday. I'm going to my cousin's wedding Saturday morning, so I think I can meet you after 3 o'clock. But if you are not free on Saturday, I can get together with you anytime on Sunday. Why don't we go shopping at the Merryland Department Store? They're having a sale until the end of this week. Anyway, my mobile phone is still out of service, so please call me at home and leave a message on the machine. I hope to see you soon.

안녕, 소피아, 나 메리야. 이번 주 토요일이나 일요일에 만날 수 있을지 알아보기 위해 전화했어. 나는 토요일 아침에 사촌 결혼식에 갈 예정이야. 그래서 3시쯤 만날 수 있을 것 같아. 그런데 토요일에 시간이 안 되면 일요일 편할 때 만날 수 있어. 메릴랜드 백화점에 쇼핑하러 가는 건 어때? 이번 주말까지 할인 행사가 있다고 하던데. 어쨌든, 내 휴대 전화가 아직도 고장이 난 상태라서 집으로 전화하거나 메시지 남겨 줘. 곧 만나길 바라.

전화를 건 사람이 소피아에게 요구한 것은 무엇인가?

(A) 이메일 보내는 것

(B) 휴대 전화로 연락하는 것

(C) 집으로 전화하는 것

(D) 다른 책을 빌려 주는 것

해설 후반부에 등장하는 내용을 힌트로 부탁하는 것을 물어보는 문제이다. 따라서 명령문으로 등장한 please call me ~ 이후를 힌트로 집으로 전화해 달라는 (C) Call her at home이 정답이다. 휴대 전화로 전화를 건다는 (B)는 my mobile phone is still out of service, 고장이라고 말하고 있으므로 오답이다.

어휘 get together 모이다, 서로 만나다 anytime 언제든지 out of service 고장이 난

1. 후반부의 내용에서 미래를 나타내는 부분을 주의 깊게 들어야 한다. 〈please + 동사원형〉 구조는 후반부 문제에서 단골로 등장하는 정답 형태이다.

2. 지문은 보통 과거 이야기 → 현재 상황 → 미래(제안이나 부탁)의 구조를 추한다.

대표 질문 유형

What does the caller want to do?

전화를 건 사람은 무엇을 하기를 원하는가?

What should listeners do if they want to take a guided tour?

청자들은 가이드 투어를 원한다면 무엇을 해야 하는가?

비법 적용 연습

PART 4

담화를 듣고 가장 적절한 답을 고르세요. S1-18-3~14

1 What did Mr. Reed request?
(A) A price estimate
(B) The size of the items
(C) The number of packages
(D) An airplane ticket

2 What additional information must Mr. Reed provide?
(A) A mailing address
(B) A payment method
(C) A contact number
(D) A delivery preference

3 What does the caller say about First Class Royal Mail?
(A) It's fast.
(B) It's reasonable.
(C) It's reliable.
(D) It's popular.

4 What is the woman calling about?
(A) A document
(B) A flight voucher
(C) A piece of baggage
(D) A flight ticket

5 Where will the listener receive the luggage?
(A) At the hotel
(B) At the airport
(C) At the office
(D) At the agency office

6 When will the listener receive the shipment?
(A) This afternoon
(B) This evening
(C) Tomorrow morning
(D) Tomorrow afternoon

7 What is the purpose of the call?
(A) Reporting on a sewage leak
(B) Reporting on a water leak
(C) Reporting on concrete work
(D) Reporting on electrical problems

8 What is the estimated cost of the repairs?
(A) $800
(B) $2,000-2,500
(C) $2,500-3,000
(D) $4,000

9 Why are the repairs so high?
(A) The cost of plumbers is high.
(B) It will require overtime pay.
(C) It will require heavy equipment.
(D) It will require security services.

10 Why has the woman called Mr. Yamada?
(A) To make a plan
(B) To enroll a class
(C) To reschedule an appointment
(D) To order textbooks

11 What will the woman do tomorrow?
(A) Go on a business trip
(B) Go to her school
(C) Revise a proposal
(D) Meet with clients

12 What does the woman ask Mr. Yamada to do?
(A) Visit a branch office
(B) Send an email
(C) Call her assistant
(D) Mail a proposal

전화 녹음 메시지 관련 표현 | 🎧 S1-18-15 영M 미W

- ☐ I'm calling to let you know that ~
  ~을 알려 드리기 위해서 전화드렸습니다

- ☐ I'm calling to confirm that ~
  ~을 확인하기 위해서 전화드렸습니다

- ☐ I'm calling to make sure that ~
  ~을 확실히 하기 위해서 전화드렸습니다

- ☐ I'm calling to remind you that ~
  ~을 상기시켜 드리기 위해서 전화드렸습니다

- ☐ I'm calling because ~
  ~때문에 전화드렸습니다

- ☐ Transfer your call to ~
  당신의 전화를 ~으로 연결시켜 드리겠습니다

- ☐ answering machine
  자동 응답기

- ☐ off the hook
  전화기가 잘못 놓여 있는

- ☐ Please stay on the line.
  끊지 말고 기다려 주시기 바랍니다.

- ☐ Put you through to ~
  당신의 전화를 ~으로 돌려 드리겠습니다

- ☐ hang up the phone
  전화를 끊다

- ☐ The line is busy.
  통화 중이다.

- ☐ You have reached ~
  ~와 연결되었습니다

- ☐ Thank you for calling.
  전화 주셔서 감사합니다.

- ☐ I'm calling from ~
  ~에서 전화드립니다

- ☐ This message is for ~
  이 메시지는 ~을 위한 것입니다

- ☐ This is ~ speaking
  저는 ~입니다

- ☐ We've got a problem with ~
  ~에 문제가 있습니다

- ☐ I'll get back to you.
  제가 다시 전화드리겠습니다.

- ☐ Could you call me back as soon as possible?
  가능한 한 빨리 전화 주시겠습니까?

- ☐ for more information on[about]
  ~에 대한 추가 정보를 원하신다면

- ☐ I'd appreciate it if ~
  ~해 주시면 감사하겠습니다

- ☐ If you have any questions ~
  질문이 있으시면

- ☐ You can call me at ~
  ~로 제게 전화 주시기 바랍니다

- ☐ I look forward to talking with you.
  말씀 나눌 수 있기를 바랍니다.

- ☐ I'd like to meet you on ~
  ~에 만나고 싶습니다

- ☐ I'll be available anytime between ~
  ~와 …사이에 가능합니다

19 회의 · 연설 (Talk · Speech)

회의나 세미나 등에서 발췌한 내용으로 회의의 주제, 행사를 시작하기 전 연설 또는 행사 후 연설 등이 자주 등장한다. 지문의 내용이 직원을 대상으로 하는지, 고객을 대상으로 하는지를 파악하는 것이 가장 중요하다. 대상에 따라서 지문의 내용은 다양하게 출제가 되며 주로 회의의 주제나 회의 시작에 앞서 특이 사항 전달이라든지, 좋은 소식이나 나쁜 소식을 전하면서 시작하는 내용, 연설문의 경우 직원 시상, 퇴임, 신임 직원에 대한 내용 등이 자주 출제된다. 주제 문제가 초반에 많이 등장하는 편이며 후반부에는 직원이나 고객이 앞으로 해야 할 일을 물어보는 문제가 주로 출제된다. 제3자가 등장하는 경우에도 관련 문제의 포인트로 이용되므로 놓치지 않고 들어야 한다.

❶ 직원을 상대로 하는 담화

직원을 상대로 하기 때문에 회의, 세미나 조회 등의 내용이 출제가 되며 전달 사항이나 회사 내부 변경된 사항이 부서별로 많이 출제된다. 즉, 주제 문제와 세부적으로 물어보는 문제, 앞으로 해야 하는 일에 대한 문제 등이 출제된다.

Example

🎧 S1-19-1

Who is the speaker most likely addressing?

(A) Board members

(B) Potential customers

(C) Subscribers of a magazine

(D) Workers in production line

Good morning, members of the board of directors. As director of marketing, I'm sorry to let you know that our last quarter sales in cosmetics declined significantly. To find solutions to the problem, members of the marketing team conducted research on customer satisfaction and noticed that the new packaging of TS 100, our hottest item and best seller, didn't appeal to the customers. It is the main reason for the downturn in sales. That's why we will go back to the original packaging starting July 1st, our target date for reintroducing the case to the market. I look forward to seeing an excellent result at the next board meeting.

좋은 아침입니다. 이사회 멤버 여러분. 마케팅 총괄 담당자로서 저는 지난 분기의 저희 화장품 판매 실적이 급락했다는 것을 말씀드리게 돼서 유감입니다. 해결책을 찾기 위해서 마케팅 부서 직원들은 고객 만족도 관련 조사를 했습니다. 그로부터 가장 잘 팔리는 아이템인 TS 100의 겉포장 부분에서 고객에게 충분히 어필이 되고 있지 않다는 것을 발견했습니다. 이것이 영업 실적 하락의 주된 원인이고 저희는 저희 제품 케이스를 다시 도입하는 날인 7월 1일을 시작으로 이전 제품 포장 형태로 돌아가려는 이유입니다. 다음 이사회 미팅에서는 좋은 결과를 볼 수 있길 기대합니다.

화자는 누구에게 말을 하고 있는가?
(A) 이사회 멤버
(B) 잠재 고객
(C) 잡지 구독자
(D) 생산 라인 직원

해설 누구를 상대로 이야기하고 있는지를 물어보는 문제이다. 따라서 지문의 초반 부분이 중요 포인트이다. 초반에 인사를 하면서 board of directors라는 표현이 나오므로 이사회를 상대로 이야기함을 알 수 있다. 따라서 정답은 (A) Board members(이사회 멤버)가 된다. 지문의 후반에서 고객에게 어필이 되지 않는다의 내용으로 혼동을 주는 (B) 선택지에 주의해야 한다.

어휘 board of directors 이사회 quarter 분기 cosmetic 화장품 decline 하락하다 research 연구 satisfaction 만족 customer 고객 downturn 하락세 original 원래의 look forward to ~을 고대하다

1. 청자에게 인사말을 전하는 지문의 초기를 노려서 들어야 한다. 보통 듣는 대상을 묻는 문제는 지문의 초반에 정답이 등장한다.

2. 초반을 놓친 후 중후반에 등장하는 지엽적인 내용이 선택지에 등장한다면 오답으로 지워내는 것이 좋다.

대표 질문 유형

What type of business does the speaker own? 화자는 어떤 종류의 회사를 운영하는가?

What is Roy's current position? 로이의 현재 직위는 무엇인가?

❷ 고객을 상대로 하는 담화

고객을 상대로 하는 발췌문에서는 보통 행사 안내를 하는 경우 또는 새로운 제품을 소개를 하는 등의 내용이 출제된다. 시설이나 여행 관련 투어를 시작하기 전에 하는 간단히 소개하는 내용 또한 자주 출제가 되며 이 경우 어느 시설 혹은 어떤 관광지인지를 묻는 경우가 많다.

| Example |

🎧 S1-19-2

What are the listeners preparing to do in two months?

(A) Write an article

(B) Participate in a race

(C) Plant a garden

(D) Lead a group

Welcome to ASJ Fitness Club everyone. My name's Jin and I'll be leading this outdoor running program. Our goal is to prepare for the 12-kilometer race that will take place in Greenich Park in two months. I guarantee all of you can make it. This week, we'll be jogging 3 kilometers and we'll increase our runs by one kilometer every week. When coming to the next run, please bring a notebook with you to use as a running journal. With this, you can easily track your progress. Thank you.

ASJ 피트니스 클럽에 오신 여러분 환영합니다. 제 이름은 진이며 저는 야외 달리기 프로그램을 진행할 것입니다. 저희 목표는 두 달 뒤에 그리니치 파크에서 열릴 12킬로미터 경기를 준비하는 것입니다. 장담하건대 여러분 모두가 해낼 수 있습니다. 이번 주에 저희는 3킬로미터를 달릴 것입니다. 그리고 매주 1킬로미터씩 늘려 나갈 것입니다. 다음 주에 오실 때 달리기 일지로 사용할 노트 한 권을 가지고 오시기 바랍니다. 이 노트로 여러분이 진행 상황을 쉽게 체크할 수 있습니다. 감사합니다.

두 달 뒤에 청자는 무엇을 준비하는가?
(A) 기사를 쓰는 것
(B) 경기에 참가하는 것
(C) 뜰에 나무를 심는 것
(D) 그룹을 이끄는 것

해설 두 달 뒤에 무엇을 준비하는지에 대한 질문이다. 문제에 in two months라는 키워드가 존재하기 때문에 지문 중반에 in two months라고 등장한 부분 앞에 12킬로미터 경기를 준비하는 것이 목표라는 말을 잘 들어야 한다. 따라서 정답은 (B) Participate in a race이다.

어휘 lead ~을 이끌다 outdoor 야외의 prepare for ~에 대비하다 take place ~이 열리다 journal 일지

1. 문제의 키워드는 in two month이다. 누구에게 하는 말인지 지문의 초반에 파악할 수 있다면 지문이 쉽게 들린다는 것을 기억하자.
3. 세부 내용을 묻는 문제로 중반 이후에 집중한다.

대표 질문 유형

What is the topic of the event? 행사의 주제는 무엇인가?

What product is being discussed? 어떠한 제품이 논의되고 있는가?

What were introduced at some of the stores? 일부 가게에 도입된 것은 무엇인가?

비법 적용 연습

PART 4

담화를 듣고 가장 적절한 답을 고르세요. S1-19-3~14

1 What is the purpose of the talk?
(A) To describe a special policy
(B) To introduce a new member of a company
(C) To introduce a lecturer
(D) To advertise a new computer program

2 Who is introducing the speaker?
(A) A government official
(B) The president of NC Computer Co.
(C) The employee of NC Computer Co.
(D) An editor of Business Magazine

3 What will probably happen next?
(A) The attendees will ask questions.
(B) The conference will end.
(C) The speaker will appear on the stage.
(D) The audience will have a short break.

4 What is the purpose of the talk?
(A) To welcome a new colleague
(B) To give the weather forecast
(C) To publicize a job opening
(D) To promote a newspaper

5 Who is Nancy Willis?
(A) A television reporter
(B) A real estate agent
(C) A newspaper editor
(D) A movie actress

6 What is the speaker worried about?
(A) The heavy traffic
(B) The strict deadlines
(C) The cold weather
(D) The working hours

7 What is the speaker mainly discussing?
(A) Different talents
(B) Launching new products
(C) Organizing a daily schedule
(D) Learning about presentation skills

8 How long will this workshop last?
(A) Three hours
(B) Less than a week
(C) One month
(D) More than a year

9 Who are the listeners?
(A) Those who have a job
(B) School teachers
(C) Professional players
(D) Married couples

10 What is the speaker talking about?
(A) A new promotional event
(B) A study abroad program
(C) New employees
(D) The company's new green policy

11 Where would this talk most likely taking place?
(A) At a graduation ceremony
(B) On a radio broadcast
(C) In a department store
(D) At a company meeting

12 According to speaker, what is true about Ms. Wilson?
(A) She is a recent MBA graduate.
(B) She majored International Business.
(C) She studied abroad in Italy.
(D) She graduated from Michigan University.

토익 빈출 표현 리스트

| 강연, 연설, 발췌 관련 빈출 표현 | 🎧 S1-19-15 (미M) (호W)

☐ question and answer session
질문과 답변 시간

☐ complimentary refreshments
무료 제공 다과

☐ appreciation
감사

☐ promotion
승진

☐ retirement
은퇴

☐ debut
데뷔, 첫 출연

☐ bazaar
바자회

☐ charity event
자선 행사

☐ donation
기부

☐ donor
기부자

☐ raffle
경품 추첨 행사

☐ charity auction
자선 경매

☐ fundraiser
기금 조성을 위한 행사

☐ policy
정책

☐ scholarship
장학금

☐ expert
전문가

☐ keynote address
기조 연설

☐ exclusive interview
독점 인터뷰

☐ tenure
재임 기간

☐ initiative
선도, 가장 먼저 한 행동이나 계획

☐ multimedia presentation
멀티미디어 설명회

☐ award-winning author
수상 경력이 있는 작가

☐ well received
호평을 받은

☐ Proceeds will go to ~
수익금은 ~에 쓰일 것이다

☐ contribute to
~에 기여하다

☐ draw an entry
응모권을 추첨하다

☐ be sponsored by ~
~의 후원을 받다

☐ give a demonstration
제품을 시연하다

☐ call it a day
일과를 마치다

☐ wrap up the day
업무를 마치다

☐ Please let me know by ~
~까지 알려 주시기 바랍니다

☐ You are strongly encouraged to attend ~
~에 꼭 참석해 주세요

☐ She will be speaking to us today about ~
그녀는 오늘 ~에 대해서 우리에게 얘기해 줄 것입니다

☐ We are here to celebrate ~
~을 축하하기 위해서 이 자리에 모였습니다

광고 (Advertisement)

광고에서 가장 중요한 것은 광고의 주제, 즉 무엇에 대한 광고인지를 파악하는 것이다. 거의 모든 광고 지문의 첫 번째 문제로 등장을 하며 보통 초반에 힌트가 등장한다. 제품이나 서비스에 대한 광고이기 때문에 그에 대한 기본적인 내용과 더불어 제품이나 서비스에 대한 특징이 무엇인지 또 그에 따른 혜택은 무엇인지, 어떤 조건에서 받을 수 있는 혜택인지에 초점을 맞춰 들어야 한다. 정원 관리 서비스, 출장 뷔페, 세탁, 온라인을 이용한 서비스부터 컴퓨터, 사무용품, 자동차, 여행 상품까지 다양한 주제로 출제된다.

❶ 광고하고 있는 제품, 서비스를 묻는 문제

어떤 제품을 판매하는지, 어떤 서비스를 제공하는지에 대한 문제는 보통 초반에 등장한다. 대화가 아니라 일방적으로 정보를 제공하는 내용이기 때문에 초반에 명령문이나 의문문이 등장하면 정답으로 이어지는 경우가 많다. 예를 들어, Looking for places to refresh yourself?(기분 전환할 장소를 찾고 계십니까?)를 듣고 여행 상품 광고라는 것을 알 수 있고, Tired of your old car?(당신의 오래된 차가 지겨우십니까?)는 자동차 광고라는 것을 알 수 있는 원리다.

Example

🎧 S1-20-1

What is this advertisement for?

(A) A new beverage

(B) A chocolate bar

(C) Frozen meals

(D) Fresh fruit

> Have you ever felt frustrated by the same old selection of beverages? Do you have the unquenchable thirst for something healthy but tastier than those other sugar-filled drinks? Then, you've got to try our all-new Nutrink Juice from Green Beverages. This delicious, nutritious juice is filled with vitamins, protein, carbohydrates and 15% real fruit juice. Our Nutrink Juice is small enough to fit in your backpack, briefcase or even your pocket. Nutrink Juice goes well with a meal or can be consumed as a power drink during vigorous exercise. Nutrink Juice is a delicious, tasty and healthy choice for your busy day. You can find it at a convenience store near you.
>
> 매번 판에 박힌 똑같은 음료들로 힘들어하신 적이 있으신가요? 뭔가 건강에 좋은 그런 음료에 채울 수 없는 갈증이 있으신가요? 그러나 설탕 맛으로 채워진 것보다 훨씬 맛있는 음료에 대한 갈증. 그렇다면 그린 베버리지스의 뉴트링크 주스를 마셔 보셔야 합니다. 맛있고 영양이 있는 이 주스는 비타민, 단백질, 탄수화물 그리고 15%의 진짜 과즙이 들어간 주스입니다. 저희 뉴트링크 주스는 가방이나 서류 가방 심지어 주머니에 들어갈 만큼 작습니다. 뉴트링크 주스는 식사와도 잘 어울리고 격렬한 운동 이후 파워 드링크로도 좋습니다. 뉴트링크 주스는 바쁜 여러분의 삶에 맛과 건강을 챙기는 음료입니다. 가까운 편의점에서 찾아 주세요.

무엇이 광고되고 있나?
(A) 새로운 음료수
(B) 초콜릿 바
(C) 냉동식품
(D) 신선한 채소

해설 무엇이 광고되고 있는지에 대한 질문이며 지문 초반에 의문문 Have you ever felt frustrated by the same old selections of beverages?(매번 똑같은 음료로 짜증 난 적이 있느냐?)라고 물으며 무엇을 광고하는지 보여 주고 있다. 또한 Then, you've got to try our all new Nutrink Juice from Green Beverages.의 문장에서 자신들의 음료를 먹어야 한다고 얘기하고 있다. 따라서 정답은 (A) A new beverage이다.

어휘 frustrated 짜증 난 beverage 음료(수) unquenchable 채울 수 없는 be filled with ~으로 가득 차다
protein 단백질 carbohydrate 탄수화물 backpack 가방 briefcase 서류 가방 meal (한 끼) 식사
consume ~을 섭취하다 vigorous 활발한, 격렬한 convenience store 편의점

1. 광고의 경우 지문 초반에 등장하는 의문문과 같은 평서문이 아닌 특이한 문형에 주의해야 한다.

2. '~해야 한다'와 같은 청자의 행동을 요구하는 표현들 역시 광고하는 제품이 무엇인지를 알려 주는 힌트이다.

대표 질문 유형

What event is being described? 어떤 이벤트를 설명하고 있는가?

What is being advertised? 무엇이 광고되고 있는가?

What position is being advertised? 어떤 자리가 광고되고 있는가?

❷ 혜택이나 제품의 특징을 묻는 문제

보통 할인 혜택 또는 무료 서비스 혜택이 많이 등장하며 어떤 조건으로 받을 수 있는 것인지 파악하는 것이 매우 중요하다. 또한 제품의 장점을 나열할 때 집중해서 들어야 패러프레이징된 정답을 쉽게 고를 수 있다.

Example

🎧 S1-20-2

What does the advertisement offer for children?

(A) Private swimming lessons

(B) A candle light dinner with parents

(C) Specially designed meals

(D) Games and activities

Do you want to make this Christmas unforgettable for your family? Sunny's Travel has dozens of travel packages for all budgets. Whether you are looking for a place to relax near the beach or enjoy skiing and snow sledding, we've got everything. For the week of Christmas, we're offering a special package called "Christmas in the Caribbean." For only $299, you get round trip airfare and 5 nights at a luxurious hotel. This special package includes fun activities, such as scuba diving, sailing, and deep-sea fishing, not to mention authentic cuisine prepared by the best chefs. Hotels provide various games, indoor and outdoor activities for your children to enjoy. All you have to do is have fun, enjoy food and time with your spouse, and maybe even order a candlelight dinner in your hotel room. If you really want to make this Christmas something special, just give us a call and make a reservation now. This all time special offer ends tomorrow at 5 P.M.

이번 크리스마스를 가족이 잊지 못할 크리스마스로 만들길 원하시나요? 서니스 트래블은 다양한 가격대의 수십 가지 패키지여행이 준비되어 있습니다. 해변 근처에서 쉴 장소를 원하시든 스키와 눈썰매 타기를 즐길 수 있는 곳을 원하시든 저희는 모든 것을 다 준비해 놓고 있습니다. 크리스마스 주에는 '카리브해에서의 크리스마스'라는 특별 패키지여행을 제공하고 있습니다. 오직 299달러에 왕복 항공권과 고급 호텔에서의 5박을 즐기실 수 있습니다. 이 특별 패키지는 스쿠버다이빙, 보트 타기, 심해 낚시에 최고의 요리사가 준비하는 정통 요리까지 포함한 재미있는 활동이 있습니다. 호텔은 자녀들이 즐길 수 있는 다양한 게임과 실내외의 활동들을 제공합니다. 남은 건 모든 활동과 음식, 배우자와의 즐거운 시간, 촛불을 켜 놓고 낭만적인 분위기에서의 저녁을 즐기실 일밖에 없습니다. 이번 크리스마스를 뭔가 특별하게 만들길 원하신다면 지금 바로 전화해서 예약해 주세요. 이 특별 패키지여행은 내일 오후 5시까지만 예약을 받습니다.

광고가 아이들에게 제공하는 것은 무엇인가?

(A) 개인 수영 강습

(B) 부모와 함께하는 촛불이 있는 낭만의 저녁

(C) 특별히 준비된 식사

(D) 게임과 활동

해설 세부 내용을 묻는 질문이다. 질문에 children이 등장하므로 중반에 아이들이 나오는 부분이 힌트이다. 호텔에서 아이들을 위해 다양한 게임과 활동을 제공하고 있다는 부분을 힌트로 정답은 (D) Games and activities 이다. 키워드를 놓치게 되면 지문에 등장하는 다양한 오답 함정에 빠지기 쉽다. dinner 이야기는 등장하긴 하지만 spouse라는 표현을 보아 배우자와 함께 하는 저녁으로 아이들과는 관련이 없으므로 (B)는 오답이다.

어휘 unforgettable 잊을 수 없는 budget 예산 sledding 썰매 타기 airfare 항공료 luxurious 고급의 scuba diving 스쿠버 다이빙 sailing 보트 타기 authentic 진짜의, 정통의 cuisine 요리 spouse 배우자 candlelight 촛불 make a reservation 예약을 하다

1. 광고의 세부 사항을 묻는 문제로 중반 이후 포인트에 집중한다.

2. 문제의 키워드는 children이다.

대표 질문 유형

What is special about the product? 제품의 특별한 점은 무엇인가?

What is available with the purchase of the product? 제품 구매 시 이용 가능한 것은 무엇인가?

How can customers receive a discount? 고객들은 어떻게 할인을 받을 수 있는가?

비법 적용 연습

PART 4

담화를 듣고 가장 적절한 답을 고르세요. 🎧 S1-20-3~14

1 What product is being advertised?
(A) A set of videos and books
(B) A toy collection
(C) A financial service
(D) A monthly magazine

2 Who would most likely be interested in the product?
(A) Foreign language instructors
(B) Video game developers
(C) Structural engineers
(D) Potential business owners

3 According to the advertisement, how can someone purchase the product?
(A) By visiting a local store
(B) By calling a telephone number
(C) By ordering through a website
(D) By attending a promotional event

4 What type of business is being advertised?
(A) Planting trees
(B) Government work
(C) Insurance company
(D) Maintenance services

5 What is true about the speaker?
(A) He just started a new service recently.
(B) He is running several branches in the country.
(C) He hired new employees.
(D) He is working with the local government.

6 What does the speaker request?
(A) A phone call
(B) A technician
(C) A repair
(D) An equipment change

7 What kind of business is being advertised?
(A) A guide tour
(B) A racing car
(C) A gym
(D) A matchmaker

8 What is suggested for listeners to do?
(A) Eat healthy food
(B) Visit another country
(C) Build a house
(D) Be confident

9 What is being offered by this advertisement?
(A) A complimentary lesson
(B) A free train ticket
(C) Price reductions
(D) A membership

10 What is being advertised?
(A) A hand wash
(B) A gift
(C) A medication
(D) Protective gears

11 According to the speaker, what is special about the product?
(A) It is available in different language.
(B) It works fast.
(C) It is inexpensive.
(D) It is for babies.

12 What are listeners asked to do?
(A) Purchase the product online
(B) Enter personal information
(C) Come to a party
(D) Send an email

토익 빈출 표현 리스트

광고 제품 관련 표현 | 🎧 S1-20-15 영M 미W

- ☐ air purifier
  공기 정화기
- ☐ air conditioner
  에어컨
- ☐ coffee maker
  커피 메이커
- ☐ humidifier
  가습기
- ☐ blender
  믹서기
- ☐ heater
  히터

- ☐ projector
  프로젝터
- ☐ refrigerator
  냉장고
- ☐ vacuum cleaner
  진공청소기
- ☐ calculator
  계산기
- ☐ fax machine
  팩스
- ☐ office furniture
  사무용 가구

- ☐ stationery
  문구
- ☐ water dispenser
  급수기
- ☐ copier
  복사기
- ☐ dish washer
  식기 세척기
- ☐ microwave oven
  전자레인지
- ☐ washing machine
  세탁기

제품, 서비스 특징 및 혜택 관련 표현 |

- ☐ light weight
  가벼운
- ☐ portable
  휴대용의
- ☐ affordable price
  여유 있는 가격
- ☐ competitive price
  경쟁력이 있는 가격
- ☐ unbeatable price
  아주 저렴한 가격
- ☐ be marked down
  할인되다
- ☐ discounted price
  할인된 가격
- ☐ reduced price
  할인된 가격
- ☐ retail price
  소매가
- ☐ merchandise
  상품
- ☐ brand-new
  최신의

- ☐ quality
  질 좋은
- ☐ exclusive
  오로지, 독점적으로
- ☐ subscribe
  정기 구독하다
- ☐ superb
  최고의, 뛰어난
- ☐ durable
  내구성이 있는
- ☐ as of ~
  ~부터
- ☐ starting ~
  ~ 시작으로
- ☐ good until ~
  ~까지 유효한
- ☐ wholesale price
  도매가
- ☐ a wide selection of
  다양한 종류의
- ☐ toll-free number
  수신자 부담 전화번호

- ☐ buy one get one free
  1+1
- ☐ slash ... % off
  ~% 할인해 주다
- ☐ real bargain[special offer]
  염가 판매
- ☐ satisfaction guaranteed
  만족 보장
- ☐ long lasting
  오래 지속되는
- ☐ stability
  안정성
- ☐ clearance sale
  재고 처분 세일
- ☐ sturdy
  견고한, 튼튼한
- ☐ compact size
  소형의
- ☐ discontinued item
  단종된 제품

Section 2
파트별
실전 연습

◀ MP3바로 듣기

DAY 01 연습 문제 1

PART 1

음성을 듣고 사진을 가장 잘 묘사한 것을 고르세요. 🎧 S2-01-1~10

1

2

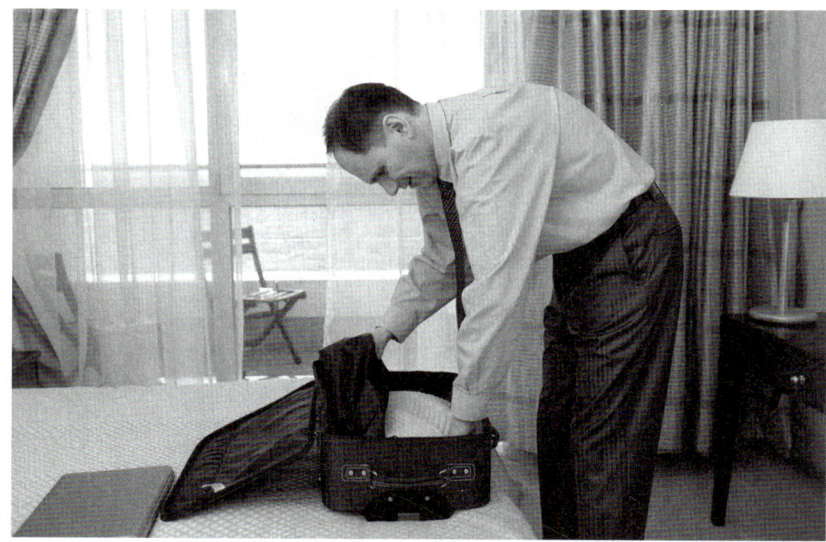

3

4

5

6

7

8

9

10

DAY 02 연습 문제 2

PART 1

음성을 듣고 사진을 가장 잘 묘사한 것을 고르세요. 🎧 S2-02-1~10

1

2

3

4

5

6

7

8

9

10

연습 문제 3

DAY 03

정답 및 해설 / 66p

PART 1

음성을 듣고 사진을 가장 잘 묘사한 것을 고르세요. 🎧 S2-03-1~10

1

2

3

4

5

6

7

8

9

10

PART 2

음성을 듣고 가장 적절한 응답을 고르세요. S2-04-1~15

1   (A)   (B)   (C)

2   (A)   (B)   (C)

3   (A)   (B)   (C)

4   (A)   (B)   (C)

5   (A)   (B)   (C)

6   (A)   (B)   (C)

7   (A)   (B)   (C)

8   (A)   (B)   (C)

9   (A)   (B)   (C)

10   (A)   (B)   (C)

11   (A)   (B)   (C)

12   (A)   (B)   (C)

13   (A)   (B)   (C)

14   (A)   (B)   (C)

15   (A)   (B)   (C)

SECTION 2

PART 2

PART 2

음성을 듣고 가장 적절한 응답을 고르세요. 🎧 S2-05-1~15

1   (A)   (B)   (C)

2   (A)   (B)   (C)

3   (A)   (B)   (C)

4   (A)   (B)   (C)

5   (A)   (B)   (C)

6   (A)   (B)   (C)

7   (A)   (B)   (C)

8   (A)   (B)   (C)

9   (A)   (B)   (C)

10   (A)   (B)   (C)

11   (A)   (B)   (C)

12   (A)   (B)   (C)

13   (A)   (B)   (C)

14   (A)   (B)   (C)

15   (A)   (B)   (C)

SECTION 2

PART 2

PART 2

음성을 듣고 가장 적절한 응답을 고르세요. S2-06-1~15

1   (A)   (B)   (C)

2   (A)   (B)   (C)

3   (A)   (B)   (C)

4   (A)   (B)   (C)

5   (A)   (B)   (C)

6   (A)   (B)   (C)

7   (A)   (B)   (C)

8   (A)   (B)   (C)

9   (A)   (B)   (C)

10   (A)   (B)   (C)

11   (A)   (B)   (C)

12   (A)   (B)   (C)

13   (A)   (B)   (C)

14   (A)   (B)   (C)

15   (A)   (B)   (C)

PART 2

음성을 듣고 가장 적절한 응답을 고르세요. S2-07-1~15

1   (A)   (B)   (C)

2   (A)   (B)   (C)

3   (A)   (B)   (C)

4   (A)   (B)   (C)

5   (A)   (B)   (C)

6   (A)   (B)   (C)

7   (A)   (B)   (C)

8   (A)   (B)   (C)

9   (A)   (B)   (C)

10   (A)   (B)   (C)

11   (A)   (B)   (C)

12   (A)   (B)   (C)

13   (A)   (B)   (C)

14   (A)   (B)   (C)

15   (A)   (B)   (C)

PART 2

음성을 듣고 가장 적절한 응답을 고르세요. S2-08-1~15

1   (A)   (B)   (C)

2   (A)   (B)   (C)

3   (A)   (B)   (C)

4   (A)   (B)   (C)

5   (A)   (B)   (C)

6   (A)   (B)   (C)

7   (A)   (B)   (C)

8   (A)   (B)   (C)

9   (A)   (B)   (C)

10   (A)   (B)   (C)

11   (A)   (B)   (C)

12   (A)   (B)   (C)

13   (A)   (B)   (C)

14   (A)   (B)   (C)

15   (A)   (B)   (C)

SECTION 2

PART 2

PART 2

음성을 듣고 가장 적절한 응답을 고르세요. 🎧 S2-09-1~15

1   (A)   (B)   (C)

2   (A)   (B)   (C)

3   (A)   (B)   (C)

4   (A)   (B)   (C)

5   (A)   (B)   (C)

6   (A)   (B)   (C)

7   (A)   (B)   (C)

8   (A)   (B)   (C)

9   (A)   (B)   (C)

10   (A)   (B)   (C)

11   (A)   (B)   (C)

12   (A)   (B)   (C)

13   (A)   (B)   (C)

14   (A)   (B)   (C)

15   (A)   (B)   (C)

PART 2

음성을 듣고 가장 적절한 응답을 고르세요. S2-10-1~15

1   (A)   (B)   (C)

2   (A)   (B)   (C)

3   (A)   (B)   (C)

4   (A)   (B)   (C)

5   (A)   (B)   (C)

6   (A)   (B)   (C)

7   (A)   (B)   (C)

8   (A)   (B)   (C)

9   (A)   (B)   (C)

10   (A)   (B)   (C)

11   (A)   (B)   (C)

12   (A)   (B)   (C)

13   (A)   (B)   (C)

14   (A)   (B)   (C)

15   (A)   (B)   (C)

신유형 연습 문제

대화를 듣고 가장 적절한 답을 고르세요. 🎧 S2-N14~17

1 What is the conversation mainly about?
(A) Their plans for tonight
(B) The time schedule for a movie
(C) Buy a ticket in advance
(D) Search for a ticket booth

2 What time will the speakers watch a movie?
(A) At 7:00
(B) At 7:30
(C) At 10:00
(D) At 10:10

3 What does the man mean when he says "I'm not sure"?
(A) He didn't not make a reservation for dinner.
(B) He doesn't want to eat Japanese food.
(C) He doesn't like eat dinner.
(D) He is not able to watch a film tonight.

4 What does the women say is fascinated about the man's résumé?
(A) His academic background
(B) His former employment
(C) His communication skills
(D) His ability to speak multiple languages

5 Why does the man say he is interested in the position?
(A) He values the popularity of the company.
(B) He would like to change his job periodically.
(C) He is looking for a permanent job.
(D) He wants to meet famous players.

6 What does the woman mean when she says "That's it? What else"?
(A) She wants to know more about his interests toward the job.
(B) She would like to know how much he earned.
(C) She is not satisfied with what his career.
(D) She doesn't want to listen any more.

7 What will the woman do in Paris next week?
(A) Visit company's branch office
(B) Enter into a contract
(C) Hire employees
(D) Participate in business forum

8 What does the man mean when he says "I can die without regret"?
(A) He loves to live in Paris.
(B) He is afraid of staying in Paris.
(C) He would come close to death.
(D) He was robbed in Paris.

9 What does the man recommend?
(A) Try a bus tour
(B) Visit a museum
(C) Try some exotic foods
(D) Make a hotel reservation

Place	Time to trip
Theme park	1 minutes
Museum	2 minutes
Flea market	4 minutes
Art gallery	7 minutes

10 Why does the man adjust an itinerary?
(A) A tour package is too expensive.
(B) A place is too far from the shop.
(C) Customers complained about this.
(D) Some of the bicycles in the shop are soon to be fixed.

11 What does the woman suggest?
(A) Hiring more employees
(B) Searching for new routes
(C) Filling up tires
(D) Posting some materials on the internet.

12 Look at the graphic. Which place will be removed from itinerary?
(A) Theme park
(B) Museum
(C) Flea market
(D) Art gallery

PART 3

대화를 듣고 가장 적절한 답을 고르세요. S2-11-1~15

1 What are the speakers talking about?
(A) Buying new furniture
(B) Moving out to a new place
(C) Fixing a drain pipe problem
(D) Enrolling in a cooking class

2 Who most likely is the woman?
(A) An apartment manager
(B) An operator
(C) A reporter
(D) A receptionist

3 What will the woman probably do next?
(A) She will call the repair center.
(B) She will take a shower.
(C) She will purchase a new sink.
(D) She will visit the man's place.

4 What are the speakers mainly talking about?
(A) A computer program
(B) A voice recorder
(C) Fax machine
(D) A bill

5 What did they order from SC Electronics?
(A) 3 fax machines
(B) 4 fax machines
(C) 20 monitors
(D) 12 monitors

6 What is the man going to do next?
(A) He will order a new computer.
(B) He will call SC Electronics.
(C) He will apologize to SC Electronics.
(D) He will visit SC Electronics.

7 What are they mainly talking about?
(A) Company's new policy
(B) Moving to another city
(C) Being fired
(D) Changing jobs

8 Who most likely is the woman?
(A) The man's employee
(B) The man's client
(C) The man's colleague
(D) The man's girlfriend

9 When will the man be leaving the company?
(A) At the end of May
(B) Sometime next year
(C) At the beginning of the next month
(D) At the beginning of May

10 What are the speakers mainly talking about?
(A) The man's absence
(B) The man's promotion
(C) The woman's illness
(D) A promotional event on Friday

11 When will the man leave for San Francisco?
(A) On Friday night
(B) This weekend
(C) Next weekend
(D) Next month

12 What is the man going to do on Friday?
(A) He will move to San Francisco.
(B) He will book the flight to San Francisco.
(C) He will have a dinner party.
(D) He will meet the president.

13 What are the speakers talking about?

(A) Resuming their work

(B) Tomorrow's business meeting

(C) Applying for a new job

(D) Opening a new account

14 What time should the man send his résumé to the woman?

(A) Tonight before 9 P.M.

(B) Tomorrow morning

(C) Tomorrow afternoon

(D) This Friday

15 What will the woman do tomorrow?

(A) She will revise his résumé and cover letter.

(B) She will have a job interview.

(C) She will have an important meeting.

(D) She will accompany the man on his job interview.

PART 3

대화를 듣고 가장 적절한 답을 고르세요. 🎧 S2-12-1~15

1 Where does the woman work?
(A) In the sales department
(B) At a university
(C) At an engineering department
(D) At a community center

2 What is important to the man about the class?
(A) It should have a reasonable price.
(B) It should be taught at a beginner level.
(C) It should be taught by a particular instructor.
(D) He must keep his certification.

3 What does the woman suggest the man do?
(A) Meet with an instructor
(B) Go ahead of her in line
(C) Submit a portfolio
(D) Fill out a registration form

4 Where would this talk most likely be heard?
(A) At a train station
(B) At a computer shop
(C) At an office
(D) At a stock market

5 What are they talking about?
(A) Working overtime
(B) Presentation to the Vice President
(C) Preparing the files
(D) Purchasing a computer at the office

6 What will the woman do next?
(A) She will call the IT Department.
(B) She will download the files.
(C) She will repair her computer.
(D) She will meet the Vice President

7 Where does the woman work?
(A) Recruiting company
(B) Insurance company
(C) Internet service provider
(D) Department store

8 What does the man want to know about the position?
(A) Wage
(B) Location
(C) Working hours
(D) Work details

9 How does the woman describe the position?
(A) The job is to sell a new product.
(B) It's for customer service.
(C) It's for explaining jobs.
(D) The job is to help with technical matters.

10 What are the speakers discussing?
(A) Attending an accounting seminar
(B) Using a new computer system
(C) Purchasing a new computer
(D) Choosing computer software

11 What does the man say he will do at one o'clock tomorrow?
(A) Install new computer software
(B) Give a presentation
(C) Have lunch
(D) Attend a training session

12 What does the woman suggest?
(A) Changing his computer software
(B) Buying a packed meal
(C) Talking to a computer technician
(D) Bring a lunchbox from home

13 What are the speakers discussing?

(A) Planning a wedding announcement

(B) Deciding on a honeymoon destination

(C) Choosing a bridal gown

(D) Planning a wedding

14 What's the problem with the man?

(A) He doesn't want to get married yet.

(B) He does not have enough time.

(C) He wants another wedding company.

(D) He wants enough discounts.

15 What will the woman do next?

(A) Contact the Biltmore Ballroom

(B) Recommend a different wedding planner

(C) Postpone the wedding

(D) Suggest some venues

DAY 13 연습 문제 13

PART 3

대화를 듣고 가장 적절한 답을 고르세요. S2-13-1~15

1 What problem does the woman report to Mr. Stevenson?
(A) Mr. Stevenson can't attend a meeting because of a scheduling conflict.
(B) A private plane is delayed.
(C) The Hyatt Regency cancelled a meeting.
(D) They have to change the venue.

2 Why was the plane delayed?
(A) Due to a mechanical problem
(B) Due to bad weather
(C) Due to overbooking
(D) Due to a flight cancellation

3 How was the situation resolved?
(A) The parties took a commercial flight.
(B) The plane was repaired and a limousine was waiting.
(C) The parties took an express train.
(D) The meeting was postponed until the next day.

4 What problem is discussed in this situation?
(A) There is only one small table available.
(B) There are only tables available after 2 P.M.
(C) There are no tables available.
(D) There are only tables in the conference room.

5 Why is the restaurant full at this time?
(A) It is being renovated.
(B) It is the peak season.
(C) A convention is being held.
(D) It is the only restaurant open.

6 Why does the man decide to offer a table to the woman?
(A) VIPs will need it.
(B) He wants to maintain good relations with the woman.
(C) He wants to settle an administrative complaint.
(D) It will help promote the restaurant.

7 Why did the woman miss the staff meeting?
(A) She was stuck in traffic.
(B) She was with a client.
(C) She was finishing a project.
(D) She had a doctor's appointment.

8 What is the workshop about?
(A) Software-training
(B) New employee orientations
(C) Department budgets
(D) Development of new software

9 What did the man give to attendees?
(A) A meeting agenda
(B) A file
(C) An employee handbook
(D) A travel itinerary

10 Why did the man call Technical Support?
(A) To recover a lost file
(B) To fix Internet connection problems
(C) To email a 50 page document
(D) To remove a virus

11 How was the file lost?
(A) Due to a virus
(B) Due to accidental deletion
(C) Due to a software malfunction
(D) Due to a power failure

12 How was the woman able to help the man?
(A) By searching temporary files
(B) By searching the deleted files
(C) By rebooting the computer
(D) By reformatting the hard drive

13 Why does the man want to change his ticket?
    (A) His meeting was cancelled.
    (B) His destination has changed.
    (C) He arrived at the station early.
    (D) He wants to upgrade his seat.

14 What does the woman say about the four
    o'clock train?
    (A) It has been delayed.
    (B) It is going to Chicago.
    (C) It is fully booked.
    (D) It will not stop in Baltimore.

15 When will the man probably catch his train?
    (A) At 4:00 P.M.
    (B) At 3:30 P.M.
    (C) At 4:30 P.M.
    (D) At 5:00 P.M.

DAY 14 연습 문제 14

PART 3

대화를 듣고 가장 적절한 답을 고르세요. 🎧 S2-14-1~15

1 What type of meeting did Marian miss?
(A) A general staff meeting
(B) A managerial meeting
(C) A supervisory meeting
(D) A board of directors meeting

2 Why did Marian miss the meeting?
(A) She was sick with the flu.
(B) Her son was homesick.
(C) She took her son to the dentist.
(D) She dropped her son off at school.

3 What will happen next?
(A) The woman will get an email.
(B) The woman will attend another meeting.
(C) Many employees will be laid off.
(D) The woman's company will hire more employees.

4 Where are the speakers?
(A) At a restaurant
(B) At an office
(C) Near some coffee shops
(D) At an outdoor concert

5 Why is the man in a hurry?
(A) He has an appointment.
(B) He has to catch a bus.
(C) He is meeting a friend shortly.
(D) He is going to see a show.

6 What does the woman suggest?
(A) Give the man a discount
(B) Go to another coffee shop
(C) Speak with another employee
(D) Exchange a ticket

7 What did the man leave in the library?
(A) A wallet
(B) A set of keys
(C) A book
(D) An electronic device

8 What information does the woman ask for?
(A) The color of an item
(B) The value of an item
(C) The room number
(D) The book title

9 What will the woman probably do next?
(A) Check out a book
(B) Call the library
(C) File a report
(D) Check a database

10 What does the woman say about her new apartment?
(A) It is large.
(B) It is close to her job.
(C) It is conveniently located.
(D) It is furnished.

11 How does the woman get to work?
(A) By car
(B) By train
(C) By bus
(D) By bicycle

12 What will happen in 2 years?
(A) The woman will sign up for a gym.
(B) Her company will relocate.
(C) A new library will open.
(D) The man will move to a new place.

13 What are the speakers mainly discussing?

(A) The food at a restaurant

(B) The price of movie tickets

(C) The services at a bank

(D) The goods at a grocery store

14 What are the speakers concerned about?

(A) The service is very slow.

(B) They are late for a show.

(C) They may need more money.

(D) The lines are too long.

15 Where will the speakers probably go next?

(A) To a grocery store

(B) To a department store

(C) To a bank

(D) To a movie theater

PART 3

대화를 듣고 가장 적절한 답을 고르세요. 🎧 S2-15-1~15

1 What is the man working on?
(A) A purchase order
(B) A building plan
(C) A sales presentation
(D) A financial report

2 Why is it noisy in the building?
(A) A large group of clients is visiting.
(B) A cleaning crew is working.
(C) A space is under construction.
(D) Elevators are being repaired.

3 What does the woman offer to do?
(A) Postpone a meeting
(B) Help the man revise a handout
(C) Let him use her office
(D) Lend the man some equipment

4 Why is the man upset about the weather?
(A) His flight was cancelled.
(B) A lunch meeting has been cancelled.
(C) He can't have lunch outside.
(D) His health condition is bad.

5 What does the woman offer to do?
(A) Check the restaurant review
(B) Bring a lunch to eat outside
(C) Go to the new French restaurant
(D) Finish the project

6 Who most likely is the woman?
(A) The man's client
(B) The man's colleague
(C) The man's girl friend
(D) A restaurant employee

7 Where is this conversation taking place?
(A) At a post office
(B) At an office building
(C) In a meeting room
(D) At a train station

8 What does the man offer to do?
(A) Help lift the bookshelves
(B) Sign a form
(C) Call the office manager
(D) Give her a form to fill out

9 What should be delivered to the conference room?
(A) Book shelves
(B) File cabinets
(C) Desks
(D) Chairs

10 Why is the woman calling the Institute?
(A) To ask for training for computer technology
(B) To ask for training in computer software
(C) To ask for training in graphic design
(D) To ask for training as a computer programmer

11 What is the length and cost of the program?
(A) Two years and $25,000
(B) Three years and $25,000
(C) 20 months and $25,000
(D) 2 years and no payment for six years

12 Why is the woman surprised?
(A) The tuition is expensive.
(B) The institute offers various programs.
(C) The institute does not offer advanced courses.
(D) She is not eligible for financial aids.

13 Why is Ida Rolf calling the travel agency?

(A) To plan a trip for her husband and herself

(B) To complain about poor services

(C) To book flight tickets

(D) To change travel itineraries

14 What type of destination is she asking for?

(A) One with lots of tourists

(B) One with many hotels

(C) One with many activities

(D) One that is isolated

15 What place does the woman say she wanted to visit?

(A) Honolulu

(B) New York

(C) Fiji

(D) Washington

신유형 연습 문제

PART 4

담화를 듣고 가장 적절한 답을 고르세요.  S2-N18~21

1 Where is the announcement being made?
(A) At an department store
(B) At the shopping mall
(C) At a book store
(D) At a conference room

2 What does the speaker mean when she says "kindly move over"?
(A) It can enable some participants to see the screen.
(B) It can help participants move to a larger room.
(C) It can delay the conference severely.
(D) It can help participants register in advance.

3 Who most likely is Ms. Evans.
(A) A guest speaker
(B) A host
(C) An event assistant
(D) An organizer

4 Why is the speaker calling?
(A) To rearrange a meeting
(B) To buy some products
(C) To cancel a training session
(D) To notify his absence

5 What does the speaker plan to do next Monday?
(A) Meet with a client
(B) Go on a vacation
(C) Attend a training session
(D) Review job application

6 What does the speaker mean when he says "In my opinion, however, it's no brainer"?
(A) It is very easy to use.
(B) It facilitates learning of the cloud computing.
(C) It enhances work efficiency.
(D) It is so difficult to use.

Ordered Items	Quantity
Iced Latte	10
Chocolate Monkey	5
Hazelnut Cheese Cake	2
Apple Blossom Cake	2

7 Where does the caller work?
(A) At a fruit farm
(B) At a bakery
(C) At a shopping mall
(D) At a supermarket

8 What problem does the caller describe?
(A) Some item will not be made.
(B) A delivery will be delayed.
(C) An order was not placed correctly.
(D) The money was not paid.

9 Look at the graphic, what item will be removed from the order?
(A) Carrot Cake
(B) Chocolate Monkey
(C) Hazelnut Cheese Cake
(D) Apple Blossom Cake

Best-selling Books	
Rank	**Book**
1	The Revolution
2	The Life-Changing Magic
3	3 Minutes
4	Diary of an Oxygen Thief

10 What special program will be broadcast next Saturday?

(A) A famous book review

(B) A live concert

(C) A breaking news report

(D) A sporting event

11 Look at the graphic. What is the new book Anderson Bale will review?

(A) The Revolution

(B) The Life-Changing Magic

(C) 30 Minutes

(D) Diary of an Oxygen thief

12 Why does the speaker mention David Wagner?

(A) He released new album.

(B) He reviewed the best-selling book.

(C) He will talk about an interesting story tonight.

(D) His book ranked in the best-selling book chart.

PART 4

담화를 듣고 가장 적절한 답을 고르세요. S2-16-1~15

1 What is the purpose of this message?
(A) To invite someone to dinner
(B) To recruit new staff members
(C) To open an account
(D) To ask someone for help

2 Where is the speaker probably calling from?
(A) A restaurant
(B) A hotel lobby
(C) Coworker's car
(D) An office

3 What is the human resources manager offering to do?
(A) Make dinner for a friend
(B) Contact another office
(C) Give colleagues a ride
(D) Meet a new client

4 What type of company is Metropolitan Transit Authority?
(A) A car rental company
(B) An airline
(C) A bus company
(D) A train company

5 Why is the office closed?
(A) Heavy traffic conditions
(B) Mechanical problems
(C) Weather problems
(D) A labor strike

6 What does the speaker suggest to commuters?
(A) Drive their own cars to work
(B) Walk to their destinations
(C) Allow more time for travel
(D) Stay home for right now

7 What type of business does Peter Warren own?
(A) A property management company
(B) A furniture manufacturing company
(C) A sports equipment store
(D) An Internet software company

8 What does Mr. Warren plan to do?
(A) Hire new employees
(B) Design a line of furniture
(C) Create a website
(D) Remodel a building

9 How does the business receive most of its orders?
(A) Over the Internet
(B) By fax
(C) By mail
(D) Over the telephone

10 Who are the listeners?
(A) Environmentalists
(B) Cooking instructors
(C) Biologists
(D) Restaurant managers

11 According to the speaker, why is the change being made?
(A) To increase sales of food containers
(B) To advertise the eco-friendly products
(C) To reduce the negative impact on the environment
(D) To help customers keep their food safe

12 What will happen next month?
(A) A new business will be operational.
(B) More managers will be hired.
(C) A new container will be used.
(D) A budget will be revised.

13 Where does the speaker most likely work?

    (A) At a dentist's office

    (B) At a bank

    (C) At an accounting firm

    (D) An insurance company

14 When is Ms. Sanders' appointment?

    (A) Monday

    (B) Wednesday

    (C) Thursday

    (D) Friday

15 What does the speaker ask Ms. Sanders to bring to her appointment?

    (A) An identification card

    (B) A registration form

    (C) A résumé

    (D) A credit card

PART 4

담화를 듣고 가장 적절한 답을 고르세요. S2-17-1~15

1 What is the purpose of this announcement?
(A) To mention a special offer
(B) To introduce a new facility
(C) To announce the hotel's new policy
(D) To thank customers for using the hotel

2 What are the listeners informed of?
(A) How to keep hotel facilities clean
(B) Extra fees for using hotel facilities
(C) A survey regarding the hotel's new facilities
(D) A special discount for using hotel facilities

3 Which facilities will be maintained by the resort fee?
(A) Workout facilities
(B) Conference rooms
(C) Hotel suites
(D) Hotel restaurants

4 Who is most likely the caller?
(A) A newspaper editor
(B) A newspaper salesperson
(C) A newspaper photographer
(D) A newspaper subscriber

5 What does the caller suggest Mr. Simmons do?
(A) Visit a website
(B) Call a telephone number
(C) Create an advertisement
(D) Speak to another employee

6 According to the caller, what will the publisher do by the end of this month?
(A) Fax some documents
(B) Redesign a website
(C) Print interesting stories
(D) End a discount offer

7 What is this information about?
(A) Prescription eyeglasses
(B) Eyeglasses that change colors
(C) Glasses for skiing
(D) Driving glasses

8 What was the problem with the lenses currently on the market?
(A) They do not work in certain conditions.
(B) They only work at night.
(C) They do not work when it is hot.
(D) They did not work when it is cold.

9 What is the advantage of the new darkening lenses?
(A) They protect the eyes.
(B) They are inexpensive.
(C) They replace sunglasses.
(D) They respond fully to lightness and darkness.

10 Who is this announcement primarily intended for?
(A) Job seekers
(B) Company representatives
(C) Employment counselors
(D) Conference organizers

11 What information will be posted on the bulletin board?
(A) Company contact information
(B) A list of people selected for interviews
(C) Résumé-writing guidelines
(D) A description of open positions

12 Where is the bulletin board located?
(A) At the top of the stairs
(B) In a conference room
(C) Behind the company booths
(D) Next to the registration table

13 What is being advertised?

(A) A tour agency

(B) A television show

(C) A holiday tour

(D) A tour guide book

14 Who is James E. Williams?

(A) A professor

(B) A tour guide

(C) An explorer

(D) A radio host

15 What can be found on the website?

(A) An address

(B) A price list

(C) An application form

(D) A list of places

 연습 문제 18

정답 및 해설 / 117p

PART 4

담화를 듣고 가장 적절한 답을 고르세요. S2-18-1~15

1 What is the purpose of this telephone message?
(A) To confirm an appointment
(B) To reserve a seat for a picnic
(C) To make a video clip for a picnic
(D) To ask about equipment rental

2 What will the company do for the weekend of September 6th?
(A) Have a business meeting
(B) Host an event for employees
(C) Hold a game competition
(D) Sign a contract to purchase visual equipment

3 What does Rosalie ask of Richard?
(A) To send her an email
(B) To give her a discount
(C) To return her call
(D) To attend the picnic

4 What is being advertised?
(A) A community event
(B) A store sale
(C) A local garage sale
(D) A local election

5 How can listeners get more information?
(A) By calling Crazy Harry's Hardware
(B) By viewing a bulletin board
(C) By visiting Highway 11
(D) By checking out the website

6 When will the sale end?
(A) This week
(B) Tomorrow
(C) The day after tomorrow
(D) Next week

7 What has been delayed?
(A) A media festival
(B) An urgent meeting
(C) Replacement work
(D) A charity event

8 Why does the speaker mention the Media Festival?
(A) It wasn't successful.
(B) It generated a profit.
(C) It has been canceled.
(D) It has a safety problem.

9 What will the listener most likely do next?
(A) Vote on a proposal
(B) Raise admission fees
(C) Elect council members
(D) Propose a solution

10 What type of business is the message intended for?
(A) A theater
(B) A restaurant
(C) A hotel
(D) An art gallery

11 What change does the speaker make to the reservation?
(A) The price
(B) The payment method
(C) The date
(D) The number of people

12 What does the speaker ask the listener to do?
(A) Return a call
(B) Reschedule an event
(C) Email her some information
(D) Arrange for a meeting

13 What kind of product is being presented?

(A) A kitchen appliance

(B) A watch

(C) A piece of exercise equipment

(D) A barbecue grill

14 What is special about the product?

(A) It is very small.

(B) It is affordable.

(C) It is used for various dishes.

(D) It is easy to use.

15 According to the speaker, what will happen at the end of the demonstration?

(A) Food will be served.

(B) Participants will receive a book.

(C) A discount coupon will be distributed.

(D) Participants will ask questions.

DAY 19 연습 문제 19

정답 및 해설 / 121p

PART 4

담화를 듣고 가장 적절한 답을 고르세요. S2-19-1~15

1 What is the purpose of the news conference?
(A) To discuss the decline in real estate
(B) To announce a renovation plan
(C) To offer leases to businesses
(D) To announce a new foot patrol

2 Who is Luis Garcia?
(A) The mayor of San Diego
(B) A commissioner of San Diego County
(C) A county developer
(D) A San Diego businessman

3 What has happened to the downtown area in the last five years?
(A) Businesses have expanded.
(B) 24% of businesses have left.
(C) 19% of businesses have left.
(D) Real estate values have increased.

4 Where would this announcement most likely be heard?
(A) At a theater
(B) In an amusement park
(C) On an airplane
(D) At the airport

5 What will happen next?
(A) Breakfast will be served.
(B) The plane will land.
(C) The crew will sell watches.
(D) The passengers will exit the airplane.

6 What are the listeners asked to do?
(A) Stay tuned to the radio broadcast
(B) Fill out the customs declaration form
(C) Turn off the electronic devices in use
(D) Loosen the seatbelts

7 What is the purpose of the talk?
(A) To propose an environmental campaign
(B) To raise funds for the foundations
(C) To announce an award winner
(D) To ask for help with the project

8 What is special about the company?
(A) It recently started.
(B) It focuses on advertising eco-friendly products.
(C) It produces green products.
(D) It plans to expand its business.

9 What does the company plan to do?
(A) Start the environment-related foundations
(B) Contribute money to an organization
(C) Answer questions from participants
(D) Make a presentation

10 What is the purpose of this announcement?
(A) To announce the rules of the theater
(B) To let people know how to get free tickets
(C) To introduce performers
(D) To advertise a new show

11 What does the woman ask everyone to do?
(A) Not leave the auditorium during the performance
(B) Only bring drinks into the theater
(C) Not bring children under five years old
(D) Turn off electronic devices during the performance

12 What will happen next?
(A) The audience will leave the theater.
(B) Actors will greet the audience.
(C) A performance will begin.
(D) Some people will bring in snacks.

13 What is the purpose of the call?

    (A) To ask about a lost item

    (B) To request information on products

    (C) To purchase some items

    (D) To ask for the store locations

14 What item is described in the message?

    (A) A pair of shoes

    (B) An electronic device

    (C) A sofa

    (D) A plastic case

15 What is the listener asked to do?

    (A) Log onto the website

    (B) Send an email to Christine

    (C) Place an order

    (D) Contact Mr. Ramos

DAY 20 연습 문제 20

PART 4

담화를 듣고 가장 적절한 답을 고르세요.  S2-20-1~15

1 Where is the announcement most likely taking place?
(A) At a conference center
(B) In an office
(C) In a restaurant
(D) At a movie theater

2 Who is Mary Peterson?
(A) A chef
(B) A hotel manager
(C) A sales clerk
(D) A workshop speaker

3 Why are changes being made?
(A) One of the speakers arrived late.
(B) Bad weather is predicted.
(C) There are schedule conflicts.
(D) Some documents are missing.

4 Who are the likely participants of this conference?
(A) Doctors
(B) Business people
(C) Computer programmers
(D) General public

5 What is notable about Jessica Holmes?
(A) She is the highest paid female CEO.
(B) She is the first female CEO.
(C) She is the most famous CEO.
(D) She set a sales record at her company.

6 What is the keynote speaker's address about?
(A) Changes in technology
(B) Sales on the Internet
(C) New digital products
(D) Leadership and morale

7 Why is the speaker leaving a message?
(A) To advertise a special offer
(B) To further discuss the renovation work.
(C) To cancel a renovation
(D) To arrange a new meeting

8 What does Linda want to discuss with the recipient?
(A) The price of the carpet
(B) The labor costs
(C) The preferred stain color
(D) The materials

9 What does Linda ask the recipient to do next?
(A) Send documents to her office
(B) Create a new account
(C) Visit her office
(D) Call her back

10 What is being advertised?
(A) A bicycle shop
(B) A scooter shop
(C) A car dealership
(D) A motorcycle shop

11 According to the speaker, which scooter is considered the cream of the crop?
(A) 250 CC
(B) 500 CC
(C) 750 CC
(D) 1,000 CC

12 What are the smallest scooters sold?
(A) Bicycles
(B) Motor bikes
(C) Mopeds
(D) Hybrid

13 What is the purpose of the talk?

(A) To inform employees of a software development plan

(B) To describe the plan for a training

(C) To announce the new policy

(D) To provide financial advice

14 What do the participants receive?

(A) A computer program

(B) A certificate

(C) A survey form

(D) A handout

15 What is going to happen after the session?

(A) An awards ceremony

(B) Light refreshments

(C) A question and answer session

(D) A presentation

Section 3
Practice Test

LISTENING TEST

In the Listening test, you will be asked to demonstrate how well you understand spoken English. The entire Listening test will last approximately 45 minutes. There are four parts and directions are given for each part. You must mark your answers on the separate answer sheet. Do not write your answers in your test book.

PART 1

Directions: For each question in this part, you will hear four statements about a picture in your test book. When you hear the statements, you must select the one statement that best describes what you see in the picture. Then find the number of the question on your answer sheet and mark your answer. The statements will not be printed in your test book and will be spoken only one time.

Example

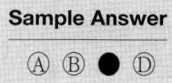

Statement (C), "A man is holding a receiver," is the best description of the picture, so you should select answer (C) and mark it on your answer sheet.

1

2

GO ON TO THE NEXT PAGE

3

4

5

6

GO ON TO THE NEXT PAGE ►

7

8

9

10

GO ON TO THE NEXT PAGE ➤

PART 2

Directions: You will hear a question or statement and three responses spoken in English. They will not be printed in your test book and will be spoken only one time. Select the best response to the question or statement and mark the letter (A), (B), or (C) on your answer sheet.

Example

You will hear: When was the last time you were in London?

You will also hear: (A) By plane
                               (B) It was my first time.
                               (C) In September

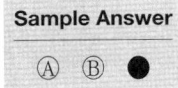

Sample Answer

Ⓐ   Ⓑ   ●

The best response to the question "When was the last time you were in London?" is choice (C) "In September." So (C) is the correct answer. You should mark answer (C) on your answer sheet.

11	Mark your answer on your answer sheet.	**26**	Mark your answer on your answer sheet.
12	Mark your answer on your answer sheet.	**27**	Mark your answer on your answer sheet.
13	Mark your answer on your answer sheet.	**28**	Mark your answer on your answer sheet.
14	Mark your answer on your answer sheet.	**29**	Mark your answer on your answer sheet.
15	Mark your answer on your answer sheet.	**30**	Mark your answer on your answer sheet.
16	Mark your answer on your answer sheet.	**31**	Mark your answer on your answer sheet.
17	Mark your answer on your answer sheet.	**32**	Mark your answer on your answer sheet.
18	Mark your answer on your answer sheet.	**33**	Mark your answer on your answer sheet.
19	Mark your answer on your answer sheet.	**34**	Mark your answer on your answer sheet.
20	Mark your answer on your answer sheet.	**35**	Mark your answer on your answer sheet.
21	Mark your answer on your answer sheet.	**36**	Mark your answer on your answer sheet.
22	Mark your answer on your answer sheet.	**37**	Mark your answer on your answer sheet.
23	Mark your answer on your answer sheet.	**38**	Mark your answer on your answer sheet.
24	Mark your answer on your answer sheet.	**39**	Mark your answer on your answer sheet.
25	Mark your answer on your answer sheet.	**40**	Mark your answer on your answer sheet.

Directions: You will hear some conversations between two people. You will be asked to answer three questions about what the speakers say in each conversation. Select the best response to each question and mark the letter (A), (B), (C), or (D) on your answer sheet. The conversations will not be printed in your test book and will be spoken only one time.

41 What does the woman ask for?

(A) An agenda for a meeting
(B) Quarterly sales data
(C) Information about a computer
(D) An updated employee directory

42 When will the woman meet her client?

(A) Today
(B) Tomorrow
(C) Next month
(D) Next quarter

43 What does the man suggest the woman do?

(A) Contact the sales department
(B) Postpone the meeting
(C) Visit the repair shop
(D) Use an older report

44 Why is the man calling?

(A) To get directions to the store
(B) To ask about the store's business hours
(C) To request a delivery
(D) To place an order for furniture

45 What does the woman say about the store?

(A) It is moving to a new location.
(B) It is about to close.
(C) It is out of some items.
(D) It has several job openings.

46 What does the woman ask the man to do?

(A) Visit the website
(B) Call again later
(C) Close the store
(D) Visit the store tomorrow

GO ON TO THE NEXT PAGE

47 What are speakers mainly discussing?

(A) Accommodations at a hotel
(B) The location of a building
(C) The bus schedule
(D) Transportation to an event

48 What is the woman concerned about?

(A) Completing a report
(B) Missing the speech
(C) Making a payment
(D) Preparing for a job interview

49 What does the man suggest?

(A) Finding a new driver
(B) Canceling a reservation
(C) Taking a taxi
(D) Rescheduling a conference

50 What product are the speakers discussing?

(A) A laptop computer
(B) A television
(C) A telephone
(D) A refrigerator

51 What complaint was made about the product?

(A) It is too big.
(B) It is expensive.
(C) It is difficult to use.
(D) It is unattractive.

52 What does the man say he will do?

(A) Interview a customer
(B) Visit a factory
(C) Set up a meeting
(D) Develop a new product

53 What did the man do recently?

(A) Apply for a job
(B) Start a new business
(C) Move to a new apartment
(D) Go on a trip

54 What does the woman suggest?

(A) Planning an outdoor activity
(B) Going to a music festival
(C) Subscribing to a magazine
(D) Contacting a travel agent

55 What will the local restaurants provide?

(A) Free cooking classes
(B) Service until midnight
(C) Free food samples
(D) New menus

56 What department do the speakers most likely work in?

(A) Shipping department
(B) Technical Support department
(C) Marketing department
(D) Personnel department

57 What does the woman say Ian requested?

(A) Help with a project
(B) Approval to go on a marketing trip
(C) A different project
(D) A transfer to another branch

58 What will the man do next?

(A) Contact a coworker
(B) Meet with some clients
(C) Attend a meeting
(D) Interview a job applicant

59 Where most likely are the speakers?

(A) At a bus terminal
(B) At an airport
(C) At a festival venue
(D) At a train station

60 What does the woman mean when she says, "Absolutely true"?

(A) Road will be crowded with traffic.
(B) The festival gains much popularity.
(C) Taxi fare is more expensive than bus fare.
(D) It is very hard to get to San Diego.

61 What advice does the woman offer?

(A) To take another transportation
(B) To spend more money
(C) To check a schedule.
(D) To take a plane

---

62 What will the business do?

(A) Hire more staff members
(B) Purchase a new air-conditioner
(C) Buy a warehouse
(D) Work on night shift

63 What does the man mean when he says, "I almost forgot about that"?

(A) A new advertisement will start.
(B) Business hours will be extended.
(C) Air-conditioner will be sold out.
(D) There will be sweltering heat in summer.

64 Why will the man call to his friend?

(A) To confirm the schedule of advertising campaign
(B) To ask business hours
(C) To inquire about the availability for the job
(D) To recommend an air-conditioner

Hard Drive	$50
Sound Card	$35
Monitor	$225
LAN Card	$15
Keyboard	$20

65 Where does this conversation most likely take place?

(A) At a computer manufacturer
(B) At a computer class
(C) At an electronics store
(D) At an Internet service company

66 What problem does the woman mention?

(A) A part needs to be replaced.
(B) Some components are out of stock.
(C) A repair process is too slow.
(D) A laptop is not working properly.

67 Look at the graphic. How much will she pay?

(A) $15
(B) $35
(C) $50
(D) $225

GO ON TO THE NEXT PAGE

Sessions	Time
Contents discussion	9:00 - 10:00 A.M.
Book cover design	10:00 - 11:00 A.M.
Lunch	12:00 - 1:00 P.M.
Proofreading	1:00 - 2:00 P.M.
Market analysis	2:00 -3:00 P.M.

68 Where is the conversation most likely taking place?

(A) At an office
(B) At a department store
(C) At a book store
(D) At a home appliance shop

69 What is the conversation mainly about?

(A) Fixing the desktop at the conference room
(B) Finding an error and testing a computer
(C) Preparing sessions
(D) Reviewing book cover designs.

70 Look at the graphic. According to the speaker which session will be held last?

(A) Contents discussion
(B) Book cover design
(C) Proofreading
(D) Market analysis

PART 4

Directions: You will hear some talks given by a single speaker. You will be asked to answer three questions about what the speaker says in each talk. Select the best response to each question and mark the letter (A), (B), (C), or (D) on your answer sheet. The talks will not be printed in your test book and will be spoken only one time.

71 What is the purpose of the message?

(A) To confirm an appointment
(B) To place an order
(C) To make an inquiry
(D) To make a reservation

72 What type of service does the company provide?

(A) Carpeting service
(B) Billing service
(C) Lawn maintenance
(D) Financial advice

73 What does the caller say about the payment?

(A) He has not received payment for previous services.
(B) Payment should be sent electronically.
(C) His company accepts only cash payments.
(D) An account number for payments has recently changed.

74 What department does the speaker probably work in?

(A) Personnel department
(B) Technical Support department
(C) Public Relations department
(D) Marketing department

75 What are the listeners instructed to do?

(A) Give contact information
(B) Present identification
(C) Complete paperwork
(D) Submit a résumé

76 What will most likely happen in a few minutes?

(A) Light refreshments will be served.
(B) A survey form will be distributed.
(C) A president will be introduced.
(D) A procedure will be explained.

GO ON TO THE NEXT PAGE

77 Where should passengers who travel to Liverpool go?

(A) To Track 2
(B) To Track 11
(C) To Track 18
(D) To Track 20

78 What are the passengers asked to have ready?

(A) Travel itinerary
(B) Boarding passes
(C) Customs forms
(D) Passports

79 Where should small luggage be placed?

(A) On the luggage cart
(B) Under the seats
(C) In the overhead bin
(D) In the baggage car

80 What is the purpose of the announcement?

(A) To introduce a guest speaker
(B) To set the tables
(C) To ask for assistance with a project
(D) To give introductions about a job

81 What is taking place in the evening?

(A) A music concert
(B) A dinner
(C) A ballroom dance
(D) A closing ceremony

82 How many people will attend the event?

(A) 50
(B) 70
(C) 150
(D) 200

83 Where does the speaker work?

(A) At a carpet store
(B) At a furniture store
(C) At a car dealership
(D) At a paint factory

84 What is the problem?

(A) The delivery truck is out of order.
(B) An order form was completed incorrectly.
(C) The wrong item was delivered.
(D) A product is not available for purchase.

85 What does the speaker ask Mrs. Hughes to do?

(A) Change her order
(B) Pay for shipping
(C) Purchase a new vehicle
(D) Confirm a date and time

86 What is the purpose of the talk?

(A) To report research results.
(B) To raise funds for research
(C) To introduce an award winner
(D) To announce a promotion

87 According to the speaker, what did Carol Anderson do?

(A) She developed a new product.
(B) She wrote a book.
(C) She designed a building.
(D) She reorganized a department.

88 What will Carol do next week?

(A) Open a new business
(B) Take a trip
(C) Begin a research project
(D) Attend a meeting

89 What type of business is being advertised?

(A) Website design
(B) Home furnishing
(C) Dry cleaning
(D) Apparel company

90 What does the speaker mean when she says "Then look no further"?

(A) Its shirt is overpriced.
(B) Its shirt brings you a quality life.
(C) Its shirt is underestimated.
(D) Its shirt looks perfect for a relaxing day.

91 What are the listeners asked to do if they're interested?

(A) Check the price
(B) Visit company's homepage
(C) Reserve a consultation
(D) Request a sample

92 What kind of business recorded this message?

(A) A fashion design company
(B) An advertisement agency
(C) A magazine publishing company
(D) An art gallery

93 According to the speaker, why should customers visit the Website?

(A) To make an appointment
(B) To get a discount coupon
(C) To find the location of company's headquarters
(D) To view a story

94 What does the speaker mean when she says "Outside of these"?

(A) Customers live outside of the city limits.
(B) Customers reach outside office hours.
(C) Customers want to request other inquiries.
(D) Customers want to contact directly the president.

Session	Time
Leadership in workplace	1:00 - 1:40 P.M.
Creative thinking	1:45 - 2:20 P.M.
Coffee break	2:25 - 2:40 P.M.
Communication skills	2:45 - 3:25 P.M.
Cooperative work	3:30 - 4:10 P.M.

95 Where most likely is the speaker?

(A) At a fund-raising dinner party
(B) At an art festival
(C) At an anniversary celebration
(D) At an education seminar

96 What are listeners asked to do?

(A) Bring some materials
(B) Remain in their seats
(C) Move over to the front seats
(D) Set their phones to silent mode

97 Look at the graphic. Which session was Dr. Sanchez supposed to lecture on?

(A) Leadership in the workplace
(B) Creative thinking
(C) Communication skills
(D) Cooperative work

GO ON TO THE NEXT PAGE

Houston Victoria Office Supply Order Form	
Item	Unit
Binder	100
Clipboard	20
Ruler	40
Paper	50

98 What most likely will happen in this afternoon?

(A) An orientation
(B) A staff meeting
(C) An office relocation
(D) A job interview

99 What is Judy asked to do?

(A) Give a hand with preparing a meeting
(B) Visit the store firsthand
(C) Guide new employees
(D) Revise an order

100 Look at the graphic. Which item will be added to the order?

(A) Binder
(B) Clipboard
(C) Ruler
(D) Paper

플랜티라이브는 언제 촬영한지도 모르는 온라인 강의를 제공하지 않습니다.

▶ **인터넷 강의! 왜 촬영 일자를 따져야 하나요?**

토익 스피킹 시험은 한 달에 4~8회, 하루 1~5회의 시험이 진행됩니다. 시험 출제 경향은 약 2개월마다 바뀌고 있어서, 개인 학습자가 혼자서 파악하기는 어렵습니다. 아무리 유명 강사의 인터넷 강의라고 해도 촬영 일자가 오래된 경우에는 최신 경향을 반영할 수 없습니다. 인터넷 강의! 반드시 촬영 일자를 확인하세요.

▶ **매일 촬영, 매일 업로드**

현장 강의를 매일 촬영하여 당일 업로드

▶ **스타강사의 현장강의를 인강으로**

토스, 오픽 유명 강사의 현장 감동을 그대로 전달

新 토익을 대비하는
가장 현명한 선택!

• 나혼자 끝내는 新 토익 실전서 •

신토익 LC+RC 5회분 ＋ 해설집

신토익 LC+RC 3회분 ＋ 해설집

실제 시험지가
봉투 안에 쏙~

나혼자 끝내는 新 토익
LC+RC 1000제

- ✓ 한 권으로 끝내는 신토익 실전 모의고사 5회분 수록

- ✓ 해설집을 따로 구매할 필요가 없는
  LC+RC 합본 실전서

- ✓ 저자의 노하우를 담아 문제의 키워드를
  단숨에 파악하는 알짜 해설 수록

- ✓ 실전용 · 복습용 · 고사장 버전의 3종 MP3
  무료 다운로드(www.nexusbook.com)

나혼자 끝내는 新 토익
실전 모의고사 3회분(봉투형)

- ✓ 실제 시험지 형태 그대로,
  신토익 실전 모의고사 3회분 수록

- ✓ 문제의 키워드를 단숨에 파악하는 알짜 해석 · 해설
  무료 다운로드(www.nexusbook.com)

- ✓ 실전용 · 복습용 · 고사장 버전의 3종 MP3
  무료 다운로드(www.nexusbook.com)

나혼자 끝내는 신토익 LC+RC 1000제 | 홍진걸·이주은 지음 | 2017년 6월 출간 | 364페이지
나혼자 끝내는 신토익 실전 모의고사 3회분 | 김랑·박자은·임철, 넥서스토익연구소 지음 | 2017년 7월 출간 | 144페이지

신토익
개정판

20일 만에
끝내는
가장 빠른
토익 솔루션

플랜티 어학연구소 지음

정답 및 해설

토익
한번에
끝내기
LC

MP3 바로 듣기

• 깔끔한 문제 풀이 전략 & **풍부한 실제 문제** 수록
• 정확하게 핵심만 콕콕 짚어 주는 **문제 해설 포인트**
• 매일매일 **섹션별·단계별 학습**으로 듣기 완성

넥서스

신토익 개정판

20일 만에
끝내는
가장 빠른
토익 솔루션

플랜티 어학연구소 지음

정답 및 해설

토익
한번에
끝내기
LC

넥서스

Section 1
파트별
유형 분석

 ◀ MP3 바로 듣기

Day
01 1인 사진

○ 비법 적용 연습

본문 p.19

1 (D)	**2** (C)	**3** (D)	**4** (D)	**5** (B)	**6** (B)
7 (C)	**8** (C)	**9** (C)	**10** (C)		

1 미W

(A) A person is straightening wires.
(B) A person is hanging a bag on a rope.
(C) A person is grasping a handrail.
(D) A person is bending over.

(A) 사람 한 명이 몇몇 전선들을 똑바르게 하고 있다.
(B) 사람 한 명이 밧줄에 가방 하나를 걸고 있다.
(C) 사람 한 명이 난간을 움켜잡고 있다.
(D) 사람 한 명이 자세를 앞쪽으로 구부리고 있다.

해설 (A) 전선이 사진에 보이지 않으므로 오답이다.
(B) 사진에 밧줄과 가방은 나오지만 가방을 밧줄에 걸고 있지 않으므로 오답이다.
(C) 사진에 난간이 보이긴 하지만 난간을 움켜잡고 있지 않으므로 오답이다.
(D) 몸을 앞으로 구부리고 있으므로 정답이다.

어휘 **straight wires** 전선들을 똑바로 하다 **hang a bag on a rope** 밧줄에 가방을 걸다 **grasp** 꽉 잡다, 움켜잡다 **handrail** 난간

2 미M

(A) He is installing cooking equipment in the kitchen.
(B) He is standing before a pillar.
(C) He is holding a pan.
(D) He is trying on a hat and an apron.

(A) 그는 부엌에서 조리 기구를 설치 중이다.
(B) 그는 기둥 앞에 서 있다.
(C) 그는 팬을 잡고 있다.
(D) 그는 모자와 앞치마를 입어 보는 중이다.

해설 (A) 조리 기구를 설치 중이 아닌 사용 중이므로 오답이다.
(B) 기둥이 보이지 않으므로 오답이다.
(C) 팬의 손잡이를 잡고 요리 중이므로 정답이다.
(D) 모자와 앞치마를 입는 중이 아닌 착용한 상태이므로 오답이다.

어휘 **cooking equipment** 조리 기구 **pillar** 기둥 **is trying on** ~을 입는 중이다 **apron** 앞치마

PART 1

○ DAY 01 1인 사진

○ DAY 02 2인 이상 사진

○ DAY 03 사물·배경 사진

3 (호W)

(A) She's picking up a light bulb.
(B) She's holding a book in a hallway.
(C) She's looking through some papers.
(D) She's reaching out for a book.

(A) 그녀는 전구 하나를 집어 들고 있다.
(B) 그녀는 복도에서 책 한 권을 들고 있다.
(C) 그녀는 몇몇 서류들을 검토 중이다.
(D) 그녀는 책에 손을 뻗고 있다.

해설 (A) 전구가 아닌 책을 들어 올리고 있으므로 오답이다.
(B) 복도가 아니므로 오답이다.
(C) 서류를 검토 중이 아닌 책을 고르고 있으므로 오답이다.
(D) 선반의 책에 손을 뻗고 있으므로 정답이다.

어휘 light bulb 전구 hall way 복도 look through 검토하다
papers 서류 reach out 뻗다

4 (영M)

(A) Some coffee is being served.
(B) A woman is fixing a copier.
(C) An employee is moving a copier.
(D) A photocopier is being used.

(A) 커피가 제공되고 있다.
(B) 여자가 복사기를 고치고 있다.
(C) 직원 한 명이 복사기를 옮기고 있다.
(D) 복사기가 사용되고 있다.

해설 (A) 상황과 상관없는 오답이다.
(B) 주위 물건을 이용하여 혼동을 유도하는 오답이다.
(C) 동작 불일치로 적절하지 않다.
(D) 여자가 복사기를 사용하고 있는 모습을 가장 잘 묘사한 정답이다.

어휘 copier 복사기

5 (미W)

(A) She is walking alone in her garden.
(B) She is reaching for a plant.

(C) She is grasping a broom stick.
(D) She is bending over to pick up rocks.

(A) 그녀는 혼자 정원에서 걷고 있다.
(B) 그녀는 식물 하나에 손을 뻗고 있다.
(C) 그녀는 빗자루를 움켜잡고 있다.
(D) 그녀는 돌을 집으려 허리를 굽히고 있다.

해설 (A) 삽이 아닌 모종삽을 들고 앉아 있으므로 오답이다.
(B) 식물 하나에 여자의 손이 닿고 있으므로 정답이다.
(C) 빗자루가 아닌 모종삽을 잡고 있으므로 오답이다.
(D) 앉아 있으므로 동작 불일치로 오답이다.

어휘 reach for 손을 뻗다 broom stick 빗자루 bend over 허리를
굽히다

6 (영M)

(A) She's wearing an apron.
(B) She's shopping at the grocery store.
(C) A shopping cart is being filled.
(D) She's making a shopping list.

(A) 여자가 앞치마를 입고 있다.
(B) 여자가 식료품점에서 쇼핑을 하고 있다.
(C) 쇼핑 카트가 채워지고 있다.
(D) 여자가 쇼핑 목록을 만들그 있다.

해설 (A) 앞치마가 보이지 않으므로 오답이다.
(B) 여자가 식료품점에서 쇼핑 중이므로 정답이다.
(C) 쇼핑 카트에 담긴 물건 상태가 정확히 보이지 않으므로 오답이다.
(D) 쇼핑 리스트 작성 중이 아니므로 오답이다.

어휘 apron 앞치마 grocery store 식료품점 make a list 목록을 만들다

7 (호W)

(A) A driver is watching goods being unloaded from the truck.
(B) A person is holding something next to a car.
(C) A person is facing straight ahead.
(D) A driver is pulling her car to the shoulder.

(A) 한 운전자가 트럭에서 상품을 내리는 것을 보고 있다.
(B) 한 사람이 자동차 옆에서 무언가를 들고 있다.
(C) 한 사람이 정면을 바라보고 있다.
(D) 한 운전자가 그녀의 차를 갓길에 세우고 있다.

해설 (A) 운전자가 앞을 보고 있는 동작은 맞지만 대상이 일치하지 않는다. 따라서 오답이다.
(B) 자동차는 달리는 중이고 외부에 사람이 보이지 않으므로 오답이다.

(C) 운전자가 정면을 바라보고 있으므로 정답이다.
(D) 차는 달리는 중이므로 오답이다.

어휘 goods 상품 unloading 내리다 face straight forward 정면을 바라보다 pull a car 차를 세우다 shoulder 갓길

8 미M

(A) A person is cutting leaves from a tree.
(B) A person is holding a tree on his shoulder.
(C) A person is wearing a hat.
(D) A person is working on a farm.

(A) 한 사람이 나무에서 잎들을 잘라내고 있다.
(B) 한 사람이 그의 어깨에 나무 하나를 지고 있다.
(C) 한 사람이 모자를 쓰고 있다.
(D) 한 사람이 농장에서 일하고 있다.

해설 (A) cutting leaves(잎들을 잘라내고 있는)의 동작 불일치 내용으로 오답이다.
(B) 나무는 등장하지만 동작과 위치가 일치하지 않는다.
(C) 남자가 안전모를 착용하고 있는 상태를 잘 묘사한 정답이다.
(D) 농장이 아니므로 오답이다.

어휘 leaves 나뭇잎 farm 농장

9 미W

(A) A woman is stretching before a competition.
(B) A woman is running through a car park.
(C) A woman is wearing athletic clothes.
(D) A woman is studying the track.

(A) 한 여자가 시합 전에 스트레칭을 하고 있다.
(B) 한 여자가 주차장을 가로질러 뛰고 있다.
(C) 한 여자가 운동복을 입고 있다.
(D) 한 여자가 경주로를 살피고 있다.

해설 (A) '시합 전'이라는 주관적인 의견이 들어갔으며 동작이 일치하지 않는 오답이다.
(B) 동작은 맞지만 장소가 주차장이 아니므로 오답이다.
(C) 여자가 운동복을 착용한 상태를 잘 묘사한 정답이다.
(D) 동작 불일치의 내용이며 뛰면서 트랙을 살핀다고 생각할 수 있으나 주관적인 의견이 들어간 문장은 오답이다.

어휘 competition 경쟁, 대회 athletic 육상[경기]의 study 살피다

10 미M

(A) She is cutting flowers.
(B) She is spreading some seeds.
(C) A rake is being used.
(D) There is a woman fixing a fence.

(A) 그녀는 꽃들을 베고 있다.
(B) 그녀는 씨앗들을 뿌리고 있다.
(C) 갈퀴가 사용되고 있다.
(D) 울타리를 고치는 한 여자가 있다.

해설 (A) cutting(자르고 있는)이라는 사진과 다른 동작을 이용한 오답이다.
(B) spreading some seeds(씨를 뿌리고 있는)에서 동작 불일치 오답이다.
(C) 사람이 등장한 사진에 물건을 주어로 한 진행 수동형의 정답이다.
(D) 동작 불일치의 내용을 이용한 오답이다.

어휘 spread seeds 씨를 뿌리다 rake 갈퀴 fence 울타리

Day
02 2인 이상 사진

○ 비법 적용 연습
본문 p.25

1 (C)	2 (C)	3 (C)	4 (A)	5 (C)	6 (D)
7 (D)	8 (B)	9 (D)	10 (D)		

1 미M

(A) A man and a woman are sitting together on a bench.
(B) A person is paddling a boat near a pier.
(C) A man is rowing a boat.
(D) They are being pushed forward.

(A) 한 남녀가 벤치에 같이 앉아 있다.
(B) 한 사람이 부두 근처에서 배의 노를 젓고 있다.
(C) 한 남자가 배의 노를 젓고 있다.
(D) 그들은 앞쪽으로 나아가고 있다.

해설 (A) 벤치가 아닌 배 위에 앉아있으므로 오답이다.
(B) 부두 근처가 아닌 호수 한 가운데이므로 오답이다.
(C) 한 남자가 배의 노를 젓고 있는 모습이 일치하므로 정답이다.

(D) 배는 정지해 있고, 앞쪽으로 나아가고 있다는 것은 주관적인 의견이므로 오답이다.

어휘 pier 부두 row 노를 젓다 push forward 계속 나아가다

2 호W

(A) Some people are walking in a park.
(B) There are some people working near a building.
(C) Some people are at a crosswalk.
(D) A few people are running on a sidewalk.

(A) 몇몇 사람들이 공원에서 걷고 있다.
(B) 한 건물 근처에서 일하고 있는 몇몇 사람들이 있다.
(C) 몇몇 사람들이 건널목에 있다.
(D) 약간의 사람들이 인도에서 달리고 있다.

해설 (A) 공원이 아닌 횡단보도를 걷고 있으므로 오답이다.
(B) 건물 근처의 일하는 사람은 보이지 않으므로 오답이다.
(C) 몇몇 사람들이 건널목(crosswalk) 위를 지나가고 있으므로 정답이다.
(D) 인도가 아닌 건널목에 위치해 있고, 걷고 있으므로 달린다는 표현은 부적절하므로 오답이다.

어휘 crosswalk 건널목, 횡단보도 sidewalk 인도

3 영M

(A) People are entering a restaurant.
(B) One man is reading a newspaper.
(C) A person in between is looking down.
(D) A waiter is serving food to customers.

(A) 사람들이 식당에 들어가고 있다.
(B) 한 남자가 신문을 읽고 있다.
(C) 중간에 있는 한 사람이 내려다보고 있다.
(D) 한 종업원이 손님들에게 음식을 내고 있다.

해설 (A) 손님들이 입장하는 장면이 아닌, 입장 후 의자에 앉아 있는 상태이므로 오답이다.
(B) 보고 있는 대상이 신문이 아닌 메뉴판이므로 오답이다.
(C) 중간에 서 있는 종업원이 손님들의 주문을 받으며 내려다보고 있으므로 정답이다.
(D) 주문을 받고 있으므로 오답이다.

어휘 look down 내려다보다

4 미W

(A) Some people are standing in a vehicle.
(B) People are getting ready to get on a bus.
(C) Some women are holding onto a bar.
(D) There are some people sitting on the floor.

(A) 몇몇 사람들이 차량 안에 서 있다.
(B) 사람들이 버스에 탈 준비를 하고 있다.
(C) 몇몇 여자들이 손잡이를 잡고 있다.
(D) 바닥에 몇몇 사람들이 앉아 있다.

해설 (A) 몇몇이 서 있는 모습을 맞게 표현했으므로 정답이다.
(B) 사람들이 타 있는 차량 내부 모습으로 부적절한 표현이므로 오답이다.
(C) 손잡이를 잡고 있는 여자들이 보이지 않으므로 오답이다.
(D) 바닥에 앉아 있는 사람이 보이지 않으므로 오답이다.

어휘 vehicle 차 get ready to (do) ~할 준비를 하다 hold onto ~을 잡다

5 미M

(A) A group of people is watching a film together.
(B) Some workers are setting up tables.
(C) Several people are sitting near a lake.
(D) A crowd of people are talking indoors.

(A) 한 무리의 사람들이 함께 영화를 보고 있다.
(B) 몇몇 직원들이 테이블을 세팅하고 있다.
(C) 몇몇 사람들이 호수 근처에 앉아 있다.
(D) 많은 사람들이 실내에서 이야기하고 있다.

해설 (A) 영화 상영을 하는 장면을 볼 수 없으므로 오답이다.
(B) 직원이라고 판단되는 사람이 보이지 않으므로 오답이다.
(C) 호수가 야외 테라스의 테이블에 사람들이 앉아 있으므로 정답이다.
(D) 실내가 아닌 실외이므로 오답이다.

어휘 lake 호수 a crowd of people 많은 사람들 indoor 실내

6 호W

(A) A woman is handing over a file to another woman.
(B) Two women are decorating a desk.
(C) A woman is sipping a cup of coffee.
(D) Two women are facing each other.

(A) 한 여자가 다른 여자에게 파일을 건네주고 있다.
(B) 두 명의 여자가 책상을 꾸미고 있다.
(C) 한 여자가 커피를 조금씩 마시고 있다.
(D) 두 명의 여자가 서로 마주 보고 있다.

해설 (A) 등장하지 않은 물체인 파일(file)을 언급한 오답이다.
　　(B) 책상을 꾸미는 것은 아니므로 오답이다.
　　(C) 커피는 등장하지 않으므로 오답이다.
　　(D) 두 여자가 카운터를 사이에 두고 서로 마주 보고 서 있는 모습을 잘 묘사한 정답이다.

어휘 hand over a file to ~에게 파일을 건네주다　decorate 꾸미다
sip 조금씩 마시다　face 마주 보다

7　미M

(A) Musicians are putting away their instruments.
(B) People are watching a street performance.
(C) Some dancers are rehearsing on a stage.
(D) A group of people are giving an indoor performance.

(A) 음악가들이 그들의 악기를 치우고 있다.
(B) 사람들이 길거리 공연을 보고 있다.
(C) 몇몇 춤꾼들이 무대에서 예행연습 중이다.
(D) 한 무리의 사람들이 실내 공연을 펼치고 있다.

해설 (A) 공연 중이므로 행동 불일치로 오답이다.
　　(B) 길거리가 아닌 실내 공연이고, 기다리는 사람들도 보이지 않으므로 오답이다.
　　(C) 춤꾼들은 보이지 않으므로 오답이다.
　　(D) 연주자들이 실내에서 공연을 펼치고 있으므로 정답이다.

어휘 put away 치우다　instruments 악기　performance 공연
rehearse 예행연습을 하다　indoor 실내

8　미W

(A) People are submitting reports.
(B) A man is holding a document opposite from others.
(C) People are studying alone in a classroom.
(D) A man is giving a speech for his birthday.

(A) 사람들이 보고서를 제출하고 있다.
(B) 한 남자가 다른 사람들의 맞은편에서 문서 하나를 들고 있다.
(C) 사람들이 교실에서 혼자 공부하고 있다.
(D) 한 남자가 그의 생일에 대해 연설을 하고 있다.

해설 (A) 보고서를 제출하는 동작은 보이지 않으므로 오답이다.
　　(B) 여러 사람들 앞에서 문서를 들고 서 있는 한 남자를 잘 표현한 정답이다.
　　(C) 사람들이 정면의 한 남자를 주목하고 있기 때문에, 혼자 공부한

다는 표현은 부적절 하므로 오답이다.
　　(D) 생일이라는 주제는 주관적인 생각이므로 오답이다.

어휘 give a speech 연설을 하다

9　미M

(A) People are walking on a bridge.
(B) People are riding bikes together.
(C) People are pulling bikes into a truck.
(D) People are walking in a path.

(A) 사람들이 다리 위를 걷고 있다.
(B) 사람들이 함께 자전거를 타고 있다.
(C) 사람들이 자전거를 트럭 안으로 끌어올리고 있다.
(D) 사람들이 길을 걷고 있다.

해설 (A) 다리 위가 아니기 때문에 장소 불일치로 오답이다.
　　(B) 자전거를 타고 있는 중이 아니므로 오답이다.
　　(C) 자전거를 끌고 있는 동작은 맞지만 트럭은 보이지 않으므로 오답이다.
　　(D) 사람들이 자전거를 끌며 걷고 있는 동작 표현이 맞으므로 정답이다.

어휘 pull 끌다　path 길

10　미W

(A) People are drawing lines on the street.
(B) Some people are taking instruments out of their bags.
(C) Some workers are paving a road.
(D) People are playing drums.

(A) 사람들이 길에 선을 긋고 있다.
(B) 몇몇 사람들이 그들의 가방에서 악기를 꺼내고 있다.
(C) 몇몇 일꾼들이 도로를 포장하고 있다.
(D) 사람들이 북을 연주하고 있다.

해설 (A) 선을 긋고 있다는 동작에서 일치하지 않으므로 오답이다.
　　(B) 악기를 꺼내는 동작이 아닌 사용 중이므로 동작 불일치로 오답이 된다.
　　(C) 도로포장은 동작 불일치로 오답이다.
　　(D) 사람들이 북을 연주하고 있는 모습을 표현한 정답이다.

어휘 pave a road 도로를 포장하다　drums 북

Day
03 사물 · 배경 사진

● 비법 적용 연습   본문 p.31

1 (B)	2 (B)	3 (C)	4 (C)	5 (B)	6 (D)
7 (A)	8 (B)	9 (C)	10 (B)		

1 미W

(A) A machine is being operated by a man.
(B) Construction equipment is left before heavy machinery.
(C) An excavator is being fixed.
(D) There are some tools on the construction site.

(A) 장비 하나가 한 남자에 의해 작동되고 있다.
(B) 건설 장비가 중장비 앞에 남아 있다.
(C) 굴착기가 수리되고 있다.
(D) 공사 현장에 약간의 연장들이 있다.

해설 (A) 장비가 작동하고 있는지 아닌지 알 수 없다. 또한, 사진에 보이지 않는 한 남자의 존재에 대해 언급했으므로 오답이다.
(B) 건설 재료들이 굴착기 앞에 있으므로 정답이다.
(C) 굴착기가 수리 중이 아니므로 오답이다.
(D) 사진에 연장에 대해서는 나와 있지 않으므로 오답이다.

어휘 construction equipment 건설 기계 heavy machinery 중장비 excavator 굴착기, 굴삭기

2 미M

(A) A plant is hanging from the ceiling.
(B) Monitors are placed on the desk.
(C) Some chairs are gathered around a table.
(D) Drawers are packed with files.

(A) 한 식물이 천장에 매달려 있다.
(B) 모니터들이 책상 위에 놓여 있다.
(C) 몇몇 의자들이 한 탁자 주위에 모여 있다.
(D) 서랍들이 서류들로 꽉 차 있다.

해설 (A) 천장에는 조명등이 매달려 있으므로 오답이다.
(B) 모니터가 책상 위에 놓여있으므로 정답이다.
(C) 의자들이 모여 있지 않고 흩어져 있으므로 오답이다.
(D) 서랍에 서류로 차 있는지 아닌지 알 수 없으므로 오답이다.

어휘 hang 걸다, 걸리다, 매달다, 매달리다 drawer 서랍

3 호W

(A) A potted plant is located among chairs.
(B) Chairs are arranged for sale.
(C) A tree is surrounded by chairs.
(D) Wood is being stacked in a seating area.

(A) 식물 화분 하나가 의자들 사이에 놓여 있다.
(B) 의자들이 판매를 위해 마련되어 있다.
(C) 나무 한 그루가 의자들로 둘러싸여 있다.
(D) 목재가 좌석 지역에 쌓이고 있다.

해설 (A) 의자들 사이에 놓여 있는 것이 식물 화분이 아니므로 오답이다.
(B) 의자들이 마련되어 있지만 판매를 위한 것인지 아닌지 모르므로 오답이다.
(C) 나무가 중앙에 있고 주변에 의자들이 둘러싸고 있으므로 정답이다.
(D) 나무가 쌓여지고 있지 않고 하나만 보이므로 오답이다.

어휘 a potted plant 화분에 심은 나무 be arranged 정렬되어 있다 be surrounded 둘러싸이다 stack 쌓이다

4 영M

(A) Some boats are leaning against a dock.
(B) Some boats are docked next to a building.
(C) Some boats are assembled side by side.
(D) One of the boats is being used for fishing.

(A) 몇몇 보트들이 한 부두에 기대어 있다.
(B) 몇몇 보트들이 한 건물 옆에 매어 있다.
(C) 몇몇 보트들이 나란히 모여 있다.
(D) 보트들 중 하나가 낚시에 사용되고 있다.

해설 (A) 보트들이 기대어 있는 모습이 아니므로 오답이다.
(B) 건물도 보이지 않고 한 건물 옆에 매어 있는지 알 수 없으므로 오답이다.
(C) 보트들이 나란히 모여 있으므로 정답이다.
(D) 낚시에 이용되고 있는지 아닌지 알 수 없으므로 오답이다.

어휘 lean against 기대다 be docked 정박하다 be assembled 모이다 side by side 나란히

5 미W

(A) There are cars parked in a parking lot.
(B) There are cars in rows on the road.
(C) Some cars are arranged on a platform.
(D) Some cars are being moved in the middle of a traffic jam.

(A) 주차장에 주차된 차들이 있다.
(B) 도로에 여러 줄로 늘어선 차들이 있다.
(C) 몇몇 차들이 승강장에 정렬되어 있다.
(D) 몇몇 차들이 교통 정체 속에서 움직이고 있다.

해설 (A) 주차장이 보이지 않으므로 오답이다.
(B) 도로에 차들이 열대로 쭉 줄지어 있으므로 정답이다.
(C) 승강장이 보이지 않으므로 오답이다.
(D) 사진상으로는 움직이고 있다는 것을 알 수 없으므로 오답이다.

어휘 in rows 줄지어, 여러 줄로 늘어서 in the middle of ~의 중앙에

6 영M

(A) A light house is being operated.
(B) A beach has been filled with tourists.
(C) Some boats are tied up at a pier.
(D) There are some buildings near the ocean.

(A) 등대 하나가 작동되고 있다.
(B) 해변이 관광객들로 꽉 찼다.
(C) 몇몇 보트들이 부두에 묶여 있다.
(D) 바다 근처에 몇 개의 건물들이 있다.

해설 (A) 등대가 하나 보기기는 하나 사진에서는 작동하고 있는지 알 수 없으므로 오답이다.
(B) 해변에 사람이 보이지 않으므로 오답이다.
(C) 보트가 사진에서 보이지 않으므로 오답이다.
(D) 등대를 비롯한 몇 가지 건물들이 있으므로 정답이다.

어휘 light house 등대 be tied up 묶이다 pier 부두

7 호W

(A) A walkway runs over the water.
(B) Trees are in bloom on a pathway.
(C) Some buildings overlook the forest.
(D) An archway is positioned in a river.

(A) 물 사이에 보도가 나 있다.
(B) 오솔길에 나무들의 꽃이 활짝 피어 있다.
(C) 몇몇 건물들이 숲에서 내다보인다.
(D) 아치형 입구가 강에 위치해 있다.

해설 (A) 사진에 보이는 물길 사이에 사람이 걸을 수 있는 보도가 나 있으므로 정답이다.
(B) 사진상으로는 오솔길인지 아닌지 알 수 없으므로 오답이다.
(C) 사진상으로는 숲인지 아닌지 알 수 없고 건둘도 여러 개가 아니므로 오답이다.
(D) 강인지 알 수 없고 아치형 입구가 아닌 다리므로 오답이다.

어휘 pathway 좁은 길 in bloom 꽃이 활짝 핀, 만발한

8 미M

(A) Some hats are being picked by a gentleman.
(B) Merchandise has been put on display outside.
(C) Hats are shown to people on the street.
(D) Some hats are attached to a table.

(A) 몇몇 모자들이 한 남자에 의해 집히고 있다.
(B) 상품이 바깥에 전시되어 있다.
(C) 모자들이 길가에서 사람들에게 보이고 있다.
(D) 몇몇 모자들이 탁자에 붙어 있다.

해설 (A) 사진상으로는 남자가 보이지 않고 집히는 동작도 없으므로 오답이다.
(B) 모자가 바깥에 전시되고 있으므로 정답이다.
(C) 사진상으로는 사람들에게 보이고 있는 상태가 아니므로 오답이다.
(D) 탁자에 붙어있지 않고 세워져 있으므로 오답이다.

어휘 merchandise 상품 be attached to ~에 붙어 있다

9 미W

(A) A warning sign stands in a pathway.
(B) The construction has been completed.
(C) A road is being paved.
(D) Some equipment is being serviced.

(A) 경고 표지판이 길에 세워져 있다.
(B) 공사가 완료되었다.
(C) 도로가 포장되고 있다.
(D) 몇몇 장비가 수리 중이다.

해설 (A) 사진에는 경고 표지판(warning sign)이 등장하지 않으므로 오답이다.
(B) 공사가 진행 중인 모습이므로 오답이다.
(C) 도로가 포장되고 있는 모습을 is being paved로 잘 묘사한 정답이다.
(D) 장비가 있긴 하지만 수리 중인 것은 아니므로 오답이다.

어휘 pathway 좁은 길 construction 공사 pave 포장하다

service 점검하다

10 미M

(A) A lamppost lies on the grass.
(B) A picnic area is empty.
(C) A table is being occupied by a group of people.
(D) Leaves are falling onto the roof.

(A) 가로등 기둥이 풀밭 위에 있다.
(B) 피크닉 지역이 비어 있다.
(C) 한 무리의 사람들이 테이블에 있다.
(D) 나뭇잎들이 지붕 위로 떨어지고 있다.

해설 (A) 가로등 기둥이 풀밭에 누워 있지는 않으므로 오답이다.
(B) 사진상으로 사람이 없이 비어 있으므로 이를 잘 묘사한 정답이다.
(C) 사진에 사람이 등장하지 않으므로 오답이다.
(D) 지붕 위에 나뭇잎이 없고 떨어지고 있지도 않으므로 오답이다.

어휘 lamppost 가로등 기둥 lie on the grass 풀밭에 눕다

PART 2

Day 04 Who 의문문

○ 비법 적용 연습

본문 p.40

1 (A)	**2** (C)	**3** (C)	**4** (A)	**5** (C)	**6** (A)
7 (B)	**8** (B)	**9** (C)	**10** (A)		

1 미W 호W

Who made this spicy spaghetti?
(A) I guess one of our colleagues.
(B) No thanks. I'm full.
(C) Probably, garlic and onions.

누가 이 매운 스파게티를 만들었죠?
(A) 저희 동료 중 한 명인 것 같습니다.
(B) 감사하지만 사양할게요. 배가 불러서요.
(C) 아마 마늘과 양파일 겁니다.

해설 스파게티를 누가 만들었냐는 질문에 동료 중 한 명으로 의견을 제시한 (A)가 정답이다. (B)는 질문에 등장한 음식 표현으로 연상할 수 있는 오답이며, (C)는 무엇으로 만들었냐는 질문에 대한 답변이다.

어휘 spicy 매운 colleague 동료 garlic 마늘

2 영M 미W

Who is covering the late shift tomorrow?
(A) It begins at 9:00 P.M.
(B) The ground is covered with leaves.
(C) Check the bulletin board.

누가 내일 밤 근무를 하죠?
(A) 오후 아홉 시에 시작합니다.
(B) 바닥이 나뭇잎들로 덮여 있어요.
(C) 게시판을 확인해 보세요.

해설 누가 근무를 하냐는 질문에 게시판을 확인하라는 우회적인 답변을 한 (C)가 정답이다. (A)는 질문을 통해서 연상할 수 있는 내용이지만 대답으로 적절하지 않고, (B)는 cover의 다의어 특징을 이용해서 구성한 오답이다.

어휘 shift 근무 교대 be covered with ~로 덮여 있다 bulletin board 게시판

3 호W 미M

Who will be in charge of the marketing department?
(A) At the market
(B) It departs soon.
(C) The former sales manager

누가 마케팅 부서를 책임지게 될까요?
(A) 시장에서요.
(B) 그거 곧 출발합니다.
(C) 전 영업부장이요.

해설 마케팅 부서는 누가 맡게 되냐는 질문에 직급으로 답변한 (C)가 정답이다. (A)는 장소를 물어보는 Where 의문문의 답변이며, (B)는 유사 발음을 이용한 오답이다.

어휘 be in charge of ~을 책임지고 있다 depart 출발하다 former 이전의

4 미M 미W

Who left the meeting first?

(A) Mr. Raymond did.
(B) The meeting has been postponed.
(C) Make a left turn at the intersection.

누가 회의에서 먼저 갔나요?
(A) 레이먼드 씨요.
(B) 회의가 연기되었어요.
(C) 교차로에서 좌회전하세요.

해설 회의에서 먼저 떠난 사람을 묻고 있는 질문에 사람 이름으로 대답한 (A)가 정답이다. (B)는 같은 어휘 meeting을 이용한 오답이며, (C)는 leave의 과거형 left에서 '왼쪽'이라는 의미를 이용한 오답이다.

어휘 postpone 연기하다 intersection 교차로

5 영M 미M

Who is the main speaker?
(A) This is Kenta speaking.
(B) I'm going to London.
(C) It's an inventor from Vancouver.

주요 연설자가 누굽니까?
(A) 제가 켄타입니다.
(B) 저는 런던으로 갈 겁니다.
(C) 밴쿠버에서 온 발명가입니다.

해설 누가 주요 연설자냐는 질문에 직업으로 답변한 (C)가 정답이다. (A)는 같은 어휘 speak의 파생어를 이용한 오답이며, (B)는 질문의 내용과 벗어난 오답 답변이다.

어휘 inventor 발명가

6 영M 미W

Who's organizing the party to celebrate?
(A) Ms. Lopez, the secretary.
(B) He's in charge of the sales department.
(C) It will be a great party.

누가 축하 파티를 주관하나요?
(A) 비서인 로페즈 씨입니다.
(B) 그는 판매 부서를 담당합니다.
(C) 그건 멋진 파티가 될 거예요.

해설 누가 파티를 준비하냐는 Who 의문문에 대해 사람 이름으로 대답한 (A)가 정답이다. (B)는 같은 어휘 be in charge of를 반복 사용한 오답이며, (C) 역시 같은 어휘 party를 이용한 오답이다.

어휘 organize 주관 · 주최하다 sales department 영업 부서

7 호W 미W

Who's coming to the annual meeting?
(A) In the conference room
(B) I'll ask Mr. Pentin.
(C) It was such a boring meeting.

누가 연례 회의에 올 겁니까?
(A) 회의실에서요.
(B) 펜틴 씨에게 물어보겠습니다.
(C) 그건 정말 지루한 회의였습니다.

해설 회의에 올 사람을 묻는 질문이다. 이에 물어보겠다고 우회적으로 답변한 (B)가 정답이다. (A)는 질문에 대한 연상 오답이며, (C)는 같은 어휘 meeting을 반복 사용한 오답이다.

어휘 annual meeting 연례 회의 conference room 회의실

8 영M 미W

Who are you going to meet at the restaurant this evening?
(A) No, I already met him.
(B) One of my colleagues from work
(C) Let's try the Chinese restaurant.

당신 오늘 저녁에 식당에서 누구를 만날 건가요?
(A) 아니요, 저는 이미 그를 만났어요.
(B) 제 직장 동료 중 한 명이에요.
(C) 중국 음식점 한번 가 보죠.

해설 식당에서 누구를 만날 거냐는 질문에 동료 중 한 명이라고 대답한 (B)가 정답이다. (A)는 시제 불일치로 적절하지 않으며, (C)는 같은 어휘 restaurant를 이용한 오답이다.

어휘 colleague from work 직장 동료

9 미W 미M

Who will replace Mr. Cowell when he retires?
(A) It has to be replaced right now.
(B) He retired last year.
(C) The job will go to Steve Martin.

카웰 씨가 은퇴하면 누가 그를 대체할까요?
(A) 그건 지금 당장 대체되어야만 해요.
(B) 그는 작년에 은퇴했습니다.
(C) 그 자리는 스티브 마틴에게 갈 거예요.

해설 누가 카웰 씨를 대체할 것이냐는 질문에 사람 이름으로 대답한 (C)가 정답이다. (A)는 같은 단어 replace를 이용한 오답이며, (B) 역시 같은 단어 retire를 이용한 오답이다. (B)는 시제도 일치하지 않으므로 답이 될 수 없다.

어휘 replace ~을 대체하다 retire 은퇴하다

10 미M 영M

Who's going to be the new vice president?
(A) I think Mr. Solano got the job.
(B) The presentation was very informative.
(C) Mary will be going tomorrow.

누가 새 부사장이 될까요?
(A) 솔라노 씨가 된 것 같은데요.
(B) 프레젠테이션은 매우 유익했습니다.
(C) 메리가 내일 갑니다.

해설 누가 부사장 자리에 갈 거냐는 의미의 Who 의문문이다. 따라서 정답은 사람 이름을 대면서 이미 되었다고 말한 (A)이다. (B)는 유사 발음 어휘를 이용한 오답이며, (C) 역시 질문에 나온 be going을 이용한 오답이다.

어휘 vice president 부사장 informative 유익한

Day
05 When · Where 의문문

○ 비법 적용 연습
본문 p.48

1 (C)	**2** (B)	**3** (B)	**4** (A)	**5** (B)	**6** (C)
7 (B)	**8** (A)	**9** (A)	**10** (C)		

1 미W 영M

Where is the convention going to be held?
(A) I haven't heard about it.
(B) No one is going to the convention.
(C) It will take place on the ground floor.

어디에서 대표자 회의가 열리나요?
(A) 저는 그것에 대해 들은 적이 없어요.
(B) 대표자 회의에 가는 사람은 없습니다.
(C) 그건 1층에서 열릴 겁니다.

해설 대표자 회의가 열리는 장소를 묻고 있다. 이에 장소로 답변을 한 (C)가 정답이다. (A)는 held와 heard의 유사 발음을 이용한 오답이며, (B)는 같은 어휘 convention을 이용한 오답이다.

어휘 convention 대회, 대표자 회의 take place ~이 열리다
ground floor 1층

2 미M 영M

When is the renovation supposed to be completed?
(A) Yes, please.
(B) Sometime next month
(C) I suppose it is.

언제 개조 공사가 끝나기로 돼 있나요?
(A) 네, 그렇게 해 주세요.
(B) 다음 달쯤에요.
(C) 그럴 거예요.

해설 개조 공사가 언제 끝나냐는 질문에 대한 답으로 시기 표현을 이용한 (B)가 알맞다. (A)는 complete를 '작성해 주세요'라고 잘못 이해하면 선택할 수 있는 연상 오답이며, (C)는 같은 어휘인 suppose를 이용한 오답이다.

어휘 renovation 개조 공사 be supposed to ~하기로 되어 있다

3 호W 미M

Where did Mrs. Burns put a copy of the sales report?
(A) No, I haven't finished it yet.
(B) On the table next to the projector
(C) Let me think about whether we can fix it.

번스 씨는 어디에 판매 보고서 복사본을 두었죠?
(A) 아니요, 저는 아직 그것을 끝내지 못했습니다.
(B) 프로젝터 옆에 있는 테이블 위에요.
(C) 그것을 우리가 수리할 수 있는지 생각 좀 해 볼게요.

해설 판매 보고서의 위치를 묻는 질문에 〈전치사+명사〉 표현으로 위치를 설명한 (B)가 정답이다. (A)는 When 의문문으로 잘못 듣고 답할 수 있는 연상 오답이며, (C)는 copy를 듣고 복사기를 연상하도록 유도하는 오답이다.

어휘 sales report 영업 보고서 whether ~인지 fix 고치다

4 미M 미W

When will Mr. Cameron's lunch order be ready?
(A) In about 15 minutes
(B) It's out of order.
(C) I will be ready sometime soon.

카메론 씨의 점심 주문이 언제 준비될까요?
(A) 대략 15분 뒤에요.
(B) 이것은 고장이 났습니다.
(C) 곧 준비될 거예요.

해설 주문이 언제 준비되냐는 질문에 15분이 지나서라고 대답한 (A)가 가장 자연스럽다. (B)는 order의 다의어 특징을 이용한 오답이며, (C)는 같은 어휘 ready를 이용한 오답이다.

어휘 order 주문   out of order 고장이 난

5 (호W) (영M)
Where is the training workshop being held?
(A) Only on Wednesday
(B) On the third floor
(C) Mr. Carter will be there.

교육 워크숍은 어디서 진행되고 있나요?
(A) 수요일만요.
(B) 3층에서요.
(C) 카터 씨가 그곳에 갈 겁니다.

해설 행사가 어디서 열리고 있는지 장소를 물어보는 질문이다. 따라서 장소로 대답한 (B)가 정답이다. (A)는 When 의문문에 대한 대답이며, (C)는 질문에 대한 연상 오답이다.

어휘 training 교육, 훈련   be held 열리다   floor (건물의) 층

6 (미M) (호W)
When is the best time to visit Oklahoma?
(A) Here is the invitation letter.
(B) I don't have enough time for that.
(C) Actually, I have no idea.

오클라호마에 방문하기 최적인 때가 언제인가요?
(A) 여기 초대장이 있습니다.
(B) 그것을 위한 충분한 시간이 없습니다.
(C) 사실, 잘 모르겠습니다.

해설 시기를 물어보는 When 의문문에 잘 모르겠다고 답변한 (C)가 정답이다. (A)는 visit과 invitation을 이용한 연상 오답이며, (B)는 time만 듣고 질문을 오해하면 선택할 수 있는 오답이다. '잘 모르겠다' 류의 우회적인 답변이 정답으로 자주 출제되므로 알아 둔다.

어휘 invitation letter 초대장   enough 충분한

7 (영M) (미M)
Where can I find an order form?
(A) Next to the bank
(B) Let me bring one for you.
(C) Yes, you can order some now.

주문서를 어디서 찾을 수 있나요?
(A) 은행 옆이요.
(B) 제가 하나 가져다 드릴게요.
(C) 네, 이제 주문하실 수 있습니다.

해설 주문서를 찾고 있는 질문에 '하나 가져다 드릴게요'라고 대답한 (B)가 정답이다. (A)는 Where 의문문에 대한 〈전치사+명사〉 표현은 맞지만 질문에는 적절하지 않은 내용이므로 오답이다. (C)는 같은 어휘 order을 이용한 오답이며 의문사 의문문에 Yes로 대답할 수 없기 때문에 적절하지 않다.

어휘 order form 주문서   bring 가지고 오다

8 (영M) (미W)
When is your dentist's appointment?
(A) At 2 o'clock tomorrow
(B) Well, it's a good point.
(C) From a ticket counter

당신의 치과 예약은 언제인가요?
(A) 내일 두 시요.
(B) 음, 좋은 지적이네요.
(C) 매표소에서요.

해설 치과 예약 시간을 묻는 질문이므로 정확히 시간의 표현을 써서 답변한 (A)가 정답이다. (B)는 appointment와 a good point의 유사 발음을 이용한 오답이다. (C)는 장소를 묻는 질문에 대한 답변이므로 When 의문문의 답변으로는 적절하지 않다.

어휘 appointment (시간) 약속   ticket counter 매표소

9 (미M) (호W)
Where should I put these boxes?
(A) Please leave them by the door.
(B) How about tomorrow?
(C) No, it's on the desk.

이 상자들을 어디에 놓을까요?
(A) 문 옆에 놓아 주세요.
(B) 내일은 어떠세요?
(C) 아니요, 그것은 책상 위에 있어요.

해설 상자들을 어디에 놓을지 위치를 물어보는 질문에 문 옆에 두라고 대답한 (A)가 알맞다. (B)는 시간에 대한 제안 표현이며, (C)는 의문사로 시작하는 질문에 Yes나 No로 답변할 수 없으므로 오답이다.

어휘 leave ~을 남겨 두다

10 (미W) (호W)
Excuse me. Where is the nearest bank?
(A) The public hearing has been postponed.
(B) This way leads to the subway station.
(C) It's right around the corner.

실례합니다. 가장 가까운 은행이 어디 있나요?
(A) 공청회는 연기되었습니다.
(B) 이 길은 지하철역으로 이어져 있습니다.
(C) 바로 모퉁이 돌아서 있습니다.

해설 가장 가까운 은행을 찾는 질문에 위치로 대답한 (C)가 정답이다. (A)는 here과 hearing을 이용한 유사 발음 오답이며, (B)는 가는 길을 이야기해 주고 있지만 목적지가 지하철역이 아니므로 적절하지 않다.

어휘 public hearing 공청회   postpone 미루다
lead to ~로 이어져 있다

Day
06 How · Why 의문문

○ 비법 적용 연습   본문 p.55

1 (B)	**2** (B)	**3** (A)	**4** (C)	**5** (B)	**6** (B)
7 (A)	**8** (A)	**9** (B)	**10** (A)		

1 (미W) (호W)
How come you got rid of your car?
(A) I found it in my garage.
(B) To buy a bigger one for my family
(C) Because a car is faster than a bicycle.

왜 당신의 차를 처분했나요?

(A) 저는 그것을 제 차고에서 발견했어요.
(B) 제 가족들에게 더 큰 것을 사 주려고요.
(C) 왜냐하면 자전거보다 차가 빠르니까요.

해설 왜 현재 차를 처분하냐는 질문에 가족을 위해 더 큰 차가 필요하다고 이유를 말하는 (B)가 정답이다. (A)는 car를 듣고 연상할 수 있는 어휘인 garage를 이용한 오답이다. (C)는 이유를 나타내는 접속사 Because를 사용하긴 했으나 이후 내용이 질문에 맞지 않다.

어휘 get rid of 제거하다 garage 차고

2 〔미M〕〔호W〕
Why are you taking a leadership course?
(A) We are talking about the meeting.
(B) It will help me get promoted.
(C) For 4 weeks

당신은 왜 리더십 과정을 듣고 있나요?
(A) 저희는 회의에 대해서 이야기하고 있습니다.
(B) 승진에 도움이 되거든요.
(C) 4주 동안이요.

해설 리더십 과정을 듣고 있는 이유를 묻는 질문에 승진에 도움이 된다고 답변한 (B)가 정답이다. (A)는 taking과 talking의 유사 발음을 이용한 오답이며, (C)는 질문 내용을 오해했을 때 고를 수 있는 연상 내용 오답이다.

어휘 leadership 리더십 promote 홍보하다, 승진하다

3 〔미W〕〔영M〕
Why did the cafeteria close so early?
(A) We have a reception tonight.
(B) Next Monday, I think.
(C) It's very close to here.

구내식당이 왜 이렇게 일찍 문을 닫은 거죠?
(A) 오늘 밤에 연회가 있거든요.
(B) 제 생각엔 다음 주 월요일이요.
(C) 여기에서 매우 가깝습니다.

해설 구내식당이 일찍 문을 닫은 이유를 묻는 질문에 이유를 설명하는 (A)가 정답이다. (B)는 When 의문문에 대한 대답이며, (C)는 close의 다의어 특징을 이용한 오답이다.

어휘 cafeteria 구내식당 reception 연회

4 〔영M〕〔미M〕
How long will it take to get to the hotel from the airport?
(A) You can take a cab here.
(B) At the departure gate
(C) It depends on the traffic.

공항에서 호텔까지 얼마나 걸리나요?
(A) 여기서 택시를 타세요.
(B) 출국 게이트에서요.
(C) 교통량에 따라 다릅니다.

해설 공항에서 호텔까지 걸리는 시간을 묻는 질문에 상황에 따라 다르다고 우회적으로 대답한 (C)가 정답이다. (A)는 질문을 통한 연상 오답이며, (B)는 airport로 연상할 수 있는 오답이다.

어휘 cab 택시 departure 출발, 출국 depend on ~에 따라 다르다

5 〔미W〕〔영M〕
How about using a conference room instead?

(A) We stayed there for two days.
(B) Is it available on the day?
(C) At three o'clock

대신에 회의실을 사용하는 것은 어때요?
(A) 그곳에서 이틀간 머물렀습니다.
(B) 그날 사용이 가능한가요?
(C) 3시에요.

해설 How about -ing ~?의 제안 형태이다. 따라서 그날 이용이 가능하냐고 되묻는 (B)가 정답이다. (A)는 유사 발음 instead와 stayed를 이용한 오답이며, (C)는 때를 물어보는 When 의문문에 대답할 수 있는 내용이다.

어휘 instead 대신에 available 이용 가능한

6 〔미M〕〔미W〕
Why didn't you attend the meeting yesterday?
(A) I prefer tomorrow.
(B) I thought it was cancelled.
(C) May I have your attention please?

어제 회의에 왜 참석하지 않았나요?
(A) 내일이 더 좋아요.
(B) 취소된 줄 알았어요.
(C) 집중해 주시기 바랍니다.

해설 회의에 참석하지 않은 이유를 묻는 Why 의문문에 취소된 줄 알았다고 이유를 이야기하는 (B)가 정답이다. (A)는 When 의문문에 대한 대답이며, (C)는 유사 발음을 이용한 오답이다.

어휘 prefer 선호하다 cancel 취소하다 attention 주의, 집중

7 〔호W〕〔영M〕
How was your first day working here?
(A) I learned a lot today.
(B) From 8 to 10
(C) No, it is my second time.

여기서 일한 첫날인데 어떠신가요?
(A) 오늘 많이 배웠습니다.
(B) 8시부터 10시까지요.
(C) 아니요, 두 번째입니다.

해설 일한 첫날인데 어떠냐는 의견을 묻는 질문에 많이 배웠다고 답한 (A)가 정답이다. (B)는 질문에서 연상할 수 있는 오답이며, (C)는 의견을 묻는 How 의문문에 No로 답하므로 적절하지 않다. 또한, first를 듣고 연상할 수 있는 오답이다.

어휘 learn 배우다

8 〔영M〕〔미M〕
Why don't we review the policy again?
(A) That sounds like a good idea.
(B) Yes, I did yesterday.
(C) Through the phone interview

정책을 다시 한 번 검토해 보죠.
(A) 좋은 생각입니다.
(B) 네, 어제 했어요.
(C) 전화 인터뷰를 통해서요.

해설 Why don't we+동사원형 ~?을 이용한 제안의 표현이므로 좋은 생각이라고 대답한 (A)가 정답이다. (B)는 의문사 의문문에 Yes로 답변하고 있으므로 적절하지 않으며, (C)는 review와 interview의 유사 발음을 이용한 오답이다.

어휘 policy 정책 through ~을 통해서

9 미W 미M

How many projectors are available for the training seminar?
(A) Page six of the manual
(B) You should ask Mr. Fox.
(C) She'll take the train.

교육 연수에 얼마나 많은 프로젝터가 사용 가능한가요?
(A) 설명서 6페이지요.
(B) 폭스 씨에게 물어보셔야 합니다.
(C) 그녀는 기차를 탈 겁니다.

해설 얼마나 많은 프로젝터가 사용 가능하냐는 질문에 폭스 씨에게 물어 봐야 한다고 우회적으로 대답한 (B)가 알맞다. (A)는 How many 로 연상할 수 있는 오답이며, (C)는 training과 train을 이용한 유사 발음 오답이다.

어휘 projector 영사기 manual 사용 설명서

10 미M 호W

How often is the regular audit held?
(A) Approximately twice a year
(B) The auditors will be called for a meeting.
(C) We would like to get the audit done as soon as possible.

얼마나 자주 정기 감사가 있습니까?
(A) 대략 1년에 두 번 정도요.
(B) 감사관이 회의에 소환될 겁니다.
(C) 우리는 가능한 한 빨리 감사가 이루어지길 바랍니다.

해설 정기 감사가 얼마나 자주 있냐는 질문에 횟수를 직접적으로 언급한 (A)가 정답이다. (B)는 audit의 품사 변형 어휘를 사용한 오답이며, (C)는 질문과 같은 단어 audit을 사용한 오답이다.

어휘 audit 감사 auditor 감사관 approximately 대략

Day 07 What · Which 의문문

○ 비법 적용 연습   본문 p.62

1 (B)	2 (C)	3 (A)	4 (C)	5 (C)	6 (B)
7 (B)	8 (B)	9 (B)	10 (C)		

1 미W 미M

Which restaurant will you be eating breakfast at tomorrow morning?
(A) The pasta and chicken
(B) The one across from the bank
(C) I'll make a reservation for you.

내일 어느 식당에서 아침 식사를 하시겠습니까?
(A) 파스타와 치킨이요.
(B) 은행 건너편 집이요.
(C) 제가 당신을 위해 예약해 드리겠습니다.

해설 내일 아침에 어느 식당에서 아침을 먹을 것이냐는 질문에 〈The one+수식어〉 형태의 (B)가 정답이다. (A)는 질문의 restaurant를 듣고 연상할 수 있는 오답이며, (C) 역시 restaurant의 연상 표현 reservation을 이용한 오답이다.

어휘 across from ~의 맞은편에 make a reservation 예약을 하다

2 영M 미M

Jack, what have you been preparing for the meeting?
(A) I'm telling you, it wasn't my fault.
(B) No worries. I'll assist you to prepare.
(C) So far, just the agenda

잭, 회의를 위해 무엇을 준비하셨습니까?
(A) 저는 그것이 제 잘못이 아니었다는 말씀을 드리고 있습니다.
(B) 걱정 마세요. 제가 당신이 준비하는 것을 도와 드릴게요.
(C) 지금까지는 의제 정도요.

해설 회의를 위해 무엇을 준비했는지를 물어보는 내용에 의제 정도라고 대답한 (C)가 정답이다. (A)는 질문의 상황과 거리가 있는 대답이며, (B)는 같은 어휘 prepare를 사용한 오답이다.

어휘 prepare 준비하다 assist 도와주다 agenda 의제

3 호W 영M

What can you tell me about the workshop?
(A) It's very productive.
(B) At the counselling office
(C) Once in a while

워크숍에 대해서 저에게 말씀해 주실 수 있는 게 있나요?
(A) 그것은 매우 생산적입니다.
(B) 상담소에서요.
(C) 가끔이요.

해설 워크숍에 대한 의견을 묻는 질문에 생산적이라고 대답한 (A)가 정답이다. (B)는 장소를 물어보는 질문에 대한 대답이며, (C)는 '얼마나 자주 ~하나요?'라는 질문에 답할 수 있는 내용이다.

어휘 productive 생산적인 counselling 상담

4 미M 미W

Which movie was your favorite?
(A) It was better than I expected.
(B) No, I am not interested in it.
(C) The one about break-ups

어느 영화를 가장 좋아하십니까?
(A) 기대했던 것보다 좋았어요.
(B) 아니요, 저는 관심이 없습니다.
(C) 이별에 관한 것이요.

해설 어떤 영화가 좋냐는 Which 의문문에 〈The one+수식어〉 형태로 대답한 (C)가 정답이다. 이 영화 좋냐는 질문이 아니므로 (A), (B)는 적절하지 않다.

어휘 favorite 가장 좋아하는 break-up 이별

5 미W 호W

What time will the bus arrive?
(A) For an hour
(B) A long ride
(C) At 12:30

버스가 언제 도착하나요?
(A) 한 시간 동안이요.
(B) 오랜 여정입니다.
(C) 12시 30분이요.

해설 버스가 언제 도착할 것 같냐는 질문에 시간으로 정확하게 대답하는 (C)가 정답이다. (A)는 걸린 시간에 대한 답변이며, (B)는 질문의 bus arrive만 듣고 고를 수 있는 오답이다.

어휘 arrive 도착하다 about 대략

6 (영M) (미W)

What do you think about a new project?
(A) It's very comfortable.
(B) I think it's almost the same as the last one.
(C) I already finished. Thanks, though.

새로운 프로젝트에 대해 어떻게 생각하십니까?
(A) 그건 매우 편안합니다.
(B) 저는 그것이 지난번 것과 거의 같다고 생각합니다.
(C) 벌써 끝났습니다. 어쨌든 감사합니다.

해설 새로운 프로젝트에 관해 의견을 묻고 있는 질문에 전과 같다는 의미의 (B)가 정답이다. (A)는 의견을 말하고 있기는 하나 질문의 내용과 어울리지 않으며, (C)는 질문으로 연상할 수 있는 오답이다.

어휘 comfortable 안락한, 편안한   though ~에도 불구하고

7 (호W) (미M)

Which dress do you want to buy?
(A) The one I tried before was delicious.
(B) To be honest, neither.
(C) Yes, I would like to get them delivered.

어느 옷을 사고 싶으세요?
(A) 지난번에 여기서 먹었던 것이 맛있었습니다.
(B) 솔직히, 다 아닙니다.
(C) 네, 그것들을 배달해 주셨으면 합니다.

해설 어떤 옷을 사고 싶냐는 질문에 아무것도 사기 싫다는 (B)가 정답이다. (A)는 정답으로 자주 출제되는 〈The one+수식어〉 형식이지만 이어지는 내용의 delicious(맛있는)가 질문과 어울리지 않으므로 오답이다. (C)는 질문의 내용에서 연상할 수 있는 오답이다.

어휘 neither 아무것도 아닌   deliver 배송하다

8 (미M) (영M)

What's the name of the lecturer we hired last month for global sales?
(A) Of course, let me look it up in the dictionary.
(B) Sorry, I don't remember.
(C) You are not able to give a lecture.

우리가 지난달에 해외 매출을 위해 고용했던 강사의 이름이 뭐였죠?
(A) 그럼요, 제가 사전에서 그것을 찾아볼게요.
(B) 죄송합니다, 기억이 안 나요.
(C) 당신은 강의를 할 수 없습니다.

해설 강연자의 이름을 묻고 있는 질문에 기억이 안 난다고 대답한 (B)가 정답이다. (A)는 질문에서 연상할 수 있는 look it up을 이용한 오답이며, (C)는 질문의 lecturer의 품사 변형 어휘를 이용한 오답이다.

어휘 lecturer 강연자   hire 고용하다   global sales 해외 영업(판매)   look up 찾아보다

9 (미W) (미M)

Which of these colors will look better in the painting?
(A) No, thanks. I feel horrible.
(B) Either will be fine.
(C) I haven't colored in the painting yet.

이 색들 중 어느 것이 그림에 더 좋아 보입니까?
(A) 고맙지만 됐습니다. 저는 무섭네요.
(B) 둘 다 좋을 것 같네요.
(C) 저는 아직 그림에 색을 칠하지 않았어요.

해설 어떤 색이 더 잘 어울리냐는 질문에 어느 것이든 괜찮다고 답하는 (B)가 정답이다. (A)는 상황에서 벗어난 답변이며, (C)는 color의 품사 변형을 이용하면서 같은 어휘인 painting을 이용한 오답이다.

어휘 painting 그림   horrible 끔찍한   either 어느 것이든   color 색을 칠하다

10 (미M) (호W)

What kind of laptop are you looking for?
(A) In the hardware shop
(B) I found a perfect program online yesterday.
(C) Something light for carrying easily

어떤 종류의 노트북 컴퓨터를 찾으십니까?
(A) 하드웨어 상점에서요.
(B) 제가 어제 온라인에서 완벽한 프로그램을 발견했어요.
(C) 쉽게 휴대 가능한 가벼운 걸로요.

해설 어떤 노트북을 찾고 있느냐는 What kind ~? 질문 유형이다. 이에 가벼운 것이라고 대답한 (C)가 정답이다. (A)는 장소의 질문에 어울리는 답변이며, (B)는 질문의 laptop을 제대로 듣지 못했을 때 선택할 수 있는 오답이다.

어휘 laptop (computer) 노트북 컴퓨터   hardware 하드웨어   perfect 완벽한   light 가벼운

Day

08 be동사 의문문 · 조동사 의문문

○ 비법 적용 연습   본문 p.70

1 (C)	**2** (A)	**3** (C)	**4** (B)	**5** (B)	**6** (A)
7 (C)	**8** (C)	**9** (B)	**10** (A)		

1 (미W) (미M)

Do you think we have enough chairs for the workshop?
(A) I'd better order three more desks.
(B) Yes, we will sell plenty.
(C) Well, what do you think?

당신은 우리가 워크숍에 필요한 의자를 충분히 갖고 있다고 생각하십니까?
(A) 제가 책상을 세 개 더 주문하는 게 좋겠어요.
(B) 네, 우리는 충분히 팔 겁니다.
(C) 음, 당신은 어떻게 생각하나요?

해설 충분한 의자를 확보하고 있는지를 물어보는 질문에 거꾸로 의견을 물어보는 (C)가 정답이다. (A)는 언뜻 들으면 맞는 내용인 것 같지만 질문에서 책상을 묻고 있지 않으므로 오답이며, (B)는 질문의 내용과는 어울리지 않는 내용의 오답이다.

어휘 had better+동사원형 ~하는 것이 낫다   plenty 풍부한

2 (영M) (미W)

Have you met the new manager of the marketing division yet?
(A) No, but I will soon.
(B) Great, I knew he'd become a manager.
(C) In a meeting room

마케팅부 새 부장을 만나보셨나요?

(A) 아니요, 그런데 곧 만날 거예요.
(B) 좋아요, 저는 그가 부장이 될 줄 알았어요.
(C) 회의실에서요.

해설 새로운 마케팅 부장을 만나봤냐는 질문에 곧 그럴 것이라고 답변한 (A)가 정답이다. (B)는 질문과 같은 단어 manager를 사용한 오답이며, (C)는 장소를 물어보는 질문에 대한 답변이다.

어휘 marketing department 마케팅 부서

3 〔호W〕〔미M〕

Hello. Are you still free at 2 o'clock?
(A) Do you think so?
(B) No, I haven't.
(C) Yes, no need to worry.

안녕하세요. 당신은 2시에도 여전히 한가하신가요?
(A) 당신은 그렇게 생각해요?
(B) 아니요, 그렇지 않았어요.
(C) 네, 걱정하실 필요 없어요.

해설 2시에 시간이 여전히 괜찮냐는 질문에 그렇다는 대답의 (C)가 적절하다. (A)는 상대방의 의견을 확인하는 내용으로 질문과는 어울리지 않으며, (B)는 시제가 일치하지 않으므로 오답이다.

어휘 worry 걱정하다

4 〔미M〕〔영M〕

Could you take this document to the shipping department by tomorrow morning?
(A) No, you can ship it right away.
(B) I'll ask my assistant to take care of it.
(C) Yes, we have to file these documents by tomorrow.

내일 아침까지 이 서류를 배송 부서에 가져다줄 수 있나요?
(A) 아니요, 당신이 지금 당장 발송해도 됩니다.
(B) 제가 제 조수한테 처리하라고 할게요.
(C) 네, 저희는 이 서류들을 내일까지 정리해야 합니다.

해설 서류를 전달해 줄 수 있는지를 묻는 질문에 다른 사람을 시켜서 그렇게 하겠다는 (B)가 알맞다. (A)는 shipping의 품사를 변형시킨 오답이며, (C)는 같은 어휘인 documents와 tomorrow를 사용해서 혼동을 유발하는 오답이다.

어휘 shipping department 배송 부서   right away 당장, 바로   take care of 처리하다   file (파일을) 정리하다, 철하다

5 〔미W〕〔호W〕

Will you please bring this file to Sean, or should I ask Anne?
(A) It's 12 o'clock.
(B) I can do that now.
(C) She fixed it yesterday.

당신 이 파일을 션에게 가져다주시겠어요? 아니면 제가 앤에게 부탁할까요?
(A) 지금 12시입니다.
(B) 제가 지금 할 수 있습니다.
(C) 그녀가 어제 그걸 고쳤습니다.

해설 선택 의문문 형태로 부탁을 하는 질문이므로 지금 할 수 있다고 대답한 (B)가 정답이다. (A)는 When 의문문에 대한 대답이며, (C)는 질문의 상황과 벗어나는 내용이다.

어휘 fix ~을 고치다, 수리하다

6 〔영M〕〔미W〕

Are you going to attend the annual sales meeting?
(A) Let me check my schedule first.
(B) No, I'm a flight attendant.
(C) Yes, I got here early.

연례 영업 회의에 참석할 건가요?
(A) 우선 제 스케줄을 확인해 보고요.
(B) 아니요, 저는 비행기 승무원입니다.
(C) 네, 저는 일찍 왔어요.

해설 연례 영업 회의에 갈 거냐는 의사를 묻는 질문에 스케줄을 확인해 보겠다고 우회적으로 대답한 (A)가 정답이다. (B)는 질문에 등장한 attend의 파생어 attendant를 이용한 오답이며, (C)는 시제가 일치하지 않으므로 오답이다.

어휘 attend ~에 참석하다   flight attendant 승무원

7 〔미W〕〔미M〕

Shall we stay a bit longer to finalize the estimate?
(A) I want a bit more.
(B) It's too late to go home.
(C) How about finishing it tomorrow?

견적서 마무리를 위해 조금 더 머무르는 것이 어때요?
(A) 저는 조금 더 원합니다.
(B) 집에 가기에는 너무 늦었습니다.
(C) 그것을 내일 마무리하는 게 어때요?

해설 좀 더 머물러서 일을 마무리 하자고 제안하는 표현에 내일 끝내는 것이 어떠냐고 거꾸로 제안을 하는 (C)가 정답이다. (A)는 질문에 등장한 비교급을 듣고 연상할 수 있는 오답이며, (B)는 질문의 상황과 벗어나는 내용이다.

어휘 finalize ~을 마무리하다   estimate 견적서

8 〔영M〕〔호W〕

Have you decided where you want to hang this photo?
(A) It should be on the table before you go home.
(B) No, I already told you what to do.
(C) I'm still considering it.

이 사진을 어디에 걸지 결정하셨나요?
(A) 당신이 집에 가기 전에 그것이 탁자 위에 있어야만 합니다.
(B) 아니요, 저는 이미 무엇을 할지 당신에게 말했습니다.
(C) 아직도 고려 중입니다.

해설 사진을 어디에 걸지 결정했는지를 묻는 질문에 아직 생각 중이라고 대답한 (C)가 정답이다. (A)는 질문의 내용과는 어울리지 않는 오답이며, (B)는 No 이후 내용이 질문과 어울리지 않으므로 오답이다.

어휘 hang ~을 걸다

9 〔호W〕〔미W〕

Did you get me the manual for the copy machine?
(A) Not the one next to you
(B) Check the first drawer on your desk.
(C) I'll install it for you.

복사기 설명서를 저에게 주셨나요?
(A) 당신 옆에 있는 것은 아닙니다.
(B) 당신 책상 첫 번째 서랍을 확인해 보세요.
(C) 제가 당신을 위해 설치해 드릴게요.

해설 설명서를 주었냐는 질문에 서랍을 확인해 보라고 답변하는 (B)가 정

답이다. (A)는 같은 어휘 you를 사용한 오답이며 답변의 전체적인 내용도 질문과 어울리지 않는다. (C)는 질문을 오해해서 들을 때 답할 수 있는 연상 오답이다.

어휘 manual 사용 설명서 next to ~옆에 install 설치하다

10 〔미M〕 〔호W〕
May I speak to Mr. Johnson?
(A) Sorry, but he is busy at the moment.
(B) He has been working on it.
(C) Absolutely, if that's fine with you.

존슨 씨를 바꿔 주시겠어요?
(A) 죄송합니다, 그는 지금 바쁩니다.
(B) 그는 그 작업을 하고 있습니다.
(C) 물론이죠, 만약 당신이 괜찮다면요.

해설 존슨 씨를 바꿔 달라는 부탁에 지금 바쁘다고 상황을 설명하는 (A)가 정답이다. but으로 내용을 뒤집는 선택지가 정답으로 자주 출제되므로 알아 둔다. (B)는 질문의 내용과 벗어나는 대답이며, (C)는 Absolutely 이후 내용이 질문과 어울리지 않으므로 오답이다.

어휘 at the moment 지금 absolutely 물론이죠

Day
09 부가 의문문 · 간접 의문문

○ 비법 적용 연습
본문 p.74

1 (C)	2 (C)	3 (B)	4 (A)	5 (C)	6 (A)
7 (C)	8 (C)	9 (C)	10 (A)		

1 〔미M〕 〔미W〕
Sales have increased quite a lot, haven't they?
(A) They are on the way.
(B) This place is pretty quiet.
(C) Definitely

판매량이 꽤 많이 증가했네요, 그렇죠?
(A) 그것들은 진행 중입니다.
(B) 여기는 꽤나 조용하네요.
(C) 틀림없어요.

해설 판매가 증가했음을 알리는 부가 의문문에서 그렇다고 대답한 (C)가 정답이다. (A)는 질문의 내용과 전혀 관련이 없는 내용의 오답이며, (B)는 quite와 quiet의 유사 발음을 이용한 오답이다.

어휘 on the way ~하는 중에 definitely 분명히

2 〔영M〕 〔미W〕
Would you tell me where is a great spot for this picture?
(A) I just remembered the picture.
(B) I spotted some pictures under the table.
(C) How about between the closet and desk?

이 그림에 가장 적합한 장소가 어딘지 말해 주시겠어요?
(A) 저는 막 그 그림이 기억났어요.
(B) 제가 몇 개의 그림을 탁자 밑에서 발견했어요.
(C) 벽장과 책상 사이 어때요?

해설 그림을 위한 좋은 장소가 있으면 말해 달라는 부탁에 장소를 제안하

는 (C)가 정답이다. (A)는 같은 어휘를 사용한 오답이며, (B)는 같은 단어의 품사 변형을 이용한 오답이다.

어휘 spot 장소, 발견하다 closet 벽장

3 〔미W〕 〔미M〕
You analyzed the construction plan, didn't you?
(A) It is being built.
(B) Yes, and now I am finalizing it.
(C) The site is big enough for the plan.

당신 건설 계획 분석했죠, 그렇지 않아요?
(A) 그것은 건설되는 중입니다.
(B) 네, 그리고 지금은 그것을 마무리 중입니다.
(C) 그 지역은 계획 대비 충분히 큽니다.

해설 건설 계획을 분석했는지 여부를 묻는 질문에 이제 마무리한다는 대답의 (B)가 정답이다. (A)는 construction을 듣고 연상할 수 있는 오답이며, (C)는 plan이라는 같은 어휘를 이용한 오답이다.

어휘 site 현장 finalize 마무리하다

4 〔미M〕 〔호W〕
You didn't remind me of the appointment I asked you to, did you?
(A) No, I forgot about it.
(B) Actually, I don't have any more.
(C) Yes, keep in touch.

당신은 제가 되새겨 달라고 부탁했던 그 일정을 저에게 말해 주지 않았어요, 그렇죠?
(A) 안 했네요, 제가 그걸 깜빡했습니다.
(B) 사실 저는 더 이상 갖고 있지 않아요.
(C) 네, 연락하면서 지내요.

해설 부탁했던 내용을 해 줬냐고 묻는 부가 의문문에 깜빡했다는 대답인 (A)가 가장 자연스럽다. (B)는 질문의 내용과 관련이 없는 오답이며, (C)는 연락하면서 지내자는 의미로 질문의 내용과 어울리지 않는다.

어휘 remind 상기시켜주다 appointment (시간)약속
keep in touch 연락하면서 지내다

5 〔호W〕 〔미W〕
Can you bring the file to the conference where I'll make a speech tomorrow?
(A) I'd prefer today.
(B) Hope you are fine.
(C) When does it start?

제가 내일 연설할 회의실로 그 파일을 좀 가져다줄래요?
(A) 저는 오늘이 더 좋아요.
(B) 당신도 괜찮길 바라요.
(C) 언제 시작합니까?

해설 파일을 가져다달라는 부탁에 언제 시작하는지 거꾸로 시간을 되묻는 (C)가 정답이다. (A)는 유사 발음을 이용한 오답이며, (B)는 질문에 벗어난 답변이다.

어휘 bring ~을 가져오다 make a speech 연설하다

6 〔미M〕 〔미W〕
It's hot in here, isn't it?
(A) I'll turn on the air conditioner.
(B) No, I can't hear your voice.
(C) Yes, the weather is beautiful.

여기 덥네요, 그렇지 않나요?
(A) 제가 에어컨을 켜겠습니다.
(B) 아니요, 저는 당신 목소리를 들을 수 없어요.
(C) 네, 날씨가 끝내주네요.

해설 덥지 않냐고 묻는 부가 의문문이다. 따라서 에어컨을 켠다는 내용의 (A)가 정답이다. (B)는 here과 hear를 이용한 유사 발음 오답이며, (C)는 날씨 질문에 대한 연상 오답이다.

어휘 air conditioner 에어컨 voice 목소리

7 〔미W〕〔영M〕
This proposal has been revised, hasn't it?
(A) It's okay. I'll manage it.
(B) I have no idea with this device.
(C) Yes, and it is ready for the meeting.

이 계획은 수정되었습니다, 그렇지 않나요?
(A) 괜찮아요, 제가 처리할게요.
(B) 저는 이 장치에 대해 전혀 모릅니다.
(C) 네, 그리고 회의에서 다룰 준비가 되어 있습니다.

해설 제안서의 수정 여부를 묻는 질문에 동의하며 준비가 되어 있다고 답하는 (C)가 정답이다. (A)는 질문의 내용과 벗어난 내용의 오답이며, (B)는 I have no idea까지만 보면 정답 같지만 이후 내용은 질문과 관련이 없으므로 오답이다.

어휘 proposal 제안서 revise 수정하다, 개정하다 device 장치

8 〔영M〕〔미W〕
His book was published, wasn't it?
(A) Unfortunately, he is.
(B) Not yet, but I will be soon.
(C) Yes, and I have a couple copies.

그의 책이 출판되었어요, 그렇지 않나요?
(A) 불행히도 그입니다.
(B) 아직이요, 하지만 저는 곧 될 겁니다.
(C) 네, 그리고 저는 그것이 2권 있습니다.

해설 그의 책이 출간이 되었는지를 확인하는 부가 의문문이다. 이에 그렇다고 대답한 (C)가 정답이다. (A)는 대명사의 격을 달리해 혼동을 유발하는 오답이며, (B)는 주어가 불일치하기 때문에 적절하지 않다.

어휘 publish 출판하다 unfortunately 불행히도

9 〔호W〕〔미M〕
Susan gets full responsibility for this project, doesn't she?
(A) Yes, she will take off.
(B) Since the first day
(C) Does she? I am not sure.

수잔이 이 프로젝트에 전적으로 책임이 있습니다, 그렇지 않나요?
(A) 네, 그녀는 떠날 겁니다.
(B) 첫날 이후로요.
(C) 그녀가요? 저는 확실하진 않군요.

해설 수잔에게 책임이 있냐는 질문에 잘 모르겠다고 대답한 (C)가 정답이다. (A)는 질문의 내용과 무관한 내용이며, (B)는 Since when 의문문에 대한 대답이다.

어휘 responsibility 책임 take off 떠나다

10 〔미M〕〔미W〕
Can you tell me by when the proposal should be done?

(A) Not sure. Let me check.
(B) He just popped the question.
(C) Yes, either one is fine.

언제 그 제안서가 마무리되어야 하는지 말해 주시겠어요?
(A) 확실치 않아요, 확인해 보겠습니다.
(B) 그가 막 청혼했습니다.
(C) 네, 어느 것이든 괜찮아요.

해설 제안서의 마무리 시점을 물어보는 내용으로 확인해 보겠다는 (A)가 자연스럽다. (B)는 proposal의 다의어를 이용한 오답이며, (C)는 선택 의문문에 대한 대답이므로 적절하지 않다.

어휘 proposal 제안, 청혼 pop the question 구혼하다

Day 10 부정 의문문 · 평서문

○ **비법 적용 연습**
본문 p.78

1 (C)	2 (B)	3 (A)	4 (B)	5 (C)	6 (A)
7 (B)	8 (A)	9 (C)	10 (C)		

1 〔미W〕〔미M〕
Let's open the exhibition on February 28.
(A) It was a very beautiful exhibit.
(B) Yes, she's very organized.
(C) It would be great, but how about at the conference room?

2월 28일에 전시회를 엽시다.
(A) 그건 정말 아름다운 전시회였어요.
(B) 네, 그녀는 매우 체계적이에요.
(C) 그거 좋겠네요, 그런데 회의실에서는 어떨까요?

해설 전시회를 열자는 제안에 추가 제안을 하는 (C)가 정답이다. (A)는 시제 불일치 오답이며, (B)는 질문의 내용과 관련이 없는 대답이다.

어휘 exhibition 전시회 organized 조직화된, 조직적인

2 〔미M〕〔영M〕
This budget report hasn't been approved yet.
(A) This year looks great.
(B) So I wonder what we should do about it.
(C) I haven't proofread it yet.

이 예산 보고서가 아직 승인되지 않았다고 들었어요.
(A) 이번 연도는 좋아 보여요.
(B) 그래서 우리 그것에 대해 뭘 해야 할지 궁금합니다.
(C) 저는 아직 그것의 교정을 보지 않았습니다.

해설 예산 보고서가 아직 승인되지 않았다는 말에 무엇을 해야 하는지 궁금하다고 묻는 (B)가 적절하다. (A)와 (C)는 질문을 오해했을 때 연상할 수 있는 연상 오답이다.

어휘 wonder 궁금하다 proofread 교정을 보다

3 〔호W〕〔미M〕
The proposal has been rejected.
(A) What happened?
(B) I'm not surprised that you've been rejected.
(C) I can't help rejecting your offer.

그 제안은 거절되었습니다.
(A) 무슨 일이죠?
(B) 당신이 거절된 것은 놀랍지 않아요.
(C) 당신의 제안을 거절할 수 없군요.

해설 제안이 거절되었다는 내용에 무슨 일이 있었냐고 되묻는 (A)가 정답이다. (B)는 reject를 중복 사용한 오답이며, (C) 역시 같은 단어 reject를 사용한 오답이다.

어휘 reject 거절하다 surprised 놀란 offer 제안

4 (영M) (미W)
Wasn't the budget supposed to be done by this morning?
(A) Sure, I'll finish it right now.
(B) I haven't heard anything about it.
(C) Yes, it is worth doing it.

그 예산안이 오늘 아침까지 완성되지 않았죠?
(A) 물론이죠, 제가 지금 당장 그걸 끝낼 거예요.
(B) 저는 그것에 대해 아무것도 못 들었어요.
(C) 네, 그것은 할 가치가 있습니다.

해설 예산이 오늘 아침까지 완성되지 않았는지 확인하는 질문에 들은 바가 없다고 대답한 (B)가 정답이다. (A)는 지금 끝낼 수 있겠느냐는 질문에 대한 응답이며, (C)는 질문의 내용과 관련이 없는 오답이다.

어휘 worth ~할 가치가 있는

5 (호W) (미M)
The business meeting was really productive.
(A) That's nice of you.
(B) That's not a bad idea.
(C) I couldn't agree more.

그 업무 회의는 정말 건설적이었어요.
(A) 참 친절하시네요.
(B) 그거 나쁜 생각은 아니군요.
(C) 매우 동의해요.

해설 회의가 매우 건설적이었다는 내용에 더 이상 동의할 수 없다. 즉 매우 동의한다고 대답한 (C)가 정답이다. (A)는 질문의 내용에 벗어나는 내용이며, (B)는 제안에 대한 답변으로 어울리는 대답이다.

어휘 productive 생산적인 agree 동의하다

6 (미M) (미W)
Shouldn't you be going to the Civic Center?
(A) Yes, I should've left 10 minutes ago.
(B) Thanks for giving me a lift.
(C) No, they live far away from here.

시민 회관에 가고 계셔야 하는 것 아닌가요?
(A) 네, 저는 10분 전에 떠났어야 했습니다.
(B) 저를 태워 주셔서 감사합니다.
(C) 아니요, 그들은 여기서 멀리 삽니다.

해설 부정 의문문이므로 going, Civic Center 등의 내용어를 잘 들어야 한다. 10분 전에 떠났어야 했다고 대답한 (A)가 가장 알맞다. (B)는 질문에 대한 연상 오답이며, (C)는 질문의 의도와는 상관없는 내용으로 구성한 오답이다.

어휘 give ... a lift ~을 태워 주다 far 먼

7 (미W) (호W)
Ms. Browne should have let me know why she was late for the meeting.

(A) Don't mention it.
(B) I think at least she should have.
(C) The meeting is being delayed.

브라운 씨는 저에게 왜 그녀가 회의에 늦었는지를 알려 줬어야 했습니다.
(A) 별말씀을요.
(B) 적어도 그녀가 그렇게 했어야 했다고 봐요.
(C) 그 회의는 지연되고 있습니다.

해설 늦은 이유를 자신에게 말했어야 했다는 내용에 동조하는 (B)가 정답이다. (A)는 감사를 표한 내용에 대한 답변이며, (C)는 같은 어휘 meeting을 이용한 오답이다.

어휘 Don't mention it 천만에요 delay 지연시키다

8 (영M) (미W)
Hasn't Ms. Cohn run her own practice since she retired?
(A) Not that I know of
(B) Six years ago
(C) Maybe later

콘 씨가 은퇴 후에 사업을 하고 있지 않나요?
(A) 제가 알기론 아닙니다.
(B) 6년 전에요.
(C) 다음 기회로 미루죠.

해설 은퇴 후 사업을 하고 있지 않느냐는 질문에 자기가 알기로는 아니라고 대답한 (A)가 정답이다. (B)는 시간을 물어보는 When 의문에 대한 대답이며, (C)는 질문과는 관련 없는 내용이다.

어휘 retire 은퇴하다

9 (호W) (미M)
The roadwork will be completed by next month.
(A) No, it is not on the road.
(B) Please return it by next month.
(C) I suppose it will.

도로 공사가 다음 달까지 끝날 겁니다.
(A) 아니요, 그것은 도로에 있지 않습니다.
(B) 다음 달까지 그걸 돌려주세요.
(C) 그럴 거라 생각합니다.

해설 도로 공사가 다음 달까지 마무리될 것이라는 내용에 동의하는 (C)가 정답이다. (A)는 같은 어휘를 사용한 오답이며, (B)는 같은 표현인 by next month를 사용한 오답이다.

어휘 roadwork 도로공사 complete 마무리하다 return 돌려주다

10 (미M) (미W)
I don't understand why the supply hasn't arrived yet.
(A) How much is it going to be?
(B) Plenty of supplies
(C) Did you give them the right address?

저는 왜 비품이 아직 도착하지 않는지 모르겠어요.
(A) 그게 얼마나 될까요?
(B) 많은 비품이요.
(C) 그들에게 제대로 된 주소를 알려 줬죠?

해설 왜 비품이 도착하지 않느냐는 내용에 주소를 제대로 주었냐고 되묻는 (C)가 정답이다. (B)는 같은 어휘 supply를 사용하면서 혼동을 유발하는 오답이다.

어휘 supply 비품 right 제대로 된, 맞는

PART 3

신유형

○ 비법 적용 연습   본문 p.88

1 (A)	**2** (B)	**3** (C)	**4** (B)	**5** (A)	**6** (A)
7 (C)	**8** (C)	**9** (B)	**10** (B)	**11** (A)	**12** (C)

1-3 refer to the following conversation. 미M 영W

M Sorry to keep you waiting so long, Mrs. Atkins. I have checked your computer hard drive and it was severely damaged so it has to be replaced.

W Oh. that's too bad. I bought this computer only three months ago. Will you be able to get access to data? Important files are in it.

M Well, I don't think so. Unfortunately, I can't recover any data from your computer but it's still under warranty, you can get a new hard drive with no charge.

남 앳킨스 씨 오래 기다리게 해서 죄송합니다. 저가 컴퓨터 하드 드라이브를 살펴봤는데요. 심하게 손상되어서 교체를 해야만 할 것 같습니다.

여 아, 그래요.. 어쩌죠. 제가 이 컴퓨터를 산 지 아직 3개월 밖에 안 되었는데요. 데이터에 접근할 수 있으신가요? 중요한 파일이 들어 있거든요.

남 글쎄요, 힘들 것 같은데요. 안타깝게도 컴퓨터에서 어떠한 데이터도 복구할 수 없어요. 하지만 아직 남아 있어서 무료로 새로운 하드 드라이브를 받으실 수 있어요.

어휘 severely 심하게, 엄격하게 damaged 손상을 입은 be replaced 교체되다 get access to ~에 접근하다 unfortunately 애석하게도 recover 복구하다 under warranty 보증 기간이 남아 있는 with no charge 비용이 들지 않고 work properly 적절하게 작동하다 electrical wire 전선 charge 충전하다 thoughts 생각 make an appointment 약속을 잡다 replacement 대체, 대체품 expiration date 만료일

1 What problem is being discussed?
(A) A computer is not working properly.
(B) Technical service is not available.
(C) An electrical wire is missing.
(D) A computer is not charging at all.

어떤 문제에 대해서 이야기하는가?
(A) 컴퓨터가 작동이 제대로 안 된다.
(B) 기술 서비스를 이용할 수 없다.
(C) 전선을 분실했다.
(D) 컴퓨터가 전혀 충전이 안 된다.

해설 컴퓨터 하드 드라이브가 손상을 입었다는 말이 대화 초반에 등장한다. 나머지 선택지는 잘 살펴보면 컴퓨터와 관련된 단어들과 관련 상황이 등장한다. 그렇기 때문에 혼란을 가중시킬 수 있는 단어에 대한

대비도 필요하다. 특히 대화에서 나온 단어가 선택지에서 그대로 나오는 표현에 대해서는 의심을 해보자.

2 What does the man mean when he said "I don't think so"?
(A) He did not think it's too expensive.
(B) He cannot fix the hard drive.
(C) He asked her thoughts about the computer.
(D) He thinks that the files are important.

남자가 "그렇게 생각하지 않아요"라고 말한 의미는 무엇인가?
(A) 너무 비싸다고 생각하지 않는다.
(B) 하드 드라이브를 고칠 수 없다.
(C) 컴퓨터에 대한 그녀의 생각을 물었다.
(D) 파일이 중요하다고 생각한다.

해설 이런 문제는 바로 앞뒤의 내용을 잘 들으면 쉽게 맞출 수 있지만 문장만 놓고 그 의미를 그대로 해석을 해서 풀려면 상당히 까다로운 문제가 될 수 있다. 바로 뒤의 문장 내용을 보면 데이터를 복구할 수 없다는 말(I can't recover any data from your computer)에서 고칠 수 없다는 말을 추론할 수 있다.

3 What does the man offer to do?
(A) Make an appointment
(B) Fix a hard drive
(C) Provide a replacement
(D) Check an expiration date

남자가 제공하기로 한 것은?
(A) 약속 잡기
(B) 하드 드라이브 고치기
(C) 교체품 제공하기
(D) 만료일 확인하기

해설 제일 마지막 문장에서 보증 기간이 아직 남아 있으니 새것을 무료로 준다고 말한다. 이 말을 a replacement hard drive라고 할 수 있고, 짧게는 그냥 a replacement으로 할 수 있다.

4-6 refer to the following conversation. 영W 미M

W	Hi. How can I help you?
M	I am looking for a silicone case that can be compatible with my mobile phone.
W	Could you please elaborate on yours?
M	Milky Way SX6.
W	As the silicon case for Milky Way is popular, we should check if it is in stock. Let me see. There's only one left, "Light pink color."
M	Hmm, it's the last thing that I want to buy.
W	But, it's worth trying. It's so rare that you can't find the same thing with this color.
M	OK. I'll take this.
여	안녕하세요. 무엇을 도와 드릴까요?
남	제 휴대전화와 호환이 되는 실리콘 케이스를 찾고 있어요.
여	어떤 모델인지 자세하게 설명해 주시겠어요?

남	밀키웨이 SX6요.
여	밀키웨이 제품이 인기가 많아서 재고가 있는지 확인해 봐야 해요. 어디 보자. 한 개 남아 있네요. 색상은 밝은 핑크 색이에요.
남	음, 제가 제일 사고 싶지 않은 것이네요.
여	하지만 시도해 볼 만해요. 이 제품이 매우 희귀하기 때문에 동일 색상을 찾기 힘들거든요.
남	네 그럼 이걸로 살게요.

어휘 be compatible with ~와 호환되다 elaborate on ~에 대해 상세하게 설명하다 be in stock 재고가 있는 last 마지막의 be worth ~ing ~할 만한 가치가 있는 rare 희귀한 I'll take this 이걸로 하겠다 power adapter 전원 어댑터 old-fashioned 오래된, 유행이 지난 encourage 북돋우다, 권장하다 feature 특징 try on 입어 보다 additional request 추가 요청

4 What is the woman inquiring about?
(A) A new mobile phone
(B) A new mobile accessory
(C) A silicone bottle
(D) A mobile power adapter

여자는 무엇에 관해 문의하는가?
(A) 새 휴대전화
(B) 새 휴대전화 액세서리
(C) 실리콘 병
(D) 휴대전화 전원 어댑터

해설 이 문제는 mobile, silicone이 들린다고 해서 그걸 토대로 문제를 풀면 오답을 고를 가능성이 높다. 출제 경향에서도 언급을 했지만 paraphrasing되지 않고 그대로 쓴 표현은 오답일 가능성이 높다. 본 문제에서도 휴대폰 케이스를 찾고 있다는 말을 대화 초반에 하고 있는데 a silicone case를 accessory로 바꾼 (B)가 정답이다.

5 What does the man say about the pink color?
(A) He does not like the color.
(B) He has used it before.
(C) He like the most.
(D) He thinks that it is quite old-fashioned.

남자가 핑크색에 대해서 말한 것은 무엇인가?
(A) 그 색상을 좋아하지 않는다.
(B) 예전에 사용해 본 적이 있다.
(C) 가장 좋아한다.
(D) 조금 구식이라고 생각한다.

해설 이 문제는 it's the last thing that I want to buy를 이해했는지가 관건이다. 직역을 해보면 "내가 사고 싶은 가장 마지막의 것이다"로 결국 사고 싶지 않다는 얘기다. 색상이 맘에 들지 않거나 아니면 본문에 나와 있지 않는 다른 이유가 있기 때문일 것이다. 또 (B), (D)는 대화에서 언급하지 않은 내용이다.

6 What does the woman mean when she says, "But, it's worth trying"?
(A) She is encouraging to buy a product.
(B) She is explaining some features of new model.
(C) She wants to try a pink dress on.
(D) She has an additional request for a case.

여자가 "하지만 시도해 볼 가치는 있어요"라고 말한 의미는 무엇인가?
(A) 제품을 사라고 권장하고 있다.

(B) 새로운 모델의 특징을 설명하고 있다.
(C) 핑크색 옷을 입어 보길 원한다.
(D) 케이스에 대한 추가 요청이 있다.

해설 뒷문장 It's so rare that you can't find the same thing with this color.을 보면 다른 곳에서 쉽게 찾아볼 수 없는 제품이기 때문에 희소성이 있다는 것을 언급하면서 망설이고 있는 남자에게 구매를 권장하고 있다.

7-9 refer to the following conversation and directory.

미M 영W

Hotel	Price (per day)
Lunar Hill Hotel	$240
Atlantis Courtyard Hotel	$380
Empire Hotel	$550
Onyx Hill Hotel	$635

호텔	숙박비 (1일 기준)
루나 힐 호텔	240달러
아틀란티스 코트야드 호텔	380달러
엠파이어 호텔	550달러
오닉스 힐 호텔	635달러

M Members of our department are scheduled to participate in the biomedical engineering conference.

W We need a place to stay near the venue. There are only three months left before the conference starts. So, let's wrap up this issue as quickly as possible.

M Yeah, there are four hotels in this area.

W Due to a tight budget, the money we could spend is $1,500 for three days.

M You mean we could only spend $500 for one night?

W Right. But Lunar Hill Hotel is not within walking distance from the venue.

M We cannot afford to rent a car. So, the distance is the most important thing to consider.

W So then, we have only one option. I'll make a reservation.

남 우리 부서 직원들이 생명공학 콘퍼런스에 참가할 예정입니다.

여 콘퍼런스가 열리는 곳 근처에서 묵을 장소가 필요해요. 콘퍼런스 시작하기 3개월 정도 밖에 남지 않았어요. 최대한 빨리 이 문제를 마무리 지어요.

남 그래요, 이 지역에 4개의 호텔이 있네요.

여 예산이 빠듯해서 3일 동안 쓸 수 있는 돈이 1,500달러예요.

남 그럼 하루에 500달러라는 얘기죠?

여 네, 하지만 루나 힐 호텔은 걸어갈 수 있는 거리가 아니에요.

남 우리는 차를 렌트할 여유가 없어요. 거리가 우리에게는 가장 중요하게 고려할 사항이죠.

여 그럼 한 가지 선택만 남았네요. 제가 예약할게요.

어휘 department 부서 be scheduled to ~하기로 되어 있다 participate in ~에 참가하다 venue 장소, 개최지 wrap up 마무리하다 tight budget 빠듯한 예산 within walking distance 걸어갈 수 있는 거리 내에 cannot afford to ~할 여유가 없다 make a reservation 예약하다 preparation for ~에 대한 준비 reserve 예약하다

7 What is the conversation mainly about?
(A) Participation in an engineering competition
(B) Transportation for members of a department
(C) Hotel reservation with limited money
(D) Preparation for a conference

대화의 주요 내용은 무엇인가?
(A) 엔지니어링 대회 참가
(B) 부서 직원들을 위한 교통편
(C) **한정된 돈으로 호텔 예약**
(D) 콘퍼런스 준비

해설 콘퍼런스에 참가하기 위해 묵어야 될 장소를 찾아야 하는데 문제는 돈이 한정되어 있기 때문에 예산 안에서 이용할 수 있는 호텔을 찾아야 한다는 것이다. Due to a tight budget을 보면 정답이 (C)라는 것을 알 수 있다.

8 What problem does the woman mention?
(A) A traffic jam is expected.
(B) Some members will leave the company.
(C) A budget is limited.
(D) A conference is postponed.

여자는 어떤 문제를 언급했는가?
(A) 교통 체증이 예상된다.
(B) 일부 직원이 회사를 떠날 것이다.
(C) **예산이 한정되어 있다.**
(D) 콘퍼런스가 연기되었다.

해설 쓸 수 있는 예산을 언급하고 차를 렌트할 여력이 안 되어 걸어갈 수 있는 거리가 중요하다고 했으므로 정답은 (C)이다.

9 Look at the graphic. Which hotel will the woman reserve?
(A) Lunar Hill Hotel
(B) Atlantis Courtyard Hotel
(C) Empire Hotel
(D) Onyx Hill Hotel

시각 정보에 의하면, 여자는 어떤 호텔을 예약할 것인가?
(A) 루나 힐 호텔

(B) 아틀란티스 코트야드 호텔
(C) 엠파이어 호텔
(D) 오닉스 힐 호텔

해설 하루에 최대 500달러밖에 쓸 수 없기 때문에 (C), (D)는 예약이 불가능하다. 그리고 차를 렌트할 비용이 없기 때문에 콘퍼런스 장소까지 걸어갈 수 있는 거리에 있어야 한다는 점에서 (A)는 멀다고 했다. 따라서 정답은 (B)가 된다.

10-12 refer to the following conversation with three speakers.
영W 미W 미M

W1	Diane, have you heard the news? Our office is scheduled to be renovated sometime soon.
W2	Yeah, I know that. And during that time, old computers and printers will be replaced with new ones.
W1	Who is in charge of the replacement process? Giovanni, do you know about this?
M	Probably, Mr. Chapman will be responsible for replacement and recycling process.
W2	He said we should take the old ones to one of our electronic recycling centers to get new ones.
M	That's strange. What I heard from Mr. Chapman is that the only thing we have to do is to just remove all of our personal information from such devices.
W1	So, you mean someone will pick them up and drop them off for recycling, right?
M	As far as I know, Yes.

여1 다이앤, 그 소식 들었어? 우리 사무실에 조만간 보수 공사가 있을 거래.
여2 응, 알고 있어. 그리고 그 기간 동안에 오래된 컴퓨터와 프린터가 새걸로 교체될 거야.
여1 누가 그 교체 작업을 담당해? 지오바니, 그거에 대해서 알고 있어?
남 아마도 채프먼 씨가 교체와 재활용 절차를 담당할 거야.
여2 채프먼 씨가 말하길 새로운 제품을 받으려면 우리가 전자 재활용 센터에 오래된 제품을 가지고 가야 한다.
남 좀 이상한데. 내가 채프먼 씨한테 들은 바로는 우리가 해야 할 일은 단지 이런 장치들에 있는 우리 개인 정보만 삭제하면 된다고 했는데.
여1 그러면 누군가가 와서 수거하고 재활용을 위해 가져다 준다는 거지?
남 응. 내가 알기론 그래.

어휘 sometime soon 조만간 be in charge of ~을 담당하다 be responsible for ~에 대한 책임이 있다 replacement 교체 be replaced with ~로 교체되다 electronic 전자의 device 기기 as far as I know 내가 아는 한 apply for 신청하다 government grant 정부 지원금(보조금)

10 What is the conversation mainly about?
(A) Renovate an office
(B) Recycle and replace electronic devices
(C) Buy some replacements for old computers
(D) Move an office

대화의 주요 내용은 무엇인가?
(A) 사무실 보수 공사
(B) 전자 장비 재활용 및 교체
(C) 오래된 컴퓨터 대체품 구매
(D) 사무실 이전

해설 자칫 잘못하면 처음에 Our office is scheduled to being renovated sometime soon이라는 문장이 나와서 (A)를 고를 수 있다. 하지만 대화 전체의 내용을 보면 "재활용"과 "새 제품 교체"에 관한 얘기다. 그리고 office, renovate, old computers 등 각 선택지마다 대화 내용에 나왔던 단어들이 등장하므로 주의하자.

11 What does the man mean when he says, "That's strange"?
(A) He did not agree with what she said.
(B) He thought the renovation was canceled.
(C) He believed that electronic devices can be fixed.
(D) He knew who is in charge of a renovation project.

남자가 "좀 이상한데"라고 말한 의미는 무엇인가?
(A) 여자가 얘기한 것에 동의하지 않았다.
(B) 보수공사가 취소되었다고 생각했다.
(C) 전자 장비를 고칠 수 있다고 믿었다.
(D) 보수공사 프로젝트 책임자를 알고 있었다.

해설 화자의 의도 파악 문제에서는 그 문장 바로 앞뒤 대화에서 한 말을 바탕으로 문제를 해결한다. 남자가 다른 사람에게 들은 바와 내용이 달라서 그런 말을 하게 되었으므로 정답은 (A)이다.

12 What will employees do to get new devices?
(A) They will work in the recycling centers.
(B) They will sell the old devices.
(C) They will erase some information on the computers.
(D) They will apply for government grants.

직원들이 새로운 장비를 얻기 위해 무엇을 할 것인가?
(A) 재활용 센터에서 일할 것이다.
(B) 오래된 장비를 판매할 것이다.
(C) 컴퓨터에 있는 정보를 지울 것이다.
(D) 정부 지원금을 신청할 것이다.

해설 남자가 한 말을 살펴보면 다른 일을 하는 것이 아니라 장비에서 개인 정보만 지우면 된다고 나와 있다. 따라서 (C)가 정답이다.

Day 11 주제 · 목적

○ 비법 적용 연습

본문 p.94

1 (C)	2 (B)	3 (B)	4 (C)	5 (C)	6 (C)
7 (A)	8 (C)	9 (B)	10 (B)	11 (A)	12 (A)

1-3 refer to the following conversation. 미M 미W

M Hi. My name is Jim Johnson. I am an architect from CIEC company. Can I speak with Mr. Smith please?

W I'm sorry, but he's at a meeting out of the office. I'm his assistant. What can I help you with?

M Well, last month he gave me a document that describes a construction plan for the new branch office. I have been working on the plan, but unfortunately I lost the document somewhere at the site, so I am hoping to get another copy.

W I know the document you're referring to. I can send it to you via email if you give me your email address.

남 안녕하세요. 저는 짐 존슨입니다. 저는 CIEC 회사의 건축가입니다. 스미스 씨와 통화를 할 수 있을까요?

여 죄송하지만 그는 지금 회의에 가고 사무실에 없습니다. 저는 그의 조수입니다. 어떤 걸 도와 드릴까요?

남 음. 지난달에 그가 새 지점의 건설 계획을 설명한 서류를 하나 줬어요. 제가 그 계획을 다루고 있지만 불행히도 그 서류를 그 지점 어딘가에서 잃어버렸습니다. 그래서 복사본을 한 부 더 얻길 원합니다.

여 말씀하시는 서류가 무엇인지 압니다. 이메일 주소를 주시면 제가 이메일로 보내 드릴 수 있습니다.

어휘 architect 건축가 assistant 조수, 조교 document 서류, 문서 describe 묘사하다, 설명하다 construction 건설, 건축 branch office 지점, 지사 unfortunately 불행하게도, 안타깝게도 refer to ~에 대해 언급하다 inform A of B A에게 B를 알려 주다 description 설명서 make a call 전화를 걸다

1 Why is the man calling?
(A) To get information on a meeting
(B) To inform Mr. Smith of the changes
(C) To ask for a document
(D) To change the schedule

남자는 왜 전화를 하는가?
(A) 회의에 대한 정보를 얻으려고
(B) 스미스 씨에게 변경 사항을 알려 주려고
(C) 서류 한 부를 요구하려고
(D) 일정을 변경하려고

해설 남자의 두 번째 말에서 서류를 잃어버렸다고 하면서 so I am hoping to get another copy(복사본을 한 부 더 받고 싶다)라고 이야기하므로 (C)가 정답이다.

2 What does the man ask for?
(A) A map of the branch office
(B) A description of a building plan
(C) A time schedule
(D) An email address

남자는 무엇을 요구하는가?
(A) 지점의 지도
(B) 건축 계획 설명서
(C) 시간표
(D) 이메일 주소

해설 남자가 last month he gave me a document that describes a construction plan for the new branch office(지난달에 건설 계획을 설명한 서류를 주었는데 잃어버렸다)라고 말하므로 (B)가 정답이다.

3 What does the woman say she will do?
(A) Make a call later
(B) Send an email
(C) Talk to her boss
(D) Check some information

여자는 그녀가 무엇을 할 것이라고 말하는가?
(A) 나중에 전화를 건다.
(B) 이메일을 보낸다.
(C) 그녀의 상사에게 이야기한다.
(D) 몇몇 정보를 확인한다.

해설 I can send it to you via email if you give me your email address.에서 이메일 주소를 보내 주면 서류를 보내 주겠다고 이야기하므로 (B)가 정답이다. (A)는 초반부의 바꿔 달라는 사람이 지금 없다는 내용으로 연상할 수 있는 오답이다.

4-6 refer to the following conversation. 호W 영M

W Recently, as you know, our business has been growing quickly. Do you think we need to hire someone to assist with our accounting?

M I guess so. We're absolutely getting too busy to keep up with all the book-keeping tasks. But do you think we have enough work for a full-time book keeper?

W That's good point. I don't think we need a full-time employee for book-keeping at the moment. One of my friends mentioned a consulting company that does accounting, and they charge for their services. We can try that.

M Sounds great. Can you get the name and contact number of the company? I'll do my more research on those types of services.

여	당신도 알다시피 최근 우리의 사업은 빠르게 성장하고 있습니다. 우리가 회계 쪽을 도와줄 누군가를 고용해야 한다고 생각하세요?

여	당신도 알다시피 최근 우리의 사업은 빠르게 성장하고 있습니다. 우리가 회계 쪽을 도와줄 누군가를 고용해야 한다고 생각하세요?
남	그럴 것 같아요. 우리는 정말 너무 바빠서 모든 부기 업무를 해나갈 수 없어요. 그런데 당신은 풀타임 회계 장부 기입자가 할 충분한 일이 있다고 생각하세요?
여	그거 좋은 지적이에요. 저는 지금 우리가 회계 장부 기입에 풀타임 근무자는 필요 없다고 생각해요. 제 친구 중 한 명이 회계 일을 하는 자문 회사에 대해 언급했고, 그들이 그 서비스에 비용을 책정할 것입니다. 우리 그쪽을 시도해 보죠.
남	좋습니다. 그 회사의 이름과 회사 연락처를 얻을 수 있나요? 제가 그 서비스에 대해 더 조사를 해 보겠습니다.

어휘 recently 최근에, 요즘에 accounting 회계 absolutely 정말로, 절대적으로 book-keeping 부기 book keeper 회계 장부 기입자 at the moment 지금 consulting company 자문 회사 charge for 청구하다 contact number 연락처 maintenance 유지, 보수 estimation 견적

4 What are the speakers talking about?
(A) Maintenance problems
(B) A good business
(C) Accounting help
(D) Book orders

화자들은 무엇에 대해 이야기하는가?
(A) 유지 문제
(B) 좋은 사업
(C) 회계 지원
(D) 책 주문

해설 대화의 초반부에 사업이 빠르게 성장하고 있다고 이야기하면서 회계 쪽의 인력 충원(Do you think we need to hire someone to assist our accounting?)에 관해 이야기하므로 정답은 (C)이다. (B)는 사업이 빠르게 성장한다는 내용으로 연상할 수 있는 연상 오답이다.

5 What suggestion does the woman make?
(A) Extending their business
(B) Hiring a full-time worker
(C) Asking an outside consultant
(D) Starting an accounting service

여자는 어떤 제안을 하는가?
(A) 그들의 사업을 확장하는 것
(B) 풀타임 근무자를 고용하는 것
(C) 외부 자문 회사에 부탁하는 것
(D) 회계 서비스를 시작하는 것

해설 여자의 두 번째 말에서 친구 중 한 명이 자문 회사에 대해 언급했고 그쪽을 시도해 보자(One of my friends mentioned a consulting company that does accounting, and they charge for their services. We can try that.)고 하므로 (C)가 정답이다. (B)의 full-time worker에 대한 이야기는 나왔지만 일이 그 정도로 많지는 않다면서 반대하고 있다.

6 What information does the man want the woman to provide?

(A) A service estimation
(B) Number of books
(C) Contact number
(D) Her friend's name

남자는 여자가 어떤 정보를 제공하길 원하는가?
(A) 서비스 견적
(B) 책의 수
(C) 연락처
(D) 그녀의 친구 이름

해설 남자의 마지막 말에서 Can you get the name and contact number of the company?라고 업체의 이름과 연락처를 묻고 있으므로 정답은 (C)이다. (D)는 name만 듣고 이후 내용을 정확히 듣지 못하면 고를 수 있는 같은 단어를 반복하는 오답이다.

7-9 refer to the following conversation. 미M 호W

M	Hello. This is Gobe design. I'm calling to find out the progress of the insulation design we handed over to your client last month. Can you tell me what the client thinks about the design?
W	Hi, you must be Mr. Sean. I emailed you the report from the meeting last week.
M	Did you? We haven't received anything yet. Can you send it to me again, please?
W	Of course. I still have the report saved on my computer, so I'll do it again right away. The client was satisfied with practical design. But they thought the estimate for the materials is a bit high.
남	안녕하세요. 여기는 고베 디자인입니다. 저는 저희가 당신 고객에게 지난달 넘겨 준 절연체 디자인의 진행 상황을 확인하기 위해 전화드렸습니다. 고객이 그 디자인에 대해 어떻게 생각하는지 말해 주실 수 있나요?
여	안녕하세요, 당신은 아마 션 씨인 것 같군요. 저는 지난주에 그 회의의 보고서를 이메일로 보내 드렸습니다.
남	그러셨어요? 저희는 아직 아무것도 받지 못했습니다. 다시 한 번 보내 주실 수 있습니까?
여	물론이죠. 저는 아직 그 보고서를 컴퓨터에 저장해 놓고 있으니 바로 보내 드리겠습니다. 그 고객은 실용적인 디자인에 만족했습니다. 그러나 그들은 그 재료 견적이 조금 높다고 생각하더군요.

어휘 progress 진행, 진보 (상태) insulation 절연체, 단열재 hand over 양도하다, 넘겨주다 be satisfied with ~에 만족하다 practical 실용적인 estimate 견적(액) material 재료, 원료 inquire about ~에 대해 문의하다 available 이용할 수 있는

7 Why is Mr. Sean calling?
(A) To inquire about design
(B) To inform about an insulation design
(C) To ask for a draft for a design
(D) To contact customers

션 씨는 왜 전화를 하는가?
(A) **디자인 관련 문의를 하려고**
(B) 절연체 디자인에 대해 정보를 안내하려고
(C) 디자인의 초안을 요청하려고
(D) 고객과 연락하려고

해설 남자의 첫 번째 말 I'm calling to find out the progress of the insulation design we handed over to your client last month. Can you tell me what the client thinks about the design?에서 절연체 디자인의 진행 상황을 확인하고 싶다며 의뢰인이 어떻게 생각하는지 의견을 묻고 있다. 따라서 정답은 (A)이다. (B)는 절연체(insulation)라는 표현이 그대로 등장하기는 하지만 정보를 안내하는 것이 목적이 아닌 정보를 요청하는 것이므로 오답이다.

8 What does the woman say she did last week?
(A) She handed over a design.
(B) She visited Gobe Design.
(C) She sent some reports.
(D) She forgot some results.

여자는 지난주에 무엇을 했다고 하는가?
(A) 디자인을 넘겼다.
(B) 고베 디자인을 방문했다.
(C) **몇 가지 보고서를 보냈다.**
(D) 몇 가지 결과를 잊어버렸다.

해설 여자의 첫 번째 말 I emailed you the report from the meeting last week.에서 지난주에 회의의 보고서를 보냈다고 얘기하므로 (C)가 정답이다. 디자인을 넘겨준 것은 여자가 한 일이 아닌 남자(Mr. Sean)가 한 일이므로 (A)는 오답이다.

9 According to the woman, what is the problem with the design?
(A) It is not practical.
(B) It is a little expensive.
(C) It doesn't have the right materials.
(D) It is not available.

여자에 따르면, 디자인에 무슨 문제가 있는가?
(A) 실용적이지 않다.
(B) **약간 비싸다.**
(C) 올바른 재료가 들어가 있지 않다.
(D) 이용이 불가능하다.

해설 여자의 마지막 말에서 But they thought the estimate for the materials is a bit high.(재료 견적이 조금 비싸다.)라고 이야기하므로 정답은 (B)이다. 디자인이 실용적이라고 말했으므로 (A)는 오답이다.

10-12 refer to the following conversation. 미W 영M

W Excuse me. I have been looking around at the cars in your garage because I want to buy a car for my son. But I'm a little overwhelmed.

M Understood. We have many different colors and types of cars, so selecting the right one can be difficult. I'd like you to meet one of my sales consultants, Nick. He will show you around and provide all the details you want to know.

W That sounds great to me. By the way, how much does this car cost?

M It's 2,000 dollars but we are offering a great deal with a 20% discount this month only. Nick will tell you more details.

여 실례합니다. 저는 아들에게 차를 한 대 사 주고 싶어서 당신의 차고에서 차들을 둘러보고 있습니다. 그런데 저는 약간 난처합니다.

남 이해됩니다. 우리는 많은 다른 색상과 여러 종류의 차들을 보유하고 있어서 적합한 것을 고르는 것이 어려울 수 있습니다. 당신이 저희 판매 상담원 닉을 만나 보셨으면 합니다. 그가 당신을 구경시켜 드리면서 알고 싶으신 자세한 사항들을 알려 드릴 겁니다.

여 그거 좋겠군요. 그런데 이 차는 얼마나 하나요?

남 그것은 2,000달러이지만 이번 달에만 20% 할인해 좋은 가격에 드리고 있습니다. 닉이 더 자세한 사항을 말씀드릴 겁니다.

어휘 garage 차고, 차량 정비소 겸 주유소 overwhelmed 압도된, 난처한 by the way 그런데 inspect 점검하다, 검사하다 vehicle 차량, 탈 것 arrange for (행사 등을) 잡다, 준비하다 purchase 구입하다

10 What are the speakers talking about?
(A) Inspecting a car regularly
(B) Choosing a vehicle
(C) Being a car dealer
(D) Arranging for a meeting

화자들은 무엇에 대해 이야기하는가?
(A) 차를 정기적으로 검사하는 것
(B) **차량을 고르는 것**
(C) 자동차 판매원이 되는 것
(D) 회의를 잡는 것

해설 아들을 위해서 차를 사려고 하는데 차량이 너무 많아서 난처하다는 말에 We have many different colors and types of cars, so selecting the right one can be difficult.(많은 다른 색상과 여러 종류의 차를 보유하고 있어서 딱 맞는 차량을 고르는 것이 어렵다.)라고 받아치고 있다. 따라서 정답은 (B)이다.

11 What does the man suggest doing?
(A) Speaking to one of his workers
(B) Showing her more products
(C) Visiting the company's website
(D) Taking her to another car sale

남자는 무엇을 하는 걸 제안하는가?
(A) 그의 직원 중 한 명과 이야기하는 것
(B) 그녀에게 제품을 더 보여 줄 것
(C) 회사의 웹 사이트를 방문할 것
(D) 그녀를 다른 차 매장에 데려다 줄 것

해설 남자의 말에서 I'd like you to meet one of my sales consultants, Nick.(판매 상담원 닉을 만나 보라.)이라고 말하면서 He will show you around and provide all the details you want to know.(그가 구경시켜 드리면서 알고 싶으신 자세한 사항들을 알려 드릴 것이다.)라고 설명하고 있다. 따라서 남자가 제안한 내용은 (A)이다.

12 How can the woman receive a discount?
(A) By buying a car within a month
(B) By becoming a member
(C) By introducing more customers
(D) By purchasing two vehicles

어떻게 여자는 할인을 받을 수 있는가?
(A) 한 달 안에 차를 구입함으로써
(B) 회원이 됨으로써
(C) 더 많은 고객을 소개함으로써
(D) 두 대의 차량을 삼으로써

해설 질문에서의 discount를 키워드로 하여 대화의 후반부에 we are offering a great deal with a 20% discount this month only.(이번 달에만 20% 할인을 한다.)를 듣고 (A)를 고를 수 있다. 나머지는 discount와 cars 등의 어휘만 듣고 연상할 수 있는 오답이다.

Day
12 화자 · 대화 장소

○ 비법 적용 연습
본문 p.100

| 1 (B) | 2 (A) | 3 (A) | 4 (A) | 5 (C) | 6 (A) |
| 7 (A) | 8 (A) | 9 (B) | 10 (A) | 11 (C) | 12 (A) |

1-3 refer to the following conversation. 미M 미W

M All right. It is done. Your laundry machine should be working fine now.

W I can't believe you fixed this so fast. Thanks a lot. I went to a mud festival for a family trip last week and we just got back home. Finally, I can wash all the dirty clothes. What was the problem with the washing machine anyway?

M The drain pump was just stuck with mud. That's why it didn't take long. If mud gets caught in there again then call me at the number I gave you.

남 좋아요. 됐습니다. 당신의 세탁기는 이제 잘 작동할 겁니다.

여 이렇게 빨리 고치다니 믿을 수 없군요. 정말 감사합니다. 지난 주에 머드 축제에 가족 여행을 갔다가 지금 막 집에 돌아왔거든요. 마침내 저는 모든 더러운 옷들을 세탁할 수 있겠어요. 그런데 이 세탁기에 무슨 문제가 있었던 거죠?

남 배수관이 진흙으로 막혀 있었습니다. 그래서 그렇게 오래 걸리지 않았고요. 만약 진흙이 거기에 다시 막힌다면, 제가 드린 번호로 다시 연락 주세요.

어휘 laundry machine 세탁기 washing machine 세탁기 drain pump 배수관 stuck 막힌 baker 제빵사 lifeguard 인명 구조원 recreation site 휴양지 watch out 조심하다

1 Who most likely is the man?
(A) A baker
(B) A repair person
(C) A sales man
(D) A lifeguard

남자는 누구이겠는가?
(A) 제빵사
(B) 수리공
(C) 판매원
(D) 인명 구조원

해설 남자의 첫 번째 말 Your laundry machine should be working fine now.에서 (B) 수리공임을 알 수 있다. laundry machine, fast, washing machine 등의 내용만을 듣고 판매원으로 착각할 수 있지만 첫 번째 문장만 제대로 들었다면 오해 없이 풀 수 있는 문제이다.

2 Where most likely does the conversation take place?
(A) At a home
(B) At an electrical company
(C) At a hardware store
(D) At a recreation site

이 대화는 어디에서 이루어지겠는가?
(A) 집
(B) 전기 회사
(C) 철물점
(D) 휴양지

해설 most likely가 들어간 문제는 정답이 직접적으로 등장하지 않는다. 수리가 다 되었다, 바로 사용할 수 있다, 여자가 여행에서 돌아온 지 얼마 되지 않았다는 내용으로 미루어 볼 때, 여자의 집에서 이루어지는 대화임을 알 수 있다.

3 What option does the man offer the woman?
(A) Call him back if she is in need
(B) Clean up the washing machine
(C) Give him her address
(D) Watch out for mud

남자는 여자에게 어떤 선택 사항을 제공하는가?
(A) 만약 필요하면 다시 그에게 전화해라.
(B) 세탁기를 청소해라.
(C) 그에게 그녀의 주소를 달라.
(D) 진흙을 조심해라.

해설 앞으로의 이야기를 묻고 있다. If mud gets caught in there

again then call me at the number I gave you.의 내용으로 미루어 볼 때, 필요할 때 다시 연락을 달라는 (A)가 정답이다. 동사 원형으로 시작하는 명령문이 등장하면 주의 깊게 들어야 한다. (B)는 mud(진흙)를 듣고 연상할 수 있는 오답이다.

4-6 refer to the following conversation. 호W 미M

W You're listening to Economy News and our guest today is Stern Watts. Mr. Watts started his own business, which has become one of the biggest logistic companies in the nation. Mr. Watts, I heard you are building a new branch in China.

M That's true. We are expanding our business across the world. The first target is China, where we see the huge population as a potential asset for the business. We can also provide many jobs for people who can work as truck drivers, parcel carriers and rail operators in China.

W That's great news. And where are you going to build your new branch in China?

M We haven't decided it yet, but it will be in one of the major cities.

여 당신은 이코노미 뉴스를 청취 중이시고 우리가 오늘 모신 게스트는 스턴 와츠입니다. 와츠 씨는 국내에서 가장 큰 물류 회사 중 하나가 된 그의 사업을 시작했습니다. 와츠 씨, 저는 당신이 중국에 지사를 낸다고 들었습니다.

남 사실입니다. 저희는 사업을 세계로 확장하고 있습니다. 첫 번째 목표는 엄청난 인구가 사업에 잠재적인 자산이 될 거라 생각하는 중국입니다. 저희는 또한 트럭 운전사, 소포 집배원, 기관사와 같은 많은 일자리를 중국에 제공할 수 있습니다.

여 좋은 소식입니다. 그러면 중국 어디에 새 지사를 내실 건가요?

남 아직 결정하지 못했지만 주요 도시들 중 하나가 될 겁니다.

어휘 economy 경제 logistic company 물류 회사 branch 지사 expand 확장하다 potential 잠재적인 asset 자산 parcel 소포 carrier 나르는 사람 rail operator 기관사 broadcaster 방송인 ambassador 대사

4 Who most likely is the woman?
(A) A broadcaster
(B) A builder
(C) An ambassador
(D) A business expert

여자는 누구이겠는가?
(A) 방송인
(B) 건축업자
(C) 대사
(D) 사업 전문가

해설 여자의 첫 번째 말 You're listening to Economy News에서 방송을 소개하고 있으므로 (A) 방송인임을 알 수 있다. 이후 one of the biggest logistic companies, building, branch 등의

오답 함정이 등장하는데 중요한 것은 여자가 누구인지를 묻는 내용이라는 것이다.

5 What are the speakers mainly talking about?
(A) Improving the quality of service
(B) Attracting foreign workers
(C) Expanding business
(D) Providing a new material

화자들은 주로 무엇에 대해 이야기하는가?
(A) 서비스의 질을 개선하는 것
(B) 외국인 근로자들을 매혹시키는 것
(C) 사업을 확장하는 것
(D) 새 재료를 제공하는 것

해설 주로 등장하는 키워드를 파악해야 하는 유형이다. 여자가 한 말인 Mr. Watts started his own business, which has become one of the biggest logistic companies in the nation과 남자가 한 말인 We are expanding our business across the world. 등의 내용으로 보아 사업 확장에 관해 질문하고 대답하는 내용임을 알 수 있다. 따라서 정답은 (C)이다.

6 What does the woman ask the man about?
(A) A building site
(B) Job types
(C) The number of people
(D) Major cities

여자는 남자에게 무엇에 대해 묻는가?
(A) 건축 지역
(B) 직업 종류
(C) 사람의 수
(D) 주요 도시

해설 마지막 여자의 말 where are you going to build your new branch in China?에서 어디에 새로운 지사를 세울 생각이냐고 묻고 있으므로 정답은 (A)이다. (D) Major cities는 질문에 대한 대답의 일부로 등장한 내용이며 질문의 요지가 되는 내용은 아니다.

7-9 refer to the following conversation. 미W 영M

W Thanks a lot for letting me look around the building. It looks very nice and I am so satisfied with how everyone in your company has been so helpful.

M No worries. We just enjoy working. So, do you think you'd like this one or should I show you a few more?

W I love this one but I have one question before I take it. How far is the closest subway station from here?

M There are a few around here. The closest one is Redfern Station on Oxford Street. It's just 3 blocks away from here so you can get there by walking.

7 Who most likely is the man?
  (A) A real estate agent
  (B) A building manager
  (C) A tour guide
  (D) A janitor

  남자는 누구이겠는가?
  (A) 부동산 중개인
  (B) 건물 관리자
  (C) 여행 가이드
  (D) 수위

해설 남자가 누구인지를 묻고 있다. 여자가 건물을 둘러본 후 남자의 첫 번째 말에 So, do you think you'd like this one or should I show you a few more?(이곳을 원하십니까, 아니면 조금 더 보여 드릴까요?)라고 묻고 있으므로 (A) 부동산 중개인이 정답임을 알 수 있다.

8 What does the woman ask about?
  (A) Where is the closest transportation
  (B) How much she will pay each month
  (C) How she can go to work
  (D) When the office is available

  여자는 무엇에 대해 물어보는가?
  (A) 가장 가까운 교통수단이 어디인지
  (B) 한 달에 얼마나 지불할지
  (C) 어떻게 출근할지
  (D) 사무실이 언제 이용 가능한지

해설 후반부 여자의 말에서 How far is the closest subway station from here?이라고 가까운 지하철역을 묻고 있으므로 이를 패러프레이징한 (A)가 정답이다.

9 According to the man, how far is the subway station?
  (A) A few stops away
  (B) A few blocks away
  (C) 30 minutes on foot
  (D) A few minutes by driving

  남자에 의하면, 지하철역은 얼마나 멀리 있는가?
  (A) 몇 정거장 거리
  (B) 몇 블록 거리
  (C) 걸어서 30분
  (D) 차로 몇 분

해설 마지막 남자의 말에서 It's just 3 blocks away from here(여기서 세 블록 정도 거리이다)라고 하므로 이를 바꾸어 말한 (B)가 정답이다. (D)도 정답이 될 수 있을 것 같지만 마지막에 걸어서 갈 수 있다고 말하고 있으므로 오답이다.

10-12 refer to the following conversation. 미M 미W

M	Thank you for calling Phone Tree. How can I help you?
W	Hi, this is Alison King. I bought a cell phone on the 54 plan. The plan is supposed to provide me 2 free gigabytes per month. This month I haven't received any free data yet, so I must have been charged the normal rate. Can you take care of it for me?
M	Yeah, I remember you, ma'am. Sorry you didn't get the right service. I will call the telephone company and find out about the matter right away. Could you let me know your number so I can give you a ring 30 minutes later?
남	폰 트리에 전화해 주셔서 감사합니다. 어떻게 도와 드릴까요?
여	안녕하세요. 저는 알리슨 킹입니다. 저는 54 요금제로 휴대폰을 샀는데요. 그 요금제는 한 달에 저에게 2기가를 무료 제공해야 했습니다. 이번 달에 저는 아직 어떤 무료 데이터도 받지 못했습니다. 그래서 정상가로 청구된 것이 분명합니다. 이것에 대해 처리해 주시겠습니까?
남	네, 당신을 기억합니다. 선생님. 올바른 서비스를 받지 못하신 것에 대해 유감입니다. 제가 전화 회사에 전화해서 그 문제를 즉시 확인해 드리겠습니다. 선생님의 번호를 알려 주시면 제가 30분 뒤에 전화를 드리겠습니다.

어휘 be supposed to ~하기로 되어 있다 must have p.p. ~했음에 틀림없다 charge 청구하다 rate 요금 take care of ~을 처리하다 find out 알아보다, 확인하다 account number 계좌번호 current 현재의

10 Where most likely does the man work?
  (A) At a cell phone store
  (B) At a research company
  (C) At a software company
  (D) At an accessory shop

  남자가 어디에서 일하겠는가?
  (A) 휴대폰 가게
  (B) 리서치 회사
  (C) 소프트웨어 회사
  (D) 액세서리 가게

해설 남자가 어디서 근무하는지를 추론하는 문제이다. 여자가 휴대폰을 구매했다는 내용이 나오며 이후 남자가 I remember you, ma'am.(기억이 납니다. 선생님.)이라고 말하는 것으로 미루어 봤을 때, 휴대폰 가게에서 일하는 것을 알 수 있다.

11 Why is the woman calling?
  (A) To stop the service
  (B) To make a payment

(C) To talk about her plan
(D) To make a reservation

왜 여자는 전화를 하는가?
(A) 서비스를 중지하려고
(B) 지불을 하려고
(C) **그녀의 요금제에 대해 얘기하려고**
(D) 예약을 하려고

해설 전화를 한 이유를 묻고 있다. 여자의 첫 번째 말 The plan is supposed to provide me 2 free gigabytes per month. (한 달에 2기가 바이트의 무료 데이터를 받기로 되어 있었다.) 이후 내용에서 이를 받지 못했다고 하므로 자신이 이용하는 요금제에 대해서 이야기하고자 전화했다는 (C)가 정답이다. 불평을 하는 것으로 봐서 (A)를 연상할 수 있지만 서비스를 중지하는 것은 아니므로 오답이다. (B)는 charge라는 어휘를 듣고 연상할 수 있는 오답이다.

12 What does the man request?
(A) A telephone number
(B) A bank account number
(C) A current address
(D) A new ring

남자는 무엇을 요청하는가?
(A) **전화번호**
(B) 은행 계좌 번호
(C) 현재 주소
(D) 새 반지

해설 남자의 마지막 말에서 Could you let me know your number라고 연락처를 물어보고 있으므로 정답은 (A)이다. give you a ring은 전화를 주겠다는 이야기로 반지와는 관련이 없으므로 (D)는 오답이다.

Day
13 문제점 · 이유 · 원인

○ **비법 적용 연습**   본문 p.106

| 1 (C) | 2 (B) | 3 (D) | 4 (C) | 5 (C) | 6 (A) |
| 7 (C) | 8 (B) | 9 (C) | 10 (D) | 11 (B) | 12 (B) |

1-3 refer to the following conversation. [미M] [미W]

M Weren't you supposed to pick up the distributors we invited to our factory tour this afternoon?

W Oh, I'm sorry. I couldn't do it because I have been tied up with preparing for an industry conference tomorrow, but my assistant, Heather, must have gotten to the airport on time. Do you want me to call her and check their status?

M Yes, please. I need to give them all the details before the tour tomorrow morning, so please ask your assistant which hotel they are staying at tonight.

남 당신 오늘 오후 우리 공장 견학에 초대한 배급 업자를 태우러 가기로 되어 있지 않았나요?

여 오, 죄송하지만 저는 내일 있을 산업 회의 준비에 묶여 있느라 그럴 수 없었어요. 그러나 제 조수 헤더가 제시간에 공항에 나갔음에 틀림없어요. 제가 그녀에게 전화해서 그들의 상황을 알아볼까요?

남 네, 부탁드립니다. 저는 내일 아침 견학 전에 모든 세부 사항들을 그들에게 전달해야 하거든요. 그러니 당신 조수에게 오늘 밤 어느 호텔에 그들이 묵을지 물어봐 주세요.

어휘 distributor 배급 업자 pick up 태우다 invite 초대하다 tie up 묶어 놓다 prepare for ~을 준비하다 assistant 조수, 조교 on time 제때에 status 상태 be late for ~에 늦다 book 예약하다 assembly line 조립 라인

1 What is the woman's problem?
(A) She hasn't been invited to the factory tour.
(B) She can't attend a conference.
(C) She can't take some people to the factory.
(D) She was late for the plane.

여자의 문제는 무엇인가?
(A) 공장 견학에 초대받지 못했다.
(B) 회의에 참석할 수 없다.
(C) **어떤 사람들을 공장에 데려다 주지 못한다.**
(D) 비행기 시간에 늦었다.

해설 여자에게 어떤 문제가 있었는지는 묻는 문제이다. I couldn't do it because I have tied up with preparing for an industry conference tomorrow에서 do it은 남자가 앞서 언급한 공장 견학에 초대한 배급업자를 태우러 가야 하는 것을 의미한다. 여자는 회의 준비 때문에 공장 견학에 초청받은 사람들을 데리러 갈 수 없었다는 것을 알 수 있다. 따라서 정답은 (C)이다.

2 How does the woman fix the problem?
(A) By accepting the offer
(B) By sending someone else
(C) By preparing proposal
(D) By booking a hotel

여자는 어떻게 문제를 해결했는가?
(A) 제안을 받아들임으로써
(B) **다른 사람을 보냄으로써**
(C) 제안을 준비함으로써
(D) 호텔을 예약함으로써

해설 어떻게 일을 처리했는지를 물어보고 있다. but my assistant, Heather, must have gotten to the airport on time.에서 자기의 조수를 보냈다고 이야기하므로 이를 sending someone else로 패러프레이징한 (B)가 정답이다.

3 What does the man need to do before the tour?
(A) He needs to visit the factory.
(B) He has to call her assistant.
(C) He has to modify an assembly line.
(D) He needs to give information about the tour.

남자는 견학 전에 무엇을 할 필요가 있는가?
(A) 공장을 방문해야 한다.
(B) 그녀의 조수에게 전화를 해야 한다.
(C) 조립 라인을 변경해야 한다.

(D) 견학에 대한 정보를 주어야 한다.

해설 투어 전에 남자가 해야 될 일을 묻고 있다. 지문에서 I need to give them all the details before the tour tomorrow morning에서 세부 자료를 줘야 한다고 말하고 있다. 따라서 details를 information으로 패러프레이징한 (D)가 정답이다.

4-6 refer to the following conversation. 미W 영M

> W Hello. This is Susan Simpson. I visited Dr. Crum last week. I wonder if you can help me.
>
> M Of course, Ms. Simpson. How may I be of assistance?
>
> W I have been diagnosed with tonsillitis, and the doctor gave me a prescription. I got some medication. However, I don't know how often I should take it. Please, can you explain how I should take my medicine?
>
> M Sure, this medicine should be taken orally three times a day. If you need more help, I'll get you to see Dr. Crum at 6 P.M. today.
>
> 여 안녕하세요. 저는 수잔 심슨입니다. 지난주에 크럼 선생님을 방문했었죠. 당신이 저를 도와주실 수 있는지 궁금합니다.
>
> 남 물론이죠, 심슨 씨. 제가 어떻게 도움이 되어 드릴까요?
>
> 여 저는 편도선염으로 진단을 받았고 의사 선생님께서 저에게 처방전을 주셨습니다. 저는 약을 구입했습니다. 그런데 얼마나 자주 복용해야 하는지 모르겠습니다. 제가 어떻게 약을 복용할지 설명해 주실 수 있나요?
>
> 남 물론입니다. 이 약은 하루에 세 번 복용하셔야 합니다. 더 도움이 필요하시면, 제가 크럼 선생님을 오늘 오후 6시 이후에 뵙게 해 드리겠습니다.

어휘 be of assistance 도움이 되다 diagnose 진단하다 tonsillitis 편도선염 prescription 처방, 처방전 medication 약물 orally 입으로 diagnosis 진단 appointment 약속 pharmacist 약사

4 Who most likely is the woman?
(A) A doctor
(B) A pharmacist
(C) A patient
(D) An assistant

여자는 누구이겠는가?
(A) 의사
(B) 약사
(C) 환자
(D) 조수

해설 여자가 누군지를 물어보고 있다. I have been diagnosed with tonsillitis, and the doctor gave me a prescription.(편도선염을 진단받았고 처방전을 주었다.)의 내용을 종합했을 때 환자라는 것을 알 수 있으므로 정답은 (C)이다. 첫 문장에서 의사 사무실에 전화한 것을 알 수 있으므로 (A)는 주체와 객체가 전도된 오답이다.

5 What problem does the woman have?
(A) She doesn't know what diagnosis she got.
(B) She was late for a doctor's appointment.

(C) She has no idea how to take her medication.
(D) She lost her prescription.

여자는 무슨 문제를 가지고 있는가?
(A) 무슨 진단을 받았는지 모른다.
(B) 의사와의 예약 시간에 늦었다.
(C) 약을 복용하는 법을 모른다.
(D) 처방전을 잃어버렸다.

해설 문제점을 묻는 문제이다. However, I don't know how often I should take it.에서 take it(복용하다)이 나왔으므로 정답은 (C)이다. '약을 복용하다'라는 의미로 take를 쓴다는 것도 기억하자.

6 What does the man say she has to do?
(A) Swallow the medication
(B) Read the prescription
(C) Ask a pharmacist
(D) Wait for a while

남자는 여자가 무엇을 해야 한다고 하는가?
(A) 약을 삼킨다.
(B) 처방전을 읽는다.
(C) 약사에게 물어본다.
(D) 잠시 기다린다.

해설 여자가 해야 하는 일을 묻고 있다. 남자의 말에서 this medicine should be taken orally three times a day를 보면 약을 복용하라는 내용이 나온다. 따라서 taken orally에서 swallow로 패러프레이징된 (A)가 정답이다.

7-9 refer to the following conversation. 미M 호W

> M Ms. Baker. I am sorry, but do you know about the annual budget report form I submitted to the accounting department for you this morning?
>
> W Yes, The one I just finished for the upcoming audit. Is that right?
>
> M Well, the accounting department just sent it back to me. Some discrepancies were found in the original form. Could you have a look and review this one?
>
> W Oh, I see. Then I should work on it right away. The deadline is tomorrow, so I'll make sure to fix it today.
>
> 남 베이커 씨. 죄송하지만 제가 당신을 위해 오늘 아침에 회계부에 제출했던 연간 예산 보고서 양식을 아시나요?
>
> 여 네, 제가 다가오는 감사를 위해 막 끝낸 것이죠, 맞아요?
>
> 남 음. 회계부가 막 저에게 그것을 돌려줬어요. 원래의 양식과 약간의 불일치가 발견되었어요. 이 양식을 살펴보시고 검토해 주실 수 있나요?
>
> 여 오, 알겠어요. 그러면 제가 바로 그 작업을 해야겠군요. 마감 시한이 내일이니까 제가 오늘 꼭 수정하겠습니다.

어휘 annual budget report 연간 예산 보고서 accounting department 회계부 upcoming 다가오는 audit 감사 discrepancy 불일치 original 원래의 review 검토하다 right away 지금 당장 deadline 마감 시한 make sure to 꼭 ~하다 delayed 지연된 correct 바로잡다

7 What is the topic of conversation?
(A) A delayed order
(B) An upcoming conference
(C) Paperwork errors
(D) An accounting system

무엇이 대화의 주제인가?
(A) 지연된 주문
(B) 다가오는 회의
(C) **서류 작업 오류**
(D) 회계 시스템

해설 대화의 주제를 묻고 있는 문제이다. 지문에서 budget report(예산 보고서)와 Some discrepancies(약간의 차이)가 발견되었다는 내용을 종합해 보면 (C) 서류 작업상의 오류를 고를 수 있다. discrepancy가 error로 패러프레이징되었다.

8 What problem does the man mention?
(A) A report has been submitted late.
(B) A report has been returned.
(C) An accounting service is not available.
(D) An assistant didn't review his schedule.

남자는 무슨 문제를 언급하고 있는가?
(A) 보고서가 늦게 제출되었다.
(B) **보고서가 반환되었다.**
(C) 회계 서비스가 이용 불가능하다.
(D) 조수가 그의 일정을 검토하지 않았다.

해설 남자가 언급하는 문제점이 무엇인지를 묻고 있다. 남자의 말 sent it back to me에서 다시 반환되었다는 것을 알 수 있다. 따라서 sent를 returned로 패러프레이징한 (B)가 정답이다.

9 What does the woman say she will do?
(A) Get the right form
(B) Organize copies in order
(C) Correct mistakes
(D) Look around the department

그녀는 무엇을 하겠다고 하는가?
(A) 바른 양식을 얻는다.
(B) 사본을 순서대로 정리한다.
(C) **오류를 수정한다.**
(D) 부서를 둘러본다.

해설 앞으로 할 일을 묻는 내용이다. 여자의 마지막 말 I should work on it right away(바로 작업에 들어가야 한다) 이후 오늘까지 마무리하겠다는 내용으로 미루어 볼 때 정답은 (C)이다. fix it이 correct mistakes로 패러프레이징되었다.

10-12 refer to the following conversation. 미W 미M

W　Andrew, this is Samantha from the management office.

M　Hi, Samantha. How can I help you?

W　I was wondering how your business report on the external environment of our computer sales is progressing. The deadline for this assignment was midday, and we have yet to receive your report.

M　Ah, yes. I'm sorry about that. I have been having a problem with my printer. The technician has been called and he will be here around 3 P.M.

W　You don't have to print it out then. Just forward the report in an email. Could you do that now?

M　Ok, sure. I'll send it now.

여　앤드류, 저는 관리실의 사만다입니다.
남　안녕하세요, 사만다. 무엇을 도와 드릴까요?
여　저는 우리 컴퓨터 판매의 외부 환경에 관한 당신의 사업 보고서가 어떻게 진행 중인지 궁금합니다. 이 임무의 마감 시한이 정오이고 우리는 아직 당신의 보고서를 받지 못했습니다.
남　아. 네. 죄송합니다. 제 프린터에 문제가 생겨서 기술자를 불렀고 여기에 오후 3시쯤 도착하기로 했습니다.
여　그러면 당신은 그것을 출력하지 않아도 됩니다. 그냥 이메일로 보고서를 보내 주세요. 지금 해 주실 수 있나요?
남　네, 물론이죠. 지금 보내 드리겠습니다.

어휘 management office 관리실　external 외부의　progress 진행하다　assignment 임무, 과제　midday 정오　receive 받다　technician 기술자　forward 전달하다　distribute 분배하다

10 Why is the woman calling?
(A) To borrow a printer
(B) To change an environmental plan
(C) To distribute an assignment
(D) To find out the progress of something

여자는 왜 전화를 하는가?
(A) 프린터를 빌리려고
(B) 환경 계획을 변경하려고
(C) 임무를 분배하려고
(D) **일의 진행 상태를 확인하려고**

해설 여자의 두 번째 말에서 I was wondering how your business report on the external environment of our computer sales is progressing.(보고서가 어떻게 진행되고 있는지 궁금하다.)이라고 말하고 있으므로 (D)가 정답이다. business report 이후 길게 붙어 있는 수식어의 내용으로 (B)를 고르지 않도록 주의해야 한다.

11 What problem did the man have?
(A) He didn't finish his assignment.
(B) A printer is not working properly.
(C) A printer was delivered late.
(D) A computer needs to be fixed.

남자는 무슨 문제를 가지고 있는가?
(A) 그는 임무를 마치지 못했다.
(B) 프린터가 제대로 작동하지 않는다.
(C) 프린터가 늦게 배송되었다.
(D) 컴퓨터를 수리해야 한다.

해설 문제점을 묻고 있다. 지문의 중반에서 I have been having a problem with my printer.에서 프린터가 제대로 작동하지 않음을 알 수 있으므로 정답은 (B)이다.

12 What does the man have to do next?
(A) Go to the management office
(B) Forward a file
(C) Print out a file
(D) Fax a report

남자는 다음에 무엇을 해야 하는가?
(A) 관리실에 간다.
(B) 파일을 전달한다.
(C) 파일을 출력한다.
(D) 보고서를 팩스로 보낸다.

해설 남자가 할 일을 묻는 질문이다. 지문에서 여자가 Just forward the report in an email.(이메일로 보고서를 보내라.)이라고 하자 남자가 I'll send it now.(지금 보내겠다.)라고 이야기하고 있다. 따라서 send it을 forward a file로 패러프레이징한 (B)가 정답이다.

^{Day}
14 현재 하고 있는 일 · 앞으로 해야 할 일

○ 비법 적용 연습   본문 p.112

1 (C)	**2** (B)	**3** (A)	**4** (D)	**5** (A)	**6** (A)
7 (B)	**8** (A)	**9** (A)	**10** (D)	**11** (D)	**12** (B)

1-3 refer to the following conversation. 미M 미W

M Hi, Ms. Carpenter. I was wondering if I can extend my holiday 2 more days. I need to take care of my family business.

W Well, we have a very important conference next Tuesday, so I need you to be here to get some work done. Can you reconsider, please?

M That's right. I totally forgot about the conference. Also, I need to explain the presentation I made for you. I'll see you on Monday then.

남 안녕하세요, 카펜터 씨. 제가 휴가를 이틀 더 연장할 수 있는지 궁금합니다. 처리해야 할 집안 사정이 있어서요.

여 음, 우리는 매우 중요한 회의가 다음 주 화요일에 있습니다. 그래서 처리할 일이 좀 있어서 당신이 와 주어야 할 것 같아요. 다시 한 번 생각해 주시겠어요?

남 맞네요. 제가 그 회의에 관해서 완전히 잊고 있었어요. 또한, 저는 제가 만든 발표를 당신에게 설명해 주어야 될 것 같아요. 그럼 월요일에 뵙겠습니다.

어휘 extend 연장하다 conference 회의 reconsider 다시 생각하다 totally 완전히 presentation 발표 reservation 예약 set up 준비하다 give a resignation 사표를 내다 make a presentation 발표를 하다

1 What does the man ask for?
(A) Conference program
(B) Family business
(C) Extending his vacation
(D) Hotel reservation

남자는 무엇을 요구하는가?
(A) 회의 프로그램
(B) 가정 사정
(C) 휴가 연장
(D) 호텔 예약

해설 남자가 요구하는 것을 묻고 있다. 초반부에 남자가 I was wondering if I can extend my holiday 2 more days.라고 휴가를 2일 더 연장할 수 있는지를 물어보고 있다. 따라서 정답은 (C)이다.

2 What does the woman want the man to do?
(A) Take care of his business
(B) Complete some work
(C) Make a plan
(D) Set up a conference

여자는 남자가 무엇을 하기를 원하는가?
(A) 그의 업무를 처리한다.
(B) 몇 가지 일을 끝낸다.
(C) 계획을 세운다.
(D) 회의를 준비한다.

해설 여자의 첫 번째 말 I need you to be here to get some work done.에서 일을 끝내도록 부탁하고 있는 것을 알 수 있으므로 정답은 (B)이다. get some work done을 complete some work로 패러프레이징했다.

3 What does the man say he will do next?
(A) Meet Ms. Carpenter on Monday
(B) Give a resignation
(C) Make a presentation
(D) Call his family

남자는 다음에 무엇을 하겠다고 하는가?
(A) 카펜터 씨를 월요일에 만난다.
(B) 사표를 낸다.
(C) 발표를 한다.
(D) 그의 가족에게 전화한다.

해설 남자가 마지막에 I'll see you on Monday, then.이라고 얘기하므로 정답은 (A)이다. see에서 meet으로 패러프레이징되었다.

refer to the following conversation. 호W 영M

W   Jack, this is Susan. I was wondering if we could talk about our new marketing strategy for a second.

M   Certainly. Right now I am working with Anne on changing the image.

W   Sounds great. You two always make a good team. But how do you feel about the promotion plan we're pushing?

M   It is almost finished, but I think we need a bit more time to gather more opinions from people.

여   잭, 저 수잔입니다. 우리가 새 마케팅 전략에 대해 잠시 얘기할 수 있을지 궁금합니다.

남   물론이죠. 저는 지금 앤과 이미지를 바꾸는 것에 대해 작업 중입니다.

여   좋은 생각이군요. 당신 둘은 항상 좋은 팀입니다. 그런데 우리가 추진하고 있는 홍보 계획에 대해 어떻게 생각하시나요?

남   그것은 거의 끝났지만 저는 우리가 사람들로부터 더 많은 의견을 모으는 데 조금 더 시간이 필요하다고 생각합니다.

어휘 wonder 궁금하다 marketing strategy 마케팅 전략 for a second 잠시 동안 certainly 물론, 분명히 promotion 홍보 push 추진하다, 밀어붙이다 gather 모으다 explore 답사하다 finalize 마무리 짓다 supply 비품 colleague 동료

4   What are the speakers talking about?
(A) Gaining a promotion
(B) Working with Anne
(C) Changing images
(D) Making a strategy

화자들은 무엇에 대해 얘기하는가?
(A) 진급하는 것
(B) 앤과 일하는 것
(C) 이미지를 교체하는 것
(D) 전략을 세우는 것

해설 여자의 첫 번째 말 if we could talk about our new marketing strategy와 두 번째 말 how do you feel about the promotion plan에서 전략을 세우는 것에 관해 대화하는 것을 알 수 있다. 따라서 정답은 (D)이다.

5   What is the man doing at the moment?
(A) Working on a project with colleague
(B) Painting a picture
(C) Practicing teamwork
(D) Promoting a new product

남자는 지금 무엇을 하고 있는가?
(A) 동료와 프로젝트 작업
(B) 그림 색칠
(C) 팀워크 연습
(D) 새 제품 홍보

해설 현재 하고 있는 일을 묻고 있다. 남자가 진행형을 이용해 Right now I am working with Anne on changing the image. 라고 하므로 '동료와 프로젝트 작업'으로 재구성한 (A)가 정답이다.

6   What will the man want to do next?
(A) Ask for some more feedback
(B) Finalize his work
(C) Attend a gathering
(D) Ask for more supplies

남자는 다음에 무엇을 하고 싶어 하는가?
(A) 피드백을 좀 더 요청한다.
(B) 그의 업무를 마무리한다.
(C) 모임에 참석한다.
(D) 비품을 더 요구한다.

해설 지문의 후반부 but I think we need a bit more time to gather more opinions from people을 보면 but 이후 사람들에게 좀 더 많은 의견을 모아야 한다고 하고 있다. gather more opinions를 Ask for some more feedback으로 패러프레이징한 (A)가 정답이다.

refer to the following conversation. 미M 호W

M   Hi, Jennifer, thanks for taking the time to come and see me.

W   No problem, let's take a seat. You told the manager you need to change your work schedule.

M   Sure, I did. I wonder if I could start work at 9:00, which is 30 minutes later than the schedule. My wife is pregnant and I need to drive her to the hospital in the morning, so I can't help getting to work late.

W   Oh, your wife is pregnant. Congratulations! The change sounds all right with me. I'll tell the manager about your new schedule today.

남   제니퍼 씨, 안녕하세요. 시간을 내서 저를 보러 와 주셔서 감사합니다.

여   천만에요. 앉으세요. 매니저에게 업무 일정을 바꾸고 싶다고 말씀하셨죠.

남   네, 그랬습니다. 일정보다 30분 늦은 9시에 일을 시작해도 될지 궁금합니다. 아내가 임신을 해서 오전에 그녀를 병원에 데려다 주어야 하거든요. 그래서 늦게 출근할 수밖에 없네요.

여   오, 당신의 아내가 임신하셨군요. 축하해요! 그 일정 변경은 괜찮습니다. 제가 매니저에게 당신의 새 일정에 대해 오늘 말할게요.

어휘 take the time 시간을 내다 pregnant 임신한 congratulations 축하해요 adjust 조정하다 medical facility 의료 시설 drop ... off ~을 내려 주다 notify 알려 주다

7   What does the man want to do?
(A) Meet his manager
(B) Adjust his work schedule
(C) Ask for a ride to work
(D) Come to work earlier

남자는 무엇을 하기를 원하는가?
(A) 그의 매니저를 만난다.

(B) 그의 업무 일정을 조정한다.
(C) 직장까지 태워 달라고 부탁한다.
(D) 일찍 출근한다.

해설 여자의 첫 번째 말 you need to change your work schedule에서 작업 스케줄을 바꾸고 싶어 하는 걸 알 수 있다. 이를 adjust로 패러프레이징한 (B)가 정답이다.

8 What does the man say he has to do in the morning?
(A) Drive his wife to medical facility
(B) Attend driving school
(C) Take care of his baby
(D) Drop his friends off at his house

남자는 오전에 무엇을 해야 한다고 하는가?
(A) 그의 아내를 의료 기관에 태워다 준다.
(B) 운전 학교에 출석한다.
(C) 그의 아기를 돌본다.
(D) 그의 친구들을 그의 집에 내려 준다.

해설 오전에 해야 하는 일을 묻고 있다. 부인이 임신을 해서 병원에 데려다 줘야 한다고 말하므로 정답은 hospital을 medical facility로 패러프레이징한 (A)이다.

9 What is Jennifer going to do next?
(A) Notify her colleague of his new schedule
(B) Meet the man's wife
(C) Stay late at work
(D) Go to a celebration

제니퍼는 다음에 무엇을 할 것인가?
(A) 그녀의 동료에게 그의 새 일정을 알려 준다.
(B) 남자의 아내를 만난다.
(C) 직장에 늦게까지 있는다.
(D) 축하연에 간다.

해설 여자가 할 일을 묻고 있다. 지문의 후반부에 I'll tell the manager about your new schedule today.라고 말하고 있다. 따라서 tell을 notify로 패러프레이징한 (A)가 정답이다.

10-12 refer to the following conversation. 미W 영M

W Thank you for your time. If you have any questions, feel free to ask us now.

M Though I applied for the database manager's position, I'm also interested in developing my webpage design skills. Will there be any opportunities for me to continue developing my skills?

W Well, we have a separate department that maintains our company's website. However, if you finally decide to work with us, I'll try to arrange a meeting with the manager of the Web Department to talk about it.

여 시간 내 주셔서 감사합니다. 질문이 있으시면 지금 마음껏 하세요.

남 자료 관리자 자리에 지원했지만, 저는 또한 제 웹페이지 디자인 기술을 발전시키는 데에도 관심이 있습니다. 제 기술을 계속해서 발전시킬 기회가 있을까요?

여 음, 저희는 우리 회사의 웹 사이트를 관리하는 독립 부서가 있습니다. 그러나 만약 당신이 저희와 일하는 것으로 최종 결정하신다면, 그것에 대해 얘기하실 수 있도록 제가 웹 부서의 매니저와 약속을 잡도록 해 보겠습니다.

어휘 though 비록 ~일지라도   be interested in ~에 관심이 있다   develop 개발하다   continue 계속하다   maintain 유지하다   arrange 마련하다, 주선하다   advertising 광고   exhibition 전시회   recommendation letter 추천서

10 Where is this conversation probably taking place?
(A) In an advertising presentation
(B) In a computer training session
(C) In an art class
(D) In a job interview

대화는 어디에서 이루어지겠는가?
(A) 광고 발표회
(B) 컴퓨터 훈련 수업
(C) 미술 수업
(D) 취업 면접

해설 여자가 Thank you for your time.이라고 대화를 시작하고 있다. 또한, 이어지는 남자의 말에서 Though I applied for the database manager's position, I'm also interested in developing my webpage design skills.라고 하므로 지원자와 면접 진행자의 대화임을 알 수 있다. 따라서 정답은 (D)이다.

11 What is the man interested in?
(A) Museum exhibition
(B) Traveling opportunities
(C) Movie
(D) Webpage design

남자는 무엇에 관심이 있는가?
(A) 박물관 전시회
(B) 여행 기회
(C) 영화
(D) 웹페이지 디자인

해설 질문의 be interested in을 힌트로 하여 I'm also interested in developing my webpage design skills를 살펴보면 웹페이지 디자인 기술을 개발하는 것에 관심이 있다고 이야기하고 있다. 따라서 정답은 (D)이다.

12 What does the woman offer to do?
(A) Give a tour
(B) Arrange a meeting
(C) Write a recommendation letter
(D) Introduce a workshop

여자는 무엇을 제안하는가?
(A) 여행을 시켜 준다.
(B) 만남을 주선한다.
(C) 추천서를 쓴다.

(D) 워크숍을 소개한다.

해설 지문의 후반에 if you finally decide to work with us, I'll try to arrange a meeting with the manager of the Web Department to talk about it에서 담당자와 미팅을 주선해 주겠다고 하고 있다. 따라서 정답은 (B)이다.

Day 15 세부 내용

◯ 비법 적용 연습 본문 p.120

1 (C)	2 (B)	3 (A)	4 (C)	5 (A)	6 (C)
7 (B)	8 (B)	9 (B)	10 (C)	11 (B)	12 (B)

1-3 refer to the following conversation. 미M 미W

M Hi, Jenny. Will you drive to Chicago for the seminar on Saturday? I want you to give me a ride if you don't mind.

W Hi, Rui. I'm planning to take the train this time. If I get there by train, I can have a chance to review my report during the trip. And I don't want to waste time dealing with the heavy traffic. Will you come with me?

M It sounds like a great idea! Where can I meet you on Saturday morning?

W How about the main gate of Plus Mart near your house?

남 안녕하세요, 제니. 토요일에 시카고에서 있는 세미나에 차를 운전해서 가시나요? 만약 괜찮으시면 저를 태워 주셨으면 합니다.

여 안녕하세요, 루이. 저는 이번에는 기차를 타고 가려고요. 거기에 기차로 가면, 여행하는 동안 제 보고서를 검토할 기회가 있거든요. 그리고 저는 교통 체증에 시간을 낭비하고 싶지 않아요. 저와 함께 가시겠어요?

남 그것 아주 좋은 생각이군요! 그럼 토요일 아침에 어디에서 만날까요?

여 당신 집 근처 플러스 마트 정문 어떠세요?

어휘 give … a ride ~을 태워주다 mind 꺼리다 be planning to ~할 계획이다 review 검토하다 deal with 처리하다 heavy traffic 교통 체증 reservation 예약 chat with ~와 잡담하다 avoid 피하다 traffic jam 교통 체증 comfortable 편안한

1 What will the woman do on the train?
(A) Take a nap
(B) Make flight reservations
(C) Review the report
(D) Chat with her friend

여자는 기차에서 무엇을 할 것인가?
(A) 낮잠을 잔다.
(B) 항공권 예약을 한다.

(C) 보고서를 검토한다.
(D) 그녀의 친구와 잡담한다.

해설 여자의 첫 번째 말 If I get there by the train, I can have a chance to review my report during the trip.에서 기차로 가면 보고서를 살펴볼 기회가 생긴다고 말하고 있다. 따라서 보고서를 검토한다는 (C)가 정답이다.

2 What will the speakers do on Saturday?
(A) Go on a picnic to Chicago
(B) Attend a seminar
(C) Exercise together
(D) Make a presentation

화자들은 토요일에 무엇을 할 것인가?
(A) 시카고로 소풍을 간다.
(B) 세미나에 참석한다.
(C) 함께 운동한다.
(D) 발표를 한다.

해설 여자가 시카고에서 있는 세미나에 기차를 타고 가자고 남자에게 제안하고 남자도 동의하고 있다. Where can I meet you on Saturday morning?을 볼 때 이들은 토요일 아침에 같이 만나서 세미나에 참석할 것이다. 따라서 정답은 (B)이다.

3 Why is the woman taking the train?
(A) She wants to avoid traffic jam.
(B) Her car is broken.
(C) It is much more comfortable than the car.
(D) It's much cheaper.

왜 여자는 기차를 타려고 하는가?
(A) 교통 체증을 피하고 싶어 한다.
(B) 그녀의 차가 고장 났다.
(C) 차보다 훨씬 더 편하다.
(D) 훨씬 더 저렴하다.

해설 여자의 대화 중 I don't want to waste time dealing with the heavy traffic.에서 교통 체증을 피하기 위해 기차를 타려는 것을 알 수 있다. 따라서 정답은 (A)이다. 기차를 타면 보고서를 검토할 수 있다고 했지만 차보다 편하다는 말은 없으므로 (C)는 오답이다.

4-6 refer to the following conversation. 미W 영M

W Excuse me. Can you help me with some medication please? I need to find a pain killer but there are so many different kinds displayed on the shelves. I don't know which one I should choose.

M I'd love to do that, but I just stock the shelves. If you talk to one of the pharmacists, I bet you will get what you need. She is just behind the counter.

W I just came from the counter, but there was no one there.

M Sorry for your inconvenience. I'll find another person to help you. Wait here for a second please.

여	실례합니다. 약에 대해서 좀 도와주시겠어요? 저는 진통제가 필요한데 너무 많은 다른 종류들이 선반에 진열되어 있네요. 어느 것을 선택해야 할지 모르겠어요.
남	저도 그러고 싶지만 저는 그저 선반을 채웁니다. 약사들 중 한 분께 말씀하시면 필요한 것을 얻으실 수 있을 겁니다. 그녀가 저쪽 카운터 너머에 있어요.
여	제가 막 그 카운터에서 왔어요. 그런데 거기에 아무도 없었어요.
남	불편하게 해 드려 죄송합니다. 당신을 도와 드릴 다른 사람을 찾아볼게요. 잠시만 여기서 기다려 주세요.

어휘 medication 약품 pain killer 진통제 display 진열하다 shelf 선반 stock 재고를 채우다 pharmacist 약사 inconvenience 불편 refund 환불 description 설명 direction 지시 inventory 창고

4 What is the woman asking for?
(A) A refund for a medicine
(B) A tip for stopping a headache
(C) A help choosing a medicine
(D) A prescription for a painkiller

여자는 무엇을 요구하는가?
(A) 약품에 대한 환불
(B) 두통을 낫게 하기 위한 조언
(C) 약을 고를 수 있도록 도움을 주는 것
(D) 진통제 처방전

해설 전반부 여자의 대화 중 진통제가 필요한데 많은 종류가 진열되어 있어서 상품을 선택할 수 없다(I don't know which one I should choose.)고 말하고 있다. 따라서 정답은 (C)이다.

5 What does the man suggest the woman do?
(A) Talk to a pharmacist
(B) Wait in a line
(C) Follow the directions
(D) Try another shelf

남자는 여자에게 무엇을 하라고 제안하는가?
(A) 약사에게 이야기한다.
(B) 줄을 서서 기다린다.
(C) 지시를 따른다.
(D) 다른 선반을 본다.

해설 남자는 If you talk to one of the pharmacists, I bet you will get what you need.라고 말하며 자신은 선반을 진열만 하기 때문에 약사에게 물어보라고 권유하고 있다. 따라서 정답은 (A)이다.

6 What does the man request finally?
(A) To stock the inventory
(B) To take the customer to an employee
(C) To wait for a moment
(D) To bring a new medication

남자는 최종적으로 무엇을 요청하는가?
(A) 재고를 채울 것
(B) 직원에게 고객을 데리고 갈 것
(C) 잠시 기다릴 것
(D) 새 약을 가지고 올 것

해설 남자는 여자를 도와줄 약사가 지금 주변에 없어서 다른 약사를 찾

아보겠다고 한 뒤 여자에게 잠시 기다릴 것(Wait here for a second please.)을 요청하고 있다. 따라서 정답은 (C)이다.

7-9 refer to the following conversation. 호W 영M

W	Hello, I would like to apply for a mortgage for my property please.
M	Certainly. I just have a few queries. First, where is your property located?
W	It is in the Southbank District near the river. It is a three bedroom penthouse suite overlooking the bridge.
M	Wow, that is a very luxurious area of the city. I'm afraid that the mortgage interest rates are quite high at 30% for that area. Will this be an issue?
W	No, it's OK, this will not deter me. Could we arrange an appointment to discuss this matter further? How about 9 A.M. tomorrow?
M	OK, I will schedule you for 9 A.M. tomorrow. Have a nice day, goodbye.
여	안녕하세요, 저는 제 부동산을 담보로 대출을 신청하고 싶습니다.
남	알겠습니다. 몇 가지 질문이 있는데요. 먼저 당신의 부동산이 어디에 있습니까?
여	그것은 강 주위의 사우스뱅크 디스트릭트 내에 있습니다. 다리가 내다보이는 침실 세 개짜리 펜트하우스 스위트입니다.
남	와, 그것은 도시에서 매우 호화로운 지역이잖아요. 그 지역의 대출 이자율이 30%로 꽤나 높은 게 걱정이네요. 문제가 되지 않을까요?
여	아니요, 괜찮습니다. 그것이 저에게 문제 된지 않을 겁니다. 이 문제에 대해 더 깊이 논의하기 위해 약속을 잡을까요? 내일 오전 9시 어떠세요?
남	좋아요. 제가 내일 오전 9시에 당신의 일정을 넣을게요. 즐거운 하루 보내세요. 안녕히 계세요.

어휘 apply for ~을 신청하다 mortgage 주택 담보 대출 property 재산, 부동산 query 질문, 문의 a penthouse suite 펜트하우스 방 mortgage interest rate 주택 담보 대출 이자율 issue 문제 deter 막다, 주저하게 하다 discuss 논의하다 get a loan 대출을 받다 suburb 교외, 근교 eligible for ~에 자격이 되는 arrange 잡다, 주선하다

7 What does the woman want to do?
(A) Apply for a job
(B) Get a loan
(C) Rent a house
(D) Move to a new place

여자는 무엇을 하고 싶어 하는가?
(A) 일자리에 지원한다.
(B) 대출을 받는다.
(C) 집을 빌린다.
(D) 새 장소로 이사한다.

038 SECTION 1

대화 전반부에 여자가 주택 담보 대출을 받고 싶다(I would like to apply for a mortgage for my property please.)고 말하고 있다. 따라서 대출을 받는다는 (B)가 정답이다.

8 Where is the house located?
(A) It is near downtown.
(B) It is near the river.
(C) It is in a suburb of the city.
(D) It is in an industrial district.

그 집은 어디에 위치해 있는가?
(A) 시내 근처에 있다.
(B) 강 근처에 있다.
(C) 도시 근교에 있다.
(D) 산업 단지에 있다.

해설 여자의 대화 중 It is in the Southbank District near the river.라고 말하므로 집이 강 근처에 있음을 알 수 있다. 따라서 정답은 (B)이다.

9 Why is the man worried?
(A) The woman is not eligible for mortgages.
(B) The interest rates are high.
(C) It is a luxury house.
(D) He can't arrange an appointment.

남자는 왜 걱정하는가?
(A) 그녀는 주택 담보 대출 자격이 되지 않는다.
(B) 이자율이 높다.
(C) 그것은 호화로운 집이다.
(D) 그는 약속을 잡을 수 없다.

해설 후반부에 남자의 대화 중 I'm afraid that the mortgage interest rates are quite high at 30% for that area. Will this be an issue?에서 여자가 살고 있는 지역은 이자가 높은데 괜찮냐고 물어보고 있다. 따라서 정답은 (B)이다. 남자가 호화로운 지역이라고 말했지만 걱정하는 이유는 아니므로 (C)는 오답이다.

10-12 refer to the following conversation. 미M 미W

M Hello, welcome to Gary's World Famous Dry Cleaning. How may I be of service today?

W Hello, there. I was wondering if you could give me a quote on this blazer and shirt please. I was at a charity fundraiser, and someone spilled caviar down it and I cannot get it out.

M Certainly, madam. When did the accident occur?

W It was last week. I have tried and tried to get the stain out, but to no avail.

M Well, I can assure you that Gary's World Famous Dry Cleaning service will not let you down. We offer a full refund if it is not to your complete satisfaction. We will aim to have your attire cleaned and pressed by tomorrow afternoon. Is this acceptable?

W Thank you for your help. I will come by tomorrow to pick it up. Goodbye.

남 안녕하세요, 개리의 월드 페이머스 드라이클리닝에 오신 것을 환영합니다. 오늘 제가 어떻게 도와 드릴까요?

여 안녕하세요. 저는 당신이 이 블레이저와 셔츠에 대한 값을 매겨 주실 수 있는지 궁금합니다. 저는 자선기금 모금자였는데 누군가가 제 옷에 캐비아를 쏟았고, 그것을 없앨 수가 없어요.

남 알겠습니다. 부인 언제 그 일이 일어났죠?

여 지난주였어요. 저는 계속 얼룩을 지우려고 했지만 소용이 없었어요.

남 음, 개리의 월드 페이머스 드라이클리닝 서비스가 당신을 실망시키지 않을 거라 확신합니다. 저희는 당신이 완전히 만족하지 않을 시에 전액 환불을 해 드립니다. 저희는 내일 오후까지 당신의 옷을 세탁하고 다림질해 드리는 것을 목표로 할 것입니다. 괜찮으신가요?

여 도와주셔서 감사합니다. 내일 옷을 찾으러 오겠습니다. 안녕히 계세요.

어휘 be of service 도움이 되다 quote 견적 charity fundraiser 자선기금 모금자 spill 엎지르다 caviar 캐비아 accident 사고 to no avail 헛되이, 보람 없이 assure 확언하다, 장담하다 let ... down ~을 실망시키다 full refund 전액 환불 attire 옷 press 다림질하다 acceptable 받아들일 수 있는 stain 얼룩 reimburse 변상하다, 보상하다

10 What are the speakers talking about?
(A) Delicious caviar
(B) A car accident
(C) Removing a stain
(D) A donation

대화자들은 무엇에 대해 이야기하는가?
(A) 맛있는 캐비아
(B) 자동차 사고
(C) 얼룩 제거
(D) 기부

해설 대화의 주제를 묻는 문제이다. I was at a charity fundraiser, and someone spilled over caviar down it and I cannot get it our에서 알 수 있듯이 자선기금 모금 행사장에서 누군가가 여자의 옷에 캐비아를 쏟아서 그 얼룩을 제거해야 하는 상황이므로 정답은 (C)이다.

11 What will the man do if he can't complete the service?
(A) Offer a coupon
(B) Reimburse the client
(C) Press the attire
(D) Replace the clothes

남자는 서비스를 완료하지 않았을 경우 무엇을 하겠다고 하는가?
(A) 쿠폰을 제공한다.
(B) 고객에게 변상해 준다.
(C) 옷을 다림질한다.
(D) 옷을 교체해 준다.

해설 남자의 후반부 대화에서 We offer a full refund if it is not to your complete satisfaction, 즉 서비스에 만족하지 않으면 환불해 주겠다고 말하므로 정답은 (B)이다. offer a full refund가 Reimburse the client로 패러프레이징되었다.

12 What does the woman say she will do tomorrow?
(A) Raise money for charity
(B) Pick up her laundry
(C) Get a refund
(D) Exchange clothes

여자는 내일 무엇을 하겠다고 말하는가?
(A) 자선기금을 마련한다.
(B) 그녀의 세탁물을 찾아간다.
(C) 환불을 받는다.
(D) 옷을 교환한다.

해설 미래에 할 일이므로 대화의 후반부를 집중해서 듣는다. 여자의 마지
막 말(I will come by tomorrow to pick it up.)에서 세탁물을
찾아갈 것임을 알 수 있다. 따라서 정답은 (B)이다.

PART 4

신유형

○ 비법 적용 연습　　　　　　　　　　본문 p.128

1 (D)	2 (D)	3 (C)	4 (D)	5 (C)	6 (A)
7 (D)	8 (D)	9 (A)	10 (C)	11 (C)	12 (A)

1-3 refer to the following news report. 미|M

And now for business insider news. I'd like to begin today's news by reminding everyone that one month ago, the news about the merger between STQ Auto and Schneider Motors was impending. Today, we officially confirm the merger. This would be a big step up in the automobile manufacturing industry. The merged company will strengthen its competitiveness to become the world's largest auto company. Plus, the company called STQ & Schneider Motors announced its new line-up of three electric cars. The demonstration for its newest car models will take place on July 12th at the Detroit Conference Hall. Rumors have it that its starting price will be around $35,000. That's unbelievable. That is because those of other rival companies are marked at more than $50,000. We'll be back in a minute to continue the report.

비지니스 인사이더 뉴스입니다. 오늘 뉴스는 여러분들께 한달 전 있었던 일을 상기시켜 드리면서 시작하겠습니다. STQ 오토와 Schneider 모토 간 합병이 임박했다는 소식인데요. 오늘 저희 인사이더 뉴스에서 합병을 공식 확인했습니다. 자동차 제조 산업에 있어서는 진일보한 일인데요. 이 합병된 회사는 경쟁력이 강화되어 세계 자동차 업계에서 가장 규모가 큰 회사가 되게 됩니다. 그뿐만 아니라 STQ & Schneider 모토로 불릴 이 기업은 3대의 전기 자동차 라인업을 발표하였습니다. 새 자동차 모델의 시연회는 7월 12일 디트로이트 콘퍼런스홀에서 열릴 예정입니다. 이 자동차 가격이 3만 5천 달러에서 시작할 것이라는 루머가 있습니다. 정말 믿을 수 없습니다. 왜냐하면 다른 경쟁 제조사 차량 가격이 5만달러 이상이기 때문이죠. 추가 보도를 위해 곧 다시 돌아오겠습니다.

어휘　merger 합병　impending 임박한　officially 공식적으로　automobile 자동차　manufacturing industry 제조업　announce 알리다, 발표하다　electric car 전기 자동차　demonstration 시연　unbelievable 믿을 수 없는　be marked at ~를 기록하다　in a minute 곧, 즉시　board member 이사진　headquarters 본사　recycled material 재활용 물질　a wide variety of 다양한

1　Who most likely is the speaker?
　(A) A government official
　(B) A board member
　(C) An auto designer
　(D) A radio newsperson

　화자는 누구인가?

(A) 정부 관료
(B) 이사진
(C) 자동차 디자이너
(D) 라디오 뉴스 진행자

해설 첫 문장 And now for business insider news와 마지막 문장 We'll be back in a minute to continue the report에서 화자가 누구인지 분명하게 힌트로 제시되어 있다. 따라서 정답은 (D)이다.

2 Where does the speaker say the car will be demonstrated?
(A) At company's headquarters
(B) In department stores
(C) On company's web site
(D) At conference hall

화자에 어디에서 자동차가 시연할 것이라고 말하는가?
(A) 회사 본사
(B) 백화점
(C) 회사 웹 사이트
(D) 콘퍼런스홀

해설 후반부 The demonstration~at the Detroit Conference Hall에서 자동차 시연회가 디트로이트 콘퍼런스홀에서 열린다는 정보를 확인할 수 있으므로 정답은 (D)이다.

3 What does the speaker imply when he says, "That's unbelievable?"
(A) The car is made from recycled materials.
(B) The car has a wide variety of colors.
(C) The car has a lower price than others.
(D) The car is made overseas.

화자가 "믿을 수 없어요"라고 말한 의미는 무엇인가?
(A) 자동차가 재활용으로 만들어졌다.
(B) 자동차가 다양한 색상을 가지고 있다.
(C) 자동차가 다른 차량보다 훨씬 가격이 낮다.
(D) 자동차가 해외에서 만들어진다.

해설 뒤에 나오는 That is because~에서 다른 회사 자동차의 높은 가격과 비교하고 있으므로 정답이 (C)라는 것을 알 수 있다.

4-6 refer to the following announcement. 미M

Attention, Morrison Department Store shoppers! Why don't you take a break from your burdensome shopping and come and experience the best relaxation massage chair on the third floor. This brand new chair has the capability to scan your body and customize the massage to fit your weight. It is very difficult to describe the feeling this massage chair gives you without experiencing it. Massages are a necessary part of life. Who doesn't want to come home to a full body massage every evening? But no worries! If you want to have this beautiful massage chair, for today only, we will deliver it to your home free of charge.

모리슨 백화점 쇼핑객 여러분! 잠시 지친 쇼핑에서 벗어나 3층에 있는 최고의 완화 기능 안마 의자를 경험해 보세요. 새로 출시된 안마 의자는 여러분의 신체를 스캔하고 여러분의 몸무게에 맞도록 최적화된 기능을 가지고 있습니다. 직접 경험해 보지 않고는 이 안마 의자가 주는 느낌을 묘사하기란 정말 어려우실 것입니다. 마사지는 우리 일상에서 필요한 부분이 되어 버렸습니다. 매일 저녁에 전신 마사지를 집에서 받길 원하지 않는 사람이 어디 있겠어요. 하지만 걱정 마세요. 만약 이 아름다운 안마 의자를 가져가길 원하신다면 오늘만 저희 백화점에서 여러분의 집까지 무료로 배송해 드리겠습니다.

어휘 take a break 휴식을 취하다 burdensome 지친 relaxation 완화 capability 능력 customize 사용자에 맞추다 fit (몸에) 맞는 describe 묘사하다 no worries 걱정 마라 for free of charge 무료로

4 Where most likely is the announcement being made?
(A) At a fitness center
(B) At a massage clinic
(C) At a home appliance store
(D) At a department store

어디에서 안내가 나오고 있는가?
(A) 피트니스 센터
(B) 마사지 클리닉
(C) 가정용 전기 용품 상점
(D) 백화점

해설 첫 부분에서 Morrison Department Store라는 말이 이미 언급이 되었다. 쉬운 문제다. body, massage, home이라는 단어가 그대로 선택지에서 등장한다고 쉽게 고르지만 않으면 된다. 정답은 (D)이다.

5 What does the speaker imply when she says, "But no worries"?
(A) The chair is not too heavy to move.
(B) Most shoppers feel that the chair is extremely comfortable.
(C) Shoppers can feel the same way as they do in the department store.
(D) The chair is affordable to buy.

화자가 "하지만 걱정 마세요"라고 말한 의미는 무엇인가?
(A) 의자는 옮기기에 너무 무겁지 않다.
(B) 대부분의 쇼핑객이 의자가 엄청 편하다고 느낀다
(C) 쇼핑객들이 백화점에서 느낄 수 있는 것을 동일하게 느낄 수 있다.
(D) 의자가 구입하기 적절하다.

해설 화자 의도 파악 문제에서는 반드시 앞뒤 문장에서 어떤 내용이 나왔는지를 바탕으로 문제를 풀어야 한다. 앞 문장에서는 집에서 이런 마사지를 받고 싶다는 내용과 뒤의 문장에서는 무료로 배송해 주겠다는 말이 나온다. 동일한 느낌을 집에서도 느끼게 우리가 배송해 줄 테니 걱정하지 말라는 의미로 이해할 수 있다. 따라서 정답은 (C)이다.

6 According to the speaker, what are listeners offered today only?
(A) Free delivery
(B) A gift certificate
(C) An extended warranty

(D) A discount coupon

화자에 따르면 오늘만 제공을 받는 것은 무엇인가?
(A) 무료 배송
(B) 상품권
(C) 보증 기간 연장
(D) 할인 쿠폰

해설 for today only라는 말 다음에 나오는 내용에 초점을 맞추면 deliver과 for free of charge라는 내용이 나온다. 즉 무료로 배송해 주겠다는 말이므로 정답은 (A)이다.

7-9 refer to the following announcement and schedule. 영W

Conference Schedule	
Climate Change	Orchid Room
Financial Management	Lotus Room
In-home education	Queen Room
Marine Ecology	King Room

콘퍼런스 일정	
기후 변화	오키드 룸
재무 관리	라터스 룸
가정 내 교육	퀸 룸
해양 생태학	킹 룸

We're going to get started again now, if you could take your seats. I think we have a long day ahead of us, and the sooner we get started, the better. We are already 20 minutes behind schedule. I should say that we have one logistical issue to deal with, and that has to do with the sessions this afternoon. Originally, one session was scheduled to take place in the Orchid Room. But since we have more people signed up for the session than we expected, we'll move the session to a larger room, and that is the Rose room on the second floor. So, please take note of that.

좌석에 착석하시면 회의를 다시 시작하겠습니다. 하루 일정이 아직 많이 남아 있습니다. 빨리 시작할 수록 더 좋을 것 같습니다. 이미 일정보다 20분이나 지연되고 있습니다. 회의 내용에 대해 한 가지 전해 드릴 말씀이 있습니다. 이번 오후 일정과 관계가 있는 일입니다. 일정상으로는 오키드 룸에서 열릴 예정이었던 한 세션이 주최측의 예상보다 더 많은 분이 참가하셔서 2층에 위치한 더 큰 방인 로즈룸으로 옮기도록 하겠습니다. 일정에 차질 없으시길 바랍니다.

어휘 get started 시작하다 take one's seats 착석하다 logistical issue 회의장에서 보통 전달 사항이 있을 때 쓰는 표현 deal with 처리하다 have to do with ~와 관련이 있다 sign up for ~를 신청하다 take note of ~에 주의하다, 알아채다

7 Where most likely is the speaker?
(A) At a musical theater
(B) At department store
(C) At exhibition hall
(D) At conference room

화자가 어디에 있는가?
(A) 뮤지컬 극장
(B) 백화점
(C) 전시장
(D) 콘퍼런스룸

해설 다른 장소와 차별이 있는 것을 알려 주는 단어로 session, logistical issue 등이 있고, 눈치가 빠른 사람이라면 표에서 이미 conference schedule이라는 제목을 보고 느낌이 올 것이다. 따라서 정답은 (D)이다.

8 What are participants asked to do?
(A) Turn off their phones
(B) Sign up for the session
(C) Take a note
(D) Take a seat

참가자들에게 요청하고 있는 것은 무엇인가?
(A) 전화기 끄기
(B) 세션 참가 신청하기
(C) 메모하기
(D) 자리에 앉기

해설 초반에 '착석하라'라는 말을 했기 때문에 어렵지 않게 답을 고를 수 있지만 제일 마지막에 take note of that을 듣고 고민을 했을 것이다. take a note와 take note의 차이는 크다. take a note는 말 그대로 '노트에 적다, 메모하다'는 뜻이지만 take note의 경우에는 notice, think about에 해당되는 표현이다. 따라서 정답은 (D)이다.

9 Look at the graphic. Which session will be moved?
(A) Climate Change
(B) Financial Management
(C) In-home education
(D) Marine Ecology

시각 정보에 의하면, 어떤 세션이 옮겨지는가?
(A) 기후 변화
(B) 재무 관리
(C) 가정 내 교육
(D) 해양 생태학

해설 오키드룸에서 열릴 예정이었던 세션이 로즈룸으로 옮기게 되었다는 공지사항이 나온다. 원래 오키드룸에서 열릴 예정이었던 Climate Change 세션이 정답이 된다.

10-12 refer to the following excerpt from a meeting and chart. 미M

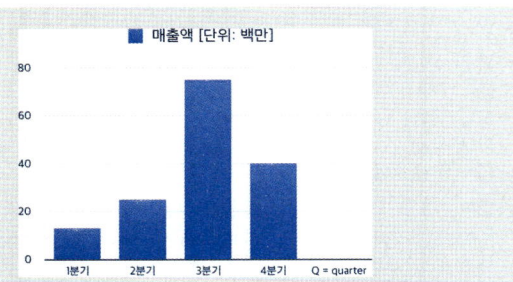

As you already know, it's time to come up with our new marketing strategy for next year's clothing line. So today, Ms. Dunst, our chief creative director, will join our meeting and share her thoughts on recent marketing trends of sports apparel. Looking into the chart, you could see all scores showed signs of improvement compared to the previous year. But, there's still some room for improvement in our performance. Especially in winter, people don't go outside because of its cold weather. This definitely led to the lowest performance in sales among quarters. So today, what we have to focus on is the marketing strategy for winter season.

여러분들도 이미 아시겠지만 오늘은 내년도 의류 라인에 대한 새로운 마케팅 전략을 수립하는 시간입니다. 우리 수석 크리에이티브 디렉터인 던스트 씨께서 이번 회의에 참석하셔서 스포츠 의류의 최신 마케팅 트렌드에 대해서 의견을 개진할 것입니다. 차트를 살펴보시면 모든 스코어가 작년과 비교했을 때 향상된 조짐을 보였다는 것을 알 수 있습니다. 하지만 아직도 우리가 낸 성과에서 개선할 부분이 일부 남아 있습니다. 특히 겨울에는 추위 때문에 사람들이 외출을 꺼려합니다. 이로 인해 분명 다른 분기보다 판매량이 가장 부진한 것으로 이어졌을 것입니다. 그래서 오늘은 우리가 초점을 맞춰야 될 부분은 겨울을 대비한 마케팅 전략입니다.

어휘 come up with 제시하다, 내놓다 marketing strategy 마케팅 전략 clothing 의류 share one's thoughts on ~에 대한 통찰력을 공유하다 look into 살펴보다 show signs of ~에 대한 조짐이 있다 compared to ~와 비교하면 room for improvement 개선의 여지가 있다 definitely 분명히, 확실히 lead to ~로 이어지다

10 Who most likely is the audience?
(A) Web site managers
(B) Interior designers
(C) A marketing team
(D) Athletes

청중은 누구인가?
(A) 웹 사이트 관리자
(B) 인테리어 디자이너
(C) 마케팅 팀
(D) 운동선수

해설 첫 문장에서 이미 힌트가 나온다. marketing strategy와 관련된 일을 하는 사람들이 이 회의에 참석을 했기 때문에 (C)가 가장 적절하다.

11 What does the speaker put emphasis on?
(A) Online sales volume
(B) The popularity of sports apparel
(C) The way to improve sales in winter season
(D) The cost of a product

화자가 강조하는 바는 무엇인가?
(A) 온라인 판매 매출액
(B) 스포츠 의류의 인기
(C) 겨울 판매 증대 방안
(D) 제품 가격

해설 제일 마지막 문장에서 화자가 강조하는 바가 분명히 제시되어 있다. what we have to focus on is the marketing strategy for winter season 즉, 겨울에 어떻게 하면 마케팅 전략을 통해서 가장 부진했던 판매를 증대시킬지를 생각해 보자는 것이므로 정답은 (C)이다.

12 Look at the graphic. Which quarter will marketing strategy focus on?
(A) First quarters
(B) Second quarter
(C) Third quarter
(D) Fourth quarter

시각 정보에 의하면, 마케팅 전략에서 어떤 분기가 초점이 맞춰질 것인가?
(A) 1분기
(B) 2분기
(C) 3분기
(D) 4분기

해설 실제로 quarter라는 말은 한 번 밖에 나오지 않았다. 하지만 글 전체의 맥락 속에서 파악할 수 있다. 우선 가장 핵심적인 문장은 This definitely led to lowest performance in sales among quarters.인데 이 문장과 앞 문장을 토대로 정리하면, 겨울에 사람들이 외출을 자제하기 때문에 분기 중 판매율이 가장 낮으므로, 이 시기의 판매를 향상시킬 수 있는 마케팅 전략을 수립하자는 내용이다. 따라서 (A) 1분기가 정답이다.

Day 16 안내 · 공지

비법 적용 연습

본문 p.134

1 (A)	2 (D)	3 (C)	4 (A)	5 (C)	6 (D)
7 (D)	8 (A)	9 (A)	10 (B)	11 (C)	12 (C)

1-3 refer to the following announcement. 영M

Attention customers. The Fair Goods Supply will be closing at 8 o'clock, in 10 minutes. So, please bring all the items you want to purchase to the cashier's counter soon. Our business hours are from 10 A.M. to 8 P.M. Monday through Friday, and 10 A.M. to 9 P.M. on weekends. We also recommend you try our new online shopping service. You can shop for any art supplies online with less hassle simply by checking out our website at www.fairgoodssupply.com. Thank you for shopping at the Fair Good Supply and have a good night.

고객님들 집중해 주세요. 페어 굿즈 서플라이가 10분 후인 8시에 닫을 것입니다. 그래서 여러분이 구입하길 원하시는 모든 물품들은 빨리 계산대로 가져오시기 바랍니다. 저희 영업시간은 월요일에서 금요일 오전 10시부터 저녁 8시까지, 주말은 오전 10시부터 저녁 9시까지입니다. 저희는 또한 여러분께 저희의 새 온라인 쇼핑 서비스를 이용하시길 추천합니다. 여러분은 단순히 저희 웹 사이트인 www.fairgoodssupply.com을 확인하셔서, 덜한 혼란 속에 어떤 미술 용품이라도 쇼핑하실 수 있습니다. 페어 굿즈 서플라이에서 쇼핑해 주셔서 감사드리며 좋은 밤 되십시오.

> **어휘** attention 주목하세요 cashier's counter 계산대 business hours 영업시간 recommend 추천하다 art supply 미술 용품 hassle 귀찮은 상황 announce 알리다 promote 홍보하다 special offer 특가품, 특가 판매

1 What is the main purpose of the announcement?
(A) To announce the closing of the shop
(B) To recruit employees
(C) To place an order
(D) To promote a new product

안내의 주된 목적은 무엇인가?
(A) 가게의 폐점을 알리려고
(B) 직원을 모집하려고
(C) 주문을 하려고
(D) 새 제품을 광고하려고

해설 안내문에서 목적은 앞에 위치하는 경우가 많다. Attention customers. The Fair Goods Supply will be closing at 8 o'clock, in 10 minutes.에서 10분 후에 가게가 문을 닫는다는 것을 알리고 있으므로 (A)가 정답이다.

2 What does the speaker suggest customers do?
(A) Call the service desk
(B) Make a reservation
(C) Talk to the event manager
(D) Finish their shopping

화자는 손님들에게 무엇을 하라고 하는가?
(A) 서비스 데스크에 전화할 것
(B) 예약을 할 것
(C) 행사 관리자에게 말할 것
(D) 쇼핑을 마무리할 것

해설 10분 후에 매장 문을 닫을 것이므로 모든 물품을 빨리 계산대로 가져오래(please bring all the items you want to purchase to the cashier's counter soon)고 말하고 있으므로 정답은 (D)이다.

3 What is the new service provided by the store?
(A) Online product reviews
(B) Extended business hours
(C) Online shopping services
(D) Special offers on weekends

이 상점에 의해 제공되는 새로운 서비스는 무엇인가?
(A) 온라인 제품 평가
(B) 연장된 영업시간
(C) 온라인 쇼핑 서비스
(D) 주말의 특가품

해설 We also recommend you try our new online shopping service.에서 이번에 새롭게 오픈하는 온라인 쇼핑 서비스를 이용할 것을 추천하고 있다.

4-6 refer to the following announcement. 미W

Attention all employees. This is the broadcast voice mail announcement from the Facility Department. The Transportation Department informed us this morning that Broadway Street will be closed for repairs on the electrical wires for a week starting tomorrow morning. This means the main entrance of the building will not be accessible. So all employees are advised to enter and exit the building using Main Street or the entrance of the west wing of the building. The repairs will be completed and the street will reopen to traffic by Friday. If there are any changes to the schedule, advance notification will be posted.

직원 여러분 모두 주목하세요. 이것은 시설 관리부로부터의 방송 음성 메일 알림입니다. 오늘 오전 교통부가 우리에게 브로드웨이 가에서 내일 오전에 시작하여 일주일 동안 전선 보수 작업으로 폐쇄될 것이라고 알렸습니다. 이것은 건물의 현관을 사용할 수 없다는 것을 의미합니다. 그래서 모든 직원들은 메인 가나 쪽쪽 별관의 입구를 이용하여 건물에 출입하여 주시기 바랍니다. 보수 작업은 금요일에 끝나서 도로는 다시 오픈될 것입니다. 일정에 어떤 변화가 있다면, 사전 통지가 게시될 것입니다.

> **어휘** broadcast 방송 Transportation Department 교통부 inform 알리다 repair 수리, 보수 electrical wire 전선 wing 별관 advance notification 사전 통지 post 게시하다 restriction 제한 commute 통근하다 adjust 조정하다

4 What is the purpose of the announcement?
(A) To inform employees about a road closure
(B) To explain parking restrictions
(C) To remind employees about a deadline
(D) To announce revised operation hours

이 알림의 목적은 무엇인가?
(A) **직원들에게 도로 폐쇄를 알리려고**
(B) 주차 제한을 설명하려고
(C) 직원들에게 마감 시한을 상기시키려고
(D) 개정된 영업시간을 알리려고

해설 안내문의 목적을 묻는 문제로 Broadway street will be closed for repairs on the electrical wires에서 전기 공사로 도로가 폐쇄됨을 알리고 있다. 따라서 정답은 (A)이다.

5 What should employees do?
(A) Commute to work together
(B) Adjust their work schedules
(C) Use a different entrance
(D) Check the weather

직원들은 무엇을 해야 하는가?
(A) 출근을 함께한다.
(B) 그들의 근무 일정을 조절한다.
(C) **다른 입구를 이용한다.**
(D) 날씨를 확인한다.

해설 So all employees are advised to enter and exit the building using Main Street or the entrance of the west wing of the building.에서 도로 폐쇄로 건물의 다른 출입구를 이용해 달라고 말하고 있다. 따라서 정답은 (C)이다.

6 When does the speaker expect normal condition to return?
(A) On Monday
(B) On Wednesday
(C) On Thursday
(D) On Friday

화자는 언제 정상적인 상황이 돌아올 것으로 기대하는가?
(A) 월요일
(B) 수요일
(C) 목요일
(D) **금요일**

해설 화자는 The repairs will be completed and the street will reopen to traffic by Friday.에서 금요일까지는 정상적으로 수리가 마무리될 것으로 기대하고 있다. 따라서 정답은 (D)이다.

7-9 refer to the following announcement. 호W

Attention all passengers waiting to board Thai Air Flight 301 to Singapore. Due to current bad weather conditions at Singapore Airport, the flight scheduled to depart at 9 P.M. is now cancelled. We expect that the flight won't take off until tomorrow morning at 8 A.M. We apologize for the inconvenience, and we will be providing hotel accommodation and shuttle bus services for those in need. Please speak to the customer service representative at the desk near the gate for further assistance. Once again, we sincerely apologize for the inconvenience this may cause you and thank you for your understanding.

싱가포르행 타이 에어 플라이트 301에 탑승을 대기 중인 고객님들께 알려 드립니다. 현재 싱가포르 공항의 악천후로 저녁 9시에 출발 예정이었던 비행기가 막 취소되었습니다. 저희는 이 비행기가 내일 오전 8시까지 이륙할 수 없을 것으로 예상합니다. 불편을 드려 사과드리며 저희는 필요하신 분에게 호텔 숙박과 셔틀버스 서비스를 제공할 것입니다. 더 도움이 필요하시면 출입구 근처 창구에 있는 고객 서비스 직원에게 말씀해 주시기 바랍니다. 다시 한 번 이것이 끼쳤을 불편에 대해 진심으로 사과드리고 이해해 주셔서 감사합니다.

어휘 board 탑승하다 due to ~ 때문에 bad weather condition 악천후 inconvenience 불편 accommodation 숙박 시설 shuttle bus 셔틀버스 representative 직원 sincerely 진심으로 apologize 사과하다 absent 부재한, 결석한 complimentary 무료의 partial 일부의, 부분적인

7 Where is this announcement most likely being made?
(A) At a train station
(B) On a plane
(C) In a hotel lobby
(D) At an airport

어디서 이 알림이 나오고 있을 것 같은가?
(A) 기차역
(B) 비행기
(C) 호텔 로비
(D) **공항**

해설 안내문에서 Where 질문은 화자가 말하고 있는 공간을 물어보는 경우다. Attention all passengers waiting to board Thai Air Flight 301 to Singapore.에서 알 수 있듯이 공항에서 안내 방송을 하고 있다. 안내문의 목적 및 장소는 많은 경우가 전반부에 제시되므로 놓치지 말아야 한다.

8 What is the cause of the problem?
(A) Weather conditions
(B) Mechanical problems
(C) Absent employees
(D) Heavy traffic

문제의 원인은 무엇인가?
(A) **기상 상태**
(B) 기계적 문제

(C) 결근한 직원들
(D) 교통 체증

해설 안내문을 듣는 사람들에게 문제가 발생했음을 알리고 있다. bad weather conditions at Singapore Airport로 도착하는 공항 기상 상태로 비행기가 취소되었음을 알 수 있다.

9 What is provided for these customers?
(A) Hotel accommodations
(B) Complimentary beverages
(C) Partial refunds
(D) Seating upgrades

손님들에게 무엇이 제공되는가?
(A) 호텔 숙박
(B) 무료 음료
(C) 부분적인 환불
(D) 좌석 업그레이드

해설 we will be providing hotel accommodation and shuttle bus services for those in need에서 비행기편 취소로 인해 원하는 고객분들에게 호텔과 셔틀버스 서비스가 가능하다고 말하고 있다. 따라서 정답은 (A)이다.

`10-12` refer to the following announcement. 미M

Good evening everyone, and thank you for coming to the Premier Music Theater. Before our concert begins, we'd like to tell you about some important theater regulations. First, food and beverages should not be taken into the theater, and we ask you to turn off your mobile phones. Also, photographs are not allowed at any time during the performance. If you'd like to take pictures of the musicians, please wait until the end of the concert. We'd appreciate if you follow the rules. And don't forget to pick up a schedule of the upcoming music events at the Premier Music Theater. They're all available at the information desk near the entrance.

모두 안녕하세요, 프리미어 뮤직 시어터에 오셔서 감사드립니다. 저희 콘서트가 시작하기 전, 여러분에게 몇 가지 중요한 극장 규정을 말씀드리겠습니다. 먼저, 음식과 음료는 극장으로 반입이 금지되고, 여러분들께서 가지고 계신 휴대폰은 꺼 주시기를 부탁드립니다. 또한 공연 중 사진 촬영은 어느 때이건 허용되지 않습니다. 만일 음악가들의 사진을 찍고 싶으시면, 콘서트가 끝날 때까지 기다려 주시기 바랍니다. 이 규칙들은 지켜 주시면 감사하겠습니다. 그리고 저희 프리미어 뮤직 시어터의 다음 음악 행사 일정을 가지고 가시는 것을 잊지 마십시오. 그것들은 입구 근처에 있는 안내 데스크에서 이용하실 수 있습니다.

어휘 regulation 규칙 beverage 음료 turn off ~을 끄다 be allowed 허용되다 performance 공연 appreciate 감사하다 upcoming 다가오는, 곧 있을 entrance 입구 exhibit 전시회 framed 액자에 넣은

10 Where is this announcement most likely taking place?
(A) At a photography exhibit

(B) At a music concert
(C) At a movie theater
(D) At a store opening

이 안내는 어디에서 일어날 것 같은가?
(A) 사진 전시회
(B) 음악 공연
(C) 영화관
(D) 상점 개점

해설 안내문이 어디에서 방송되고 있는지 묻는 문제이다. thank you for coming to the Premier Music Theater에서 음악 공연장에서 방송되고 있음을 알 수 있다. Theater라고 해서 (C)로 답을 혼돈하면 안 된다.

11 What is the main reason for this announcement?
(A) To list upcoming events
(B) To welcome a photographer
(C) To request proper behavior
(D) To introduce team members

이 안내의 주된 이유는 무엇인가?
(A) 다가오는 행사들을 말해 주려고
(B) 사진작가들을 환영하려고
(C) 적당한 행동들을 요청하려고
(D) 팀 멤버들을 소개하려고

해설 안내문의 목적을 묻고 있는 문제로 전반부의 내용을 주의 깊게 듣자. we'd like to tell you about some important theater regulations.에서 공연을 보기에 앞서서 주의해야 할 규칙에 대해 말하고 있으므로 (C)가 정답이다.

12 According to this announcement, what is available at the front entrance?
(A) Framed pictures
(B) Food and beverages
(C) An event schedule
(D) Product samples

이 안내에 따르면, 정문에서 무엇이 이용 가능한가?
(A) 액자 사진
(B) 음식과 음료
(C) 행사 일정
(D) 상품 견본

해설 세부 사항을 묻는 문제로 And don't forget to pick up a schedule of the upcoming music events at the Premier Music Theater. They're all available at the information desk near the entrance.라고 하므로 (C)가 정답이다

17 라디오 방송 · 뉴스 리포트

비법 적용 연습 본문 p.140

1 (C)	2 (D)	3 (C)	4 (C)	5 (A)	6 (C)
7 (A)	8 (C)	9 (A)	10 (C)	11 (D)	12 (D)

1-3 refer to the following radio broadcast. [미W]

Good morning and welcome to the Sunday Morning Health Tips on KNGV radio. I'm your host, Jessica Barns. It's been a cold winter and we are all looking for ways to prevent a cold. Today in our studio, we have Dr. Francis Shultz, a medical director at Saint Maria Hospital. He's going to give us some tips on how to deal with cold weather. For example, wearing light clothes in many layers so as not to lose heat from your body, and eating vitamin C to keep your immunities strong. In addition, he will also tell us about his book on *How to Survive in Winter*, which has been a bestseller for years. Dr. Shultz, good morning and welcome to our studio.

안녕하세요. KNGV 라디오의 일요일 아침 건강 정보에 오신 것을 환영합니다. 저는 진행자 제시카 반스입니다. 정말 추운 겨울이고 우리는 추위를 막을 방법들을 찾고 있습니다. 오늘 우리 스튜디오에 세인트 마리아 병원 원장님이신 프랜시스 슐츠 박사님께서 나와 주셨습니다. 그는 추운 날씨에 대처할 수 있는 유용한 정보를 주실 겁니다. 예를 들면, 몸에서 열을 잃지 않기 위해서 얇은 옷을 여러 겹 입는다든지, 면역력을 높이기 위해 비타민 C를 먹는 것과 같은 것들입니다. 게다가, 그는 또한 그의 베스트셀러인 〈겨울에 생존하는 법〉에 대해 말해 주실 겁니다. 그것은 몇 년 동안이나 베스트셀러입니다. 슐츠 박사님, 안녕하세요. 저희 스튜디오에 오신 것을 환영합니다.

어휘 prevent 막다, 예방하다 medical director 병원장 deal with 대처하다 layer 겹 immunity 면역력 in addition 게다가 survive 생존하다, 살아남다 stay away from ~을 피하다 body temperature 체온 stay indoors 실내에서 머무르다 weather report 일기예보

1 What is the main topic of the program?
(A) How to become a medical director
(B) How to choose the right vitamins
(C) How to stay away from a cold
(D) How to check your body temperature

프로그램의 주제는 무엇인가?
(A) 병원장이 되는 법
(B) 맞는 비타민을 고르는 법
(C) 감기를 예방하는 법
(D) 체온을 확인하는 법

해설 목적을 묻는 문제로 It's been a cold winter and we are all looking for ways to prevent a cold.에서 추운 겨울에 감기를 예방하는 방법에 대해 설명하고 있으므로 (C)가 정답이다.

2 What does the speaker mention as a way of dealing with the winter cold?
(A) Staying indoor
(B) Enjoying winter sports
(C) Wearing thick clothes
(D) Taking vitamin C

화자가 추위를 대처하는 법으로 언급한 것은 무엇인가?
(A) 실내에 머물기
(B) 겨울 스포츠 즐기기
(C) 두꺼운 옷 입기
(D) 비타민 C 섭취하기

해설 세부 사항을 묻는 문제로 eating vitamin C to keep your immunities strong이라고 말하며 비타민 C 섭취를 제안하고 있다.

3 What will the listener probably hear next?
(A) A weather report
(B) Some travel advice
(C) An interview
(D) An advertisement

청취자들은 다음에 무엇을 들을 것인가?
(A) 일기예보
(B) 몇몇 여행 정보
(C) 인터뷰
(D) 광고

해설 다음에 벌어질 상황을 추론하는 문제로 대부분 마지막에 정답이 있다. Dr. Shultz, good morning and welcome to our studio.에서 의사가 나와 인터뷰할 것을 추론할 수 있다.

4-6 refer to the following news report. [영M]

This is Tim Schaffer for your traffic report. If you're on the roads listening to this, you are already aware that traffic is pretty much a mess everywhere. On Interstate Highway 4, it crawls from downtown to the county line. Cars crossing the lake on Route 50 are stuck both east and west bound. Highway 17 is slow through the city, mainly because of the baseball game scheduled at 6 P.M. There is an injury accident on Main Street downtown, causing a 15-minute backup for cars waiting to get onto the freeway. This has been Tim Schaffer with your 5 P.M. traffic update. Our next traffic report will be in half an hour.

당신을 위한 교통 방송의 팀 세퍼입니다. 만약 당신이 운전 중에 이것을 듣는다면, 교통이 여기저기서 엉망진창이라는 것을 알고 계실 겁니다. 4번 주간 고속도로에서는 시내부터 주 경계선까지 기어가고 있습니다. 50번 길에서 호수를 건너는 차량들은 동서쪽 양방향 모두 정체 상태입니다. 17번 고속도로는 오후 6시로 예정된 야구 경기 때문에 서행 중입니다. 시내 중심가에서 부상 사고가 일어나서 고속도로에 진입하려는 차량들이 15분간 대기해야 합니다. 오후 5시 교통 방송의 팀 세퍼였습니다. 다음 교통 뉴스는 30분 후에 있을 것입니다.

어휘 traffic report 교통 방송 안내 aware 인지하다 mess 정신없는 상태 interstate 주와 주 사이의, 주간의 highway 고속도로 crawl 기다 stuck 꽉 막힌 bound ~행의 injury 부상 backup 지원 freeway 고속도로 passenger 승객 strike 파업 construction 공사 blackout 정전

4 Who is most likely listening to the report?
(A) Baseball fans
(B) Students
(C) Vehicle drivers
(D) Subway passengers

이 보고를 주로 듣는 사람은 누구인가?
(A) 야구팬들
(B) 학생들
(C) 차량 운전자들
(D) 지하철 승객들

해설 라디오 방송으로 청취자들에게 교통 정보를 주고 있다. 방송의 첫 부분에 If you're on the roads listening to this라고 하고 있기 때문에 청취자는 차량 운전자들임을 알 수 있다. 따라서 정답은 (C)이다.

5 What issue is mentioned?
(A) An accident in a downtown area
(B) A highway workers' strike
(C) Construction on Interstate Highway 4
(D) A big sales event in the city

어떤 문제가 언급되었는가?
(A) 시내 지역의 사고
(B) 고속도로 노조의 파업
(C) 4번 주간 고속도로의 건설
(D) 도시의 큰 세일 행사

해설 There is an injury accident on Main Street downtown 이라고 했으므로 정답은 (A)이다.

6 What is scheduled to happen at 5:30 P.M.?
(A) A Main Street accident
(B) City blackouts
(C) A new traffic update
(D) A baseball game

오후 5시 30분에 예정된 것은 무엇인가?
(A) 중심가의 사고
(B) 도시 정전
(C) 새로운 교통 속보
(D) 야구 경기

해설 라디오 방송의 마지막 부분에 This has been Tim Schaffer with your 5 P.M. traffic update. Our next traffic report will be in half an hour.라고 하므로 정답은 (C)이다.

7-9 refer to the following broadcast. 호W

Good morning. This is Maria Robelo of the Art and Music Review. There are some highlights from today's program, which will be on air after breaking news. A professor of architecture, Ronald Blum, joins us today. He will be telling us about the new civic center under construction at the moment. And Phil Smith, music director of the California Symphony Orchestra, will also be with us. Mr. Smith will talk about upcoming events, including an exciting international tour and a regular concert. So don't go away. We'll be right back soon with stories of music and art after the commercial break.

안녕하세요. 저는 아트 앤 뮤직 리뷰의 마리아 로벨로입니다. 뉴스 속보 이후에 방송될 오늘의 프로그램으로부터 몇 가지 하이라이트가 있습니다. 건축 교수 로날드 블룸이 오늘 저희와 함께하실 겁니다. 그는 우리에게 지금 공사 중인 새 시민회관에 대해 말씀해 주실 겁니다. 그리고 캘리포니아 심포니 오케스트라의 관리자 필 스미스가 저희와 함께하실 겁니다. 스미스 씨는 흥미로운 국제 순회공연과 정기공연을 포함한 다가올 행사들에 대해서 말씀해 주실 겁니다. 그러니 떠나지 마세요. 저희는 광고 후에 음악과 미술 이야기들로 곧 돌아오겠습니다.

어휘 highlight 하이라이트 breaking news 뉴스 속보 professor 교수 architecture 건축 civic center 시민회관 upcoming 다가오는 international 국제적인 regular 정기의 commercial 상업적인 break (텔레비전·라디오 프로 중간의) 광고 travel agent 여행사 직원 art critic 예술 평론가 travel report 여행 정보 보도

7 What is the focus of the program being announced?
(A) Music and art
(B) A city building
(C) Travel and vacation
(D) International relations

소개되는 프로그램의 초점은 무엇인가?
(A) 음악과 미술
(B) 도시 건물
(C) 여행과 휴가
(D) 국제 관계

해설 라디오 방송의 목적을 묻는 문제로 대부분 초반부에 정답이 있다. This is Maria Robelo of the Art and Music Review라 하므로 정답은 (A)이다.

8 Who is Phil Smith?
(A) A travel agent
(B) A newscaster
(C) An orchestra member
(D) An art critic

필 스미스는 누구인가?
(A) 여행사 직원
(B) 뉴스캐스터
(C) 교향악단 멤버
(D) 예술 평론가

해설 Phil Smith, music director of the California Symphony Orchestra, will also be with us.에서 (C) 교향악단 멤버임을 알 수 있다.

9 What will be broadcast next?
(A) An advertisement
(B) A travel report
(C) A musical performance
(D) A book review

다음에 무엇이 방송될 것인가?
(A) 광고
(B) 여행 정보 보도
(C) 음악 공연
(D) 도서 비평

해설 방송 이후 내용에 대해 물어보고 있다. We'll be right back soon with the stories of music and art after the commercial break.로 이후에 광고가 나갈 것임을 추론할 수 있다.

10-12 refer to the following news report. 미M

Today's main news is the unexpected temperature drop this week. According to the local news report, the freezing temperatures are affecting the city's water system. The cold temperatures have caused such extensive damage that the two pipes in Jackson City are broken. One is beside the Star Theater downtown and the other is along Maple Street. Due to the break, Maple Street has been closed to the public. All drivers, including pedestrians traveling to that area, are advised to take an alternate route, either Orange Street or 7th Street, until the road repair is completed. Similar cold weather is expected tomorrow and Thursday. That's not all. The temperature will drop even lower during the weekend. So don't expect to be relieved from these conditions until the end of this week. Now, stay tuned. We'll be right back after today's business and financial update.

오늘의 주요 뉴스는 이번 주의 예기치 않은 기온 하락입니다. 지역 뉴스 보도에 따르면, 매우 낮은 기온이 도시의 상수도에 영향을 끼치고 있습니다. 차가운 기온이 꽤나 대규모의 손상을 끼쳐서 잭슨 시티에서 두 개의 파이프가 터졌습니다. 하나는 시내의 스타 영화관 옆이었고, 다른 것 하나는 메이플 가를 끼고 있던 것이었습니다. 이 파손 때문에, 메이플 가는 일반인 출입이 금지되었습니다. 보행자를 포함하여 이 지역을 이동하는 모든 운전자들은 도로 보수가 완료될 때까지 오렌지 가나 7번 가와 같은 대체 도로를 이용하시기 바랍니다. 비슷한 추운 날씨가 내일과 목요일에도 예정되어 있습니다. 그것이 전부가 아닙니다. 주말에는 기온이 훨씬 더 낮게 떨어질 것으로 보입니다. 그래서 이번 주말까지는 이러한 날씨가 풀릴 것을 기대하지 마시기 바랍니다. 자, 주파수를 고정해 주세요. 저희는 오늘의 비즈니스 및 금융 소식 이후에 바로 돌아오겠습니다.

어휘 unexpected 예기치 않은 freezing 매우 추운 temperature 기온, 온도 affect 영향을 끼치다 extensive 광범위한 break 파손 public 대중 pedestrian 보행자 alternative route 대체 도로 relieve 완화하다 electrical line 전선

10 What is causing the problem?
(A) A damaged electrical line
(B) Heavy traffic
(C) Cold weather
(D) Building construction

무엇이 문제를 일으키고 있는가?
(A) 손상된 전선
(B) 교통 체증
(C) 추운 날씨
(D) 건물 건설

해설 세부 사항을 묻는 문제이다. The cold temperatures have caused such extensive damage that the two pipes in Jackson City are broken.으로 추운 기온으로 수도관이 터졌다는 것을 말하고 있으므로 (C)가 정답이다.

11 What does the speaker suggest?
(A) Driving slowly
(B) Leaving for work early
(C) Staying indoors
(D) Taking a different route

화자는 무엇을 제안하는가?
(A) 천천히 운전할 것
(B) 출근을 일찍 할 것
(C) 실내에 머무를 것
(D) 다른 길을 택할 것

해설 either Orange Street or 7th Street, until the road repair is completed에서 수도관 손상으로 인해 다른 길을 선택할 것을 제안하고 있으므로 정답은 (D)이다.

12 When are the temperatures expected to drop further?
(A) On Wednesday
(B) On Thursday
(C) On Friday
(D) On Saturday

언제 기온이 더 떨어질 것으로 예상되는가?
(A) 수요일
(B) 목요일
(C) 금요일
(D) 토요일

해설 The temperature will drop even lower on the weekend.에서 이번 주말 기온이 더 떨어질 것에 대해 말하고 있으므로 (D)가 정답이다.

Day 18 전화 메시지 · 녹음된 메시지

● 비법 적용 연습 　　　　　　　　　본문 p.146

| 1 (A) | 2 (D) | 3 (B) | 4 (C) | 5 (A) | 6 (B) |
| 7 (B) | 8 (C) | 9 (C) | 10 (C) | 11 (A) | 12 (B) |

1-3 refer to the following message. (영M)

Hi, Mr. Reed. This is Roy Fernandez from Quick and Fast Delivery. I'm calling about a price estimate on a delivery you requested yesterday. In order to get an accurate price, we need more details about your packages. First of all, please let us know the exact measurements of your packages, because our prices vary by size. Second, we have three different delivery options you can choose from. But in your case, First Class Royal Mail delivery will best suit your needs and this will cost you additional $10, which is the cheapest rate in the industry. If you are in a hurry, we have an air mail service you can use for as low as $40. As soon as we get this information, we'll get an estimate sent to you. Thank you for using our service.

리드 씨, 안녕하세요. 저는 퀵 앤 패스트 딜리버리의 로이 페르난데스입니다. 당신이 어제 문의하신 가격 견적에 대해서 전화드렸습니다. 정확한 가격 견적을 위해, 소포에 대해 좀 더 자세한 사항들이 필요합니다. 먼저, 소포의 정확한 치수를 알려 주세요. 왜냐하면 저희의 가격은 사이즈에 따라 다르거든요. 두 번째로, 저희는 선택 가능한 세 가지의 다른 배송 옵션이 있습니다. 그러나 당신의 경우, 퍼스트 클래스 로얄 메일 배송이 필요에 딱 적합할 것이고, 업계에서 가장 저렴한 10달러를 추가로 지불하면 될 것입니다. 서두른다면, 저희는 아주 저렴한 40달러에 이용 가능한 항공 우편 서비스도 제공합니다. 이 정보를 받는 즉시, 견적서를 당신에게 보내 드리도록 하겠습니다. 저희 서비스를 이용해 주셔서 감사합니다.

어휘 delivery 배송　estimate 견적　in order to ~하기 위해서　accurate 정확한　first of all 무엇보다도　measurements 치수　vary 다르다　suit 적합하다, 알맞다　cost 비용이 들게 하다　be in a hurry 서두르다　preference 선호　reasonable 합리적인　reliable 신뢰할 만한

1 What did Mr. Reed request?
(A) A price estimate
(B) The size of the items
(C) The number of packages
(D) An airplane ticket

리드 씨는 무엇을 요청했는가?
(A) 가격 견적
(B) 물건의 사이즈
(C) 소포의 수
(D) 항공 티켓

해설 I'm calling about a price estimate on a delivery you requested yesterday.에서 리드 씨가 가격 견적을 문의했다고 하므로 정답은 (A)이다.

2 What additional information must Mr. Reed provide?
(A) A mailing address
(B) A payment method
(C) A contact number
(D) A delivery preference

리드 씨는 어떤 추가 정보를 제공해야 하는가?
(A) 메일 주소
(B) 지불 방법
(C) 연락처
(D) 선호하는 배송

해설 본문에서 화자가 요구하는 정보는 두 가지이다. 첫 번째는 소포의 정확한 치수(please let us know the exact measurements of your packages), 두 번째는 배송 옵션(we have three different delivery options you can choose from)이므로 정답은 (D)이다.

3 What does the caller say about First Class Royal Mail?
(A) It's fast.
(B) It's reasonable.
(C) It's reliable.
(D) It's popular.

발신자는 퍼스트 클래스 로얄 메일에 대해 뭐라고 하는가?
(A) 빠르다.
(B) 가격이 합리적이다.
(C) 신뢰할 만하다.
(D) 인기가 있다.

해설 퍼스트 클래스 로얄 메일에 대해 언급한 구절에서 필요에 가장 적합하고 업계에서 가장 저렴한 가격(First Class Royal Mail delivery will best suit your needs and this will cost you additional $10, which is the cheapest rate in the industries)이라고 언급하고 있으므로 정답은 (B)이다.

4-6 refer to the following telephone message. (미W)

Hi, this is Debby Schemitz from HK Airline. I am returning your call from the Customer Service Center. I'm happy to inform you that we've found your luggage from flight 482. We will deliver it to the Sonoma Hotel directly. I believe you're staying there while you visit Hong Kong. It should be there before 7 P.M. this evening and therefore you can get your luggage back before you check out of the hotel tomorrow morning. Should you have any concerns or questions, please contact me at 1-800-452-0387. Please accept my apologies for any inconvenience this may have caused you. We hope you will choose HK Airline again in the near future and have a wonderful time in Hong Kong.

안녕하세요, 저는 HK 에어라인의 데비 슈미츠입니다. 고객 서비스 센터의 전화에 대한 답변입니다. 482편 항공에서 고객님의 짐을 발견했다는 것을 알려 드리게 되어 기쁩니다. 소노마 호텔로 즉시 배달해 드리겠습니다. 저희는 고객님이 홍콩에 방문할 동안 그곳에 묵으시는 것으로 알고 있습니다. 오늘 저녁 7시 전까지 도착할 것이며, 따라서 내일 아침 호텔에서 나가기 전에 짐을 되돌려 받으실 수 있습니다. 우려나 질문이 있으시면 1-800-452-0387로 연락해 주세요. 고객님께 발생했을 불편함에 대한 사과를 받아주시기 바랍니다. 고객님이 가까운 미래에 HK 에어라인을 다시 선택해 주시기를 바라며 홍콩에서 멋진 시간을 보내기를 기원합니다.

어휘 luggage 수화물 directly 즉시 concern 걱정, 염려
inconvenience 불편 voucher 할인권

---

4 What is the woman calling about?
(A) A document
(B) A flight voucher
(C) A piece of baggage
(D) A flight ticket

여자는 무슨 일로 전화했는가?
(A) 서류
(B) 항공 상품권
(C) 수화물 한 점
(D) 항공권

해설 전화 메시지의 주제를 찾는 유형으로 지문에서 I'm happy to inform you that we've found your luggage from flight 482.라고 하고 있기 때문에 정답은 (C)임을 알 수 있다.

5 Where will the listener receive the luggage?
(A) At the hotel
(B) At the airport
(C) At the office
(D) At the agency office

청자는 어디서 짐을 받을 것인가?
(A) 호텔
(B) 공항
(C) 사무실
(D) 대리점

해설 지문에서 We will deliver it to the Sonoma Hotel directly.라고 언급했기 때문에 정답은 (A)이다.

6 When will the listener receive the shipment?
(A) This afternoon
(B) This evening
(C) Tomorrow morning
(D) Tomorrow afternoon

청자는 언제 배달을 받을 것인가?
(A) 오늘 오후
(B) 오늘 저녁
(C) 내일 오전
(D) 내일 오후

해설 지문의 중간 부분에 It should be there before 7 P.M. this evening이라고 했기 때문에 정답은 (B)이다.

7-9 refer to the following telephone message. 미|M

Hello. The plumber from A-1 Plumbing just contacted the central office regarding the water leak in the parking lot, east of the headquarters building. He reports that a central water main has broken and the initial estimate for repair is $2,500 to $3,000, depending on the severity of the pipe burst. The reason the repair is so expensive is due to heavy equipment that costs $800 for one day use. It will require a backhoe and paving equipment to complete the job. The job will take at least two days to complete and the water supply will be turned off during this time.

안녕하세요. A-1 플러밍의 배관공이 본사 빌딩 동쪽에 있는 주차장의 누수 때문에 중앙 사무소에 연락을 했습니다. 그는 중앙 급수본관이 부서졌다고 보고했고 파손 정도에 따라서 수리비를 2,500에서 3,000달러로 초기 추정했습니다. 수리가 너무 비싼 이유는 중장비 때문입니다. 그리고 이 중장비는 하루 이용에 800달러의 비용이 듭니다. 일을 마치는 데 굴착기와 포장 기계가 필요합니다. 이 일은 마치는 데 최소한 이틀이 걸리고 물 공급이 이 기간 동안 중단될 것입니다.

어휘 plumber 배관공 central office 본사 regarding ~에 대해
water leak 누수 parking lot 주차장 headquarters 본사
initial 초기의 depending on ~에 따라 severity 심각성
pipe burst 배관 폭발 backhoe 굴착기 water supply 급수
sewage 하수 overtime pay 초과 근무 수당 security
service 보안 서비스

---

7 What is the purpose of the call?
(A) Reporting on a sewage leak
(B) Reporting on a water leak
(C) Reporting on concrete work
(D) Reporting on electrical problems

전화의 목적은 무엇인가?
(A) 하수구 누수를 알리기 위해
(B) 물 누수를 알리기 위해
(C) 콘크리트 작업을 알리기 위해
(D) 전기 문제를 알리기 위해

해설 전화의 앞부분에 The plumber from A-1 Plumbing just contacted the central office regarding the water leak in the parking lot, east of the headquarters building이라고 하고 있기 때문에 정답은 (B)이다.

8 What is the estimated cost of the repairs?
(A) $800
(B) $2,000-2,500
(C) $2,500-3,000
(D) $4,000

수리를 위해 예상된 견적은 얼마인가?
(A) $800
(B) $2,000-2,500
(C) $2,500-3,000
(D) $4,000

해설 전반부에 수리에 드는 예상 비용으로 He reports that a central water main has broken and the initial estimate for repair is $2,500 to $3,000, depending on the severity of the pipe burst.라고 하므로 정답은 (C)이다.

9 Why are the repairs so high?
(A) The cost of plumbers is high.
(B) It will require overtime pay.
(C) It will require heavy equipment.
(D) It will require security services.

수리를 위해 돈이 많이 드는 이유는 무엇인가?
(A) 배관공 비용이 비싸다.
(B) 야간 비용이 필요할 것이다.
(C) 중장비가 필요할 것이다.
(D) 보안 서비스가 필요할 것이다.

해설 비용이 비싼 이유로 The reason the repair is so expensive is due to heavy equipment that costs $800 for one day use.라고 했기 때문에 정답은 (C)이다.

10-12 refer to the following telephone message. (호W)

Hello, Mr. Yamada. This is Jenny Kang from Panorama Publishing. We are supposed to meet tomorrow and discuss the details of the new English textbook for children. But I'm sorry to tell you that we will have to rearrange the schedule. I was unexpectedly asked to attend a book fair in Paris tomorrow. The person who was supposed to go to the book fair accidentally broke his leg, so now I am the only person available for it. I have to leave early in the morning for the flight tomorrow. I am really sorry about having to put you in an inconvenient situation. My return flight will arrive late Thursday. Would you mind letting me know if you're available Friday next week or when it will be convenient for you to meet me? The best way to reach me is by email. Mr. Yamada, I apologize for the inconvenience. I look forward to hearing from you soon.

야마다 씨, 안녕하세요. 저는 파노라마 출판사의 제니 강입니다. 우리는 내일 만나서 아이들을 위한 새 영어 교과서의 세부 사항들에 대해 논의하기로 되어 있습니다. 그런데 죄송하지만 우리가 일정을 다시 잡아야 한다는 말씀을 드려야 할 것 같습니다. 예기치 않게, 저는 내일 파리에서 있는 도서 박람회에 참가해 달라는 부탁을 받았습니다. 그 도서 박람회에 가기로 되어 있던 사람이 사고로 다리가 골절되어서 제가 거기에 갈 만한 유일한 사람입니다. 저는 내일 아침 일찍 비행기를 타러 떠나야 합니다. 당신을 불편한 상황에 처하게 해 드려서 정말 죄송합니다. 제 귀국 비행기는 목요일 늦게 도착합니다. 다음 주 금요일에 가능하신지, 아니면 언제가 저를 만나기 편하신지 알려 주시겠습니까? 이메일로 연락하시는 것이 가장 좋을 것 같습니다. 야마다 씨, 불편을 끼친 것에 사과드립니다. 당신 연락을 기다리고 있겠습니다.

어휘 be supposed to ~해야만 하다 discuss 논의하다 rearrange 재조정하다 unexpectedly 예기치 않게 accidentally 우연히 leave for ~으로 떠나다 fair 박람회 convenient 편리한 inconvenience 불편 make a plan 계획을 세우다 enroll 등록하다 revise 조정하다 branch office 지사

10 Why has the woman called Mr. Yamada?
(A) To make a plan
(B) To enroll a class
(C) To reschedule an appointment
(D) To order textbooks

왜 여자가 야마다 씨에게 전화를 했는가?
(A) 계획을 잡으려고
(B) 수업에 등록하려고
(C) 약속을 재조정하려고
(D) 교과서를 예약하려고

해설 네 번째 문장에서 메시지를 남기는 이유가 스케줄을 재조정하기 위함(But I'm sorry to tell you that we will have to rearrange the schedule)임을 밝히고 있다. 이후 본인의 일정에 대해서 언급하고 언제가 편한지를 묻고(Would you mind letting me know if you're available Friday next week or when it will be convenient for you to meet me?) 있으므로 정답은 (C)이다.

11 What will the woman do tomorrow?
(A) Go on a business trip
(B) Go to her school
(C) Revise a proposal
(D) Meet with clients

여자는 내일 무엇을 할 것인가?
(A) 출장을 떠난다.
(B) 자신의 학교에 간다.
(C) 제안을 수정한다.
(D) 고객과 만난다.

해설 내용에서 박람회를 위해 떠난다(I have to leave early in the morning for the flight tomorrow)고 밝히고 있으므로 정답은 (A)이다.

12 What does the woman ask Mr. Yamada to do?
(A) Visit a branch office
(B) Send an email
(C) Call her assistant
(D) Mail a proposal

여자는 야마다 씨에게 무엇을 요구하는가?
(A) 지사를 방문할 것
(B) 이메일을 보낼 것
(C) 그녀의 조수에게 전화할 것
(D) 제안서를 보낼 것

해설 지문 후반부에 이메일로 연락하는 것이 가장 좋다(The best way to reach me is by email)고 말하고 있으므로 정답은 (B)이다.

19 회의 · 연설

○ 비법 적용 연습 본문 p.152

1 (C)	2 (C)	3 (C)	4 (A)	5 (C)	6 (C)
7 (D)	8 (B)	9 (A)	10 (C)	11 (D)	12 (B)

1-3 refer to the following talk. [미M]

Good afternoon, ladies and gentlemen. My name is Larry Keith. I am currently working at the Public Affairs Department at the NC Computer Co. I want to take this opportunity to introduce our motivational speaker to you this evening. His name is Roy Smith, best known for his creation of a Fortune 500 company. He started a software business in the basement of his own home and sold it for 2.5 billion dollars. His story is inspirational for us all. He went from a man barely able to pay his bills to one of the richest men in the country. He is now on the lecture circuit, inspiring people all over the world to succeed and follow their dreams. His story is not just about inspiration, but the concrete steps needed to get there. Now, please welcome Mr. Roy Smith!

안녕하십니까, 신사 숙녀 여러분. 제 이름은 래리 키스입니다. 저는 현재 NC 컴퓨터 회사의 홍보부에서 일하고 있습니다. 저는 오늘 밤, 이번 기회를 저희 동기부여 연설가에 대해 소개하는 데 사용하려 합니다. 그의 이름은 로이 스미스이며, 포춘 500개 사를 만든 것으로 유명하죠. 그는 집의 지하실에서 소프트웨어 사업을 시작했고 25억 달러에 그것을 팔았습니다. 그의 이야기는 모두에게 자극을 줍니다. 그는 고지서 납부를 거의 할 수 없는 상태에서 시작해서, 나라에서 가장 부유한 사람 중 하나가 되었습니다. 그는 이제 순회강연을 하면서, 전 세계 사람들에게 성공과 꿈을 펼치는 법에 대해 영감을 주고 있습니다. 그의 이야기는 단지 영감에 관한 것이 아닙니다. 거기에 도달하기 위해 필요한 구체적인 단계에 관한 것입니다. 그럼 이제, 로이 스미스 씨를 환영해 주십시오!

어휘 currently 현재 opportunity 기회 motivational 동기를 부여하는 known for ~으로 알려진 inspirational 영감을 주는 barely 거의 ~ 않는 lecture 강연 circuit 순회 inspiration 영감 concrete 구체적인 lecturer 강연자 government official 국가 공무원, 정부 관리 attendee 참가자

1 What is the purpose of the talk?
(A) To describe a special policy
(B) To introduce a new member of a company
(C) To introduce a lecturer
(D) To advertise a new computer program

이 발표의 목적은 무엇인가?
(A) 특별 정책에 대한 묘사
(B) 회사의 새로운 멤버 소개

(C) 강연자 소개
(D) 새로운 컴퓨터 프로그램 광고

해설 목적은 전반부에 제시되고 있으며 I want to take this opportunity to introduce our motivational speaker to you this evening.이라고 하고 있기 때문에 정답은 (C)이다.

2 Who is introducing the speaker?
(A) A government official
(B) The president of NC Computer Co.
(C) The employee of NC Computer Co.
(D) An editor of Business Magazine

누가 강연자를 소개하고 있는가?
(A) 정부 관리
(B) NC 컴퓨터 회사의 회장
(C) NC 컴퓨터 회사의 직원
(D) 비즈니스 매거진의 편집자

해설 지문에서 I am currently working at the Public Affairs Department at the NC Computer Co.라고 하고 있으므로 정답은 (C)이다.

3 What will probably happen next?
(A) The attendees will ask questions.
(B) The conference will end.
(C) The speaker will appear on the stage.
(D) The audience will have a short break.

다음에 어떤 일이 벌이질 것인가?
(A) 참석자들이 질문할 것이다.
(B) 회의가 끝날 것이다.
(C) 강연자가 무대를 등장할 것이다.
(D) 청중들이 잠깐 휴식을 취할 것이다.

해설 지문의 마지막 부분에서 Now, please welcome Mr. Roy Smith!라고 하고 있기 때문에 연설자가 무대 위로 등장할 것임을 추론할 수 있다. 따라서 정답은 (C)이다.

4-6 refer to the following talk. [미W]

Good morning, everyone. I'd like to extend a warm welcome to Nancy Willis, our new senior editor before we get started with our meeting. She began her career as a staff writer at the *Florida Daily*. Then, she joined the *Seattle Post* 13 years ago and worked there as a staff editor before joining us. We're very lucky to have her here at the *New York Post*. I have no doubt that she'll do a great job here as well. The only thing that I'm worried about, Nancy, is the weather. The weather on the east coast is a lot colder and winter is definitely longer than on the west coast. Anyway, let's give Nancy Willis a warm welcome. Nancy, could you come up to the podium?

여러분 안녕하세요. 저는 우리의 회의를 시작하기 전에, 새 선임 편집자인 낸시 윌리스 씨에게 따뜻한 환영을 해 주고 싶습니다. 그녀는 플로리다 데일리에서 기자로 일을 시작했습니다. 그 후, 그녀는 13년 전, 시애틀 포스트에 입사했고 우리와 함께하기 전 편집자로 일을 해 왔습니다. 여기 뉴욕 포스트에서 그녀와 일을 하게 되는 것은 행운입니다. 그녀가 여기서도 역시 잘 해낼 거라는 것에 아무런 의심이 없습니다. 제가 낸시에 대해 걱정하는 유일한 한 가지는 날씨입니다. 동부 연안의 날씨는 훨씬 춥고 겨울은 서부 연안 쪽보다 확실히 깁니다. 어쨌든, 낸시 윌리스 씨를 따뜻하게 환영해 줍시다. 낸시, 단으로 올라와 주시겠습니까?

어휘 extend a welcome to ~을 환영하다 staff writer 전속작가, 기자 doubt 의심 definitely 확실히 anyway 어쨌든 podium 단상 publicize 광고하다 real estate agent 부동산 중개업자

4 What is the purpose of the talk?
(A) To welcome a new colleague
(B) To give the weather forecast
(C) To publicize a job opening
(D) To promote a newspaper

이 연설의 목적은 무엇인가?
(A) 새 동료를 환영하려고
(B) 기상 예보를 하려고
(C) 일자리를 광고하려고
(D) 신문을 홍보하려고

해설 두 번째 문장에서 새로운 편집자를 환영한다(I'd like to extend a warm welcome to Nancy Willis, our new senior editor)고 언급하면서 낸시에 대해 소개하고 있으므로 정답은 (A)이다.

5 Who is Nancy Willis?
(A) A television reporter
(B) A real estate agent
(C) A newspaper editor
(D) A movie actress

낸시 윌리스는 누구인가?
(A) 텔레비전 기자
(B) 부동산 매매 중개인
(C) 신문 편집자
(D) 영화배우

해설 초반부에서 편집자(I'd like to extend a warm welcome to Nancy Willis, our new senior editor)라고 소개하고 이전에도 신문 편집자로 일해 왔다(She began her career as a staff writer at the *Florida Daily*. Then, she joined *Seattle Post* 13 years ago and worked there as a staff editor before joining us.)고 언급하고 있으므로 정답은 (C)이다.

6 What is the speaker worried about?
(A) The heavy traffic
(B) The strict deadlines
(C) The cold weather
(D) The working hours

화자가 걱정하는 것은?
(A) 교통 혼잡

(B) 엄격한 마감 시한
(C) 추운 날씨
(D) 근무 시간

해설 낸시에 대해 걱정하는 것은 날씨(The only thing that I'm worried about, Nancy, is the weather.)이며 이곳의 날씨가 춥다(The weather on the east coast is a lot colder and winter is definitely longer than on the west coast.)고 언급하고 있으므로 정답은 (C)이다.

7-9 refer to the following talk. 미M

Thanks for joining this workshop. It is said that good speakers must have been born with a special talent, and most workers believe they can't learn how to make a speech in front of an audience. However, it's not true. Presentation skills are just like any other set of skills, and with hard work and practice, anyone can give a presentation to an audience. Over the next three days, we're going to become familiar with these skills through various methods, drills, and practice. I'm definitely sure you'll notice that the ways you study here will help you in every field of your work throughout your career.

이번 워크숍에 참석해 주셔서 감사합니다. 좋은 연설자는 특별한 재능을 타고 나야 한다는 말이 있고, 대부분의 근로자들은 청중 앞에서 연설하는 법을 배울 수 없다고 믿고 있습니다. 그러나 그것은 사실이 아닙니다. 발표 기술은 다른 기술들과 마찬가지이고, 노력과 연습으로 누구나 청중들에게 연설을 할 수 있습니다. 다음 3일 동안, 저희는 다양한 방법, 훈련, 연습을 통해 이러한 기술들과 친숙해질 것입니다. 저는 분명히 여러분이 여기서 학습하는 방법들이 여러분의 전 경력 기간에 걸쳐 모든 분야에서 도움이 될 것이라는 걸 여러분이 알게 되실 것이라 분명히 확신합니다.

어휘 must have p.p. ~했음에 틀림없다 make a speech 연설을 하다 audience 청중 presentation 발표 become familiar with ~에 친숙해지다 drill 훈련 notice 알아차리다 throughout ~ 동안 내내 launch 출시하다 organize 설계하다

7 What is the speaker mainly discussing?
(A) Different talents
(B) Launching new products
(C) Organizing a daily schedule
(D) Learning about presentation skills

화자가 주로 이야기하는 것은 무엇인가?
(A) 다른 재능에 대해 이야기하는 것
(B) 새로운 제품을 출시하는 것
(C) 하루 일정을 설계하는 것
(D) 발표 기술에 대해 배우는 것

해설 Presentation skills are just like any other set of skills, we're going to become familiar with these skills through various methods, drills, and practice 등에서 발표 기술을 배울 것이라고 말하므로 정답은 (D)이다.

8 How long will this workshop last?
(A) Three hours
(B) Less than a week
(C) One month
(D) More than a year

워크숍이 얼마 동안 열릴 것인가?
(A) 3시간
(B) 일주일 이내
(C) 한 달
(D) 1년 이상

해설 3일 동안 학습이 진행될 것(Over the next three days, we're going to become familiar with these skills through various methods, drills, and practice.)이라고 언급하고 있으므로 정답은 (B)이다.

9 Who are the listeners?
(A) Those who have a job
(B) School teachers
(C) Professional players
(D) Married couples

청자들은 누구인가?
(A) 직업을 가진 사람들
(B) 학교 선생님
(C) 프로 선수들
(D) 부부

해설 모든 분야에서 전 경력 기간 내내 도움이 될 것(the ways you study here will help you in every field of your work throughout your career)이라고 언급하고 있으므로 정답은 (A)이다.

[10-12] refer to the following introduction. 호W

Good morning, everyone! I know I didn't give you much advanced notice, so thank you all for coming. We have just hired some new staff I would like to introduce to you. First, to my left, we have Mary Wilson, who graduated from the University of Boston in 2000 with a master's degree in International Business. Then, to my right, we have Tim Morgan, a recent MBA graduate from Michigan University, who also studied abroad in Italy for two years. We expect both Mary and Tim will be valuable additions to our company. Please welcome them warmly into our corporate family.

좋은 아침입니다, 여러분! 저는 여러분께 충분한 사전 공지를 드리지 못했다는 점을 알고 있습니다. 그럼에도 모두 와 주셔서 감사합니다. 저희는 이제부터 제가 소개해 드릴 새로운 사원을 고용했습니다. 먼저, 제 왼쪽, 메리 윌슨 씨는 2000년에 보스턴 대학을 졸업했고, 국제 비즈니스 석사 학위를 가지고 있습니다. 그리고 제 오른쪽 팀 모건 씨는 최근에 미시간 대학에서 경영학 석사를 수료하고 이탈리아에서 2년 동안 공부를 했습니다. 메리와 팀은 우리 회사에 가치 있는 분들이 될 것이라고 예상합니다. 이제 우리 회사 가족이 된 그들을 따뜻하게 환영해 줍시다.

어휘 advanced notice 사전 통지 hire 고용하다 staff 직원 graduate from ~을 졸업하다 study abroad 해외 유학하다 valuable 가치 있는 warmly 따뜻하게 corporate 회사의 graduation ceremony 졸업식 recent 최근의

10 What is the speaker talking about?
(A) A new promotional event
(B) A study abroad program
(C) New employees
(D) The company's new green policy

화자는 무엇에 관해 말하는가?
(A) 새로운 홍보 이벤트
(B) 유학 프로그램
(C) 새 직원들
(D) 회사의 새로운 녹색 정책

해설 지문의 첫 부분에 We have just hired some new staff I would like to introduce to you.라고 하고 있으므로 주제는 (C)임을 알 수 있다.

11 Where would this talk most likely taking place?
(A) At a graduation ceremony
(B) On a radio broadcast
(C) In a department store
(D) At a company meeting

이 대화가 들릴 수 있는 곳은 어디인가?
(A) 졸업식
(B) 라디오 방송
(C) 백화점
(D) 회사 미팅

해설 지문에서 마지막 부분에 please welcome them warmly into our corporate family. 라고 했기 때문에 정답은 (D)이다.

12 According to speaker, what is true about Ms. Wilson?
(A) She is a recent MBA graduate.
(B) She majored International Business.
(C) She studied abroad in Italy.
(D) She graduated from Michigan University.

화자에 따르면 윌슨 씨에 대해 옳은 것은 무엇인가?
(A) 최근에 경영학 석사를 땄다.
(B) 국제 비즈니스를 전공했다.
(C) 이탈리아에서 유학했다.
(D) 미시간 대학을 졸업했다.

해설 지문에서 윌슨에 대한 자세한 소개로 Mary Wilson, who graduated from the University of Boston in 2000 with a master's degree in International Business.라고 했기 때문에 정답은 (B)이다.

○ 비법 적용 연습   본문 p.158

1 (A)	**2** (D)	**3** (C)	**4** (D)	**5** (A)	**6** (A)
7 (C)	**8** (D)	**9** (A)	**10** (A)	**11** (B)	**12** (B)

1-3 refer to the following advertisement. 미W

Are you interested in running your own business? Are you looking for opportunities to learn how to successfully manage a company by yourself? If so, we recommend our *Small Business A-Z*. It's a collection of 5 instructional videos and 5 best-selling books with abundant tips for starting your own business. The videos and the books provide comprehensive instructions on running a business, such as getting legal licenses and permits, and establishing necessary financing. *Small Business A-Z* is all you need to get your business started and put it on the fast track. So, stop calling your Uncle Bob for advice! *Small Business A-Z* is available on-line at www.smallbizaz.com.

당신의 사업을 운영하는 데에 관심이 있으십니까? 혼자서 성공적으로 회사를 운영하는 법을 배울 기회를 찾고 계십니까? 그렇다면, 저희의 〈스몰 비즈니스 A–Z〉를 자신 있게 추천합니다. 이것은 당신이 사업을 시작하는 것에 대한 많은 조언들이 담겨 있는 5개의 교육용 비디오 모음집과 5개의 베스트셀러 책들입니다. 비디오와 책들은 법적 자격과 허가 취득, 필수적인 자금 조달 수립과 같은 포괄적인 설명들을 제공합니다. 〈스몰 비즈니스 A–Z〉는 여러분이 사업을 시작하여 빠르게 발전시키는 데에 필요한 전부입니다. 그러니 당신의 삼촌 밥에게 조언을 구하는 것을 멈추십시오! 〈스몰 비즈니스 A–Z〉가 www.smallbizaz.com에서 구입이 가능합니다.

어휘 opportunities 기회 instructional 교육의 abundant 풍부한 comprehensive 포괄적인 legal 법적인 establish ~을 설립하다 necessary 필수의 financing 자금 조달 on the fast track 승승장구하는, 급성장하는 instructor 강사 structural 구조적인 potential 잠재적인

1 What product is being advertised?
(A) A set of videos and books
(B) A toy collection
(C) A financial service
(D) A monthly magazine

어떤 제품이 광고되고 있는가?
(A) 비디오와 책 세트
(B) 장난감 모음
(C) 금융 서비스
(D) 월간 잡지

해설 What으로 시작하는 질문에서는 물건, 사물 등 명사에 힌트가 있다. It's a collection of 5 instructional videos and 5 best-selling books에서 정답이 될 수 있는 광고 대상을 강조하고 있다.

A set of가 a collection of를 패러프레이징한 표현으로 사용되었으므로 정답은 (A)이다.

2 Who would most likely be interested in the product?
(A) Foreign language instructors
(B) Video game developers
(C) Structural engineers
(D) Potential business owners

누가 이 제품에 가장 관심이 있을 것 같은가?
(A) 외국어 지도자
(B) 비디오게임 개발자
(C) 구조 공학자
(D) 잠재적인 사업자

해설 Who로 광고 대상자를 묻고 있다. Are you looking for opportunities to learn how to successfully manage a company by yourself?에서 성공하는 사업 기회를 찾고 있는지 묻고 있으므로 잠재적인 사업가들을 대상으로 하는 광고이다.

3 According to the advertisement, how can someone purchase the product?
(A) By visiting a local store
(B) By calling a telephone number
(C) By ordering through a website
(D) By attending a promotional event

광고에 따르면, 어떻게 이 제품을 살 수 있는가?
(A) 지역 상점을 방문하여
(B) 전화번호로 전화를 걸어
(C) 웹 사이트를 통해 주문하여
(D) 홍보 행사에 참석하여

해설 대부분의 광고에서 제품에 대한 연락 방법은 마지막에 나온다. 마지막에 제품이 available on-line at www.smallbizaz.com이라고 언급했으므로 (C)가 정답이다.

4-6 refer to the following advertisement. 영M

Have you had problems removing trees or stumps? Pruning and trimming can drive anyone crazy. But we are here for you! We have been providing the best service in the local area since 1970. We have more than 20 government certified technicians who can perform excellent work on all major problems you have with your trees. Our company is fully insured and equipped with the newest equipment. We also launched a tree surgery service recently. Our number is 363-3843. Please call us and find out more about our complete tree services.

나무나 그루터기를 제거하는 데에 문제를 가지고 계셨습니까? 가지치기나 잔디 깎기가 일상에서 여러분을 짜증 나게 만들 수 있습니다. 하지만 여러분을 위해 저희들이 있습니다! 저희는 이 지역에서 1970년부터 최고의 서비스를 제공했습니다. 저희는 당신이 가지고 있을 나무 관련 문제에 대한 주된 문제들을 훌륭하게 해낼 수 있는 정부에서 인증된 기술자들을 20명 이상 보유하고 있습니다. 저희 회사는 종합 보험에 가입되어 있고, 최신 장비들을 갖추고 있습니다. 또한 저희는 최근에 수목 외과술 서비스를 시작했습니다. 전화번호는 363-3843입니다. 전화하셔서 저희의 완벽한 나무 서비스에 대해 더 알아보시기 바랍니다.

4 What type of business is being advertised?
(A) Planting trees
(B) Government work
(C) Insurance company
(D) Maintenance services

무슨 종류의 사업이 광고되고 있는가?
(A) 나무 심기
(B) 행정 업무
(C) 보험 회사
(D) **관리 서비스**

해설 광고되는 사업이 무엇인지 묻는 질문에는 전반적인 내용을 이해하
는 것도 중요하지만 하는 일, 사업에 관한 어휘를 잘 파악해야 한다.
removing trees, pruning, trimming으로 나무 관리를 하는
사업이라는 것을 알 수 있다.

5 What is true about the speaker?
(A) He just started a new service recently.
(B) He is running several branches in the country.
(C) He hired new employees.
(D) He is working with the local government.

화자에 대해 사실인 것은?
(A) **최근에 막 새로운 서비스를 시작했다.**
(B) 국내 전역에 몇몇 지사를 두고 있다.
(C) 새 직원들을 고용했다.
(D) 지방 정부와 일하고 있다.

해설 세부 사항을 묻는 질문은 전체적으로 내용의 사실 여부를 파악할
수 있어야 한다. 선택지를 보고 오답을 소거해 나가며 듣는다. We
also launched a tree surgery service recently.에서 최근
에 수목 외과술을 시작했음을 알 수 있다.

6 What does the speaker request?
(A) A phone call
(B) A technician
(C) A repair
(D) An equipment change

화자가 요구하는 것은?
(A) **전화 통화**
(B) 기술자
(C) 수리
(D) 장비 교체

해설 광고에서는 물건, 사물을 파는 것 또는 알리는 것이 목적이므로 연
락 방법을 제시하는 것이 일반적이다. Please call us and find
out more about our complete tree service.에서 전화를
요구하고 있으므로 (A)가 정답이다.

7-9 refer to the following advertisement. 미W

Everyone will love you if you look great. This month,
we just opened a place to remove one of your life's
biggest obstacles. That is You. The professionals
at Glory Fitness will guide you into the new world
by getting you in shape, increasing your stamina
and boosting your self confidence. I bet you
already know that you have to love yourself before
someone else can love you. Don't let the romance
slip away! We are here for you to make it right.
You can contact us by telephone or through our
website. The first 30 people will get a 3-day free
personal training session. Hurry up before it is too
late.

당신이 멋지게 보인다면 모두가 좋아할 것입니다. 이번 달, 저희는 여
러분의 삶의 가장 큰 장애물 중 하나를 제거할 장소를 열었습니다. 그
것은 당신입니다. 글로리 피트니스의 전문가들이 당신의 몸을 가꿔
주고, 체력을 길러 주고, 자신감을 늘려 줌으로써 여러분을 새로운 세
계로 인도할 것입니다. 저는 누군가가 당신을 사랑할 수 있기 전에,
자기 자신을 사랑해야 한다는 것을 여러분이 이미 알고 계시리라고
확신합니다. 로맨스가 떠나가도록 내버려 두지 마십시오! 저희는 그
것을 바로잡기 위해 있습니다. 전화나 웹 사이트를 통해 저희에게 연
락하십시오. 첫 30명께는 무료 개인 교육을 받으시게 해 드립니다.
너무 늦기 전에 서두르십시오.

7 What kind of business is being advertised?
(A) A guide tour
(B) A racing car
(C) A gym
(D) A matchmaker

어떤 종류의 사업이 광고되고 있는가?
(A) 가이드 여행
(B) 경주용 자동차
(C) **체육관**
(D) 결혼 중매업체

해설 소개되는 사업이 The professionals at Glory Fitness will
guide you into the new world by getting you in shape
이므로 Fitness가 gym이므로 패러프레이징된 (C)가 정답이다.

8 What is suggested for listeners to do?
(A) Eat healthy food
(B) Visit another country
(C) Build a house
(D) Be confident

청자들에게 무엇을 하라고 하는가?
(A) 건강식을 먹는 것
(B) 다른 나라를 방문하는 것
(C) 집을 짓는 것
(D) **자신감을 갖는 것**

해설 광고를 듣는 사람들에게 무엇을 요청하는지를 묻고 있다. Don't let the romance slip away! We are here for you to make it right.에서 자신에 대한 애정을 버리지 말라고 하고 앞에서 자신감을 늘려 준다(boosting your self confidence)고 하므로 (D)가 정답이다.

9 What is being offered by this advertisement?
(A) A complimentary lesson
(B) A free train ticket
(C) Price reductions
(D) A membership

이 광고에 의하면 무엇이 제공되고 있는가?
(A) 무료 수업
(B) 무료 기차표
(C) 가격 할인
(D) 회원 자격

해설 광고에서 제시하는 것을 찾는다. The first 30 people will get 3 day free personal training session에서 첫 30명에게 무료 수업을 제공하는 것을 알 수 있다. 선택지에서 무료라는 뜻을 가진 complimentary가 있는 (A)가 정답이다.

`10-12` refer to the following advertisement. (미M)

Do you think your hands are clean? Germs can be quite a handful! 80% of common infectious diseases are spread by hand. Some germs live for several days on body surfaces. Now don't worry about germs. You will be free of them by purchasing "Shanon Soap." You don't have to bother washing your hands for more than 20 seconds which is the time it takes to sing the "Happy birthday song." That's because this product kills germs quickly and protects germs from spreading. If you want to know more about this special brand, visit our website www.shanonsoap.com and don't forget to input your current address so that we can send you a free sample.

여러분은 자신의 손이 깨끗하다고 생각하십니까? 세균들이 한 줌일 수도 있습니다! 흔한 전염병 중 80%가 손에 의해 번식됩니다. 어떤 세균들은 체 표면에서 며칠이나 삽니다. 이제 세균에 대해 걱정하지 마세요. 여러분은 〈샤논 솝〉을 구입함으로써 해방될 수 있습니다. 여러분은 귀찮게 〈생일 축하 노래〉의 길이인 20초 이상이나 손을 씻을 필요가 없습니다. 왜냐하면 이 제품은 세균들은 빠르게 죽이고 번식을 막습니다. 이 특수한 상표에 대해 더 알고 싶으시면, 저희 웹 사이트 www.shanonsoap.com에 가입하세요. 그리고 저희가 무료 샘플을 보내드릴 수 있도록 여러분의 현재 주소를 입력하는 것을 잊지 마세요.

어휘 quite a 상당한 handful 줌, 움큼 infectious 감염의 disease 질병 spread 퍼지다 germ 세균 surface 표면 purchase 구매하다 bother 번거롭게 하다 input 입력하다 current 현재의 medication 약, 약물

10 What is being advertised?
(A) A hand wash

(B) A gift
(C) A medication
(D) Protective gears

무엇이 광고되고 있는가?
(A) 손 청결제
(B) 선물
(C) 약품
(D) 보호 장비

해설 앞부분에서 세균에 대한 언급 후 You will be free of them by purchasing "Shanon Soap"이라고 말하므로 비누를 광고하는 것을 알 수 있다. 따라서 soap이 hand wash로 패러프레이징된 (A)가 정답이다.

11 According to the speaker, what is special about the product?
(A) It is available in different language.
(B) It works fast.
(C) It is inexpensive.
(D) It is for babies.

화자에 의하면, 이 제품은 무엇으로 특별한가?
(A) 다른 언어로 이용 가능하다.
(B) 빠르게 작용한다.
(C) 저렴하다.
(D) 아기들을 위한 것이다.

해설 제품의 세부 사항을 묻고 있다. 세부 사항 문제는 반드시 소거법을 통하여 오답을 제거하면서 들어야 한다. this product kills germs quickly에서 빠르게 작용한다는 사실을 확인할 수 있으므로 (B)가 정답이다.

12 What are listeners asked to do?
(A) Purchase the product online
(B) Enter personal information
(C) Come to a party
(D) Send an email

청자들에게 무엇을 하라고 하는가?
(A) 온라인으로 상품을 살 것
(B) 개인 정보를 입력할 것
(C) 파티에 올 것
(D) 이메일을 보낼 것

해설 광고에서 청자의 행동을 요구하는 내용은 대부분 후반부에 나온다. don't forget to input your current address so that we can send you a free sample에서 주소를 입력하라고 했으며, current address를 personal information으로 패러프레이징한 (B)가 정답이다.

memo

Section 2

파트별
실전 연습

◀ MP3 바로 듣기

Day
01 연습 문제 1

본문 p.162

1 (D)	2 (D)	3 (D)	4 (B)	5 (B)
6 (D)	7 (A)	8 (B)	9 (D)	10 (B)

1 미W

(A) A man is seated on a bench.
(B) A group of people have gathered to exit a gate.
(C) A person is typing on a laptop.
(D) A man is standing behind a monitor.

(A) 한 남자가 벤치에 앉아 있다.
(B) 한 무리의 사람들이 출구로 나가려고 모여 있다.
(C) 한 사람이 노트북으로 타자를 치고 있다.
(D) 한 남자가 모니터 뒤에 서 있다.

해설 (A) 사람이 앉아 있는 동작은 일치하나 on a bench를 들었다면 위치가 불일치한다는 것을 알 수 있다.
(B) 동작이 불일치하고 gate(문)는 등장하지 않는다.
(C) 등장하지 않은 물건인 laptop을 이용한 오답이다. 사진에 등장한 것은 desktop computer이다.
(D) 모니터 뒤에 남자가 서 있다. 위치나 키워드 등이 잘 묘사된 정답이다.

어휘 exit 나가다   type 타자 치다

2 미M

(A) He's lifting a bulb for a lamp.
(B) He's opening his luggage in a room.
(C) He's bending over a table.
(D) He's looking for something in a bag.

(A) 그는 전등에 끼울 전구를 들어 올리고 있다.
(B) 그는 방에서 가방을 열고 있다.
(C) 그는 탁자 쪽으로 몸을 구부리고 있다.
(D) 그는 가방에서 무언가를 찾고 있다.

해설 (A) 키워드는 등장하나 동작이 일치하지 않는다.
(B) 얼핏 들으면 정답으로 들릴 수 있으나 가방은 이미 열려 있는 상태의 사진이다.
(C) 탁자 쪽으로 몸을 숙이고 있는 것이 아니므로 위치 관계가 일치하지 않는다.
(D) 가방에서 무언가를 찾고 있는 모습을 잘 묘사한 정답이다.

어휘 bulb 전구   luggage (여행용) 짐   bend over 몸을 ~ 위로 굽히다

3 호W

(A) He is picking up a pen.
(B) He is reaching out for a computer monitor.
(C) He is writing something on a notepad.
(D) He is wearing a device in his ear.

(A) 그는 펜 하나를 집어 올리고 있다.
(B) 그는 컴퓨터 모니터에 손을 뻗어 닿고 있다.
(C) 그는 메모장에 무언가를 적고 있다.
(D) 그는 귀에 장치를 착용하고 있다.

해설 (A) 펜을 손에 쥐고 있지만 집어 올리는(picking up) 모습은 아니므로 오답이다.
　　 (B) 컴퓨터 모니터를 쳐다보고 있기는 하지만 손을 뻗고 있지는 않으므로 오답이다.
　　 (C) 무언가를 펼쳐놓고 있으나 필기를 하고 있지는 않으므로 오답이다.
　　 (D) 귀에 착용한 헤드셋을 device로 잘 표현한 정답이다.

어휘 reach out (손 등을) 뻗다　notepad 메모장　device 장치, 기구

4 미M

(A) He's filling up a gas tank in his yard.
(B) He's standing by the car.
(C) He's pouring gas into a bottle.
(D) He's moving hoses into a garage.

(A) 그는 마당에서 연료 탱크를 채우고 있다.
(B) 그는 자동차 옆에 서 있다.
(C) 그는 병에 연료를 붓고 있다.
(D) 그는 차고 안으로 호스를 옮기는 중이다.

해설 (A) filling up a gas tank(가스 탱크를 채우고 있는)는 맞지만 in his yard(마당에서)를 들었다면 위치가 일치하지 않는다는 것을 알 수 있다.
　　 (B) 자동차 옆에 서 있는 모습을 잘 묘사한 정답이다.
　　 (C) bottle은 등장하지 않는 물건이다.
　　 (D) garage(차고)는 등장하지 않는다.

어휘 fill up 가득 차다, ~을 채우다　pour into 들이붓다　hose 호스

5 미W

(A) A man is putting a picture on the wall.
(B) A man is holding a brush.

(C) A man is adjusting his glasses.
(D) A man is drawing a picture.

(A) 한 남자가 벽에 사진 한 장을 붙이고 있다.
(B) 한 남자가 붓을 들고 있다.
(C) 한 남자가 자신의 안경을 조절하고 있다.
(D) 한 남자가 그림을 그리고 있다.

해설 (A) 사진을 벽에 걸고 있는 것이 아니라 페인트를 칠하고 있으므로 동작 불일치 오답이다.
　　 (B) holding a brush(붓을 들고 있는)의 표현을 이용한 정답이다.
　　 (C) 남자가 안경은 쓰고 있지만 동작이 사진과 일치하지 않으므로 오답이다.
　　 (D) 그림을 그리고 있는 모습이 아니므로 오답이다.

어휘 put a picture on the wall 사진을 벽에 걸다　adjust 조정[조절]하다　draw a picture 그림을 그리다

6 영M

(A) They are entering a truck.
(B) One of the people is looking into a box.
(C) A person's hand is raised to receive a box.
(D) A person with a box is walking towards a truck.

(A) 그들이 트럭에 들어가고 있다.
(B) 사람들 중 한 명이 상자를 들여다보고 있다.
(C) 한 사람이 상자를 받기 위해 손을 올리고 있다.
(D) 한 사람이 상자를 들고 트럭 쪽으로 걷고 있다.

해설 (A) 트럭에 들어가는 동작이 아니므로 오답이다.
　　 (B) 동작 불일치로 오답이다.
　　 (C) 동작 불일치로 오답이다. 팔을 들고 있는 사람은 물건을 건네주기 위해서 들고 있다.
　　 (D) 상자를 든 사람이 트럭 쪽으로 가고 있으므로 정답이다.

어휘 look into ~을 조사하다, 들여다보다　receive 받다
walk towards ~까지 걷다

7 호W

(A) People are gathered around a table.
(B) A man is standing next to a board.
(C) There is a man between two women.
(D) They are looking at each other.

(A) 사람들이 탁자 주위에 모여 있다.
(B) 한 남자가 칠판 옆에 서 있다.
(C) 두 여자 사이에 한 남자가 있다.
(D) 그들은 서로를 바라보고 있다.

해설 (A) 사람들이 탁자 주위에 모여 있는 모습을 잘 설명한 정답이다.
　　(B) 남자는 서 있지 않으므로 동작 불일치이며 next to a board (칠판 옆에)라는 위치 역시 일치하지 않는다.
　　(C) 역시 위치가 일치하지 않는 오답이다.
　　(D) 무언가를 보고 있긴 하지만 그 대상이 서류이지 사람은 아니므로 오답이다.

어휘 gather around ~에 모이다　look at each other 마주 보다

8　미M

(A) They are sitting on the street.
(B) Some people are riding bicycles.
(C) They are hiking a path.
(D) Bikes are leaning against a store.

(A) 그들은 거리에 앉아 있다.
(B) 몇몇 사람들이 자전거를 타고 있다.
(C) 그들은 작은 길을 걷고 있다.
(D) 자전거들이 상점에 기대어 있다.

해설 (A) 자전거 위에 앉아 있으므로 오답이다.
　　(B) 몇몇 사람들이 자전거를 타고 있는 모습을 가장 잘 묘사한 정답이다.
　　(C) hiking이라는 어휘를 이용한 동작 불일치 오답이다.
　　(D) 자전거는 등장하나 상점에 기대어 있지는 않다. 사진 속 키워드의 위치가 일치하지 않는 오답이다.

어휘 hike 하이킹을 가다　lean against ~에 기대다

9　미W

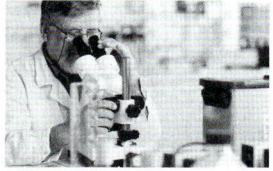

(A) A laboratory is full of scientists.
(B) A person is looking at a monitor.
(C) A machine is being unplugged.
(D) A microscope is being adjusted.

(A) 실험실이 과학자들로 가득 찼다.
(B) 한 사람이 모니터를 보고 있다.
(C) 기계의 플러그가 뽑혀지고 있다.
(D) 현미경이 조절되고 있다.

해설 (A) 과학자는 등장하지만 한 명뿐이므로 오답이다.
　　(B) 보고 있는 것은 맞지만 모니터는 등장하지 않는다.
　　(C) 기계의 플러그를 뽑고 있지는 않으므로 동작 불일치 오답이다.
　　(D) 현미경이 조작되고 있는 사진을 가장 잘 묘사한 정답이다.

어휘 laboratory 실험실　look at ~을 살피다　unplug 플러그를 뽑다　microscope 현미경　adjust 조정하다

10　영M

(A) A man's reaching into a pipe.
(B) An automobile is being repaired.
(C) A man is looking for some parts.
(D) They are hammering a panel in the garage.

(A) 한 남자가 파이프에 닿고 있다.
(B) 자동차 한 대가 수리되는 중이다.
(C) 한 남자가 몇몇 부품들을 찾고 있다.
(D) 그들은 차고에서 판자를 망치로 박고 있다.

해설 (A) 사진에 없는 물건(pipe)을 사용했으므로 오답이다.
　　(B) 두 남자가 자동차를 수리하는 모습을 사물(An automobile)을 주어로 하여 진행 수동형의 문장으로 잘 표현한 정답이다.
　　(C) 부품은 등장하지 않으므로 오답이다.
　　(D) hammering a panel(판자를 망치로 박는)을 이용한 동작 불일치 오답이다.

어휘 reach ~에 닿다　automobile 자동차　hammer 망치로 치다　panel 판

Day
02 연습 문제 2

본문 p.167

1 (C)	2 (C)	3 (B)	4 (C)	5 (B)
6 (D)	7 (C)	8 (C)	9 (C)	10 (B)

1　미W

(A) The inside of a building is packed with people.
(B) There are a few women near the gate.
(C) Some people are moving up and down a stairway.
(D) The archway door is being remodeled.

(A) 건물의 내부가 사람들로 꽉 차 있다.
(B) 출입구 주위에 몇 명의 여자들이 있다.
(C) 몇몇 사람들이 계단을 오르내리고 있다.
(D) 아치형 문이 개조되고 있다.

해설 (A) 건물 내부가 아닌 외부 사진이므로 내부의 모습은 알 수 없다.
　　(B) 여자 몇 명이 있긴 하지만 출입구 주위는 아니므로 오답이다.
　　(C) 계단을 올라가는 사람, 내려가는 사람이 모두 보이므로 이를 잘 표현한 정답이다.
　　(D) 문의 모양이 아치형이긴 하지만 개조되고 있지는 않으므로 오답이다.

어휘 be packed with people 초만원을 이루다　up and down 아래위로　stairway 계단　archway 아치형 입구

2 영M

(A) A shopper is putting merchandise on a shelf.
(B) A worker is stocking goods.
(C) Some fruits are being weighed by a person.
(D) Products are displayed outdoors.

(A) 한 손님이 상품을 선반에 올려 놓고 있다.
(B) 한 직원이 상품들을 들여놓고 있다.
(C) 몇몇 과일들의 무게가 한 사람에 의해 측정되고 있다.
(D) 상품들이 실외에 진열되어 있다.

해설 (A) 구매자가 상품을 들고 있기는 하지만 선반(shelf)이 아니라 저울(scale)에 올려 놓고 있으므로 오답이다.
(B) 사진에 직원(worker)으로 보이는 사람은 없고 상품을 들여놓고 있는 것도 아니므로 오답이다.
(C) 사진 속 여자가 바나나의 무게를 측정 중인 모습을 잘 묘사한 정답이다.
(D) 실내 배경 사진이므로 실외(outdoors)는 적절하지 않다.

어휘 merchandise 상품 stock (상품 등으로) 채우다 weigh 무게를 달다

3 호W

(A) A bus has been stopped next to a building.
(B) The doors have been opened for people.
(C) Some people are watching a car parade.
(D) A platform is busy with passengers.

(A) 버스 한 대가 어떤 건물 옆에 멈춰 서 있다.
(B) 사람들을 위해 문들이 열려 있다.
(C) 몇몇 사람들이 카퍼레이드를 보고 있다.
(D) 승강장이 승객들로 붐빈다.

해설 (A) 사진에 건물(building)은 등장하지 않으므로 오답이다.
(B) 버스의 앞뒤 문이 모두 열려 있으므로 이를 잘 묘사한 정답이다.
(C) 사람들이 버스를 보고 있기는 하지만 카퍼레이드를 보고 있지는 않으므로 오답이다.
(D) 승객이 많지 않으므로 붐빈다(is busy with)는 표현은 적절하지 않다.

어휘 platform 플랫폼, 승강구 passenger 승객

4 미M

(A) They are tending some trees.
(B) A bucket is being lifted by a woman.
(C) There is a woman squatting next to full containers.
(D) One of the women is working with a cutter.

(A) 그들은 몇몇 나무들을 손질 중이다.
(B) 양동이 하나가 한 여자에 의해 들어 올려지고 있다.
(C) 한 여자가 꽉 찬 통 옆에 쪼그리고 앉아 있다.
(D) 여성들 중 한 명이 재단기로 작업 중이다.

해설 (A) 나무와 관련 없는 동작 불일치로 오답이다.
(B) 양동이는 보이지만, 들어올려 지는 동작 표현이 일치하지 않으므로 오답이다.
(C) 꽉 찬 통 옆에 앉은 여자를 적절히 표현한 정답이다.
(D) 등장하지 않은 재단기는 적절하지 않다.

어휘 be tending 재배 중이다 bucket 양동이 squatting 쪼그린 container 통(용기) cutter 재단기

5 미W

(A) People have lined up to purchase tickets.
(B) Books are arranged in cases.
(C) Some people are waiting to get into a bookstore.
(D) Books are being moved beside office equipment.

(A) 사람들이 표를 사기 위해 줄지어 있다.
(B) 책들이 케이스에 배열되어 있다.
(C) 몇몇 사람들이 서점에 들어가려고 기다리고 있다.
(D) 책들이 사무용품 옆으로 옮겨지고 있다.

해설 (A) 줄지어 있다는 표현은 동작 불일치로 오답이다.
(B) 책들이 수납장을 표현하는 케이스(cases)에 배치되어 있다는 표현으로 정답이다.
(C) 서점 내부의 모습이고, 기다리는 모습은 동작 불일치로 오답이다.
(D) 사무용품과 옮겨지는 책의 모습은 볼 수 없기 때문에 오답이다.

어휘 cases 상재(수납장), 용기 office equipment 사무용품

6 영M

(A) Vehicles are propped against a building.
(B) A person is holding onto a railing.
(C) Some bags are being loaded into a vehicle.
(D) Riders are facing forward on a street.

(A) 차량들이 한 건물에 기대어 놓여 있다.
(B) 한 사람이 난간을 잡고 있다.
(C) 몇몇 가방들이 한 차량에 실리고 있다.
(D) 운전자들은 길에서 전방을 주시하고 있다.

해설 (A) 건물에 기대어 있는 차량을 확인할 수 없으므로 오답이다.
(B) 한 사람이 난간이 아닌 핸들을 잡고 있으므로 오답이다.
(C) 물건을 싣는 장면은 보이지 않으므로 오답이다.
(D) 운전자들이 전방을 바라보고 있으므로 정답이다.

어휘 **be propped against** ~에 기대어 놓여 있다 **railing** 난간
be being loaded 실리고 있다 **be facing forward** 전방을 주시
하고 있다

7 〔미W〕

(A) A bowl of rice is placed on a table.
(B) He is ironing a garment.
(C) He is bending over his work.
(D) A piece of pottery has fallen off a table.

(A) 밥 한 공기가 식탁에 놓여 있다.
(B) 남자가 옷을 다림질 중이다.
(C) 남자가 그의 작품에 허리를 굽히고 있다.
(D) 도자기 하나가 탁자에서 떨어졌다.

해설 (A) 밥 한 공기는 등장하지 않았으므로 오답이다.
(B) 다림질이라는 동작 불일치로 오답이다.
(C) 허리를 굽혀 작품을 만지는 모습을 표현한 정답이다.
(D) 떨어진 도자기를 찾을 수 없으므로 오답이다.

어휘 **be ironing** 다림질하는 중이다 **garment** 옷 **pottery** 도자기

8 〔미M〕

(A) Both boys are looking at each other.
(B) A chess board is fastened to a pole.
(C) A game has been placed on a table.
(D) They are holding hands together.

(A) 두 소년이 서로를 바라보고 있다.
(B) 체스판이 기둥에 묶여 있다.
(C) 탁자 위에 게임 도구가 놓여 있다.
(D) 그들은 함께 손을 잡고 있다.

해설 (A) 두 소년은 체스판을 바라보고 있으므로 동작 불일치로 오답이
다.
(B) 사진에 등장하지 않은 기둥이라는 표현으로 오답이다.
(C) 게임 도구(체스판)가 탁자 위에 놓여 있는 모습을 표현한 정답이
다.
(D) 손을 잡고 있지 않으므로 오답이다.

어휘 **be fastened to** ~에 묶여 있다 **pole** 막대기, 기둥
has been placed on ~에 놓여 있다

9 〔호W〕

(A) Some pictures are arranged on the floor.
(B) Merchandise is being sold.
(C) A few paintings are hanging on the wall.
(D) People are exchanging something over a
counter.

(A) 몇몇 그림들이 바닥에 놓여 있다.
(B) 상품이 팔리고 있다.
(C) 약간의 그림들이 벽에 걸려 있다.
(D) 사람들은 카운터 너머로 무언가를 교환하고 있다.

해설 (A) 장소가 아닌 벽에 놓여 있으므로 장소 불일치로 오답이다.
(B) 팔린다는 동작을 볼 수 없고 주관적인 생각 표현이므로 오답이
다.
(C) 몇몇 그림이 벽에 걸려 있는 모습을 표현한 정답이다.
(D) 사람들이 교환하는 모습을 볼 수 없으므로 동작 불일치로 오답
이다.

어휘 **be arranged on** ~에 놓여 있다 **painting** 그림

10 〔미M〕

(A) Two people are cleaning a construction site.
(B) They are wearing protective gear.
(C) One man is giving a piece of wood to the other.
(D) Workers are smoothing the wood surface.

(A) 두 사람이 건설 현장을 청소 중이다.
(B) 그들은 안전 장비를 착용한 상태이다.
(C) 한 남자가 다른 사람에게 목재 하나를 건네주고 있다.
(D) 노동자들이 목재의 표면을 매끄럽게 하고 있다.

해설 (A) 청소 중이 아닌 자재 운반 중이므로 동작 불일치로 오답이다.
(B) 안전 장비인 안전모를 착용한 상태를 표현한 정답이다.
(C) 건네주는 모습이 아닌 운반 중인 모습으로 오답이다.
(D) 동작 불일치로 오답이다.

어휘 **construction site** 건설 현장 **protective gear** 안전 장비
be smoothing 매끄럽게 하는 중이다 **surface** 표면

Day
03 연습 문제 3

본문 p.172

| 1 (B) | 2 (C) | 3 (A) | 4 (D) | 5 (A) |
| 6 (C) | 7 (D) | 8 (B) | 9 (B) | 10 (D) |

1 미W

(A) A heavy machine is being repaired by a technician.
(B) Some dirt is being dropped onto the ground.
(C) A machine has been changed for replacement.
(D) A construction worker is filling up holes in the ground.

(A) 중장비 하나가 기술자에 의해 수리되는 중이다.
(B) 약간의 흙이 지면으로 떨어지고 있다.
(C) 기계 하나가 수리를 위해 교체되었다.
(D) 공사장 인부가 땅에 있는 구멍들을 채우고 있다.

해설 (A) 장비가 수리 중인지 아닌지 알 수 없으므로 오답이다.
(B) 흙이 장비에 의해 지면으로 떨어지는 중이므로 정답이다.
(C) 사진상 나와 있지 않은 추측성 답이므로 오답이다.
(D) 땅의 구멍을 채우는 것인지 아닌지 알 수 없으므로 오답이다.

어휘 technician 기술자 dirt 흙 replacement 교체

2 미M

(A) Some plants have been placed indoors.
(B) Some people are opening some windows.
(C) Some plants are displayed outside a house.
(D) Some windows are being opened.

(A) 몇몇 식물들이 실내에 놓여 있다.
(B) 몇몇 사람들이 일부 창문들을 열고 있다.
(C) 몇몇 식물들이 집 밖에 진열되어 있다.
(D) 몇몇 창문들이 열리고 있다.

해설 (A) 사진상으로는 실내에 있는 식물이 없으므로 오답이다.
(B) 창문이 이미 열려 있는 상태이므로 오답이다.
(C) 식물들이 집 밖에서 보일 수 있는 곳에 놓여 있으므로 정답이다.
(D) 창문이 열리고 있는 중이 아니므로 오답이다.

어휘 indoors 실내에서 display 전시하다

3 미W

(A) Some lamps have been set near the edge of couches.
(B) Some couches in a room are being occupied.

(C) A table in the middle of the room has been removed.
(D) There is an artistic sculpture hanging from the ceiling.

(A) 몇몇 등들이 소파 끝 가까이에 놓여 있다.
(B) 방 안의 몇몇 소파들의 자리가 채워지고 있다.
(C) 방 중앙의 탁자가 치워졌다.
(D) 예술 조각품 하나가 천장에 매달려 있다.

해설 (A) 소파 끝에 전등이 위치해 있으므로 정답이다.
(B) 소파에 사람들이 앉고 있는 중이 아니므로 오답이다.
(C) 중앙에 탁자가 있으므로 오답이다.
(D) 천장에 매달려 있는 사물이 보이지 않으므로 오답이다.

어휘 couch 긴 의자 occupied 사용 중인, 차지하는 artistic sculpture 예술적 조각품

4 영M

(A) A platform is busy with commuters.
(B) A few doors are open.
(C) A stairway is being cleaned.
(D) A train has stopped at a station.

(A) 승강장이 통근자들로 북적인다.
(B) 문 몇 개가 열려 있다.
(C) 계단은 청소 중이다.
(D) 열차가 역에 멈춰 섰다.

해설 (A) 승강장에 사람들이 보이지 않으므로 오답이다.
(B) 문이 열려 있지 않으므로 오답이다.
(C) 계단에 사람이 보이지 않고 청소하는 중이 아니므로 오답이다.
(D) 열차가 역에 서 있으므로 정답이다.

어휘 commuter 통근자 stairway 계단

5 호W

(A) People are strolling along the beach.
(B) People are lying on the beach.
(C) People are running along the river.
(D) People are holding their shoes.

(A) 사람들이 해변을 따라서 걷고 있다.
(B) 사람들이 해변에 누워 있다.
(C) 사람들이 강을 따라서 뛰고 있다.
(D) 사람들이 자신들의 신발을 들고 있다.

해설 (A) 사진상 보이는 사람들이 걷고 있으므로 정답이다.
(B) 누워 있는 사람은 보이지 않으므로 오답이다.
(C) 뛰어가고 있지 않으므로 오답이다.
(D) 사진상 신발은 보이지 않으므로 오답이다.

어휘 stroll 거닐다, 산책하다 lie 누워 있다, 눕다

6 미M

(A) They are collaborating on a car project.
(B) A man is inspecting the front of a van.
(C) One of the chairs is occupied.
(D) A man is changing a tire on the vehicle.

(A) 그들은 자동차 프로젝트를 같이 작업하고 있다.
(B) 한 남자가 밴 앞부분을 검사하고 있다.
(C) 의자들 중 하나가 차지되었다.
(D) 한 남자가 차량의 타이어를 교체 중이다.

해설 (A) 사진상 알 수 없는 정보이므로 오답이다.
(B) 차의 앞부분을 검사하고 있지 않으므로 오답이다.
(C) 두 개의 의자 중 한 개가 사람에 의해 사용 중이므로 정답이다.
(D) 타이어를 교체하는 행위는 보이지 않으므로 오답이다.

어휘 collaborate 협력하다, 공동으로 작업하다 inspect 점검하다, 검사하다 be occupied 사용 중이다

7 미W

(A) A woman is putting her glasses into her bag.
(B) Suitcases are lined up in rows.
(C) A person is seated in a lecture hall.
(D) A woman is sitting on her luggage.

(A) 한 여자가 자신의 안경을 가방에 넣고 있다.
(B) 여행 가방들이 줄지어 세워져 있다.
(C) 한 사람이 강연장에 앉아 있다.
(D) 한 여자가 자기 짐 위에 앉아 있다.

해설 (A) 안경을 가방에 넣는 행위가 없으므로 오답이다.
(B) 사진상 여행 가방은 한 개만 보이므로 오답이다.
(C) 사진의 장소가 강연장이 아니므로 오답이다.
(D) 가방 위에 앉아 있는 여성이 보이므로 정답이다.

어휘 be lined up 줄 서 있다, 줄지어 있다 lecture hall 강연장

8 영M

(A) Some cars are parked at the side of the road.
(B) Some bikes are propped up against railings.
(C) Some boats are tied up to a wagon.
(D) Some vehicles have been stopped for packages.

(A) 몇몇 자동차들이 도로 옆에 주차되어 있다.
(B) 몇몇 자전거들이 난간에 기대어 있다.
(C) 몇몇 배들이 마차에 매어져 있다.
(D) 몇몇 차량들이 짐 때문에 멈춰 섰다.

해설 (A) 자동차가 사진에서 보이지 않으므로 오답이다.
(B) 자전거들이 난간에 기대져 있으므로 정답이다.
(C) 마차가 보이지 않으므로 오답이다.
(D) 차가 멈춰 서 있지 않으므로 오답이다.

어휘 be propped up 세워져 있다, 기대 놓다 railing 철책, 울타리 wagon 마차

9 호W

(A) Some people are sitting along the riverside.
(B) Some buildings are reflected in the water.
(C) The river is being cleaned up.
(D) There are some boats in the water.

(A) 몇몇 사람들이 강 주변에 앉아 있다.
(B) 몇몇 건물이 강에 반사되어 있다.
(C) 강이 청소되고 있다.
(D) 물에 보트 몇 대가 있다.

해설 (A) 사진에서 사람들이 보이지 않으므로 주어에 people이 오는 표현은 오답이다.
(B) 사진에서 건물이 강에 반사되어 있으므로 정답이다.
(C) 강이 청소되고 있지는 않으므로 오답이다.
(D) 물 위에 보트가 없으므로 오답이다.

어휘 riverside 강가, 강변 reflect 비추다, 반사하다 clean up 청소하다

10 미M

(A) People are working on a building.
(B) Some offices are being set up on the second floor.
(C) There is a crane lifting up some bars.
(D) A structure is under construction.

(A) 사람들이 건물에서 일하고 있다.
(B) 몇몇 사무실들이 2층에 마련되고 있다.
(C) 몇몇 긴 철재들을 들어 올리는 크레인이 있다.
(D) 한 구조물이 공사 중이다.

해설 (A) 사진상 사람들이 보이지 않으므로 오답이다.
(B) 사진상 알 수 없는 정보이므로 오답이다.
(C) 크레인이 있으나 철재들을 들어 올리는 중인지는 알 수 없으므로 오답이다.
(D) 건축물이 공사 중이므로 정답이다.

어휘 set up 세우다, 설치하다 under construction 공사 중인

PART 2

Day
04 연습 문제 4

본문 p.177

1 (B)	**2** (C)	**3** (A)	**4** (C)	**5** (C)
6 (A)	**7** (C)	**8** (C)	**9** (B)	**10** (B)
11 (A)	**12** (C)	**13** (C)	**14** (C)	**15** (B)

1 미W 미M

Who's looking into the problems with the copier?
(A) I think it's jammed.
(B) No one's had a chance yet.
(C) Mr. Gilbert will take over that position.

누가 복사기 문제를 살피고 있나요?
(A) 종이가 걸린 것 같은데요.
(B) 아직 아무도 하지 않았어요.
(C) 길버트 씨가 그 자리를 승계할 겁니다.

해설 누가 복사기 문제를 살피고 있냐는 질문에 아직 아무도 하지 않았다고 말하는 (B)가 정답이다. (A)는 problems와 copier를 듣고 연상할 수 있는 연상 오답이며, Who 의문에 대한 대답으로 사람을 등장시키는 (C)는 이후 내용이 어울리지 않는다.

어휘 jammed 종이가 걸린 take over 승계하다

2 미M 영M

Where did Eugene leave the key to the warehouse?
(A) Yes, he left early.
(B) Please, leave me alone.
(C) On the bottom shelf

유진이 창고 열쇠를 어디에 두었죠?
(A) 네, 그는 일찍 나갔어요.
(B) 저 좀 혼자 내버려 두세요.
(C) 맨 아래 선반에요.

해설 의문사가 있는 의문문은 Yes나 No로 대답할 수 없으므로 (A)는 적절하지 않다. 같은 어휘 leave를 다른 의미로 사용한 (B)도 역시 오답이며, 열쇠를 어디에 두었냐는 질문에 구체적인 장소를 언급하는 (C)가 정답이다.

어휘 warehouse 창고 leave 놓아두다, 떠나다 bottom shelf 맨 아래 선반

3 호W 미M

Who would you like to speak to?
(A) I'm trying to reach Gary in the human resources division.
(B) I'm going to make a speech this Saturday at the convention.
(C) I'd like to speak German fluently.

누구와 통화를 원하시죠?
(A) 인사부에 있는 개리와 통화하려고 하는데요.
(B) 저는 이번 주 토요일에 컨벤션에서 연설을 합니다.
(C) 저는 독일어를 유창하게 하고 싶습니다.

해설 Who 의문에 개리와 통화하려고 한다고 대답한 (A)가 정답이다. (B)는 파생어 speech를 이용한 오답 유도 유형이며, 같은 표현 would like to speak를 이용한 (C) 역시 오답이다.

어휘 human resources division 인사부 make a speech 연설하다 fluently 유창하게

4 미M 미W

What are you bringing to the party?
(A) Yes, it was a great party.
(B) It will be held at the banquet hall.
(C) I won't be going.

당신은 파티에 무엇을 가지고 올 건가요?
(A) 네, 멋진 파티였어요.
(B) 그것은 연회장에서 열립니다.
(C) 저는 못 갑니다.

해설 파티에 무엇을 가지고 올 것인지를 묻는 질문이다. (A)는 같은 어휘 party를 이용한 오답이며, (B)는 party를 듣고 연상할 수 있는 오답이다. 질문에 가지 못할 것 같다고 대답한 (C)가 가장 적절하다.

어휘 banquet hall 연회장

5 호W 영M

What color did we paint the walls?
(A) Yes, we did it.
(B) It was painted last month.
(C) We chose green.

우리가 벽을 무슨 색의 페인트로 칠했죠?
(A) 네, 우리가 그것을 했어요.
(B) 그것은 지난달에 칠해졌어요.
(C) 우리는 초록색을 골랐어요.

해설 (A)는 의문사 의문문에 Yes로 대답했으므로 적절하지 않고, (B)는 When 의문문에 대한 대답이다. 무슨 색으로 칠했냐는 질문에 색깔로 대답하는 (C)가 가장 자연스럽다.

어휘 paint 페인트를 칠하다 wall 벽 choose 고르다

6 미M 미W

How can I contact you after business hours?
(A) You can reach me on my cell phone.
(B) In two hours
(C) From 9:00 to 5:00

영업 시간 후에 제가 어떻게 당신에게 연락할 수 있나요?
(A) 제 휴대폰으로 전화하세요.
(B) 두 시간 후에요.
(C) 9시부터 5시까지요.

해설 연락 방법을 묻는 질문에 방법을 알려 주는 (A)가 정답이다. (B)는 When 의문문에 대한 대답이므로 적절하지 않고, (C) 또한 When 의문문에 대한 대답으로 질문의 마지막 hours를 듣고 연상할 수 있는 오답이다.

어휘 contact ~에게 연락을 취하다 business hours 영업 시간

7 미W 호W

What will you be doing in New York?
(A) I bought some clothes.
(B) Actually, I came from New York.
(C) I'm meeting with a client.

뉴욕에서 무엇을 할 건가요?
(A) 옷을 좀 샀어요.
(B) 실은, 저는 뉴욕에서 왔습니다.
(C) 고객을 만날 겁니다.

해설 뉴욕에서 무엇을 할 거냐는 질문에 고객을 만날 거라고 대답한 (C)가 정답이다. (A)는 미래로 물어본 질문에 buy의 과거형 bought로 대답해서 시제가 일치하지 않으며, (B)는 Where do you come from?에 대한 대답이다.

어휘 meet with ~을 만나서 이야기하다 client 고객, 의뢰인

8 미M 미W

You can cancel your reservation at any time.
(A) Twice a month
(B) Where can I get my tickets?
(C) I'm happy to know that.

당신은 아무 때나 예약을 취소하실 수 있습니다.
(A) 한 달에 두 번이요.
(B) 어디서 표를 사나요?
(C) 그걸 알게 돼서 좋네요.

해설 언제든지 취소할 수 있다는 말에 대한 적절한 반응으로 알게 돼서 좋다는 (C)가 정답이다. (A)는 time의 연상 표현 오답이며 How often에 대한 대답이다. (B)는 reservation에 대한 연상 표현이므로 적절하지 않다.

어휘 cancel 취소하다 reservation 예약 twice 두 번

9 호W 미M

Why isn't Carter at his desk?
(A) To purchase a new desk
(B) He's on his business trip.
(C) No, by tomorrow morning.

카터가 왜 자리에 없죠?
(A) 새 책상 하나를 사려고요.
(B) 출장 중입니다.
(C) 아니요, 내일 아침까지요.

해설 왜 자리에 없냐는 질문에 출장 중이라고 이야기하는 (B)가 적절한 대답이다. (A)는 Why 의문문에 to 부정사로 대답할 수는 있으나 상태를 물어보는 질문에 대한 대답으로는 어울리지 않는다. (C)는 의문사 의문문에 No로 대답할 수 없으므로 오답이다.

어휘 purchase ~을 구매하다 business trip 출장

10 영M 미M

Which is mine?
(A) No, it's yours.
(B) The blue one.
(C) My name is Jonathan.

어느 게 제 것이죠?
(A) 아니요, 그것은 당신 것입니다.
(B) 파란색이요.
(C) 저는 조나단입니다.

해설 어느 것이 내 것이냐는 질문에 적절한 대답은 (B)이다. 〈형용사+one〉 표현이 정답으로 자주 출제되므로 알아 둔다. Which 의문사 의문문에 Yes나 No로 답할 수 없으므로 (A)는 오답이다. (C)는 mine과 유사 발음인 name을 이용한 오답이다.

어휘 mine 내 것 yours 너의 것

11 미W 호W

When's Sue coming back?
(A) At 5 o'clock
(B) I believe so.
(C) An hour ago

수가 언제 돌아오나요?
(A) 5시에요.
(B) 전 그렇게 생각합니다.
(C) 한 시간 전이요.

해설 When 의문문에 시간으로 대답한 (A)가 정답이다. (B)의 경우 평서문에 대한 대답으로 올 수 있으며, (C)는 ago를 이용해서 과거의 의미로 답하므로 질문과 시제가 일치하지 않아 오답이다.

어휘 come back 돌아오다 believe 믿다. 생각하다

12 (미M) (미W)
Why are you using Jasmine's computer?
(A) Yes, it's working properly.
(B) The laptop is much more expensive.
(C) Mine doesn't work.

왜 재스민의 컴퓨터를 쓰고 있죠?
(A) 네, 그거 잘 작동되고 있습니다.
(B) 노트북 컴퓨터가 훨씬 더 비쌉니다.
(C) 제 것이 고장 나서요.

해설 이유를 묻는 Why 의문문이므로 이유를 말하는 (C)가 정답이다. 의문사 의문문에 Yes로 대답했으므로 (A)는 적절하지 않다. (B)는 Why 이후 내용과 전혀 무관한 내용이며 computer라는 어휘를 듣고 연상할 수 있는 연상 오답이다.

어휘 properly 제대로, 적절하게 expensive 비싼

13 (미W) (미M)
When will Ms. Hancock be in?
(A) Yes, she will be late.
(B) It's 4:20 now.
(C) Between 2 and 3 o'clock

한콕 씨가 언제 들어오죠?
(A) 네, 그녀는 늦을 겁니다.
(B) 지금은 4시 20분입니다.
(C) 두 시에서 세 시 사이예요.

해설 시기를 물어보는 When 의문문에 시기를 적절하게 답한 (C)가 정답이다. (A)는 미래 시제로 대답했지만 의문사 의문문에 Yes라고 대답했으므로 적절하지 않다. (B)는 현재 시간을 물어본 것이 아니므로 질문과의 시제 불일치로 오답이다.

어휘 between A and B A와 B 사이에

14 (미M) (호W)
Is Ms. Olson leaving the company?
(A) No, she lives near the company.
(B) She usually leaves at 6:30.
(C) No, she'll be transferred to the Seattle office.

올슨 씨가 회사를 떠나나요?
(A) 아니요, 그녀는 회사 근처에 살아요.
(B) 그녀는 대개 6시 30분에 떠나요.
(C) 아니요, 그녀는 시애틀 지사로 전출될 겁니다.

해설 (A)는 질문의 leave와 선택지 live의 유사 발음을 이용한 오답이다. (B)는 같은 단어 leave를 이용한 오답이며, 올슨 씨가 회사를 떠나는지 묻는 질문에 전출을 간다고 대답하는 (C)가 가장 알맞다.

어휘 transfer to ~로 전출을 보내다

15 (미W) (미M)
Why don't we share a taxi to the port?
(A) My flight was delayed.
(B) That sounds like a great idea.
(C) I just arrived from the airport.

우리 항구까지 택시 같이 타고 가는 거 어때요?

(A) 제 항공편이 연기되었어요.
(B) 좋은 생각입니다.
(C) 저는 막 공항에서 도착했습니다.

해설 제안의 표현에 좋은 생각이라고 답하는 (B)가 정답이다. (A)는 port(항구, 부두)를 airport로 오해했을 때 고를 수 있는 오답이며, (C)는 유사 발음 airport를 이용한 오답이다.

어휘 share 공유하다, 함께 쓰다 port 부두 flight 비행편

Day 05 연습 문제 5

본문 p.178

1 (C)	2 (B)	3 (A)	4 (A)	5 (C)
6 (B)	7 (B)	8 (C)	9 (B)	10 (B)
11 (C)	12 (A)	13 (B)	14 (C)	15 (B)

1 (미W) (미M)
Where is Ebony going?
(A) She's from Toronto.
(B) In twenty minutes
(C) To get some coffee

에보니는 어디로 가나요?
(A) 그녀는 토론토 출신입니다.
(B) 20분 후에요.
(C) 커피를 사려요.

해설 (A)는 Where를 들었는데 나머지를 제대로 못 들었을 경우 고를 수 있는 연상 오답이며, (B)는 When에 대한 답변이다. 따라서 정답은 어디 가냐는 질문에 목적으로 적절히 대답한 (C)이다.

어휘 in+시간 ~지나서

2 (미M) (미W)
Whose file is this?
(A) It's my pile of comic books.
(B) I think it's mine.
(C) Cathy didn't buy it.

이거 누구의 파일이죠?
(A) 제 만화책 쌓아 놓은 거예요.
(B) 제 것 같아요.
(C) 캐시는 그것을 사지 않았어요.

해설 파일이 누구의 것이냐는 질문에 mine을 이용해서 대답한 (B)가 정답이다. (A)는 file의 유사 발음 pile을 이용한 오답이며, (C) 역시 사람을 이용한 오답이다.

어휘 pile 더미

3 (호W) (미W)
Were you supposed to go to Mr. Taylor's farewell party?
(A) Yes, but I had an urgent meeting.
(B) Join me for dinner.
(C) No, he is doing well.

당신은 테일러 씨의 송별회에 참석하기로 되어 있었죠?
(A) 네, 그런데 제게 급한 회의가 있었어요.
(B) 저랑 저녁 같이 해요.
(C) 아니요, 그는 잘 지내고 있어요.

해설 스케줄을 묻는 질문에 가지 못한 이유를 설명하는 (A)가 정답이다. (B)는 party만 듣고 연상할 수 있는 오답이며, (C)는 farewell과 well의 유사 발음을 이용한 오답이다.

어휘 be supposed to ~하기로 되어 있다 urgent 긴급한
farewell party 송별회

4 [영M] [미M]
Where are my notes for the course?
(A) They are in my drawer.
(B) For the upcoming seminar
(C) Let me take notes.

수업을 위해 제가 메모한 것들 어디에 있죠?
(A) 제 서랍 안에 있습니다.
(B) 다가오는 세미나용입니다.
(C) 제가 메모하죠.

해설 장소를 묻는 Where 의문문에 장소 전치사구 in my drawer(서랍 안에)로 대답한 (A)가 정답이다. (B)는 for만 듣고 고르는 오답이다. Where가 빠르게 발음될 경우 순간 놓쳐서 Why로 혼동할 수 있다. 따라서 장소를 물어보는 질문에 〈for+명사〉 구조가 오답으로 등장하기도 한다. (C)는 같은 단어를 이용한 오답이다.

어휘 drawer 서랍 upcoming 다가오는 take notes 받아 적다, 필기하다

5 [미W] [영M]
How will you be able to finish the budget report on time?
(A) The project is behind schedule.
(B) By train or bus
(C) I'll take care of it somehow.

어떻게 예산 보고서를 제때에 끝낼 수 있을까요?
(A) 프로젝트가 예정보다 늦습니다.
(B) 기차나 버스로요.
(C) 제가 어떻게든 처리할 겁니다.

해설 방법을 묻는 질문에 '제가 처리할게요'라고 우회적으로 대답한 (C)가 정답이다. (A)는 on time을 듣고 대답할 수 있는 연상 오답이며, (B)는 교통수단을 묻는 질문에 대한 답변이므로 이 질문에는 적절하지 않다.

어휘 budget report 예산 보고서 on time 제시간에, 정각에
behind schedule 예정보다 늦은 somehow 어떻게든

6 [미M] [미W]
What's the name of the nearest medical clinic?
(A) There is no person by that name.
(B) I'm afraid I forgot it.
(C) Ms. Hastings is a surgeon.

가장 가까운 병원 이름이 뭔가요?
(A) 그런 이름의 사람은 없습니다.
(B) 잊어버린 거 같아요.
(C) 헤이스팅스 씨는 외과 의사입니다.

해설 병원의 이름을 묻는 질문이므로 잊었다고 대답한 (B)가 정답이다. 사람 이름을 물어본 것이 아니기 때문에 (A)는 적절하지 않으며, (C)는 clinic을 듣고 연상할 수 있는 오답이다.

어휘 medical clinic 병원 surgeon 외과 의사

7 [미W] [영M]
How can I open a new bank account?

(A) That's new to me.
(B) Please complete the form first.
(C) Don't you have a key?

제가 새 은행 계좌를 어떻게 개설할 수 있나요?
(A) 그거 저는 처음인데요.
(B) 먼저 서류를 작성해 주세요.
(C) 열쇠 없어요?

해설 계좌를 여는 방법을 물어보는 How 의문문이므로 절차를 알려 주는 (B)가 정답이다. (A)는 같은 단어 new를 이용해서 혼동을 유발하는 오답이며, (C)는 질문의 open이라는 단어를 이용한 연상 오답이다.

어휘 bank account 은행 계좌 complete ~을 작성하다 form 양식

8 [미M] [미W]
Did you send an invitation to Mr. Connor?
(A) About 100 guests
(B) Yes, I was invited.
(C) Sorry, it slipped my mind.

코너 씨에게 초대장 보냈어요?
(A) 약 100명의 손님들이요.
(B) 네, 저 초대받았어요.
(C) 미안하지만, 깜빡했습니다.

해설 초대장을 보냈냐는 질문에 깜빡했다고 하는 (C)가 가장 자연스럽다. (A)는 How many 의문문에 대한 대답이며, (B)는 invite와 invitation을 이용한 파생어 오답이다.

어휘 invitation 초대장 slip one's mind 깜빡하다

9 [미W] [영M]
Which editor are you working with?
(A) I'm working in the sales department.
(B) Yoshida, from the Tokyo branch
(C) I edited it out.

어떤 편집자와 일하나요?
(A) 저는 영업부에서 일하고 있어요.
(B) 도쿄 지사의 요시다요.
(C) 제가 그것을 편집해서 뺐어요.

해설 누구와 함께 일하냐고 묻는 Who 의문문이므로 사람 이름으로 직접 답변한 (B)가 정답이다. (A)는 부서를 물어본 것이 아니므로 적절하지 않고, working을 이용한 오답이다. (C)는 editor의 파생어 edit를 이용한 오답이다.

어휘 editor 편집자 branch 지점, 지사 edit 편집하다

10 [미M] [미W]
Which sales representative helped you?
(A) He was chosen as a vice president of the company.
(B) I think her name is Katie.
(C) Let me help you with your baggage.

어떤 영업 사원이 당신을 도와주었죠?
(A) 그는 회사의 부사장으로 뽑혔어요.
(B) 그녀의 이름이 케이티인 것 같아요.
(C) 제가 짐 드는 것 도와 드리죠.

해설 어떤 영업 직원이 도와주었느냐는 질문으로 Who 의문문과 마찬가지로 생각할 수 있다. 따라서 이름으로 대답한 (B)가 정답이다. (A)는 질문에 대한 연상 오답이며, (C)는 help라는 같은 어휘를 사용한 오답이다.

어휘 representative 사원 vice president 부사장

11 호W 영M
Why didn't you enjoy the performance?
(A) Will you join us?
(B) I saw you playing the piano.
(C) It was too boring.

공연이 왜 좋지 않았어요?
(A) 저희랑 함께 가실래요?
(B) 나는 당신이 피아노 치는 것을 보았어요.
(C) 너무 지겨웠어요.

해설 이유를 물어보는 Why 의문문이므로 이후 내용 부정어 not 과 enjoy, performance를 잘 들었다면 쉽게 (C)를 답으로 고를 수 있다. (A)는 질문에서 연상할 수 있는 오답이며, (B)는 performance로 연상할 수 있는 오답이다.

어휘 performance 공연 join 함께 하다 boring 지루한

12 미M 미W
Would you like me to drive?
(A) Yes, if you don't mind.
(B) Yes, he always drives carefully.
(C) I don't have a driver's license.

제가 운전할까요?
(A) 네, 괜찮으시다면요.
(B) 네, 그는 언제나 조심스럽게 운전합니다.
(C) 저는 운전 면허증이 없습니다.

해설 '제가 운전할까요?'라고 제안하는 질문이므로 (A)가 가장 적절하다. (B)는 대명사가 일치하지 않으므로 오답이며, (C)는 drive의 파생어 driver를 이용한 오답이다.

어휘 mind ~을 꺼리다 carefully 조심스럽게, 신중하게 driver's license 운전 면허증

13 미W 호W
Is your ticket for Saturday or Sunday?
(A) It was held on Sunday.
(B) I'm not sure. I'll have to check.
(C) I have a concert on Saturday.

당신 표가 토요일 건가요, 일요일 건가요?
(A) 그것은 일요일에 열렸어요.
(B) 확실치 않네요. 확인해 봐야 해요.
(C) 저는 토요일에 콘서트가 있습니다.

해설 티켓의 요일을 물어보는 질문으로 이에 대한 우회적인 대답인 (B)가 정답이다. (A)는 질문과 시제가 맞지 않기 때문에 적절하지 않으며, (C)는 질문과 같은 단어를 이용하면서 ticket을 듣고 연상할 수 있는 내용의 오답이다.

어휘 hold ~을 개최하다, 열다 check 확인하다, 점검하다

14 미M 미W
When will you take a break?
(A) I'll take it.
(B) It broke down again.
(C) In ten minutes

언제 쉴 건가요?
(A) 그거 살게요.
(B) 그거 또 고장 났어요.
(C) 십 분 후에요.

해설 When으로 시작하는 때를 물어보는 의문문이므로 (C)가 가장 알맞다. When 의문문에 대한 정답으로 〈전치사+시간〉 표현이 자주 정답으로 출제된다. (A)는 같은 단어 take를 이용한 오답이며, (B)는 break의 품사를 명사에서 동사로 바꿔 이용한 오답이다.

어휘 take a break 휴식을 취하다 break down ~이 고장 나다

15 호W 미M
We have to fill in everything on the application form, don't we?
(A) About 5 applicants
(B) Only the top part
(C) Yes, everything is fine with me.

우리가 지원서의 모든 부분을 작성해야 하죠, 그렇죠?
(A) 약 5명의 지원자요.
(B) 윗부분만요.
(C) 네, 저는 다 좋습니다.

해설 모든 부분을 작성해야 하느냐는 부가 의문문 질문에 대한 자연스러운 정답은 (B)이다. (A)는 application의 파생어를 이용한 오답이며, (C)는 같은 단어 everything이 쓰인 오답이다.

어휘 fill in ~을 채우다, 작성하다 application form 신청서, 지원서 applicant 지원자

Day
06 연습 문제 6

본문 p.179

1 (A)	**2** (C)	**3** (A)	**4** (A)	**5** (C)
6 (A)	**7** (A)	**8** (C)	**9** (A)	**10** (C)
11 (A)	**12** (A)	**13** (B)	**14** (A)	**15** (A)

1 미W 미M
Is it faster to go by bus to the National Museum?
(A) Yes, if there is no traffic.
(B) Next to the public library
(C) No, it goes well with your eyes.

국립 박물관에 버스를 타고 가는 것이 더 빠른가요?
(A) 네, 차가 안 막히면요.
(B) 공공 도서관 옆에요.
(C) 아니요, 그거 당신 눈과 잘 어울리네요.

해설 의문사가 없는 be동사 의문문으로, 버스로 가는 것이 더 빠르냐는 질문에 (A)가 가장 적절한 대답이다. (B)는 위치를 물어보는 Where 의문사 의문문의 정답이며, (C)는 동일한 어휘 go를 사용한 오답이다.

어휘 National Museum 국립 박물관 traffic 교통(량)

2 미M 호W
Are you sure the train arrives at 11?
(A) At gate 11
(B) Yes, we're ahead of time.
(C) Of course, I checked the schedule.

기차가 11시에 도착하는 게 확실한가요?
(A) 11번 출입구요.
(B) 네, 우리는 예정보다 빨라요.
(C) 물론이죠, 제가 스케줄을 확인했어요.

해설 열차의 도착 시간을 확인하는 질문이다. 이에 스케줄을 확인했다는 (C)가 가장 자연스럽다. (A)는 Where 의문문에 대한 정답 표현이며, (B)는 Yes 이후의 내용이 어색하다.

어휘 ahead of time 예정보다 빠른

3 미W 호W

When do you think we could talk about the new environmental plan?
(A) Anytime that's convenient for you.
(B) Really? I was going to buy the same thing.
(C) I think your environmental report is impressive.

언제 새로운 환경 개발에 대해 논의할 수 있나요?
(A) 당신이 편할 때 아무 때나요.
(B) 정말이요? 저도 똑같은 걸 사려고 했어요.
(C) 당신의 환경 보고서는 인상적인 것 같습니다.

해설 언제 논의할 수 있는지를 묻고 있으므로 시간 관련 대답을 예상해야 한다. (A)는 anytime을 사용하여 편할 때 하자고 답하므로 가장 적절하다. (C)는 질문과 같은 단어 environmental을 사용한 오답으로, 이는 Part 2에서 가장 잘 나오는 오답 유형이다. (B)는 상황을 벗어난 대답이므로 적절하지 않다.

어휘 environment 환경 impressive 인상적인

4 영M 미M

Where can I find Mr. Dawson's office?
(A) Take the elevator.
(B) At the mall last month.
(C) He's an officer.

도슨 씨의 사무실에 어떻게 가나요?
(A) 엘리베이터를 타세요.
(B) 지난달 쇼핑몰에서요.
(C) 그는 관리입니다.

해설 장소를 물어보는 Where 의문문이다. 위치를 알려 주는 대답을 예상할 수 있으나 가는 길을 알려 주는 방법인 (A)가 정답이다. (B)는 장소와 시간의 표현이 둘 다 등장했지만 질문의 상황과 벗어나는 내용이므로 적절하지 않다. (C)는 질문의 office라는 단어의 파생어를 이용한 대표적인 오답 유형이다.

어휘 officer 담당자, 관리, 경찰관

5 미W 미M

Is this your first visit here?
(A) I've never visited there.
(B) Yes, here you are.
(C) No, this is my second time.

이번이 첫 방문인가요?
(A) 저는 그곳에 가 본 적이 없습니다.
(B) 네, 여기 있습니다.
(C) 아니요, 이번이 두 번째입니다.

해설 첫 번째 방문이냐는 질문에 두 번째라고 대답하는 (C)가 정답이다. (A)는 유사 발음 there과 here를 이용한 대화의 상황과 관계없는 오답이다. (B)는 같은 어휘 here를 이용한 오답이다.

어휘 visit 방문, 방문하다

6 영M 미W

Should we take a break or continue?
(A) Why don't we stop for coffee?
(B) It broke down.
(C) Yes, I'd like to.

우리 쉬어야 하나요 아니면 계속해야 하나요?
(A) 커피 한잔하게 쉬는 게 어때요?
(B) 그거 고장 났어요.
(C) 네, 저 그러고 싶어요.

해설 선택 의문문으로, 쉬어야 하는지 계속해야 하는지를 묻는 질문에 거꾸로 제안을 하고 있는 (A)가 정답이다. (B)는 명사로 쓰인 break(휴식)의 품사를 바꾸어 사용한 오답이다. 선택 의문문은 Yes나 No로 답변이 불가능하므로 (C)는 적절하지 않다.

어휘 continue 계속하다

7 호W 미M

Does the flower shop stay open until 9 o'clock today?
(A) No, only on Fridays.
(B) You should stay focused.
(C) Yes, we are running out of flowers.

꽃 가게가 오늘 9시까지 문을 여나요?
(A) 아니요, 금요일만요.
(B) 당신은 집중해야 합니다.
(C) 네, 우리는 꽃이 다 떨어져 가고 있습니다.

해설 꽃 가게의 영업시간을 묻고 있으므로 금요일만 그렇다고 답하는 (A)가 가장 자연스럽다. (B)는 같은 단어 stay를 이용한 오답이며, (C) 역시 같은 단어 flower를 이용한 오답으로 내용상 적절하지 않다.

어휘 focus 집중하다 run out of ~이 다 떨어지다

8 영M 미W

How will you get to the banquet?
(A) To celebrate Ken's promotion
(B) I have to stop by the bank.
(C) My colleague will give me a ride.

연회에 무엇을 타고 갈 건가요?
(A) 켄의 승진을 축하하기 위해서요.
(B) 저는 은행에 잠깐 들러야 합니다.
(C) 제 동료가 차를 태워줄 겁니다.

해설 특정 장소에 어떻게 갈 건지를 묻는 질문에 동료가 태워 준다고 답한 (C)가 정답이다. (A)는 이유를 물어보는 Why 의문문에 대한 대답이며, (B)는 유사 발음 banquet과 bank를 이용한 오답이다.

어휘 banquet 연회 promotion 승진, 판촉 stop by ~에 잠깐 들르다 colleague 동료

9 미W 호W

Should we get permission before using the lab?
(A) Yes, it's mandatory.
(B) I have to apply for a parking permit.
(C) My laptop is out of order.

실험실을 이용하기 전에 우리가 허가를 받아야 하나요?
(A) 네, 꼭 그래야 합니다.
(B) 저는 주차 허가증을 신청해야 합니다.
(C) 제 노트북이 고장입니다.

해설 허가를 받아야 하는지를 묻는 Yes/No 질문이다. 의무적으로 해야 한다고 대답한 (A)가 가장 알맞다. (B)는 permission의 파생어 permit를 이용한 오답이며, (C)는 상황에서 벗어난 내용이므로 적절하지 않다.

어휘 permission 허락, 허가 mandatory 의무적인 apply for ~을 신청하다, ~에 지원하다 parking permit 주차 허가증 out of order 고장 난

10 (미M) (미W)

I'll be late coming into work tomorrow.
(A) This coming Friday
(B) How about tomorrow afternoon?
(C) I'll let the manager know.

저 내일 늦게 출근할 겁니다.
(A) 다가오는 금요일이요.
(B) 내일 오후는 어떠세요?
(C) 제가 부장님께 알려 드리죠.

해설 내일 늦을 거라는 말에 부장님께 전달하겠다는 (C)가 정답이다. (A)는 같은 어휘 coming을 이용해서 혼동을 유도하는 오답이며, (B)도 질문에 등장한 tomorrow를 이용해서 오답을 유도하고 있다.

어휘 let ~하게 하다 manager 관리자

11 (호W) (미M)

Would you like me to print out the report?
(A) Yes, 10 copies, please.
(B) I reported it yesterday.
(C) It's an old printer.

보고서를 출력해 드릴까요?
(A) 네, 10장 부탁드려요.
(B) 제가 그것을 어제 신고했어요.
(C) 그것은 오래된 프린터입니다.

해설 질문은 보고서를 출력해 줄지를 묻는 제안의 표현으로 (A)가 가장 자연스럽다. (B)는 질문에 등장한 report의 품사를 바꾸어 사용한 오답이며, (C)는 print의 파생어를 이용한 오답이다.

어휘 print out 출력하다 report 보고서, 신고하다, 보고하다 copy 부

12 (미M) (미W)

Why did you call the technician?
(A) The copier is jammed again.
(B) He called the meeting.
(C) Nancy will take care of it.

왜 기술자를 불렀어요?
(A) 복사기에 종이가 또 걸렸어요.
(B) 그가 회의를 소집했어요.
(C) 낸시가 그것을 처리할 겁니다.

해설 기술자를 부른 이유를 묻는 질문에 복사기에 종이가 또 걸려서라고 이유를 대는 (A)가 정답이다. (B)는 다의어 call을 이용한 오답이며, (C)는 상황과는 거리가 먼 대답이므로 적절하지 않다.

어휘 technician 기술자 jammed 막힌 call ~을 소집하다 take care of ~을 처리하다

13 (호W) (미M)

Which books do you want me to put on this shelf?
(A) No, you can put them in order.
(B) The ones on the table
(C) The one across from the drugstore

어떤 책들을 제가 이 선반에 놓길 원하십니까?
(A) 아니요, 당신은 그것들을 순서대로 놓으시면 됩니다.
(B) 탁자 위에 있는 것들이요.
(C) 약국 맞은편에 있는 곳이요.

해설 어떤 책을 이 선반에 놓길 원하느냐는 질문에 자주 출제되는 〈one(s)+수식어〉 형태로 대답한 (B)가 정답이다. (A)는 같은 어휘인 put을 이용한 오답이며, (C)는 one과 위치 표현이 동일하게 쓰였으

나 질문의 상황과 벗어나는 내용이므로 적절하지 않다.

어휘 shelf 선반 in order 순서대로 across from ~의 맞은편 drugstore 약국

14 (미M) (영M)

We have to submit our financial report by Friday, don't we?
(A) No, by Thursday at the latest.
(B) I'm going to take a day off Friday.
(C) Yes, we run out of budget.

우리가 재정 보고서를 금요일까지 제출해야 하죠, 그렇죠?
(A) 아니요, 늦어도 목요일까지요.
(B) 저는 금요일에 하루 쉽니다.
(C) 네, 우리는 예산을 다 썼어요.

해설 〈평서문+부가 의문문〉 형태이다. have to submit과 by Friday 등의 내용어에 초점을 맞춰 (A)를 정답으로 고를 수 있다. (B)는 같은 어휘 Friday를 이용한 오답이며, (C) 역시 상황이 맞지 않는 오답이다.

어휘 financial report 재정 보고서 at the latest 늦어도

15 (미W) (미M)

When does the mail room open?
(A) At 9 o'clock
(B) Via surface mail
(C) We have job openings.

우편물실이 언제 여나요?
(A) 9시요.
(B) 보통 우편으로요.
(C) 우리에게 구직 자리가 있습니다.

해설 문 여는 시간을 물어보는 질문에 구체적인 시간을 언급하고 있으므로 (A)가 정답이다. (B)는 같은 어휘 mail을 이용한 오답이며, (C)는 open의 파생어를 이용한 오답이다.

어휘 surface mail 보통 우편 job opening 공석

Day 07 연습 문제 7

본문 p.180

1 (C)	2 (C)	3 (A)	4 (C)	5 (B)
6 (C)	7 (A)	8 (B)	9 (A)	10 (C)
11 (C)	12 (A)	13 (B)	14 (B)	15 (A)

1 (미W) (미M)

Isn't Mr. Garrett ready to make his speech?
(A) His speech was impressive.
(B) I was speechless.
(C) Yes, I think so.

개럿 씨가 연설할 준비가 된 거죠?
(A) 그의 연설은 인상적이었어요.
(B) 저는 할 말을 잃었습니다.
(C) 네, 그런 거 같아요.

해설 개럿 씨가 연설할 준비가 되었냐는 질문에 그렇다고 대답한 (C)가 알맞다. (A)는 같은 단어 speech를 이용한 오답이며, (B)는 speech

를 형용사로 변형한 오답이다.

어휘 make a speech 연설을 하다 impressive 인상적인
speechless 할 말을 잃은

2 (미M) (호W)
Sales have been up quite a lot, haven't they?
(A) They are on the way.
(B) This place is pretty quiet.
(C) No, you should check the sale report again.

판매가 꽤 올랐네요, 그렇지 않아요?
(A) 그들은 오는 중입니다.
(B) 여기는 꽤 조용하네요.
(C) 아뇨, 판매 보고서를 다시 확인해 보세요.

해설 부가 의문문은 대답에 큰 영향을 미치지 않으므로 right(맞죠) 정도
로 이해하고 앞의 내용어를 잘 들어야 한다. 여기서는 판매가 올랐
다는 사실에 동의하거나 반대하는 대답을 예상하면서 듣는다. (A)와
(B)는 모두 유사어 they, pretty quiet를 사용해 혼동을 주는 오답
이다. 질문에 반대하는 내용의 (C)가 정답이다.

어휘 quite 꽤, 상당히 sales report 판매 보고서

3 (미W) (영M)
You speak Chinese, don't you?
(A) A little bit
(B) I've been to China.
(C) Yes, he's a guest speaker.

중국어 하시죠, 그렇죠?
(A) 조금요.
(B) 저는 중국에 가 본 적이 있습니다.
(C) 네, 그는 초청 연사입니다.

해설 중국어를 하냐는 질문에 조금이라고 대답한 (A)가 가장 자연스럽다.
(B)는 Chinese-China를 이용한 오답이며, (C)는 주어 불일치와
동사로 쓰인 speak의 품사 변형 어휘를 사용한 오답이다.

어휘 guest speaker 초청 연사

4 (영M) (미M)
Didn't you register for the health care seminar?
(A) Yes, I was late for the seminar.
(B) The seminar was held in the Seoul office.
(C) No, I completely forgot.

건강관리 세미나에 등록하신 거죠?
(A) 네, 저 세미나에 늦었어요.
(B) 그 세미나는 서울 사무소에서 열렸어요.
(C) 아니요, 완전 깜빡했네요.

해설 부정 의문문을 이용해서 등록 여부를 묻는 질문으로 깜빡했다는 대
답인 (C)가 알맞다. (A)는 유사 발음과 같은 단어를 이용한 오답이며,
(B) 역시 같은 어휘 seminar를 이용해서 혼동을 유발시키는 오답
이다.

어휘 register for ~에 등록하다 completely 완전히

5 (호W) (미W)
Let's visit the art gallery today.
(A) I haven't visited him.
(B) Sounds good to me.
(C) That was my first visit.

오늘 미술관에 가죠.

(A) 그에게 가 보지 못했어요.
(B) 저는 좋아요.
(C) 그게 제가 처음 가 본 거예요.

해설 제안문이다. 제안에 대해 승낙하는 표현으로 (B)가 정답이다. (A)는
같은 단어 visit을 이용한 오답이며, (C)는 동사로 쓰인 visit을 명사
로 품사 변형한 오답으로 시제도 어긋난다.

어휘 art gallery 미술관

6 (미M) (호W)
Steve is retiring this year, isn't he?
(A) Last year
(B) Yes, he's too tired to see me.
(C) As far as I know, he's planning to stay.

스티브가 올해 퇴직하죠, 그렇지 않나요?
(A) 작년이요.
(B) 네, 그가 나를 만나러 오기엔 너무 피곤해서요.
(C) 제가 알기로는, 계속 남아 있으려고 계획 중이라던데요.

해설 올해 은퇴하냐는 질문에 계속 남을 계획으로 알고 있다고 답한 (C)가
가장 알맞다. (A)는 this year에 대한 연상 오답 내용이며, (B)는 유
사 발음 retire, tired를 이용한 오답이다.

어휘 retire 은퇴하다 plan to ~할 계획이다

7 (미W) (미M)
I'd like to purchase a copy of this magazine.
(A) That'll be $15.
(B) Yes, did you purchase it online?
(C) It is 10,000 won a day.

저 잡지 한 권 사고 싶어요.
(A) 15달러입니다.
(B) 네, 온라인으로 구매하셨나요?
(C) 하루에 만 원입니다.

해설 잡지를 구매하고 싶다는 말에 가격을 대답한 (A)가 적절하다. (B)는
질문에 등장한 purchase를 다시 등장시켜 오답으로 유도하는 선
택지이며, (C)는 가격을 이야기하고는 있으나 a day 때문에 상황과
어울리지 않는다.

어휘 purchase 구매하다 magazine 잡지

8 (영M) (호W)
Please leave the door open when you leave.
(A) You can leave now.
(B) Why is that?
(C) I'll close the door for you.

나가실 때 문을 열어 두세요.
(A) 지금 가 보셔도 됩니다.
(B) 왜 그런가요?
(C) 제가 문 닫을게요.

해설 〈Please+동사원형〉 구문으로 부탁을 하는 표현이다. 따라서 이유
를 되묻는 (B)가 가장 자연스럽다. (A)는 leave의 다의어 성격을 이
용한 오답이며, (C)는 상황에 어색한 표현이다.

어휘 leave+목적어+형용사 ~을 …인 채 남겨두다

9 (미M) (미W)
Why don't we meet at my office after this meeting?
(A) No problem. I'll see you then.
(B) I can't meet the deadline this time.

(C) Your office is very spacious.

이 회의 끝나고 저희 사무실에서 보는 게 어떨까요?
(A) 문제없죠. 그때 뵐게요.
(B) 저는 이번에는 마감일을 못 맞춰요.
(C) 당신 사무실이 매우 넓네요.

해설 만나자고 제안을 하는 표현이므로 승낙의 표현인 (A)가 정답이다. (B)는 meet(만나다, 충족시키다)의 다의어를 이용한 오답이며, (C)는 질문에 등장한 office를 재등장시켜 혼동을 유발시키는 오답이다.

어휘 meet the deadline 마감일을 맞추다 spacious 넓은

10 영M 미W
Could you show me your identification?
(A) Yes, I'll show you how.
(B) Where can I use my student ID card?
(C) Yes, here you are.

신분증 좀 보여 주시겠어요?
(A) 네, 제가 어떻게 하는지 보여 드릴게요.
(B) 제 학생증을 어디에서 쓸 수 있을까요?
(C) 네, 여기 있습니다.

해설 신분증을 보여 달라는 요청에 승낙을 한 (C)가 정답이다. (A)는 같은 단어 show를 이용한 오답이며, (B)도 ID를 이용한 오답이다.

어휘 identification 신분증 student ID card 학생증

11 미W 호W
What's the fastest transportation from here to Oxford Street?
(A) Go down this street.
(B) I'll come in 10 minutes.
(C) You can take trams to get there.

여기서 옥스퍼드 가까지 가장 빠른 교통수단이 뭐예요?
(A) 이 길을 따라 가세요.
(B) 제가 10분 안에 올게요.
(C) 거기까지 전차를 타고 가면 돼요.

해설 교통수단을 묻고 있는 질문에 교통수단을 제시한 (C)가 정답이다. (A)는 교통수단을 물어봤는데 길을 알려 주고 있으므로 어색하고, (B)는 When 의문사 의문문에 대한 대답이므로 적절하지 않다.

어휘 transportation 교통수단 tram 전차

12 미M 미W
Which of the applicants seems most qualified?
(A) It's really tough to decide on just one.
(B) I think a qualification will be required.
(C) Actually, I had an interview with the applicants.

어느 지원자가 가장 적합해 보이시나요?
(A) 딱 한 명만 선택하기가 참 힘들군요.
(B) 저는 자격 요건이 필요하다고 생각해요.
(C) 사실, 저는 지원자들과 면접을 했습니다.

해설 어느 지원자가 적합해 보이냐는 질문에 선택하기 어렵다로 대답한 (A)가 정답이다. (B)는 qualified(자격이 있는)의 품사를 변형시킨 오답이며, (C)는 applicants를 재등장시켜 혼동을 유발하는 오답이다.

어휘 applicant 지원자 qualified 자격이 있는 tough 어려운
qualification 자격 사항

13 호W 미M
Has the copier been repaired yet?
(A) Yes, that's enough.
(B) Yes, it's working properly now.
(C) Coffee would be fine with me.

복사기가 다 수리되었나요?
(A) 네, 그거면 충분합니다.
(B) 네, 이제 잘 작동됩니다.
(C) 저는 커피가 좋습니다.

해설 수리의 여부를 확인하고 있는 Yes/No 의문문이다. 따라서 Yes로 대답하고 작동이 잘 된다는 내용이 이어지는 (B)가 정답이다. (A)는 상황에서 벗어났으므로 적절하지 않고, (C)는 대표적인 유사 발음 어휘인 copier과 coffee를 이용한 오답이다.

어휘 work 작동되다 properly 제대로, 적절하게

14 영M 미W
What are you going to buy for Sujin's Birthday?
(A) Anything she wants is not going to be in this shop.
(B) Unfortunately, I can't afford anything.
(C) It will be crowded on her birthday.

수진의 생일에 무엇을 사 주실 건가요?
(A) 그녀가 원하는 어떤 것도 이 가게에 없을 겁니다.
(B) 불행히도 저는 어떤 여유도 없습니다.
(C) 그녀의 생일은 북적일 겁니다.

해설 생일 선물을 물어보는 질문에 금전적 여유가 없다는 내용의 (B)가 가장 적절하다. (A)는 상황에 어울리지 않는 답변이며, (C)는 같은 어휘 birthday를 이용한 오답이다.

어휘 unfortunately 불행히도 afford ~할 여유가 있다 crowded 붐비는

15 미M 미W
Do you know the phone number for Lawrence Law Firm?
(A) I think I remember it.
(B) Put it in aisle number one.
(C) There aren't many.

로렌스 법률 회사의 전화번호를 아시나요?
(A) 저 아는 것 같아요.
(B) 1번 통로에 놔 주세요.
(C) 많지는 않습니다.

해설 연락처를 물어보는 질문이다. (A)는 물어보는 내용에 대해 알고 있다고 말하는 적절한 대답이며, (B)는 같은 어휘 number를 사용하여 오답으로 유도하는 내용이다. (C)는 상황에 어울리지 않는 동떨어진 답변이다.

어휘 law firm 법률 회사 aisle 통로

Day 08 연습 문제 8

본문 p.181

1 (B)	**2** (B)	**3** (B)	**4** (A)	**5** (C)
6 (C)	**7** (C)	**8** (C)	**9** (A)	**10** (B)
11 (B)	**12** (B)	**13** (B)	**14** (B)	**15** (A)

1 미W 미M

What should I do if I am late for the meeting?
(A) That's a good rate.
(B) You can call me.
(C) I think you should.

회의에 늦으면 어떻게 해야 하나요?
(A) 좋은 가격이네요.
(B) 저에게 전화 주세요.
(C) 당신이 해야 할 것 같아요.

해설 What should I do ~?(어떻게 해야 하나요?)라는 질문에 방법을 알려 주는 (B)가 정답이다. (A)는 rate와 late의 유사 발음을 이용한 오답이며, (C)는 should의 반복 사용으로 오답을 유도하고 있다.

어휘 rate 가격, 비율

2 미M 미W

Isn't Ashley the new secretary?
(A) This was a secret.
(B) Actually, she's the personnel manager.
(C) Neither

애슐리가 새로운 비서 아닌가요?
(A) 그것은 비밀이었어요.
(B) 사실 그녀는 인사 부장입니다.
(C) 둘 다 아닙니다.

해설 질문에 가장 어울리는 대답은 (B)이다. 정답 선택지에 자주 등장하는 어휘 중 하나가 actually이므로 알아 둔다. (A)는 secretary와 유사 발음을 이용한 오답이며, 애슐리 외엔 다른 사람을 언급하지 않았으므로 (C)도 어색하다.

어휘 personnel manager 인사 부장

3 호W 영M

Who is going to replace Joey when he retires?
(A) The replacement batteries should come today.
(B) There is still a chance he might stay longer.
(C) Yes, he retires very soon.

조이가 은퇴하면 누가 그 자리를 채우나요?
(A) 교체용 배터리가 오늘 안에 도착할 거예요.
(B) 그가 더 오래 남아 있을 가능성도 있어요.
(C) 네, 그는 곧 은퇴합니다.

해설 Who 의문문으로 누가 대체할 건지 물어보고 있으므로 Yes로 대답한 (C)는 일단 답에서 제외한다. 또한, 질문에서 연상되는 단어 retire를 사용하여 혼동을 주고 있으므로 적절하지 않다. (A)는 사물을 얘기하고 있으므로 오답이며 그가 더 오래 남을 가능성을 말한 (B)가 문맥에 가장 적합한 대답이다.

어휘 replacement 교체(품), 후임

4 미M 호W

Would you mind turning down the volume?
(A) No, I wasn't actually listening to it.
(B) Of course, at the next corner.
(C) To my mind, he's right.

소리 좀 줄여 주시겠습니까?
(A) 네, 사실 듣고 있지 않았어요.
(B) 물론이죠. 다음 모퉁이예요.
(C) 내 생각에는 그가 맞아.

해설 소리를 줄여 달라는 말에 그러겠다고 대답한 (A)가 정답이다. mind를 이용한 질문에 No를 이용하여 답을 하면 '꺼리지 않는다'라는 의미로 승낙의 표현이 된다는 것을 알아 둔다. (B)는 장소를 물어보는 질문에 대한 답변이며, (C)는 같은 단어 mind를 이용한 오답이다.

어휘 mind ~을 꺼리다 turn down the volume 볼륨을 줄이다

5 호W 미W

Didn't you receive my email?
(A) No, I wasn't there.
(B) I don't know his email address.
(C) When did you send it?

제 이메일 받으신 거죠?
(A) 아니요, 저 거기 없었어요.
(B) 저는 그의 이메일 주소를 모릅니다.
(C) 언제 보내셨죠?

해설 이메일을 받았는지를 확인하는 내용으로 언제 보냈냐고 되묻는 유형의 (C)가 정답이다. Yes/No 의문문이라 No로 대답할 수는 있으나 이후 내용이 질문의 상황과 어울리지 않으므로 (A)는 오답이고, (B)는 같은 어휘 email을 사용한 오답이다.

어휘 receive ~을 받다, 수령하다

6 미M 호W

You found the post office, right?
(A) No, you should turn right.
(B) Memos have been posted on the bulletin board.
(C) Fortunately, yes.

우체국 찾았죠, 그렇죠?
(A) 아니요, 우회전하셔야 해요.
(B) 메모들이 게시판에 붙어 있어요.
(C) 네, 다행이요.

해설 우체국을 찾았냐고 확인하는 부가 의문문에 자연스러운 대답은 (C)이다. (A)는 post office만 듣고 길을 찾는 것이 아닌 혼동했을 때 고를 수 있는 오답이며, (B)는 질문에 등장한 post와의 같은 발음을 이용한 오답이다.

어휘 post ~을 게시하다 bulletin board 게시판

7 미W 미M

It looks like it's going to rain.
(A) Yes, it's going to be sunny this afternoon.
(B) It looks great on you.
(C) You should bring your umbrella.

비가 올 것 같네요.
(A) 네, 오늘 오후에 맑아질 겁니다.
(B) 그거 당신에게 잘 어울려요.
(C) 우산 가져오세요.

해설 비가 올 것 같다는 평서문 문장이다. 우산을 가져와야 한다는 (C)가 가장 자연스럽다. (A)는 rain을 듣고 연상되는 내용을 이용한 오답이며, (B)는 같은 어휘 look을 이용한 오답이다.

어휘 look great on ~에게 잘 어울리다

8 영M 미M

Which post office is closer to the office?
(A) It was closed for the renovation.
(B) It will be postponed.
(C) The one on Park Avenue

어떤 우체국이 사무실에서 더 가까운가요?
(A) 보수 공사로 문을 닫았어요.
(B) 그것은 연기될 겁니다.
(C) 파크 애비뉴에 있는 우체국이요.

해설 어느 우체국이 더 가깝냐는 질문에 〈one+수식어〉로 대답한 (C)가 정답이다. (A)는 close와 closed의 유사 발음을 이용한 오답이며, (B)는 유사 발음 어휘 postpone을 이용한 오답이다.

어휘 renovation 보수 공사 postpone ~을 연기하다

9 미W 영M

That was the best film I've seen.
(A) That's what I'm thinking.
(B) I need to get this film developed.
(C) I haven't seen the movie in a long time.

그건 제가 본 최고의 영화였어요.
(A) 저도 그렇게 생각해요.
(B) 이 필름을 현상해야 해요.
(C) 저는 오랫동안 영화를 못 보고 있습니다.

해설 평서문 문장으로, 최고였다는 말에 동조하는 (A)가 가장 적절하다. (B)는 film의 다의어를 이용한 오답이며, (C)는 film이 movie로 패러프레이징되었지만 내용이 상황에서 벗어나므로 오답이다.

어휘 film 영화 develop 현상하다

10 미M 미W

You should ask your manager to hire temporary workers to finish the annual report.
(A) Yes, it was good.
(B) That's an excellent idea.
(C) Yes, you can manage it yourself.

연례 보고서를 끝내기 위해서 임시 직원들을 고용하자고 매니저에게 말해 보세요.
(A) 네, 그거 좋았어요.
(B) 훌륭한 생각이네요.
(C) 네, 당신이 직접 그것을 처리할 수 있습니다.

해설 제안의 표현에 동조를 하는 (B)가 정답이다. (A)는 동조하는 내용은 맞지만 시제가 불일치하므로 오답이며, (C)는 manager의 동사 형태인 manage를 이용한 오답이다.

어휘 temporary 임시의 manage 관리하다

11 호W 영M

Would you like me to help you finish your project?
(A) The projector isn't working.
(B) Thanks, that would be great.
(C) No, let me help you.

제가 프로젝트 마무리하는 거 도와 드릴까요?

(A) 프로젝터가 작동하지 않습니다.
(B) 고마워요. 그러면 좋죠.
(C) 아니요, 제가 당신을 도와 드리죠.

해설 프로젝트를 도와주겠다는 제안에 감사하다고 대답하는 (B)가 정답이다. (A)는 자주 출제되는 project와 projector의 유사 발음 오답이며, (C)는 help의 재사용으로 오답을 유도하는 선택지이다.

어휘 projector 프로젝터, 영사기

12 미M 호W

Do you want me to get you some coffee?
(A) Yes, 15 copies, please.
(B) That would be nice, thanks.
(C) I don't get it.

커피 좀 사다 줄까요?
(A) 네, 15부 부탁드려요.
(B) 그거 좋죠, 고마워요.
(C) 그거 이해가 안 되는데요.

해설 커피를 사다 줄지 묻는 질문에 감사하다고 답하는 (B)가 알맞다. (A)는 coffee의 유사 발음 어휘 copies를 사용한 오답이며, (C)는 같은 단어 get을 반복 사용한 오답이다.

어휘 copy 부(수)

13 미W 미M

Why don't we talk about the monthly report?
(A) I reported it.
(B) I'd be glad to.
(C) No, I haven't talked to him.

월간 보고서에 관해 얘기 좀 나누는 것이 어떠신가요?
(A) 제가 그거 신고했어요.
(B) 그거 좋죠.
(C) 아니요, 저 그랑 말 안 하고 있어요.

해설 Why don't we+동사원형 ~? 형태의 제안 표현이다. 제안에 그러자고 승낙하는 (B)가 가장 자연스럽다. (A)는 질문의 report를 반복 사용한 오답이며, (C)는 시제와 주어가 일치하지 않기 때문에 적절하지 않다.

어휘 report 보고하다, 신고하다

14 영M 미W

Should I take a rain coat to London?
(A) Yes, take your time.
(B) Yes, it's rainy this time of year.
(C) I'll take a rain check.

런던에 우비를 가지고 가야 하나요?
(A) 네, 천천히 하세요.
(B) 네, 일 년 중 이맘때에 비가 오죠.
(C) 저 나중에 할게요.

해설 우비를 가져가야 하는지에 대한 조언을 구하는 표현으로 그렇다고 대답한 (B)가 정답이다. Yes 이후 표현도 질문에 자연스럽게 연결된다. (A)는 질문에 쓰인 take를 중복 사용한 오답이며, (C)는 rain이 들어간 표현을 이용한 오답 함정이다.

어휘 rain coat 우비 take a rain check 다음을 기약하다

15 미M 미W

Is the job fair in Boston or New York this year?
(A) I think it's in Boston.

(B) This month will be fine.
(C) Yes, you're correct.

올해 취업 박람회가 보스턴인가요, 뉴욕인가요?
(A) 보스턴인 것 같아요.
(B) 이번 달이 좋을 것 같네요.
(C) 네, 당신이 맞습니다.

해설 직업 박람회의 장소를 묻는 선택 의문문이다. A or B 구조에서 하나를 선택하는 답변으로 (A)가 정답이다. (B)는 this를 중복 사용한 오답이며, (C)는 선택 의문문에 Yes/No로 대답했으므로 적절하지 않다.

어휘 job fair 직업 박람회 correct 맞는, 정확한

Day 09 연습 문제 9

본문 p.182

1 (B)	2 (B)	3 (B)	4 (A)	5 (A)
6 (B)	7 (A)	8 (B)	9 (B)	10 (B)
11 (C)	12 (B)	13 (A)	14 (B)	15 (A)

1 미W 미M
Wasn't the deadline for the annual report last week?
(A) Yes, it was up to me.
(B) Really? I completely forgot.
(C) You should have told me.

연례 보고서의 마감이 지난주까지 아니었나요?
(A) 네, 그것은 저한테 달렸었죠.
(B) 정말이요? 저 완전히 잊고 있었어요.
(C) 저한테 말했어야 했어요.

해설 Wasn't로 시작하는 부정 의문문으로, 부정 의문문의 앞부분은 생략하고 질문의 내용을 먼저 파악한다. 보고서가 지난주까지였는지 물어보므로 질문에 동의하면 Yes, 반대하면 No로 답한다. (C)는 너무 앞서가는 대답이므로 적절하지 않고, (A)는 Yes로 혼동을 주었지만 이어지는 내용이 질문 요지에서 벗어났다. 따라서 잊고 있었다는 (B)가 가장 적절하다.

어휘 annual report 연례 보고서 up to ~가 책임인

2 미M 호W
I need a holiday. Any news for the vacation?
(A) I heard it on TV.
(B) Unfortunately not
(C) You have to contact a travel agency.

저는 휴가가 필요해요. 휴가에 대한 소식 없나요?
(A) TV에서 들었어요.
(B) 불행히도 없어요.
(C) 여행사에 연락하셔야 돼요.

해설 생략 의문문을 듣고 Yes로 답할지 No로 답할지를 생각해야 한다. 휴가에 관해 들어 본 적이 있는지 물어본다. (A)와 (C)는 연상되는 단어 heard와 travel agency를 사용한 오답이다. 따라서 들어 보지 못했다고 대답한 (B)가 가장 자연스럽다. 직접적인 대답보다 간접적인 대답이 정답으로 자주 출제된다는 것을 알아 둔다.

어휘 holiday 휴일 vacation 휴가, 방학 travel agency 여행사

3 호W 미W
You don't mind if I turn the volume down a little bit, do you?
(A) Let me put it this way.
(B) Not at all
(C) Please turn right.

볼륨을 조금 줄여도 괜찮나요?
(A) 그럼 이렇게 한 번 얘기해 보죠.
(B) 괜찮아요.
(C) 우회전하세요.

해설 볼륨을 줄여도 되냐고 mind(꺼리다)를 사용해서 묻고 있다. 따라서 무엇인가에 동의할 때 '꺼리지 않는다'라는 의미로 사용되는 (B)가 정답이다. (A)는 질문의 내용과 벗어나는 오답이며, (C)는 같은 어휘 turn을 이용한 오답이다.

어휘 mind ~을 꺼리다

4 영M 미W
The award ceremony of the year will be held next month.
(A) Thank you for reminding me.
(B) He won the employee of the year award.
(C) It's about the world economy.

올해 시상식은 다음 달에 열릴 것입니다.
(A) 상기시켜 주셔서 감사합니다.
(B) 그는 올해의 직원상을 받았어요.
(C) 세계 경제에 관한 거예요.

해설 시상식이 다음 달에 열린다는 내용의 평서문이다. 이에 상기시켜 줘서 고맙다는 (A)가 정답이다. (B)는 시상식으로 연상할 수 있는 오답이며, 같은 단어를 사용해 오답을 유도하고 있다. (C)는 award와 world의 유사 발음을 이용한 오답이다.

어휘 award ceremony 시상식 remind ~에게 상기시켜 주다 economy 경제

5 미W 미M
Who should we hire from the candidates?
(A) I guess it's absolutely up to you.
(B) How about this car?
(C) I'll need to get some sweets.

우리가 후보자들 중 누구를 채용해야 할까요?
(A) 제 생각엔 그건 절대적으로 당신에게 달려 있어요.
(B) 이 차는 어때요?
(C) 저는 단 것 좀 사야겠어요.

해설 Who 의문문이다. 사람이 직접적으로 나올 수도 있지만 (A)와 같은 우회적 답변도 정답으로 많이 나온다. (B)는 질문 내용을 잘못 들으면 고를 수 있는 연상 오답이며, (C)는 should we의 발음과 유사한 sweet를 이용한 유사 발음 오답이다.

어휘 hire 고용하다 candidate 후보자 absolutely 완전히, 절대적으로 sweet 단 것

6 미M 영M
When is the deadline for this report?
(A) I won't be ready until Friday of next week.
(B) Let me ask someone about it.
(C) We have to hurry up to meet the deadline.

이 보고서의 마감 기한이 언제죠?

(A) 저는 다음 주 금요일은 되어야 준비할 수 있습니다.
(B) 누군가에게 그것을 물어볼게요.
(C) 우리는 마감에 맞추려면 서둘러야 해요.

해설 마감일이 언제냐고 물어보는 When 의문문이다. 시간 부사구가 정답으로 자주 출제되지만 (B)와 같이 '물어보겠다' 또는 '확인해 보겠다'로 대답하는 경우도 있다. (A)는 deadline이라는 정보를 토대로 연상할 수 있는 내용으로 보고서의 준비를 물어보는데 내가 준비가 안 됐다고 대답하는 주어 불일치 오답이다. (C)는 같은 단어 deadline을 이용한 오답이다.

어휘 meet the deadline 마감에 맞추다

7 〔미W〕〔미M〕
Excuse me. Where is the nearest taxi stand?
(A) One block west of here
(B) It's far beyond this topic.
(C) I'm just 1 minute within walking distance.

실례합니다. 가장 가까운 택시 승강장이 어디인가요?
(A) 여기서 서쪽으로 한 블록 가세요.
(B) 그건 주제에서 한참 벗어났네요.
(C) 저는 걸어서 겨우 1분 거리에 있어요.

해설 택시 정류장의 위치를 묻는 Where 의문문이므로 위치를 알려 주는 (A)가 정답이다. (B)는 질문에서 연상할 수 있는 way 또는 far 등을 이용한 오답이며, (C)는 자신의 위치를 알려 주는 표현이므로 적절하지 않다.

어휘 nearest 가장 가까운 taxi stand 택시 승강장
walking distance 걸어서 갈 수 있는 거리

8 〔미M〕〔호W〕
Who will we recommend for this position?
(A) Either Gary or Sean will be here soon.
(B) Actually, I had someone in mind.
(C) We can ask them to come over.

우리 이 자리에 누구를 추천할까요?
(A) 개리나 션이 여기에 곧 올 겁니다.
(B) 사실, 저는 누군가를 마음에 두고 있습니다.
(C) 우리는 그들에게 오라고 요구할 수 있어요.

해설 누구를 추천해야 하는지를 묻는 Who 의문문이다. 정답 선택지의 시작 표현으로 많이 사용되는 actually가 쓰였고, 이어지는 내용도 질문과 잘 어울리는 (B)가 정답이다. (A)는 Either A or B 형태는 괜찮으나 이후 동사에서 will be here이라고 했으므로 적절하지 않다. (C)는 recommend에서 들리는 come을 이용한 오답이다.

어휘 recommend 추천하다 have ... in mind 염두에 두다

9 〔미W〕〔미M〕
How many binders will be enough to arrange these files?
(A) It's not really important.
(B) Maybe a couple
(C) I'll arrange the files.

이 서류들을 정리하려면 몇 개의 바인더가 있어야 하죠?
(A) 그렇게 중요하지 않습니다.
(B) 아마 두 개 정도요.
(C) 제가 서류들을 정리할게요.

해설 필요한 바인더의 수를 묻고 있는 〈How many+명사〉 유형의 질문이다. 따라서 직접적으로 개수를 언급하는 (B)가 정답이다. (A)는 질문의 의도와는 전혀 관련이 없는 오답이며, (C)는 같은 단어

arrange를 사용한 오답이다.

어휘 binder 종이를 묶는 바인더 arrange 정리하다, 마련하다

10 〔영M〕〔호W〕
Where would you like to work?
(A) I was admitted to work here.
(B) I'm interested in human resources.
(C) Hopefully, you get to work on time.

어디에서 일하기를 원하시나요?
(A) 저는 여기서 일하도록 허가받았습니다.
(B) 인사부에 관심이 있습니다.
(C) 잘하면 당신은 제때 도착할 겁니다.

해설 어디서 일하고 싶냐는 Where 의문문이다. 따라서 자신의 관심 부서를 표현한 (B)가 정답이다. (A)는 질문과 같은 단어 work를 이용한 오답이며, (C) 역시 같은 단어 work를 이용한 오답이다.

어휘 would like to ~을 하고 싶어 하다 admit 인정하다 human resources 인사부

11 〔미W〕〔미M〕
When is the busiest time for going away for the holiday?
(A) I'll use my time more efficiently.
(B) Yes, I take time off during the summer.
(C) Honestly, I don't have any clue.

휴가를 떠나기 가장 바쁜 시간은 언제인가요?
(A) 저는 시간을 좀 더 효율적으로 쓸 겁니다.
(B) 네, 저는 이번 여름에 휴가를 낼 겁니다.
(C) 솔직히, 저도 전혀 모릅니다.

해설 가장 바쁜 휴가 시기를 물어보는 내용의 When 의문문이다. 따라서 모른다고 대답한 (C)가 정답이다. (A)는 같은 단어 time을 이용한 오답이며, (B)는 같은 단어 time과 질문 내용에서 연상할 수 있는 정보 during this summer을 이용한 오답이다.

어휘 efficiently 효율적으로 take time off 쉬다

12 〔미M〕〔호W〕
Who was the woman I saw you with in the lobby?
(A) We were walking in the lobby.
(B) You mean Clare?
(C) I'll meet you on the ground floor.

제가 로비에서 봤던 당신과 함께 있던 그 여성은 누구였나요?
(A) 우리는 로비에서 걷고 있었어요.
(B) 클레어 말씀이시군요.
(C) 제가 1층에서 당신을 뵙겠습니다.

해설 로비에서 같이 있던 사람이 누구인지를 묻는 Who 의문문이 된다. 따라서 사람 이름을 직접적으로 등장시켜 자연스러운 내용으로 구성한 (B)가 정답이다. (A)는 같은 단어인 lobby를 이용한 오답이며, (C)는 질문에서 연상할 수 있는 on the ground floor를 등장시켜 혼동을 주는 오답이다.

어휘 lobby 로비 mean 의미하다 ground floor 1층

13 〔호W〕〔미W〕
Why doesn't my last payment appear on my account statement?
(A) I'll find out and call you back.
(B) At the accounting office
(C) Because I didn't pay the rent.

왜 제 마지막 납입 정보가 제 계좌에 찍혀 있지 않나요?
(A) **제가 확인해 보고 연락을 다시 드릴게요.**
(B) 회계과에서요.
(C) 임대료 지불을 안 했기 때문이죠.

해설 계좌 명세서에 지불 정보가 찍히지 않은 이유를 묻는 Why 의문문으로 알아보겠다고 우회적 대답한 (A)가 정답이다. (B)는 다의어 account를 이용한 오답이고, (C)는 payment에서 pay로 품사 변형을 한 오답이다.

어휘 payment 지불, 납입 find out ~을 알아보다 accounting office 회계 부서 rent 방세, 임대료

14 미M 미W
When are you going to change these office chairs?
(A) That's a great price.
(B) Not until the budget gets better
(C) The new ones are better than the old ones.

언제 이 사무실 의자들을 바꿀 겁니까?
(A) 그거 괜찮은 가격입니다.
(B) **예산이 좋아지기 전까지는 안 됩니다.**
(C) 새로운 것들이 이전 것들보다 더 좋군요.

해설 언제 사무실 의자를 바꿀 것이냐는 When 의문사 의문문에 '~까지는 안 됩니다'와 같이 시기를 알려 주는 (B)가 가장 자연스럽다. (A)는 change these office chairs에서 연상할 수 있는 오답이며, (C)는 역시 의자를 바꾼다는 질문에서 연상할 수 있는 오답이다.

어휘 get better 좋아지다

15 호W 미M
How about starting a weekly football club with our friends?
(A) I don't see why we shouldn't.
(B) Sure, I can go to a football field once in a month.
(C) I'll need at least 11 people to carry the desks.

우리 친구들과 주간 축구 동아리를 시작하는 게 어때요?
(A) **안 될 이유가 없죠.**
(B) 물론이죠, 저는 한 달에 한 번 축구장에 갈 수 있어요.
(C) 책상들을 나르려면 적어도 11명이 필요할 겁니다.

해설 How로 시작하는 제안의 표현이다. 따라서 안 될 이유가 없다고 승낙한 (A)가 정답이다. (B)는 같은 단어 football을 이용한 오답이다. 축구 클럽을 시작하자고 했지 축구장에 갈 수 있냐는 질문은 아니다. (C)는 축구가 들어간 질문에 11명이라는 표현을 넣은 연상 오답이다.

어휘 football field 축구장 weekly 주마다 at least 적어도 carry 운반하다

Day 10 연습 문제 10

본문 p.183

1 (B)	2 (A)	3 (A)	4 (A)	5 (A)
6 (C)	7 (B)	8 (C)	9 (C)	10 (A)
11 (C)	12 (B)	13 (A)	14 (B)	15 (A)

1 미W 미M
Why do you always go out to eat?
(A) I'll do it as soon as I finish my dinner.
(B) Because I am too lazy to cook.
(C) Of course, I should eat healthy.

왜 항상 밖에서 사 드시나요?
(A) 저녁식사를 마치는 대로 그것을 하겠습니다.
(B) **제가 요리하는 데 게을러서요.**
(C) 물론 건강하게 먹어야죠.

해설 왜 항상 밖에서 사 먹는지를 묻는 Why 의문문이다. 따라서 이유의 접속사를 이용해서 대답한 (B)가 정답이다. (A)는 When 의문문에 대한 대답이며, (C)는 같은 단어 eat을 이용한 오답이다.

어휘 go out to eat 나가서 먹다 healthy 건강한

2 영M 호W
Why isn't William working on this project?
(A) I thought he was.
(B) Next Monday, I think.
(C) I already finished that one.

왜 윌리엄이 이 프로젝트 업무를 안 하는 거죠?
(A) **그가 하는 줄 알았는데요.**
(B) 제 생각에는 다음 주 월요일이요.
(C) 저는 이미 그 업무를 끝냈습니다.

해설 프로젝트 관련 업무를 왜 하지 않는지를 묻는 Why 의문문이다. 따라서 think, thought, believe 등의 표현을 이용해서 자신의 견해를 밝힌 (A)가 정답이다. (B)는 When 의문문에 대한 대답이며, (C)는 주어 불일치로 오답이다.

어휘 work on ~에 관해 일하다

3 미W 미M
How long is the meeting supposed to continue?
(A) It looks like it might adjourn soon.
(B) Before tomorrow
(C) Let's hope the meeting will open again.

얼마나 오래 미팅이 계속될까요?
(A) **금방 중단할 것 같아요.**
(B) 내일 전에요.
(C) 미팅이 다시 열리기를 기대합시다.

해설 언제까지 미팅이 지속되는 건지를 물어보는 How long 의문문이다. 따라서 취소될 것 같다고 이야기한 (A)가 정답이다. (B)는 질문의 continue(지속되다)와 어울리지 않으므로 적절하지 않다. (C)는 같은 어휘 meeting을 사용한 오답이다.

어휘 be supposed to ~하기로 되어 있다 continue 계속되다 adjourn 중단하다

4 미M 호W
What should I do if I have a question?
(A) You can stop by my office.
(B) That's a shame.
(C) I think I should.

질문이 있으면 어떻게 해야 하죠?
(A) **제 사무실로 잠깐 오세요.**
(B) 안됐군요.
(C) 제가 해야만 할 것 같습니다.

해설 질문이 있으면 어떻게 해야 하는지를 물어보는 What if 의문문이다. 따라서 사무실로 오라는 의미의 (A)가 정답이다. (B)는 연상 오답이며, (C)는 같은 단어 should를 이용한 오답이다.

어휘 stop by ~에 잠깐 들르다 shame 부끄러움

5 〔미W〕 〔호W〕

Why didn't you go to Max's housewarming party?
(A) I got the dates mixed up.
(B) Because he is willing to throw a party.
(C) OK, that's a great idea.

왜 당신은 맥스의 집들이 파티에 오지 않았어요?
(A) 저의 일정이 꼬여 버렸어요.
(B) 왜냐하면 그는 파티를 열 겁니다.
(C) 알았어요, 그거 좋은 생각이네요.

해설 집들이에 가지 않은 이유를 묻고 있는 Why 의문문이므로 이유를 대답한 (A)가 정답이다. 이유로 대답할 때 꼭 이유를 말하는 접속사 because나 since, as 등이 있을 필요는 없다는 것을 기억한다. (B)는 오히려 because로 시작을 하지만 이후 내용이 질문과 어울리지 않는다. (C)는 좋은 생각이라고 동조하고 있으나 제안의 의문문이 아니므로 오답이다.

어휘 housewarming 집들이 mix 뒤죽박죽으로 만들다. 뒤섞다 be willing to 기꺼이 ~하다

6 〔미M〕 〔영M〕

Why did you get so upset at Mr. Cadart?
(A) Don't worry, you will be fine.
(B) He was out of town for a business trip.
(C) Well, it's nothing really.

왜 당신은 카다트 씨에게 화가 났죠?
(A) 걱정 마세요, 당신은 괜찮을 겁니다.
(B) 그는 출장을 떠난 상태입니다.
(C) 음, 그건 정말 아무것도 아닙니다.

해설 왜 화가 났는지를 묻는 Why 의문문에 아무것도 아니라고 대답한 (C)가 정답이다. (A)는 주어가 어울리지 않으므로 오답이며, (B)는 같은 주어를 이용한 질문에 대한 연상 오답이다.

어휘 upset 화가 난 business trip 출장

7 〔미W〕 〔미M〕

Ms. Page Williams is doing a cover design for the magazine.
(A) Yes, she'll cover my shift.
(B) She showed it to me yesterday.
(C) It was designed for the new employees.

페이지 윌리엄스 씨가 잡지의 표지 디자인을 하고 있습니다.
(A) 네, 그녀가 제 교대 근무를 대신할 겁니다.
(B) 그녀가 어제 저에게 그걸 보여 줬어요.
(C) 이것은 새로운 직원들을 위해 고안되었습니다.

해설 평서문이므로 doing a cover design magazine 등의 내용어를 듣는 것이 중요하다. 따라서 정답은 어제 내게 보여 줬다고 자연스럽게 연결되는 (B)이다. (A)는 cover의 다의어 특징을 이용한 오답이며, (C)는 design의 품사 변형을 통한 오답이다.

어휘 cover design 표지 디자인 shift 교대 근무

8 〔미M〕 〔호W〕

Why aren't you focusing on the project I handed over?
(A) Sorry about handing it to you late.
(B) It's on the first drawer.
(C) I already finished it.

왜 제가 드린 그 프로젝트에 집중하지 않죠?

(A) 그걸 늦게 드려서 죄송합니다.
(B) 그것은 첫 번째 서랍에 있어요.
(C) 저는 벌써 그것을 끝냈습니다.

해설 자신이 넘겨 준 프로젝트에 주력하지 않는 이유를 묻는 Why 의문문이다. 이에 벌써 끝냈다고 답하는 (C)가 가장 자연스럽다. (A)는 같은 표현 hand를 이용한 오답이며, (B)는 위치를 알려 주고 있으므로 Where에 대한 대답이다.

어휘 focus on ~에 초점을 맞추다 hand over 건네주다 drawer 서랍

9 〔미W〕 〔영M〕

When should we expect to use the copier again?
(A) We'll arrive in 3 hours.
(B) It looks as if it is brand new one.
(C) It is working now.

언제 저희 다시 복사기를 사용할 수 있나요?
(A) 우리는 세 시간 안에 도착할 겁니다.
(B) 이건 마치 새로운 제품처럼 보이네요.
(C) 그것은 지금 작동 중입니다.

해설 언제 복사기를 사용할 수 있는지를 묻는 When 의문문이다. 이에 지금 사용할 수 있다는 의미의 (C)가 정답이다. (A)는 When 의문문에 시기의 표현으로 정답이 될 것 같지만 질문과는 관련이 없는 내용이다. (B)는 질문의 내용으로 연상할 수 있는 오답 내용이다.

어휘 expect ~을 기대하다 brand new 완전 새것인

10 〔영M〕 〔미M〕

How long have you been waiting to see the director?
(A) Long enough
(B) In the afternoon, please.
(C) Let's wait and see.

감독님을 만나려고 얼마나 기다리고 계시죠?
(A) 충분히 오래요.
(B) 오후로 부탁드립니다.
(C) 기다리며 지켜봅시다.

해설 얼마나 기다렸냐는 질문에 오래 기다렸다고 대답한 (A)가 정답이다. (B)는 When 의문문에 대한 대답이며, (C)는 같은 단어 wait를 이용한 오답이다.

어휘 director 감독, 부장 wait and see 두고 보다

11 〔미W〕 〔미M〕

When did the president announce the company merger?
(A) In the auditorium
(B) Within 90 days
(C) Last week on Monday

언제 사장님께서 회사 합병을 발표하셨죠?
(A) 강당에서요.
(B) 90일 이내요.
(C) 지난주 월요일이에요.

해설 회사 합병 발표 시기를 묻는 When 의문문이다. 이에 시기의 표현으로 답변한 (C)가 정답이다. (A)는 장소를 묻는 질문에 대한 대답이며, (B)는 기간을 나타내는 오답이다.

어휘 president 사장, 회장 merger 합병 auditorium 강당

12 〔미M〕 〔호W〕

Would you deliver this to the section manager?

(A) It hasn't been delivered yet.
(B) Sure, no problem.
(C) Yes, they arrived this morning.

이것을 과장님께 가져다주시겠습니까?
(A) 그것은 아직 배달되지 않았습니다.
(B) 물론이죠, 문제없습니다.
(C) 네, 그들은 오늘 아침에 도착했어요.

해설 부탁의 표현이므로 승낙의 의미인 **no problem**을 사용한 (B)가 정답이다. (A)는 같은 단어 **deliver**를 이용한 오답이며, (C)는 오늘 아침에 도착했다는 내용으로 질문의 내용과 시제가 맞지 않는다.

어휘 **deliver** 배송하다, 전달하다   **section manager** 부서장, 과장

13 〔미W〕 〔영M〕
Where can we get some food before the game?
(A) Do we have time?
(B) The food is free.
(C) No, I'm not full yet.

경기 전에 저희가 어디서 음식을 살 수 있나요?
(A) 우리 시간 있나요?
(B) 음식은 무료입니다.
(C) 아니요, 저는 아직 배부르지 않아요.

해설 어디서 음식을 구할 수 있냐는 **Where** 의문문이다. 따라서 시간이 있냐고 다시 묻는 질문 형식인 (A)가 정답이다. (B)는 같은 어휘 **food**를 이용한 오답이며, (C)는 배가 부르지 않다는 내용으로 질문의 내용에서 연상할 수 있는 오답이다.

어휘 **full** 배가 부른

14 〔미M〕 〔미W〕
What is the weather like in Manila in the summer?
(A) I like sunny weather the best.
(B) It's hot and humid.
(C) I don't know whether he will come or not.

여름에 마닐라 날씨가 어때요?
(A) 저는 화창한 날씨가 제일 좋아요.
(B) 덥고 습합니다.
(C) 그가 올지 안 올지 모르겠어요.

해설 여름에 마닐라의 날씨가 어떤지를 묻고 있는 질문에 날씨 정보를 주고 있는 (B)가 정답이다. (A)는 같은 단어 **weather**를 이용해서 오답으로 유도하고 있으며, (C)는 **weather**와 **whether**의 유사 발음을 이용한 오답이다.

어휘 **humid** 습한   **whether** ~인지 아닌지

15 〔호W〕 〔미M〕
I can't believe I made such a big deal.
(A) You deserve it.
(B) You'll get it as soon as possible.
(C) It will be dealt with.

제가 그런 큰 거래를 성사시켰다니 믿을 수 없어요.
(A) 당신은 그럴 만합니다.
(B) 당신은 가능한 한 빨리 그것을 받을 겁니다.
(C) 처리될 겁니다.

해설 큰 거래를 성사시킨 뒤 믿을 수 없다는 내용에 마땅하다고 대답한 (A)가 정답이다. (B)는 질문의 상황에서 벗어난 내용이며, (C)는 단어 **deal**의 품사를 변형한 오답이다.

어휘 **deal** 거래   **deal with** 처리하다

PART 3

신유형 연습 문제

본문 p.184

1 (A)	**2** (D)	**3** (B)	**4** (B)	**5** (C)
6 (A)	**7** (B)	**8** (A)	**9** (A)	**10** (B)
11 (D)	**12** (D)			

1-3 refer to the following conversation. 미M 영W

M Hi, Jane. I'm very sorry to be late. Did you buy tickets for the movie at 7:30?

W The 7:30 show was already sold out. So, I got tickets for 10:10 instead.

M It seems as if all people in the city went out for a movie tonight.

W Right. Hmm… We have quite a lot of time to watch a film. What would you like to do until then?

M Why don't you go somewhere and get something to eat?

W I know a good place next to this building. It is famous for both sushi and noodles.

M I'm not sure.

W So what about pizza?

M That sounds perfect!

남 안녕, 제이슨. 늦어서 미안해. 7시 반 영화 티켓 예매했어?

여 7시 반 영화는 이미 매진이야. 그래서 대신에 10시 10분 영화를 예매했어.

남 마치 도시에 모든 사람들이 오늘 밤에 영화 보러 나온 거 같네.

여 그러네. 음… 영화 보기 전에 시간이 쫌 많이 남아. 그때까지 뭐 했으면 좋겠어?

남 어디 가서 뭐 좀 먹을래?

여 이 빌딩 옆에 내가 아는 좋은 곳이 있어. 초밥과 면 요리로 유명해.

남 잘 모르겠어.

여 그럼 피자는 어때?

남 딱이지!

어휘 be sold out 매진되다 get ticket (=buy ticket) 티켓을 구입하다 instead 대신에 next to ~옆에

1 What is the conversation mainly about?
(A) Their plans for tonight
(B) The time schedule for a movie
(C) Buy a ticket in advance
(D) Search for a ticket booth

이 대화의 주된 내용은 무엇인가?
(A) 오늘 저녁 계획
(B) 영화 시간표
(C) 티켓 예매
(D) 매표소 찾기

해설 이 대화에서 topic을 크게 2가지로 볼 수 있다. 하나는 영화 시간표와 관련된 내용, 나머지 하나는 그 이후에 저녁 식사. 자칫 잘못하면 (B), (C)를 고를 수 있지만 두 내용 전체를 포함할 수 있는 (A)가 정답이다.

2 What time will the speakers watch a movie?
(A) At 7:00
(B) At 7:30
(C) At 10:00
(D) At 10:10

화자는 언제 영화를 볼 것인가?
(A) 7시
(B) 7시 30분
(C) 10시
(D) 10시 10분

해설 시간이나 숫자는 들으면서 적는 습관을 가져야 한다. 여기에서는 7:30/10:10에 관한 언급만 있었다. 그중에서 7:30이 매진이 되었다는 얘기만 들어도 정답이 (D)라는 것을 쉽게 알 수 있었을 것이다.

3 What does the man mean when he says "I'm not sure"?
(A) He didn't not make a reservation for dinner.
(B) He doesn't want to eat Japanese food.
(C) He doesn't like eat dinner.
(D) He is not able to watch a film tonight.

남자가 "잘 모르겠어"라고 말한 의미는 무엇인가?
(A) 저녁 식사를 위한 예약을 하지 않았다.
(B) 일식을 먹고 싶지 않다.
(C) 저녁 식사를 좋아하지 않는다.
(D) 오늘 저녁에 영화를 볼 수 없다.

해설 이런 문제의 유형은 바로 앞, 바로 뒤의 내용에 항상 힌트가 나온다. 일식이 어떤지 물어 봤을 때 선뜻 동의를 하지 않았고, 뒷부분에 다른 대안으로 피자가 좋다고 했기 때문에 앞에서 언급한 음식이 맘에 안 들었다고 볼 수 있으므로 정답은 (B)이다.

4-6 refer to the following conversation. 영W 미M

W Thank you for your application for the position of sports journalist. Considering your résumé, I must admit it is very fascinating. You have impressive experience in this field despite your age. You worked with some of the best magazines. Could you please tell me what interested you most about this position?

M Frankly speaking, what I am interested in that it is a full-time employment. In my previous jobs, I have almost worked in a part-time job. I now make a sick of being a freelancer. I feel uneasy about working temporarily. So I need a permanent job.

W That's it? What else?

M Well, the position covers reporting and writing of various sports for print, broadcast as well as Internet media. And, this job may produce stories about a great variety of local, university and above all professional team.

여 스포츠 저널리스트 직에 지원해 주셔서 감사드립니다. 이력서를 보니 참 매력적이라는 걸 부인할 수 없네요. 나이에 비해서 인상적인 경험을 가지고 계시네요. 최고의 잡지와 일을 하셨고요. 왜 이 자리가 끌리게 되었는지 말씀해 주시겠어요?

남 솔직히 말해서 제가 관심을 가지게 된 것은 이 자리가 정규직이라는 것입니다. 일을 했어요. 이제 프리랜서로 일하는 것이 너무 진절머리가 나요. 일시적으로 일하는 것에 대한 두려움도 있습니다. 그래서 정규직을 원해요.

여 그것뿐인가요? 또 없나요?

남 음. 이 자리는 출판, 방송 그리고 인터넷 매체를 위한 다양한 종류의 스포츠 분야에서 보도와 기사 작성을 다룬다고 알고 있습니다. 그리고 지역, 대학, 그리고 무엇보다도 프로 팀에 관한 스토리를 만들어 낸다는 점이 매력적입니다.

어휘 application 지원 considering ~을 고려해 보면 admit 인정하다 fascinating 매력적인 impressive 인상적인 despite you age 나이에도 불구하고 employment 고용 feel uneasy 불안한 temporarily 일시적으로 permanent 영구적인 permanent job 정규직 cover 다루다 a great variety of 다양한 above all 무엇보다도

4 What does the women say is fascinating about the man's résumé?
(A) His academic background
(B) His former employment
(C) His communication skills
(D) His ability to speak multiple languages

남자의 이력서가 매력적이라고 생각한 것은 무엇인가?
(A) 학벌
(B) 이전 직장
(C) 의사소통 능력
(D) 복수 언어 구사 능력

해설 You worked with some of the best magazines에서 볼 수 있듯이 이전 직장이 훌륭했던 점을 들고 있으므로 정답은 (B)이다.

5 Why does the man say he is interested in the position?
(A) He values the popularity of the company.
(B) He would like to change his job periodically.
(C) He is looking for a permanent job.
(D) He wants to meet famous players.

남자는 왜 이 자리에 관심을 갖고 있나?
(A) 회사의 유명도에 가치를 두고 있다.
(B) 정기적으로 직장을 옮기길 원한다.
(C) 정규직을 찾고 있다.
(D) 유명 선수들을 만나길 원한다.

해설 full-time employment, permanent job, sick of being a freelancer를 토대로 오랫동안 한 곳에서 머물면서 일할 수 있는 정규직을 원한다는 것을 알 수 있다. 정답은 (C)이다.

6 What does the woman mean when she says "That's it? What else"?
(A) She wants to know more about his interests toward the job.
(B) She would like to know how much he earned.
(C) She is not satisfied with his career.
(D) She doesn't want to listen any more.

여자가 "그것뿐인가요? 또 없나요?"라고 말한 의도는 무엇인가?
(A) 이 직업에 관한 남자의 관심에 대해 더 알고 싶어 한다.
(B) 얼마나 돈을 벌었는지를 알고 싶어 한다.
(C) 그의 경력에 만족하지 못한다.
(D) 더 이상 듣고 싶지 않다.

해설 "what else"라는 의미를 정확하게 알고 있으면 쉽게 맞출 수 있는 문제다. 직전에 말한 내용이 너무 정보가 부족해서 더 알고 싶을 때 이런 식으로 말한다. 따라서 정답은 (A)이다.

7-9 refer to the following conversation with three speakers.

(영W) (미W) (미M)

W1 Hi, Marion. Next week, I have to go on a business trip to Paris to make an important contract.

W2 Oh, I was there with Drake last month, right Drake?

M That's right. It is an amazing city. If I live in this city, I can die without regret.

W2 So, I will tell you about what place you should visit while you are there.

W Oh, sure. Please let me know.

W2 There are a lot of places I could recommend. But, to some extent, it depends how long you are going to stay.

W1 I'll be there five days but I have just one day for sightseeing. Would you recommend anything for that?

M If so, why don't you take a tour bus? This could be a great way to see all the famous landmarks in just a short period of time.

W2 Otherwise, I recommend visiting the Louvre museum.

여1 안녕, 메이언. 다음 주에 중요한 계약 건으로 파리에 출장을 가야 해.

여2 지난달에 나도 거기에 드레이크와 함께 있었어, 맞지 드레이크?

남 응 그래. 정말 굉장한 도시야. 그 도시에서 살 수 있다면 여한이 없을 것 같네.

여2 그럼 네가 파리에 있는 동안 가야 할 곳을 알려 줄게.

여1 응 알려 줘.

여2 추천할 만한 곳은 많아. 그런데 어느 정도는 얼마나 머물지에 따라서 달라져.

여1 5일 정도 머무를 건데 관광할 수 있는 날은 하루밖에 없어. 이에 대해서 추천할 만한 게 있어?

남 만약 그렇다면 투어 버스는 어때? 유명한 명소 모두를 단시간 내에 볼 수 있는 아주 훌륭한 방법이다.

여2 그렇지 않으면 난 루브르 박물관을 추천해.

어휘 go on a business trip 출장 가다 make a contract 계약하다 without regret 후회 없이 to some extent 어느 정도는 landmark 명소

7 What will the woman do in Paris next week?
(A) Visit company's branch office
(B) Enter into a contract
(C) Hire employees
(D) Participate in business forum

다음 주에 파리에서 여자가 할 일은 무엇인가?
(A) 회사 지점 방문하기
(B) 계약하기
(C) 직원 고용하기
(D) 비즈니스 포럼 참가하기

해설 첫 문장에서 make an important contract라는 표현에서 계약하러 간다는 것을 알 수 있고 이에 대한 paraphrasing표현으로 make 대신에 enter into라는 표현을 썼다. 정답은 (B)이다.

8 What does the man mean when he says "I can die without regret"?
(A) He loves to live in Paris.
(B) He is afraid of staying in Paris.
(C) He would come close to death.
(D) He was robbed in Paris.

남자가 "여한이 없을 것이다"라고 말한 의도는 무엇인가?
(A) 파리에서 살고 싶어 한다.
(B) 파리에 머무는 것을 두려워한다.
(C) 죽을 뻔했다.
(D) 파리에서 소매치기를 당했다.

해설 바로 앞 문장 it's an amazing city에서 알 수 있듯이 지난달 방문했었던 도시에 대한 너무나 좋은 감정 때문에 살고 싶어 한다는 것을 유추할 수 있으므로 정답은 (A)이다. die/regret이라는 단어가 들려서 부정적인 답변을 고르지 않도록 꼼꼼하게 듣는 연습을 하자.

9 What does the man recommend?
(A) Try a bus tour
(B) Visit a museum
(C) Try some exotic foods
(D) Make a hotel reservation

남자가 추천한 것은 무엇인가?

(A) 버스 투어하기
(B) 박물관 방문하기
(C) 색다른 음식 맛보기
(D) 호텔 예약하기

해설 마지막 부분에 추천해 주는 것이 두 가지 나온다. (A), (B)를 내용만 들었다면 남자가 추천한 것인지, 여자가 추천한 것인지 잘 모를 수도 있다. 여기에서는 남자는 Why don't you take a tour bus라고 했기 때문에 정답은 (A)이다. 문제를 풀기 전 남자가 한 말인지 아님 여자가 한 말인지를 미리 표시하고 풀자.

10-12 refer to the following conversation and itinerary

영W 미M

Place	Time to trip
Theme park	15 minutes
Museum	25 minutes
Flea market	40 minutes
Art gallery	75 minutes

장소	여행 시간
테마 공원	15분
박물관	25분
벼룩시장	40분
미술관	75분

M Let me talk about the city cycle tour. Our shop ranked in the second place last month. So, we have to change our itinerary to attract more customers by removing the farthest place.

W Yes, it is too far from our shop. It takes 75 minutes to get there. So, customers don't enough time to look around our city.

M I understand what you are saying. But I want to let our customers know about the fact that it is good for cycling. If they knew the place, I'm pretty sure that our customers would really love the place.

W So, what about posting an alternative route and some photos on our Web site? By doing so, more customers would visit our shop.

남 도시 사이클 투어에 대해서 얘기하려고 해요. 우리 매장이 지난달 2등을 했어요. 그래서 가장 먼 곳을 없애 여행 일정을 조정해서 더 많은 고객들을 유치해야 해요.

여 네. 우리 가게에서 너무 멀었어요. 가는 데 75분이나 걸렸어요. 고객들이 우리 도시를 둘러볼 시간이 충분하지 않아요.

남 무슨 말씀인지 알겠어요. 하지만 고객들이 자전거 타고 가기엔 좋은 곳이라는 점을 알아줬으면 좋겠어요. 그 지역을 알고 있다면 고객들이 그곳을 정말 좋아할 거라고 확신해요.

여 그러면 우리 웹 사이트에 대체 루트와 사진을 올리면 어떨까요? 그러면 더 많은 사람들이 우리 상점을 방문할 것 같아요.

어휘 itinerary 여행 일정 attract 끌다, 유인하다 the farthest place 가장 먼 지역 look around 둘러 보다 alternative route 대체 루트 by doing so 그렇게 함으로

10 Why does the man adjust an itinerary?
(A) A tour package is too expensive.
(B) A place is too far from the shop.
(C) Customers complained about this.
(D) Some of the bicycles in the shop are soon to be fixed.

남자가 여행 일정을 조정하는 이유는 무엇인가?
(A) 투어 패키지가 너무 비싸다.
(B) 한 장소가 가게에서 너무 멀다.
(C) 고객이 일정에 대해서 불만을 제기했다.
(D) 자전거 중 일부가 곧 수리될 것이다.

해설 "by removing the farthest place"에서 알 수 있는데 정작 듣고서도 "farthest"라는 표현을 몰라서 paraphrasing된 표현과 연결 고리를 찾지 못했을 수도 있다. 내용은 너무 멀어서 일정에서 없었다는 얘기이므로 답은 (B).

11 What does the woman suggest?
(A) Hiring more employees
(B) Searching for new routes
(C) Filling up tires
(D) Posting some materials on the internet.

여자가 제안한 것은 무엇인가?
(A) 더 많은 직원 고용
(B) 새로운 길 찾기
(C) 타이어 바람 넣기
(D) 몇몇 자료를 인터넷에 올리기

해설 여자가 마지막에 한 말 중에 posting an alternative route and some photos on our Web site라는 표현을 토대로 답이 (D)라는 것을 확인할 수 있다. 나머지는 대화 내용 중에 등장하지 않았다.

12 Look at the graphic. Which place will be removed from itinerary?
(A) Theme park
(B) Museum
(C) Flea market
(D) Art gallery

시각 정보에 의하면, 어떤 장소가 여행 일정에서 제외될 것인가?
(A) 테마 공원
(B) 박물관
(C) 벼룩 시장
(D) 미술관

해설 '가장 먼 곳을 없앤다', '그곳이 75분 걸린다'는 말을 토대로 정답이 (D)라는 것을 알 수 있다.

(C) A reporter
(D) A receptionist

여자는 누구인가?
(A) **아파트 관리인**
(B) 전화 교환원
(C) 기자
(D) 접수 계원

해설 두 사람의 대화 중 여자가 I will send someone over tomorrow morning.이라고 했기 때문에 아파트를 관리하는 사람임을 알 수 있다. 따라서 정답은 (A)이다.

3 What will the woman probably do next?
(A) She will call the repair center.
(B) She will take a shower.
(C) She will purchase a new sink.
(D) She will visit the man's place.

여자가 다음에 할 일은 무엇인가?
(A) 수리 센터에 전화할 것이다.
(B) 샤워를 할 것이다.
(C) 새 싱크대를 살 것이다.
(D) **남자의 아파트에 방문할 것이다.**

해설 대화의 마지막 부분에 여자가 All right, then I will be up there in a few minutes.라고 했기 때문에 정답은 (D)이다.

`4-6` refer to the following conversation. 미W 영M

W Look at this invoice from SC Electronics. They over-billed us! There's a serious mistake.

M That's unbelievable! Let me see. It says we ordered 20 monitors and 2 fax machines, but the thing is we actually ordered 12 monitors. I am going to call the manager right now.

W Good. Remember to let them know they should give us a 20% discount on our next order. This is the second time this has happened this quarter.

M Right. They have to make up for their frequent mistakes they've made so far.

여 SC 전자에서 온 송장을 보세요. 우리에게 초과 요금을 징수했어요! 심각한 실수가 있는 것 같아요.

남 믿을 수가 없어요! 한번 봅시다. 우리가 20대의 모니터와 2대의 팩스 기계를 주문했다고 하네요. 그러나 우리는 사실 12대의 모니터를 주문했어요. 지금 당장 담당자에게 전화해야겠어요.

여 좋아요. 그들이 다음 주문에 우리에게 20%를 할인해 주기로 한 것을 꼭 상기시켜 주세요. 이것이 이번 분기에 두 번째 발생한 일이에요.

남 맞아요. 그들은 지금까지 있었던 빈번한 실수에 대해 보상해야 해요.

어휘 invoice 송장, 청구서 over-bill 초과 요금을 징수하다 serious 심각한 fax machine 팩시밀리 quarter 분기 bill 청구서 apologize 사과하다

Day 11 연습 문제 11

본문 p.186

1 (C)	**2** (A)	**3** (D)	**4** (D)	**5** (D)
6 (B)	**7** (D)	**8** (C)	**9** (A)	**10** (B)
11 (C)	**12** (C)	**13** (C)	**14** (A)	**15** (C)

`1-3` refer to the following conversation. 미M 미W

M Hi, I'm Mark Keller, the tenant in apartment 301. My kitchen sink is clogged up again, and so is the bathtub. Can you send someone to see what the problem is?

W Okay, I will send someone over tomorrow morning.

M Umm, actually I would really appreciate it if you could send someone to fix it today. It's so inconvenient. I can't cook and can't take a shower!

W All right, then I will be up there in a few minutes.

남 안녕하세요. 저는 마크 켈러이고 아파트 301호 세입자입니다. 제 생각에 부엌 싱크대가 또 막힌 것 같고 욕조도 그래요. 무엇이 문제인지 알아보려고 하는데 사람 좀 보내 주시겠어요?

여 좋아요. 내일 아침에 보내기로 하지요.

남 음, 사실 오늘 보내 주셔서 고쳤으면 정말 감사하겠는데요. 이거 정말 성가시거든요. 저는 요리도 할 수 없고 샤워도 할 수 없어요!

여 알겠어요. 그럼 제가 몇 분 내로 갈게요.

어휘 tenant 세입자 be clogged up 막히다 bathtub 욕조 send over ~을 파견하다 inconvenient 불편한 take a shower 샤워를 하다 furniture 가구 move out 이사 가다 enroll 등록하다 operator 전화 교환원 receptionist 접수 담당자

1 What are the speakers talking about?
(A) Buying new furniture
(B) Moving out to a new place
(C) Fixing a drain pipe problem
(D) Enrolling in a cooking class

화자들은 무엇에 대해 이야기하고 있는가?
(A) 새 가구를 사는 것
(B) 새로운 곳으로 이사 가는 것
(C) **배수관 문제를 고치는 것**
(D) 요리 수업에 등록하는 것

해설 남자가 I guess my kitchen sink is clogged up again and so is the bathtub. Can you send someone to see what the problem is?라고 했기 때문에 정답은 (C)이다.

2 Who most likely is the woman?
(A) An apartment manager
(B) An operator

4 What are the speakers mainly talking about?
(A) A computer program
(B) A voice recorder
(C) Fax machine
(D) A bill

화자들이 주로 말하는 것은 무엇인가?
(A) 컴퓨터 프로그램
(B) 목소리 녹음기
(C) 팩스
(D) 청구서

해설 대화의 주제를 묻는 질문으로 대화의 전반부에 Look at this invoice from SC Electronics. They over-billed us!라고 하고 있기 때문에 (D)가 정답이다.

5 What did they order from SC Electronics?
(A) 3 fax machines
(B) 4 fax machines
(C) 20 monitors
(D) 12 monitors

그들은 SC 전자에서 무엇을 주문하는가?
(A) 팩스 기계 3대
(B) 팩스 기계 4대
(C) 모니터 20대
(D) 모니터 12대

해설 세부 사항 문제로 대화에서 남자가 but the thing is we actually ordered 12 monitors.라고 하고 있기 때문에 정답은 (D)이다.

6 What is the man going to do next?
(A) He will order a new computer.
(B) He will call SC Electronics.
(C) He will apologize to SC Electronics.
(D) He will visit SC Electronics.

남자가 다음에 할 일은 무엇인가?
(A) 새 컴퓨터를 주문할 것이다.
(B) SC 전자에 전화할 것이다.
(C) SC 전자에 사과할 것이다.
(D) SC 전자에 방문할 것이다.

해설 미래 행동 추론 문제로 대화에서 남자가 I am going to call the manager right now.라고 했기 때문에 정답은 (B)이다.

7-9 refer to the following conversation. 미M 호W

M   Sally, I've decided to leave the company. I will be working until May 31.

W   Really? That's a little shocking. Are you unhappy with the work you do here?

M   It's not that sort of thing. I like my job, and my coworkers. But I guess I just need something more challenging.

W   I totally understand. I'm so excited for you. Sometimes, I think of changing my career too, but I'm quite comfortable here. Anyway, I wish you good luck.

남   샐리, 나는 회사를 그만두기로 했어. 5월 31일까지 일할 거야.
여   정말이니? 좀 놀라운 걸. 여기서 하는 일이 마음에 들지 않니?
남   그런 종류의 것이 아니야. 나는 내 일과 직장 동료들이 좋아. 그러나 좀 더 도전적인 일이 필요한 것 같아.
여   이해할 수 있어. 나도 무척 기대돼. 때때로, 나도 이직을 생각하지만 그러나 난 여기가 아주 편해. 어쨌든 행운을 빌어.

어휘 decide 결심하다 unhappy 불행한, 슬픈 sort of 일종의, 종류의 challenging 도전적인 totally 완전히 anyway 어쨌든 career 경력, 직업 comfortable 편안한 be fired 해고되다 client 고객 colleague 동료 discontent 불만이 있는 regarding ~에 관하여

7 What are they mainly talking about?
(A) Company's new policy
(B) Moving to another city
(C) Being fired
(D) Changing jobs

그들이 주로 이야기하는 것은 무엇인가?
(A) 회사의 새 정책
(B) 다른 도시로 이사 가는 것
(C) 해고되는 것
(D) 이직하는 것

해설 주제를 찾는 문제로 두 사람의 대화에서 대화 중 남자가 첫 부분에 I've decided to leave the company.라고 하고 있기 때문에 정답은 (D)이다.

8 Who most likely is the woman?
(A) The man's employee
(B) The man's client
(C) The man's colleague
(D) The man's girlfriend

여자는 누구인가?
(A) 남자의 직원
(B) 남자의 고객
(C) 남자의 동료
(D) 남자의 여자 친구

해설 세부 사항 문제 유형으로 대화 중 남자가 직업을 바꾸고 싶다는 말에 대해 I'm so excited for you. Sometimes, I also think of changing my career too.라고 하고 있기 때문에 정답은 (C)이다.

9 When will the man be leaving the company?
(A) At the end of May
(B) Sometime next year
(C) At the beginning of the next month
(D) At the beginning of May

남자가 회사를 떠나는 시기는?
(A) 5월 말
(B) 내년 중
(C) 다음 달 초
(D) 5월 초

해설 세부 사항을 찾는 문제로 대화의 첫 부분에 남자가 I will be working until May 31.이라고 하고 있기 때문에 정답은 (A)이다.

refer to the following conversation. 미W 미M

W   Hi, Randall. I heard that you will be promoted next month! Congratulations!

M   Thanks. I will be going to San Francisco to work on the new project team there. So, I have to leave for San Francisco next weekend. Actually, I'm a little nervous about the new work environment.

W   Don't worry. It always takes time to adapt to a new environment, and I know you are very competent. You will be okay.

M   Thank you, Maggie. Oh! Why don't you come to a dinner party before I leave for San Francisco? Are you available on Friday night?

여   안녕하세요, 랜들. 당신이 다음 달에 승진한다고 들었어요! 축하해요!

남   고마워요. 저는 새로운 프로젝트 팀에서 일하기 위해 샌프란시스코로 갈 거예요. 그래서 저는 다음 주말에 샌프란시스코로 떠나야 합니다. 사실, 새로운 업무 환경에서 일하는 것이 조금 불안하네요.

여   걱정 마세요. 새로운 환경에 적응하는 데는 항상 시간이 걸리죠. 그리고 저는 당신이 매우 자신감 있다는 것을 알아요. 당신은 괜찮을 거예요.

남   고마워요, 매기. 오! 제가 샌프란시스코로 떠나기 전에 디너파티에 오지 않으실래요? 금요일 밤에 괜찮으세요?

어휘   be promoted 승진하다 leave for ~로 떠나다 actually 실제로 nervous 긴장한, 초조한 environment 환경 take time 시간이 걸리다 competent 능숙한 available 시간이 있는 absence 부재 promotion 승진 illness 질병

10 What are the speakers mainly talking about?
(A) The man's absence
(B) The man's promotion
(C) The woman's illness
(D) A promotional event on Friday

화자들이 주로 말하는 것은 무엇인가?
(A) 남자의 부재
(B) 남자의 승진
(C) 여자의 질병
(D) 금요일의 승진 이벤트

해설 주제를 찾는 문제로 대화의 첫 부분에 여자가 I heard that you will be promoted next month! Congratulations!라고 하기 때문에 정답은 (B)이다.

11 When will the man leave for San Francisco?
(A) On Friday night
(B) This weekend
(C) Next weekend
(D) Next month

남자는 언제 샌프란시스코로 떠나는가?
(A) 금요일 밤
(B) 이번 주말

(C) 다음 주말
(D) 다음 달

해설 대화에서 남자가 I have to leave for San Francisco next weekend.라고 했기 때문에 정답은 (C)임을 알 수 있다.

12 What is the man going to do on Friday?
(A) He will move to San Francisco.
(B) He will book the flight to San Francisco.
(C) He will have a dinner party.
(D) He will meet the president.

피터는 금요일에 무엇을 할 것인가?
(A) 샌프란시스코로 이사할 것이다.
(B) 샌프란시스코 행 비행기를 예매할 것이다.
(C) 디너파티를 열 것이다.
(D) 회장과 만날 것이다.

해설 미래 행동을 추론하는 문제로 대화에서 남자가 마지막에 Why don't you come to a dinner party before I leave for San Francisco?라고 했기 때문에 정답은 (C)이다.

refer to the following conversation. 영M 미W

M   Katie, actually I am thinking of applying for a new job at M-Tech Company. I'm working on my résumé right now because the due date is this Friday.

W   That's great. You've got plenty of experience in that field. You could have a good chance! I will keep my fingers crossed for you.

M   Thanks, Katie. By the way, can you revise my cover letter and résumé? You know, I am not good at writing.

W   Sure. But could you send it before 9 o'clock? I have an important business meeting tomorrow morning, so I want to go to sleep a little earlier than usual.

남   케이티, 사실 저는 M-테크 회사의 새 일자리에 지원하는 것을 생각하고 있어요. 마감이 이번 주 금요일이기 때문에 지금 이력서 작업을 하고 있어요.

여   멋지군요. 당신은 그 분야에 많은 경험을 가지고 있어요. 당신은 좋은 기회를 가질 수 있을 거예요! 당신의 행운을 빌게요.

남   고마워요, 케이티. 그나저나, 당신이 제 자기소개서와 이력서를 검토해 줄래요? 제가 작문을 잘 못해서요.

여   그럼요. 그런데 9시 전에 보내 줄 수 있어요? 제가 내일 아침에 중요한 비즈니스 회의가 있거든요. 그래서 평소보다 조금 일찍 자려고 해요.

어휘   apply for ~에 지원하다 résumé 이력서 due date 마감일 plenty of 많은 field 분야 keep one's fingers crossed 행운을 빌다 revise 수정하다 be good at ~을 잘하다 usual 평상시의 resume 재개하다 account 계좌 cover letter 자기소개서

13 What are the speakers talking about?
(A) Resuming their work

(B) Tomorrow's business meeting
(C) Applying for a new job
(D) Opening a new account

이 대화의 주제는 무엇인가?
(A) 그들의 일을 계속하는 것
(B) 내일의 비즈니스 회의
(C) 새 일자리에 지원하는 것
(D) 새 계좌를 여는 것

해설 대화의 주제를 찾는 유형으로 대화의 전반부에 남자가 Katie, actually I am thinking of applying for a new job at M-Tech Company.라고 하면서 자신의 이력서와 자기소개서를 검토해 달라고 부탁하고 있으므로 정답은 (C)이다.

14 What time should the man send his résumé to the woman?
(A) Tonight before 9 P.M.
(B) Tomorrow morning
(C) Tomorrow afternoon
(D) This Friday

남자가 여자에게 이력서를 보낼 시각은 언제인가?
(A) 오늘 밤 9시 전
(B) 내일 아침
(C) 내일 오후
(D) 이번 금요일

해설 세부 사항 문제로 대화에서 마지막 부분에 여자가 But could you send it before 9 o'clock?이라고 하고 있으므로 정답은 (A)임을 알 수 있다.

15 What will the woman do tomorrow?
(A) She will revise his résumé and cover letter.
(B) She will have a job interview.
(C) She will have an important meeting.
(D) She will accompany the man on his job interview.

내일 여자는 무엇을 할 것인가?
(A) 그의 이력서와 자기소개서를 검토할 것이다.
(B) 취업 면접을 볼 것이다.
(C) 중요한 회의를 할 것이다.
(D) 그의 취업 면접에 동행할 것이다.

해설 미래 행동 추론 문제로 대화에서 여자가 마지막 부분에 I have an important business meeting tomorrow morning.이라고 했기 때문에 정답은 (C)이다.

Day
12 연습 문제 12

본문 p.188

1 (A)	2 (D)	3 (B)	4 (C)	5 (C)
6 (B)	7 (A)	8 (A)	9 (D)	10 (B)
11 (D)	12 (B)	13 (D)	14 (B)	15 (D)

1-3 refer to the following conversation. 미W 미M

W Is this where the Association of Software Engineers' conference will be held?

M Yes it is. I have to attend the conference to maintain my certification as an engineer.

W If that's the case, I will let you go ahead of me in line. I am attending just out of curiosity. I work in Sales, so I do not have to be certified.

M Thank you so much, I was so nervous about being able to get into the conference!

여 이곳이 소프트웨어 엔지니어 협회 회의가 열리는 곳인가요?
남 맞아요. 엔지니어로서의 자격을 유지하기 위해서 회의에 참석하려고 해요.
여 만약 그런 경우라면 당신을 제 앞에 세워야겠네요. 저는 단지 호기심으로 참석하거든요. 저는 영업 쪽이라 인증받을 필요가 없어요.
남 감사합니다. 저는 회의에 들어갈 수 있을지에 대해 너무 걱정했거든요!

어휘 conference 회의 attend 참석하다 maintain 유지하다 certification 자격 go ahead of someone in line 줄에서 누구의 앞으로 나가다 curiosity 호기심 certify 인증하다 reasonable 합리적인 instructor 강사 submit 제출하다 fill out 작성하다 registration 등록

1 Where does the woman work?
(A) In the sales department
(B) At a university
(C) At an engineering department
(D) At a community center

여자는 어디에서 일하는가?
(A) 영업 부서
(B) 대학
(C) 기술부
(D) 구민회관

해설 여자가 I work in Sales so I do not have to be certified. 라고 했으므로 정답은 (A)이다. (C)는 engineer와 engineering의 파생어를 이용한 오답이다.

2 What is important to the man about the class?
(A) It should have a reasonable price.
(B) It should be taught at a beginner level.
(C) It should be taught by a particular instructor.
(D) He must keep his certification.

강좌에 있어서 남자에게 중요한 것은 무엇인가?
(A) 이것은 합리적인 가격이어야 한다.
(B) 이것은 초보자 수준으로 가르쳐야 한다.
(C) 이것은 특정 강사가 가르쳐야 한다.
(D) 그는 그의 자격증을 유지해야 한다.

해설 남자가 첫 번째 대화에서 I have to attend the conference to maintain my certification as an engineer.라고 했으므로 정답은 (D)이다.

3 What does the woman suggest the man do?
(A) Meet with an instructor
(B) Go ahead of her in line
(C) Submit a portfolio
(D) Fill out a registration form

여자가 남자에게 제안한 것은 무엇인가?
(A) 강사와 만나는 것
(B) 그녀의 앞에 줄을 세우는 것
(C) 포트폴리오 제출
(D) 등록 양식을 작성하는 것

해설 두 사람의 대화 중 여자가 If that's the case, I will let you go ahead of me in line. 이라고 했기 때문에 정답은 (B)이다.

4-6 refer to the following conversation. 영M 호W

M Barbara, have you finished downloading those new product files from the M&D website?

W No, my computer isn't working properly today. I think I should call the IT Department and ask someone to come and fix my computer.

M I see. You'd better hurry up. We really need those files today so the vice president can go over them.

W I know. I am considering using Jack's computer right now.

남 바바라, M&D 웹 사이트에서 새 제품 파일들 다운로드 다 했나요?

여 아니요, 제 컴퓨터가 오늘 제대로 작동하지 않네요. 제 생각에 IT 부서에 전화를 해서 누군가 제 컴퓨터 좀 고쳐달라고 해야겠어요.

남 알겠어요. 서두르셔야 할 거에요. 우리는 오늘 그 파일들이 정말로 필요해요. 부회장님이 검토하셔야 하거든요.

여 알아요. 저는 당장 잭의 컴퓨터를 쓸까 고려 중이에요.

어휘 properly 제대로 vice president 부회장 consider 고려하다 work overtime 초과 근무하다 prepare 준비하다 purchase 구입하다

4 Where would this talk most likely be heard?
(A) At a train station
(B) At a computer shop
(C) At an office
(D) At a stock market

이 대화가 이루어지는 곳은 어디인가?
(A) 기차역
(B) 컴퓨터 가게
(C) 사무실
(D) 주식 시장

해설 대화가 이루어지는 장소를 묻는 질문으로 대화 중 남자가 Have you finished downloading those new product files from the M&D website?라고 묻는 질문에 No, my computer isn't working properly today.라고 답하므로 두 사람이 사무실에 있음을 알 수 있다. 따라서 정답은 (C)이다.

---

5 What are they talking about?
(A) Working overtime
(B) Presentation to the Vice President
(C) Preparing the files
(D) Purchasing a computer at the office

그들은 무엇에 대해 말하고 있는가?
(A) 초과 시간 근무
(B) 부회장에게의 발표
(C) 파일 준비
(D) 사무실 컴퓨터 구입

해설 대화의 주제를 묻는 유형으로 남자가 We really need those files today so that the vice president could go over them라고 하고 있으므로 (C)가 정답이다.

6 What will the woman do next?
(A) She will call the IT Department.
(B) She will download the files.
(C) She will repair her computer.
(D) She will meet the Vice President

여자가 다음에 할 일은 무엇인가?
(A) IT 부서에 전화할 것이다.
(B) 파일들을 다운로드할 것이다.
(C) 그녀의 컴퓨터를 고칠 것이다.
(D) 부회장을 만날 것이다.

해설 대화의 마지막에 여자가 I am considering using Jack's computer right now.라고 하고 있기 때문에 여자는 자료를 다운로드할 것임을 알 수 있다. 따라서 정답은 (B)이다.

7-9 refer to the following conversation. 미W 미M

W Hello, my name is Maria Osmond and I work for the Action Personnel Agency. I am calling you about the résumé you sent to us.

M I have sent out so many résumés. Can you please tell me what position this was for?

W Yes, it is for a technical support position at a major computer company.

M Yes, I do remember submitting my résumé for that job. Can you tell me what the salary is?

여 안녕하세요. 제 이름은 마리아 오스몬드이고 액션 인사 에이전시에서 일합니다. 당신이 우리에게 보낸 이력서를 보고 연락드립니다.

남 제가 이력서를 많이 보내서요. 이게 어떤 자리였는지 알려 주시겠습니까?

여 네, 메이저 컴퓨터 회사에서 기술 지원 업무입니다.

남 네, 그 일에 제 이력서를 보냈던 것이 기억 나네요. 급여에 대해 알려 주실 수 있나요?

어휘 résumé 이력서 position 일자리 technical support 기술 지원 submit 제출하다 salary 급여 recruit 채용하다 insurance 보험 department store 백화점 wage 임금 working hours 근무 시간

7 Where does the woman work?
(A) Recruiting company
(B) Insurance company
(C) Internet service provider
(D) Department store

여자는 어디서 일하는가?
(A) 직업소개소
(B) 보험 회사
(C) 인터넷 서비스 제공자
(D) 백화점

해설 주어진 대화의 전반부에 여자가 Hello, my name is Maria Osmond and I work for the Action Personnel Agency.라고 하고 있으므로 정답은 (A)이다.

8 What does the man want to know about the position?
(A) Wage
(B) Location
(C) Working hours
(D) Work details

남자는 일에 대해 무엇을 알고 싶어 하는가?
(A) 급여 수준
(B) 회사의 위치
(C) 근무 시간
(D) 자세한 업무 내용

해설 대화에서 남자가 마지막 부분에 Can you tell me what the salary is?라고 하고 있기 때문에 정답은 (A)이다.

9 How does the woman describe the position?
(A) The job is to sell a new product.
(B) It's for customer service.
(C) It's for explaining jobs.
(D) The job is to help with technical matters.

여자는 일이 어떤 것이라고 말하는가?
(A) 신상품을 판매하는 일이다.
(B) 고객 서비스를 위한 일이다.
(C) 직업을 설명하는 일이다.
(D) 기술 문제에 대해 도움을 주는 일이다.

해설 여자가 대화 중 it is for a technical support position at a major computer company.라고 하므로 정답은 (D)이다.

10-12 refer to the following conversation. 영M 호W

M Alyssa, does your computer work properly? Mine's having all kinds of problems since the new computer system was installed.

W So does mine. I don't even know how to install the accounting software. But you know, I do have some good news. There is a computer training session tomorrow at one o'clock. We'll be able to know all the basics of our new computer system.

M That sounds perfect. I'll definitely go. By the way, if that's the case, I might have to eat lunch earlier tomorrow since my regular lunch time is at noon.

W You can get a pre-packed lunch in the cafeteria and take it to the training session. That's what I'll be doing.

남 알리사, 당신의 컴퓨터가 정상적으로 작동하나요? 제 것은 새 컴퓨터 시스템이 설치된 이후로 모든 종류의 문제를 일으키고 있어요.

여 제 것도 그래요. 저는 심지어 어떻게 회계 프로그램을 설치할지도 모르겠어요. 그런데 몇 가지 좋은 소식이 있어요. 내일 컴퓨터 교육 시간이 1시에 있어요. 우리 새 컴퓨터 시스템의 모든 기초들을 알 수 있을 거예요.

남 그거 정말 잘됐네요. 저는 거기에 꼭 갈 거예요. 그런데 그렇게 되면 저는 보통 점심 시간이 정오니까 내일 점심을 더 일찍 먹어야겠어요.

여 당신은 카페에서 미리 포장된 점심을 구입해서 교육회에 가지고 가면 돼요. 저는 그렇게 할 거예요.

어휘 properly 제대로 install 설치하다 session 회, 회기
basic 기초 by the way 그런데 if that's the case 그렇게 되면
pre-packed 팔기 전에 포장된 presentation 발표 lunchbox 도시락

10 What are the speakers discussing?
(A) Attending an accounting seminar
(B) Using a new computer system
(C) Purchasing a new computer
(D) Choosing computer software

화자들은 무엇을 논의 중인가?
(A) 회계 세미나에 참석하는 것
(B) 새 컴퓨터 시스템을 사용하는 것
(C) 새 컴퓨터를 구입하는 것
(D) 컴퓨터 소프트웨어를 고르는 것

해설 does your computer work properly? Mine's having all kinds of problems since the new computer system was installed.의 내용에서 새로운 시스템 때문에 컴퓨터가 제대로 작동하지 않고 문제가 많다고 이야기를 하고 있다. 이후 교육이 열리니 거기서 기본적인 것들을 배울 수 있다고 이야기를 하고 있다. 따라서 정답은 (B)이다. 세미나 이야기가 나오면서 (A)가 정답이라고 생각할 수는 있으나 세미나의 주제가 회계가 아니기 때문에 오답이다.

11 What does the man say he will do at one o'clock tomorrow?
(A) Install new computer software
(B) Give a presentation
(C) Have lunch
(D) Attend a training session

남자는 그가 내일 한 시에 무엇을 할 거라고 하는가?
(A) 새 컴퓨터 소프트웨어를 설치한다.
(B) 발표를 한다.
(C) 점심을 먹는다.
(D) 교육에 참석한다.

해설 질문에서 one o'clock이라는 키워드를 바탕으로 지문에서 There is a computer training session tomorrow at one o'clock.에 교육 세션이 있다는 것을 들었다면 쉽게 정답을 (D)로 고를 수 있는 문제다.

12 What does the woman suggest?
(A) Changing his computer software
(B) Buying a packed meal
(C) Talking to a computer technician
(D) Bring a lunchbox from home

여자는 무엇을 제안하는가?
(A) 그의 컴퓨터 소프트웨어를 바꾸는 것
(B) 포장 음식을 사는 것
(C) 컴퓨터 전문가에게 이야기 하는 것
(D) 점심 도시락을 집에서 가져오는 것

해설 마지막 부분에서 점심을 일찍 먹어야 한다는 말에 구내식당에 포장된 식사가 있다는 내용으로 이어지고 있다. 따라서 정답은 (B)이다. (A)와 (C)의 내용은 잘 들리는 computer, problem, software만을 듣고 연상할 수 있는 오답이다.

13-15 refer to the following conversation. [미W] [미M]

W Hello, Sunnyvale Wedding Planning Services, my name is Catherine Turner. How may I be of service to you today?

M Hello, my name is Brown. I am tying the knot on September 15. Therefore, I need to plan my wedding as soon as possible.

W Hello Brown. September 15 is only four weeks away. In the wedding planning business, this is a very short period of time. Are you sure you want to proceed with this on September 15? It will be very difficult even for me to plan this wedding. Do you have a venue reserved?

M No, I am sorry. I have not reserved any venues. However, I would love to have it at the Biltmore Ballroom. Is this conceivable?

W I am sorry. It is inconceivable at this point in time. The Biltmore Ballroom is reserved up to two years in advance. However, I do have a couple of other locations you might be interested in.

여 안녕하세요. 서니베일 웨딩플래닝 서비스입니다. 제 이름은 캐서린 터너입니다. 제가 오늘 어떤 서비스로 도와 드릴까요?

남 안녕하세요. 제 이름은 브라운입니다. 저는 9월 15일에 결혼을 치릅니다. 그러므로 제 결혼을 최대한 빨리 계획해야 합니다.

여 안녕하세요, 브라운 씨. 9월 15일은 지금부터 4주밖에 안 남았습니다. 결혼 계획 사업에서 이것은 매우 짧은 기간입니다. 이대로 9월 15일날 진행을 하고 싶으신 게 확실하신가요? 아무리 저라고 해도 이 결혼을 계획하는 것은 매우 힘듭니다. 예약해 놓으신 장소가 있으신가요?

남 아니요, 죄송합니다. 저는 어떤 장소도 예약해 놓지 않았습니다. 하지만 저는 빌트모어 연회장에서 하면 좋겠습니다. 이게 가능한가요?

여 죄송합니다. 현재로서 이것은 불가능합니다. 빌트모어 연회장은 2년 전부터 미리 예약을 받습니다. 하지만 저는 당신이 좋아할 만한 몇몇 다른 장소들을 알고 있습니다.

어휘 be of service 도움이 되다 tie the knot 결혼하다 proceed with ~을 계속하다 venue 장소 reserve 예약하다 conceivable 가능한 inconceivable 상상하기 어려운 in advance 미리 be interested in ~에 관심이 있다 wedding reception 결혼 피로연 bridal 신부의

13 What are the speakers discussing?
(A) Planning a wedding announcement
(B) Deciding on a honeymoon destination
(C) Choosing a bridal gown
(D) Planning a wedding

화자들은 무엇을 논의 중인가?
(A) 결혼 발표 계획
(B) 신혼 여행지 고르기
(C) 신부 웨딩드레스 고르기
(D) 결혼 계획

해설 대화에서 남자가 I am tying the knot on September 15.이라고 하므로 정답은 (D)이다.

14 What's the problem with the man?
(A) He doesn't want to get married yet.
(B) He does not have enough time.
(C) He wants another wedding company.
(D) He wants enough discounts.

남자의 문제는 무엇인가?
(A) 아직 결혼을 원치 않는다.
(B) 충분한 시간이 없다.
(C) 다른 웨딩 업체를 원한다.
(D) 더 할인을 원한다.

해설 대화에서 남자가 I need to plan my wedding as soon as possible.이라고 하므로 정답은 (B)이다.

15 What will the woman do next?
(A) Contact the Biltmore Ballroom
(B) Recommend a different wedding planner
(C) Postpone the wedding
(D) Suggest some venues

여자는 다음에 무엇을 할 것인가?

(A) 빌트모어 연회장에 연락한다.
(B) 다른 웨딩 플래너를 추천한다.
(C) 결혼을 연기한다.
(D) 몇몇 장소를 제안한다.

해설 대화에서 여자가 마지막에 However, I do have a couple of other locations you might be interested in.이라고 하므로 정답은 (D)이다.

본문 p.190

1 (B)	**2** (A)	**3** (B)	**4** (C)	**5** (C)
6 (A)	**7** (A)	**8** (A)	**9** (B)	**10** (A)
11 (D)	**12** (A)	**13** (B)	**14** (B)	**15** (A)

1-3 refer to the following conversation. 미W 영M

W   Mr. Stevenson, I just received an email from Coldwater Bank in Tacoma. Their private jet, which was going to land in Newport Beach, has been delayed due to an engine problem.

M   This is going to complicate the meetings with the vice president of Sales and the stockholders general meeting. It was to begin at 1 P.M. at the Hyatt Regency. How long will the delay be?

W   They say the mechanical problem has been repaired and the plane will land at 1 P.M., the same time the meeting is going to start.

M   Call the limousine service and have them waiting at the Orange County Airport, gate three. They can immediately bring the guests to the Hyatt Regency.

여   스티븐슨 씨, 저는 방금 타코마에 있는 콜드워터 은행으로부터 이메일을 받았습니다. 뉴포트 해변에 착륙하려던 그들의 전용기가 엔진 문제로 지연되었다고 합니다.

남   이것은 우리가 판매부 부회장과 계획했던 회의와 주주총회를 복잡하게 할 것입니다. 그것은 하얏트 리젠시에서 오후 1시에 시작하도록 예정되어 있습니다. 얼마나 지연이 되나요?

여   그들은 기계적인 문제가 고쳐져서 비행기가 회의가 시작하는 것과 같은 시각인 오후 1시에 착륙한다고 합니다.

남   리무진 서비스에 전화를 해서 오렌지카운티 공항 게이트 3번에 대기하도록 하세요. 그들이 하얏트 리젠시로 곧바로 손님들을 데리고 와 줄 수 있습니다.

어휘 private jet 자가 항공기 complicate 복잡하게 만들다 stockholder general meeting 주주 총회 mechanical 기계적인 limousine 리무진 immediately 즉시 venue 장소 cancellation 취소 resolve 해결하다 commercial 상용 비행 postpone 연기하다 overbooking 예약 초과

1 What problem does the woman report to Mr. Stevenson?
(A) Mr. Stevenson can't attend a meeting because of a scheduling conflict.
(B) A private plane is delayed.
(C) The Hyatt Regency cancelled a meeting.
(D) They have to change the venue.

여자가 스티븐슨 씨에게 보고한 문제는 무엇인가?
(A) 스티븐슨 씨는 겹치는 약속 때문에 회의에 참석할 수 없다.
(B) 전용기가 지연되었다.
(C) 하얏트 리젠시가 회의를 취소하였다.
(D) 장소를 변경해야 한다.

해설 대화에서 Their private jet, which was going to land in Newport Beach has been delayed due to an engine problem.이라고 하고 있기 때문에 정답은 (B)이다.

2 Why was the plane delayed?
(A) Due to a mechanical problem
(B) Due to bad weather
(C) Due to overbooking
(D) Due to a flight cancellation

비행기가 왜 지연되었나?
(A) 기계적인 문제 때문에
(B) 좋지 않은 날씨 때문에
(C) 초과 예약 때문에
(D) 항공편 취소 때문에

해설 대화에서 비행기가 지연된 이유로 Their private jet which was going to land in Newport Beach has been delayed due to an engine problem.이라고 하고 있기 때문에 정답은 (A)이다.

3 How was the situation resolved?
(A) The parties took a commercial flight.
(B) The plane was repaired and a limousine was waiting.
(C) The parties took an express train.
(D) The meeting was postponed until the next day.

어떻게 사건이 해결되었는가?
(A) 일행들이 민간 항공기를 이용하였다.
(B) 비행기가 수리되었고 리무진이 기다리고 있었다.
(C) 일행들이 고속열차를 이용하였다.
(D) 회의가 다음 날로 연기되었다.

해설 주어진 대화에서 남자가 마지막 부분에 Call the limousine service and have them waiting at the Orange County Airport, gate three. They can immediately bring the guests to the Hyatt Regency.라고 하고 있기 때문에 정답은 (B)이다.

refer to the following conversation. 미M 미W

M   Hello, my name is Pierre. I am your maître d'. What can I do for you today?

W   I need a table for five people for lunch.

M   I am sorry, madam. All of our tables are full due to a convention in town.

W   But this is for the chairperson of Consolidated Industries and the French Ambassador. Are you sure you don't have a table available?

M   In that case, I will give you the best table in the house due to the circumstances. We do not want to inconvenience foreign dignitaries.

남   안녕하세요. 제 이름은 피에르입니다. 저는 당신의 주임 웨이터입니다. 제가 오늘 당신을 위해서 무엇을 해 드릴까요?

여   저는 점심을 위해 5인용 테이블이 필요합니다.

남   죄송합니다. 부인. 마을에서 있는 대회 때문에 저희의 모든 테이블들이 차 있습니다.

여   하지만 이것은 통합 산업의 회장과 프랑스 대사를 위한 것입니다. 이용할 수 있는 테이블이 없는 것이 확실한가요?

남   그렇다면 상황에 따라 제가 이 레스토랑에서 가장 좋은 테이블을 드리겠습니다. 우리는 외국 고위 인사들에게 불편을 끼치고 싶지 않습니다.

어휘   convention 대회의 chairperson 의장 consolidated 합병된 ambassador 대사 available 이용 가능한 circumstance 상황 inconvenience 불편 dignitary 고위 관리 relation 관계 administrative 행정상의

4   What problem is discussed in this situation?
(A) There is only one small table available.
(B) There are only tables available after 2 P.M.
(C) There are no tables available.
(D) There are only tables in the conference room.

이 상황에서 언급되는 문제는 무엇인가?
(A) 오직 하나의 작은 테이블만 이용 가능하다.
(B) 오후 2시가 넘어서야 이용 가능한 테이블만 있다.
(C) **이용 가능한 테이블이 없다.**
(D) 회의실에만 테이블들이 있다.

해설   대화에서 남자가 I am sorry, madam. All of our tables are full due to a convention in town.이라고 하고 있기 때문에 정답은 (C)이다.

5   Why is the restaurant full at this time?
(A) It is being renovated.
(B) It is the peak season.
(C) A convention is being held.
(D) It is the only restaurant open.

왜 음식점이 이 시간에 다 차 있는가?
(A) 리모델링이 진행 중이다.
(B) 성수기이다.
(C) **컨벤션이 열리고 있다.**
(D) 문을 연 오직 하나의 음식점이다.

해설   대화에서 all of our tables are full due to a convention

in town.이라고 하고 있기 때문에 정답은 (C)이다.

6   Why does the man decide to offer a table to the woman?
(A) VIPs will need it.
(B) He wants to maintain good relations with the woman.
(C) He wants to settle an administrative complaint.
(D) It will help promote the restaurant.

남자가 여자에게 왜 테이블을 제공하도록 결정하였나?
(A) **VIP들이 필요하다.**
(B) 남자는 여자와 좋은 관계를 유지하고 싶다.
(C) 남자는 관리상의 불평을 해결하고 싶다.
(D) 식당 홍보에 도움이 되기 때문이다.

해설   대화에서 남자가 We do not want to inconvenience foreign dignitaries.라고 하고 있기 때문에 정답은 (A)이다.

refer to the following conversation. 호W 미M

W   I am so sorry I am late. An auto accident held up the traffic in The Brooklyn Tunnel for thirty minutes.

M   That is all right. If you are late, then everyone else will be late as well.

W   What is the topic of the workshop?

M   I am happy you asked. It's about how to install and use the latest scheduling software. I have sent you a PDF file that outlines the new program.

여   늦어서 죄송합니다. 자동차 사고가 나서 브룩클린 터널에서 차가 30여 분 지연됐어요.

남   괜찮아요. 만약 당신이 늦으면 다른 모두도 늦을 거예요.

여   워크숍의 주제는 무엇인가요?

남   잘 물어보셨어요. 그것은 최신 스케줄링 소프트웨어 설치 및 사용법에 관한 것이에요. 제가 당신에게 보낸 PDF 파일에 새 프로그램에 대한 개요가 있어요.

어휘   auto accident 자동차 사고 traffic 교통 as well ~도 또한 install 설치하다 outline 개요를 잡다 client 고객 employee 직원 orientation 오리엔테이션, 예비교육 agenda 의제 itinerary 여행 일정표

7   Why did the woman miss the staff meeting?
(A) She was stuck in traffic.
(B) She was with a client.
(C) She was finishing a project.
(D) She had a doctor's appointment.

왜 여자가 직원 회의에 불참했는가?
(A) **그녀는 교통 정체에 묶여 있었다.**
(B) 그녀는 고객과 함께 있었다.
(C) 그녀는 프로젝트를 끝내고 있었다.
(D) 그녀는 진료 약속이 있었다.

해설   두 사람의 대화 중 여자가 회의에 불참한 이유로 An auto accident held up the traffic in The Brooklyn Tunnel for thirty minutes.라고 했기 때문에 정답은 (A)이다.

8 What is the workshop about?
(A) Software-training
(B) New employee orientations
(C) Department budgets
(D) Development of new software

워크숍은 무엇에 관한 것인가?
(A) 소프트웨어 훈련
(B) 새 직원 오리엔테이션
(C) 부서 예산
(D) 새 소프트웨어 개발

해설 두 사람의 대화 중 남자가 It's about how to install and use the latest scheduling software.이라고 하고 있으므로 정답은 (A)이다.

9 What did the man give to attendees?
(A) A meeting agenda
(B) A file
(C) An employee handbook
(D) A travel itinerary

남자가 참석자들에게 보낸 것은 무엇인가?
(A) 회의 안건
(B) 파일
(C) 직원 핸드북
(D) 여행 일정표

해설 두 사람의 대화 중 남자가 I have sent you a PDF file that outlines the new program. 이라고 했으므로 정답은 (B)이다.

10-12 refer to the following conversation. 영M 미W

M Lisa, I really need your help. I was working on the company's five-year plan. This document is more than fifty pages long. We had a power failure, and I lost the file on my computer. Is there anything you can do to help me recover it?

W Did you save the document when you were working on it?

M No. I thought the computer had an auto save feature.

W I think I can help you. Please go to the "start window" and type "temp." You will then see temporary files that are built by the word processor.

남 리사. 저는 정말 당신의 도움이 필요합니다. 저는 회사의 5년짜리 계획에 관해 일을 하고 있었습니다. 이 문서는 50장이 넘습니다. 우리는 정전이 있었고 저는 제 컴퓨터에서 파일을 날려버렸습니다. 당신이 제가 그것을 복구하는 것을 돕기 위해 할 수 있는 것이 있나요?

여 당신이 그것에 작업을 하고 있을 때 그 문서를 저장하였나요?

남 아니요. 저는 컴퓨터에 자동 저장 기능이 있다고 생각하였습니다.

여 저는 당신을 도와줄 수 있다고 생각합니다. '윈도우 시작'으로 가서 temp라고 치세요. 당신은 워드프로세서에서 생긴 임시 파일들을 볼 것입니다.

어휘 document 문서, 서류 power failure 정전, 전기 고장 recover 복구하다 auto save feature 자동 저장 기능 temporary file 임시 파일 word process 워드 프로세서 remove 제거하다

10 Why did the man call Technical Support?
(A) To recover a lost file
(B) To fix Internet connection problems
(C) To email a 50 page document
(D) To remove a virus

남자는 왜 기술지원부에 전화하였나?
(A) 잃어버린 파일을 되찾기 위해
(B) 인터넷 접속 문제를 해결하기 위해
(C) 50장짜리 문서를 이메일로 보내기 위해
(D) 바이러스를 제거하기 위해

해설 남자가 전화를 건 목적으로 We had a power failure and I lost the file on my computer. Is there anything you can do to help me recover it?이라고 하고 있으므로 정답은 (A)이다.

11 How was the file lost?
(A) Due to a virus
(B) Due to accidental deletion
(C) Due to a software malfunction
(D) Due to a power failure

파일이 어떻게 분실되었나?
(A) 바이러스 때문에
(B) 실수로 삭제했기 때문에
(C) 소프트웨어의 기능 장애 때문에
(D) 정전 때문에

해설 대화에서 We had a power failure and I lost the file on my computer.라고 하고 있으므로 정답은 (D)이다.

12 How was the woman able to help the man?
(A) By searching temporary files
(B) By searching the deleted files
(C) By rebooting the computer
(D) By reformatting the hard drive

어떻게 여자가 남자를 도와줄 수 있었나?
(A) 임시 파일들을 찾아봄으로써
(B) 삭제된 파일들을 찾아봄으로써
(C) 컴퓨터를 재시작함으로써
(D) 하드 드라이브를 다시 포맷함으로써

해설 대화에서 여자가 I think I can help you. Please go to the "start window" and type "temp." You will then see temporary files that are built by the word processor. 라고 하고 있기 때문에 정답은 (A)이다.

13-15 refer to the following conversation. [호W] [미M]

W Hello, John, why are you standing in line at the subway station?

M I need a refund on this ticket and then I need to buy one to Chicago. I have a meeting tomorrow morning over there.

W Oh, do you? I thought that the meeting was canceled. There is a four o'clock train to Chicago that I will be on. Why don't you join me?

M That sounds like a great plan. I will join you!

여 안녕하세요 존, 왜 지하철역에 줄을 서 있나요?
남 저는 이 표를 환불하고 시카고행 표를 사야 해요. 저는 그곳에서 내일 아침에 회의가 있어요.
여 아, 그래요? 저는 그 회의가 취소되었다고 생각했었는데, 제가 탈 시카고행 기차가 4시에 있어요. 저와 함께 가지 않으실래요?
남 그거 좋은 생각인 것 같아요. 함께 할게요!

어휘 stand in line 일렬로 서다 refund 환불 cancel 취소하다
Why don't you ~하는 게 어때? upgrade 승격하다 fully
완전히 book 예약하다

13 Why does the man want to change his ticket?
(A) His meeting was cancelled.
(B) His destination has changed.
(C) He arrived at the station early.
(D) He wants to upgrade his seat.

왜 남자가 그의 티켓을 바꾸려 하는가?
(A) 그의 회의가 취소되었다.
(B) 그의 목적지가 바뀌었다.
(C) 그는 역에 일찍 도착했다.
(D) 그는 자리를 업그레이드 하고 싶다.

해설 대화에서 남자가 I need a refund on this ticket and then I need to buy one to Chicago.라고 했기 때문에 정답은 (B)이다.

14 What does the woman say about the four o'clock train?
(A) It has been delayed.
(B) It is going to Chicago.
(C) It is fully booked.
(D) It will not stop in Baltimore.

여자는 4시 기차에 대해 무엇이라고 말하는가?
(A) 연기되었다.
(B) 시카고에 간다.
(C) 예약이 꽉 찼다.
(D) 볼티모어에 서지 않을 것이다.

해설 두 사람의 대화에서 There is a four o'clock train to

Chicago that I will be on.이라고 했기 때문에 정답은 (B)이다.

15 When will the man probably catch his train?
(A) At 4:00 P.M.
(B) At 3:30 P.M.
(C) At 4:30 P.M.
(D) At 5:00 P.M.

남자가 기차를 탈 시각은 언제인가?
(A) 오후 4시
(B) 오후 3시 30분
(C) 오후 4시 30분
(D) 오후 5시

해설 대화의 마지막 부분에 여자가 4시 기차를 탈 예정이라는 말에 대해 That sounds like a great plan. I will join you!라고 했으므로 정답은 (A)이다.

Day
14 연습 문제 14

본문 p.192

1 (D)	2 (C)	3 (A)	4 (C)	5 (A)
6 (B)	7 (D)	8 (A)	9 (B)	10 (C)
11 (B)	12 (C)	13 (A)	14 (C)	15 (C)

1-3 refer to the following conversation. [미W] [미M]

W Curtis, I was absent from the board of directors meeting this morning because I had to take my son to the dentist. Could you let me know what transpired at the meeting?

M Sure, Marian. The board covered the new five-year plan, which includes plans for a merger with Pace V Computer Systems.

W I am sorry I missed it. Does this mean that some of our jobs could be in jeopardy?

M Don't worry, Marian. This is a merger in which we are the parent company, and the board has assured us there will be no reduction in forces. Jackson will summarize the meeting and email it to all employees.

여 커티스, 저는 오늘 아침 제 아들을 치과에 데리고 가야 했기 때문에 이사회 회의에 불참했습니다. 오늘 회의에서 무슨 일이 있었는지 저에게 알려 줄 수 있나요?
남 당연하죠. 마리엔 이사회는 페이스 브이 컴퓨터 시스템과의 합병 계획을 포함한 새로운 5년짜리 계획에 대해 이야기했습니다.
여 제가 이것을 놓친 것이 안타깝네요. 이것은 우리의 일자리 중 몇몇이 위험해질 수도 있다는 의미인가요?

남　걱정 마요, 마리엔. 이 합병은 우리가 모회사이고 이사회는 인원 삭감이 없을 것이라고 우리에게 장담했습니다. 잭슨이 회의 내용을 정리해서 모든 직원에게 메일을 보낼 거예요.

1　What type of meeting did Marian miss?
(A) A general staff meeting
(B) A managerial meeting
(C) A supervisory meeting
(D) A board of directors meeting

어떤 종류의 회의를 마리엔이 놓쳤는가?
(A) 총 직원 회의
(B) 관리자 회의
(C) 감독관 회의
(D) 이사회 회의

해설　대화의 전반부에 Curtis, I was absent from the board of directors meeting this morning이라고 하고 있기 때문에 정답은 (D)이다.

2　Why did Marian miss the meeting?
(A) She was sick with the flu.
(B) Her son was homesick.
(C) She took her son to the dentist.
(D) She dropped her son off at school.

왜 마리엔이 회의를 빠졌는가?
(A) 그녀는 독감 때문에 아팠다.
(B) 그녀의 아들이 향수병을 앓았다.
(C) 그녀는 그녀의 아들을 치과에 데리고 갔다.
(D) 그녀는 그녀의 아들을 학교에 데려다 줬다.

해설　대화에서 여자가 because I had to take my son to the dentist. Could you let me know what transpired at the meeting?이라고 하고 있기 때문에 정답은 (C)이다.

3　What will happen next?
(A) The woman will get an email.
(B) The woman will attend another meeting.
(C) Many employees will be laid off.
(D) The woman's company will hire more employees.

다음에 무슨 일이 일어날 것인가?
(A) 여자는 이메일을 받을 것이다.
(B) 여자는 다른 회의에 참석할 것이다.
(C) 많은 직원들이 정리 해고될 것이다.
(D) 여자의 회사는 더 많은 직원을 고용할 것이다.

해설　남자의 대화 마지막에서 Jackson will summarize the meeting and email it to all employees.이라고 했으므로 (A)가 정답이다.

4-6　refer to the following conversation.　영M　미W

M　I need some coffee now. Why don't we go into the coffee house and have a couple of cups of latte?

W　That sounds like a great idea. I like this coffee shop because they roast their own coffee beans.

M　Oh my gosh. No, look at that line! I have an appointment in ten minutes and this looks like a ten-minute line!

W　I see the other coffee shop across the street that has no lines, so let's go over there.

남　나는 지금 커피를 좀 마셔야겠어요. 커피 하우스에 가서 라떼 몇 잔 마시는 것이 어때요?
여　좋은 생각인 것 같군요. 저는 이 집이 커피콩을 직접 볶아서 이 커피숍을 좋아했어요.
남　오 세상에. 저 줄 좀 보세요! 저는 10분 내로 약속이 있는데 이건 10분짜리 줄인 것 같군요!
여　길 건너에 줄이 없는 다른 커피숍이 보이네요. 저쪽으로 가죠.

4　Where are the speakers?
(A) At a restaurant
(B) At an office
(C) Near some coffee shops
(D) At an outdoor concert

화자들은 어디에 있는가?
(A) 레스토랑
(B) 사무실
(C) 커피숍 근처
(D) 야외 콘서트

해설　대화의 전반부에 남자가 Why don't we go into the coffee house and have a couple of cups of latte?라고 했으므로 두 사람은 커피숍을 고르는 중임을 알 수 있다. 정답은 (C)이다.

5　Why is the man in a hurry?
(A) He has an appointment.
(B) He has to catch a bus.
(C) He is meeting a friend shortly.
(D) He is going to see a show.

남자는 왜 서두르는가?
(A) 약속이 있다.
(B) 버스를 타야 한다.
(C) 곧 친구를 만난다.
(D) 쇼를 보러 가야 한다.

해설　남자가 I have an appointment in ten minutes and this looks like a ten minute line!이라고 했기 때문에 정답은 (A)이다.

6　What does the woman suggest?
(A) Give the man a discount

    (B) Go to another coffee shop
    (C) Speak with another employee
    (D) Exchange a ticket

여자는 무엇을 할 것이라고 제안하는가?
(A) 남자에게 할인을 해 준다.
(B) 다른 커피숍에 간다.
(C) 다른 직원과 이야기한다.
(D) 티켓을 교환한다.

해설 대화의 마지막 부분에 여자가 I see the other coffee shop across the street that has no lines, so let's go over there.라고 했기 때문에 정답은 (B)이다.

7-9 refer to the following conversation. [호W] [미M]

W	Hello, John. Why do you look so worried? Do you have a problem?
M	I was at the library a couple of hours ago. I just realized I left my smart phone right next to the copier.
W	I have my phone. Would you like me to call the library and ask about your phone? I'm sure you can find it. The information desk at the library has a Lost and Found. What color is it?
M	Oh, Great! My cell phone is white and it's in a green hard case. Thank you very much.

여 안녕하세요, 존. 왜 이렇게 걱정스러운 표정이세요? 무슨 문제 있나요?
남 저는 두 시간 전에 도서관에 있었어요. 방금 제가 복사기 옆에 제 스마트폰을 놓고 온 것을 알았어요.
여 저 폰을 가지고 있어요. 도서관에 전화해서 당신의 폰에 대해 물어볼까요? 찾을 수 있을 거라 확신해요. 안내 데스크 쪽에 분실물 센터가 있거든요. 휴대폰이 무슨 색인가요?
남 오, 좋네요! 제 휴대폰은 하얀색이고 초록색 케이스가 씌워져 있습니다. 정말 감사합니다.

어휘 worried 걱정스러운 copier 복사기 information desk 안내 데스크 Lost and Found 분실물 센터 electronic device 전기 기구 file 철하다

7 What did the man leave in the library?
    (A) A wallet
    (B) A set of keys
    (C) A book
    (D) An electronic device

남자가 도서관에 두고 온 것은 무엇인가?
(A) 지갑
(B) 열쇠 묶음
(C) 책
(D) 전자 기계

해설 두 사람의 대화 중 남자가 I was at the library a couple of hours ago. I just realize I left my smart phone right next to the copier.라고 했기 때문에 정답은 (D)이다.

8 What information does the woman ask for?
    (A) The color of an item
    (B) The value of an item
    (C) The room number
    (D) The book title

여자가 물어본 정보는 무엇인가?
(A) 물품의 색깔
(B) 물품의 가치
(C) 방의 번호
(D) 책의 제목

해설 대화 중 여자가 What color is it?이라고 휴대폰의 색을 물어보고 있다. 따라서 휴대폰의 세부 정보라고 등장한 (A)가 정답이다.

9 What will the woman probably do next?
    (A) Check out a book
    (B) Call the library
    (C) File a report
    (D) Check a database

여자가 다음에 할 일은 무엇인가?
(A) 책을 대출한다.
(B) 도서관에 전화한다.
(C) 보고서를 철한다.
(D) 데이터베이스를 확인한다.

해설 두 사람의 대화 중 마지막 부분에 여자가 Would you like me to call the library and ask about your phone?이라고 했기 때문에 정답은 (B)이다.

10-12 refer to the following conversation. [미M] [미W]

M	I hear you moved into a new apartment in Mesa. It's a good location, isn't it?
W	Yes. The express train stops at the Mesa Station, so I don't have to drive anymore.
M	That's great. No more worrying about traffic. So what's your neighborhood like?
W	Everything in the area is convenient. There's a new department store, a fitness club and many restaurants. And a new city library is being constructed. The construction is to be finished within the next 2 years.

남 제가 듣기로 메사에 있는 새 아파트로 이사하셨다던데. 위치가 좋죠, 그렇지 않나요?
여 네. 급행 열차가 메사 역에 서서 더 이상 운전을 할 필요가 없어졌어요.
남 그거 잘됐군요. 더 이상 교통에 대해 걱정하지 않아도 되겠네요. 사는 곳은 어떻던가요?
여 그 동네의 모든 것이 편리해요. 새 백화점도 있고, 헬스 클럽도 있고, 식당도 많아요. 그리고 새 시립 도서관이 건설 중에 있어요. 건설은 향후 2년 안에 완료될 예정이에요.

어휘 express train 급행열차 anymore 더 이상 traffic 교통 neighborhood 인근, 이웃 convenient 편리한 fitness center 헬스장 conveniently 편리하게 relocate (장소를) 이전하다

10 What does the woman say about her new apartment?
(A) It is large.
(B) It is close to her job.
(C) It is conveniently located.
(D) It is furnished.

여자가 새 아파트에 대해 언급한 내용은?
(A) 그것은 크다.
(B) 그것은 직장과 가깝다.
(C) 편리한 위치에 있다.
(D) 가구가 갖춰져 있다.

해설 첫 번째 여자 대사에서 The express train stops at the Mesa station, so I don't need to drive anymore.라고 말한 뒤 또 Everything in the area is convenient.라고 말하며 새로 이사 온 동네의 편리함을 말하고 있으므로 정답은 (C)이다.

11 How does the woman get to work?
(A) By car
(B) By train
(C) By bus
(D) By bicycle

여자는 어떻게 출근하는가?
(A) 자가용을 타고
(B) 열차를 타고
(C) 버스를 타고
(D) 자전거를 타고

해설 첫 번째 여자 대사에서 The express train stops at the Mesa station, so I don't need to drive anymore.라고 말하고 있으므로 정답은 (B)이다.

12 What will happen in 2 years?
(A) The woman will sign up for a gym.
(B) Her company will relocate.
(C) A new library will open.
(D) The man will move to a new place.

2년 후에 무슨 일이 일어나는가?
(A) 여자는 헬스 클럽에 등록할 것이다.
(B) 여자의 회사가 다른 곳으로 이전할 것이다.
(C) 새 도서관이 개관할 것이다.
(D) 남자는 새로운 곳으로 이사 갈 것이다.

해설 여자의 마지막 대사에서 And a new city library is being constructed. The construction is to be finished within the next 2 years.라고 했으므로 정답은 (C)이다.

13-15 refer to the following conversation. 호W 영M

W I'm very happy to eat dinner here. I've never been to such a nice restaurant before.

M Yes, as Charles recommended, I think it's the best place in town. The salads are great and the sirloin steak is fantastic.

W And look at this dessert list. It's hard for me to resist the chocolate ice cream. But if I get dessert, I'm afraid I won't have enough money left to see a movie.

M I also need to withdraw some money. Why don't I pay for our meal with my credit card and then we can stop by the bank on the way to the movie theater?

여 저는 여기서 저녁을 먹게 되어서 좋군요. 전에는 이처럼 좋은 식당에 가 본 적이 없어요.

남 그래요. 찰스가 추천해 주었듯이 이 식당이 이 동네에서 가장 좋은 곳이라고 생각해요. 샐러드도 훌륭하고 등심 스테이크는 환상적이군요.

여 이 디저트 목록을 좀 보세요. 초콜릿 아이스크림을 거부할 수가 없네요. 하지만 만일 디저트를 먹는다면 영화를 볼 만한 충분한 돈이 없을까 봐 걱정이네요.

남 저 역시 돈을 좀 인출해야 해요. 제가 신용 카드로 식사비를 낼까요? 그러면 극장에 가는 길에 은행에 들를 수 있으니까요.

어휘 recommend 추천하다 sirloin 등심 dessert 후식 resist 참다, 견디다 withdraw (돈을) 인출하다 pay for 지불하다 credit card 신용 카드 stop by ~에 들르다 grocery store 식료품점

13 What are the speakers mainly discussing?
(A) The food at a restaurant
(B) The price of movie tickets
(C) The services at a bank
(D) The goods at a grocery store

화자들이 주로 말하는 것이 무엇인가?
(A) 식당의 음식
(B) 영화표 가격
(C) 은행 서비스
(D) 식료품점의 상품

해설 대화 속 화자는 찰스가 추천해 준 식당의 음식을 먹으며 등심 스테이크(sirloin steak)의 맛과 초콜릿 아이스크림에 대해 이야기하고 있다. 정답은 (A)번이다.

14 What are the speakers concerned about?
(A) The service is very slow.
(B) They are late for a show.
(C) They may need more money.
(D) The lines are too long.

화자들이 걱정하는 것은 무엇인가?
(A) 서비스가 느리다는 것
(B) 공연에 늦는다는 것
(C) 돈이 좀 더 필요할 지도 모른다는 것

(D) 줄이 너무 길다는 것

해설 여자의 두 번째 대사에서 I'm afraid I won't have enough money left to see a movie.라고 말하고 있으므로 정답은 (C)번이다.

15 Where will the speakers probably go next?
(A) To a grocery store
(B) To a department store
(C) To a bank
(D) To a movie theater

화자들이 다음에 어디에 갈 것인가?
(A) 식료품점
(B) 백화점
(C) 은행
(D) 극장

해설 마지막 대사에서 we can stop by the bank on the way to the movie theater?라고 언급하고 있으므로 정답은 (C)이다.

Day
15 연습 문제 15

본문 p.194

1 (C)	2 (D)	3 (C)	4 (C)	5 (C)
6 (B)	7 (B)	8 (B)	9 (A)	10 (C)
11 (A)	12 (A)	13 (A)	14 (D)	15 (C)

1-3 refer to the following conversation. 미W 미M

W What is wrong, Steven? You look stressed out.

M I certainly am. I have a sales presentation to give to our biggest client in only thirty minutes and I am not ready. Moreover, I cannot concentrate due to the noise. I think repair crews are repairing the elevator system.

W Would you like to come work in my office?

여 뭐가 문제예요, 스티븐? 스트레스받는 것처럼 보여요.
남 네 맞아요. 저는 30분 안에 저희의 가장 큰 고객에게 판매 프레젠테이션을 해야 하고 아직 준비가 안 됐어요. 게다가 소음 때문에 집중을 할 수가 없어요. 수리공들이 엘리베이터를 고치고 있는 것 같아요.
여 제 사무실에 와서 작업하실래요?

어휘 stressed out 스트레스를 받는 certainly 분명히 moreover 더군다나 concentrate 집중하다 due to ~ 때문에 repair crew 수리공 financial report 재무 보고서 under construction 공사 중 handout 인쇄물 equipment 장비

1 What is the man working on?
(A) A purchase order
(B) A building plan
(C) A sales presentation
(D) A financial report

남자는 어떤 일을 하고 있는가?
(A) 구매 주문
(B) 건축 계획
(C) 판매 프레젠테이션
(D) 재정 보고서

해설 두 사람의 대화 중 전반부에 남자가 I have a sales presentation to give to our biggest client in only thirty minutes and I am not ready.라고 하고 있으므로 정답은 (C)이다.

2 Why is it noisy in the building?
(A) A large group of clients is visiting.
(B) A cleaning crew is working.
(C) A space is under construction.
(D) Elevators are being repaired.

건물이 왜 시끄러운가?
(A) 큰 단체 고객들이 방문한다.
(B) 청소부들이 일하고 있다.
(C) 공간이 공사 중이다.
(D) 엘리베이터들이 수리되고 있다.

해설 대화에서 남자가 Repair crews are repairing the elevator system.이라고 하고 있기 때문에 정답은 (D)이다.

3 What does the woman offer to do?
(A) Postpone a meeting
(B) Help the man revise a handout
(C) Let him use her office
(D) Lend the man some equipment

여자가 제안한 것은 무엇인가?
(A) 회의를 연기한다.
(B) 남자가 유인물을 수정하는 것을 돕는다.
(C) 여자의 사무실을 쓰도록 한다.
(D) 남자에게 장비를 빌려 준다.

해설 대화의 마지막 부분에 여자가 Would you like to come work in my office?라고 했기 때문에 정답은 (C)이다.

4-6 refer to the following conversation. 영M 미W

M Wow, this weather is terrible. I brought a lunch to eat outside, but not in these conditions!

W Well, I just saw a great review of a new restaurant downtown in the paper. I was thinking of checking it out. Would you like to join me?

M Is it that new French place people are talking about? If it is, count me in.

W That's the one. Let me finish up what I'm doing here and I'll meet you downstairs in five minutes.

남 와, 날씨가 끔찍하군요. 밖에서 먹으려고 점심을 가져왔는데 이 날씨에는 안 되겠군요!
여 저 방금 신문에서 시내에 있는 새로운 레스토랑에 대한 멋진 리뷰를 보았어요. 한번 확인해 보러 갈 생각인데 같이 가시겠어요?

남	혹시 사람들이 말하던 새로운 프렌치 레스토랑인가요? 만약 그렇다면 저도 끼워주세요.
여	그거 맞아요. 지금 하던 일을 마무리하고 5분 내로 밑에서 만나도록 하죠.

어휘 check out 확인하다 count somebody in ~를 포함시키다
downstairs 아래층에서 cancel 취소하다 client 고객
colleague 동료

4 Why is the man upset about the weather?
(A) His flight was cancelled.
(B) A lunch meeting has been cancelled.
(C) He can't have lunch outside.
(D) His health condition is bad.

남자가 날씨 때문에 화가 난 이유는 무엇인가?
(A) 비행기가 취소되었다.
(B) 점심 약속이 취소되었다.
(C) 야외에서 점심을 못 먹는다.
(D) 건강이 안 좋아졌다.

해설 대화의 첫 부분에 남자가 this weather is terrible. I brought a lunch to eat outside, but not in these conditions!라고 하고 있기 때문에 (C)가 정답이다.

5 What does the woman offer to do?
(A) Check the restaurant review
(B) Bring a lunch to eat outside
(C) Go to the new French restaurant
(D) Finish the project

여자가 제안한 것은 무엇인가?
(A) 레스토랑 리뷰를 확인하는 것
(B) 야외에서 먹을 수 있게 점심을 가져오는 것
(C) 새로운 프렌치 레스토랑에 가는 것
(D) 프로젝트를 마치는 것

해설 대화 중 여자가 I just saw a great review of a new restaurant downtown in the paper. I was thinking of checking it out. Would you like to join me?라고 하고 있기 때문에 여자가 제안하는 것은 새로운 프렌치 레스토랑에 가는 것으로 (C)가 정답이다.

6 Who most likely is the woman?
(A) The man's client
(B) The man's colleague
(C) The man's girl friend
(D) A restaurant employee

여자는 누구이겠는가?
(A) 남자의 고객
(B) 남자의 동료
(C) 남자의 여자 친구
(D) 레스토랑 직원

해설 대화에서 마지막 부분에 여자가 Let me finish up what I'm doing here and I'll meet you downstairs in five minutes. 라고 하고 있기 때문에 (B)가 정답이다.

W	Mr. Cunnings, the delivery has arrived. The chairs, desks, and bookshelves are all there, but someone needs to sign for them. Shall I ask Ms. Jennings?
M	She's not in today. I'm the accounting manager, so I can sign it for you.
W	Great, thank you. Where should we put the shipment?
M	The desks and chairs can go against the wall, and the shelves should go in the conference room.

여	커닝스 씨, 배달 왔습니다. 의자, 책상 그리고 책장들이 모두 있어요. 하지만 누군가 사인을 해 주어야 합니다. 제닝스 씨에게 여쭤 볼까요?
남	그녀는 오늘 없어요. 저는 회계 관리자입니다. 그러니 제가 사인해 줄 수 있어요.
여	감사합니다. 수송물들을 어디에 둘까요?
남	책상과 의자들은 벽에 붙여 놓으면 되고 선반들은 회의실로 들어가야 합니다.

어휘 delivery 배송 bookshelf 책꽂이 accounting 회계
shipment 배송품 conference room 회의실 form 양식
file cabinet 문서 보관함

7 Where is this conversation taking place?
(A) At a post office
(B) At an office building
(C) In a meeting room
(D) At a train station

이 대화는 어디서 벌어지고 있는가?
(A) 우체국
(B) 사무실 빌딩
(C) 회의실
(D) 기차역

해설 대화가 일어나고 있는 장소를 묻는 문제로 남자는 자신이 accounting manager라고 밝힌 후 배송물에 대해 사인을 해 주겠다고 말하고 The desks and chairs can go against the wall, and the shelves should go in the conference room.이라고 말하며 배송물이 놓일 위치를 알려 주고 있으므로 정답은 (B)이다.

8 What does the man offer to do?
(A) Help lift the bookshelves
(B) Sign a form
(C) Call the office manager
(D) Give her a form to fill out

남자가 해 주겠다고 한 것은 무엇인가?
(A) 책장을 드는 것을 돕는 것
(B) 양식에 사인하는 것
(C) 사무실장을 부르는 것
(D) 그녀에게 작성할 양식을 주는 것

해설 대화에서 남자가 I'm the accounting manager, so I can sign it for you.라고 했기 때문에 정답은 (B)이다.

9 What should be delivered to the conference room?
(A) Book shelves
(B) File cabinets
(C) Desks
(D) Chairs

회의실에 배달되어야 할 것은 무엇인가?
(A) 책장
(B) 파일 캐비닛
(C) 책상
(D) 의자

해설 대화의 마지막 부분에 남자가 the shelves should go in the conference room.이라고 했기 때문에 정답은 (A)이다.

10-12 refer to the following conversation. 미M 미W

M Hello. Colorado Technical Institute. How can I help you today?

W Hello, I was reading the Sunday newspaper and noticed your advertisement for training as a graphic designer. Can you tell me how much the tuition for the program is and how long the training takes?

M Yes, I would be happy to discuss this with you. We offer an A.A. degree in graphic design. The program normally takes students at least two years to complete. The tuition is $25,000 for the entire degree program. This includes all tuition, fees, materials, and books required for the program.

W That is a lot more money than I have in the bank now. Do you offer financial aid?

남 안녕하세요. 콜로라도 테크니컬 협회입니다. 제가 오늘 당신을 어떻게 도와 드릴까요?

여 안녕하세요, 저는 선데이 신문을 읽던 중 그래픽 디자이너의 교육에 대한 당신의 광고에 주목하였습니다. 저에게 프로그램의 등록금과 교육이 얼마나 걸리는지를 말씀해 주실 수 있나요?

남 네, 저는 기꺼이 이것에 대해서 당신과 이야기하겠습니다. 우리는 그래픽 디자인에서 준 문학사를 제공하고 있습니다. 이 프로그램은 보통 학생들이 완료하기까지 적어도 2년이 걸립니다. 등록금은 모든 학위 프로그램을 하는데 25,000달러입니다. 이것은 프로그램에 필요한 모든 등록금, 회비, 자료들과 책들을 포함하고 있습니다.

여 그것은 제가 현재 계좌에 가지고 있는 것보다 훨씬 더 많은 돈입니다. 당신들은 학자금 지원을 가지고 있습니까?

어휘 notice 알아차리다 advertisement 광고 tuition 등록금
discuss 논의하다 normally 보통 fee 회비 required 필수의
financial aid 학자금 지원 advanced 고급 과정의 eligible 자격이 되는

10 Why is the woman calling the Institute?
(A) To ask for training for computer technology
(B) To ask for training in computer software
(C) To ask for training in graphic design
(D) To ask for training as a computer programmer

왜 여자가 협회에 전화를 하는가?
(A) 컴퓨터 기술 교육을 문의하기 위해
(B) 컴퓨터 소프트웨어 교육을 문의하기 위해
(C) 그래픽 디자인 교육을 문의하기 위해
(D) 컴퓨터 프로그래머로서의 교육을 문의하기 위해

해설 대화에서 여자가 전화를 건 목적으로 Can you tell me how much the tuition for the program is and how long the training takes?라고 하고 있기 때문에 정답은 (C)이다.

11 What is the length and cost of the program?
(A) Two years and $25,000
(B) Three years and $25,000
(C) 20 months and $25,000
(D) 2 years and no payment for six years

프로그램의 기간과 비용은 무엇인가?
(A) 2년 및 25,000달러
(B) 3년 및 25,000달러
(C) 20개월 및 25,000달러
(D) 2년 및 6년 동안 비용이 없다.

해설 주어진 대화에서 프로그램의 기간과 비용으로 남자가 The program normally takes students at least two years to complete. The tuition is $25,000 for the entire degree program.이라고 하고 있으므로 정답은 (A)이다.

12 Why is the woman surprised?
(A) The tuition is expensive.
(B) The institute offers various programs.
(C) The institute does not offer advanced courses.
(D) She is not eligible for financial aids.

여자가 놀란 이유는?
(A) 등록비가 비싸서
(B) 그 기관이 다양한 프로그램을 제공해서
(C) 그 기관은 고급 과정은 제공하지 않아서
(D) 그녀는 교육비를 지원받을 수 없어서

해설 대화 마지막 부분에서 남자가 모든 과정을 밟는데 드는 비용이 25,000달러라고 말하자 여자는 자신의 통장 잔고보다 많다며 혹시 학자금을 지원하는지 묻고 있으므로 (A)가 정답이다.

refer to the following conversation. 영M 호W

M	Hello. Sun Valley Vacations Travel Agency. My name is Leo Hampton. How may I help you?
W	Hello, my name is Ida Rolf. I want to plan a vacation to an isolated destination resort. My husband is a misanthrope. Therefore, a location like Honolulu or New York is definitely inconceivable.
M	Yes, Ms. Rolf, I know exactly what you mean. I do have other customers who do not like large crowds. I recommend a trip to the tropical island of Fiji. We have several destination resorts there that are very quiet, and your husband will enjoy the solitude. There are more birds than people on this island.
W	That sounds wonderful, as I always wanted to visit Fiji. Do you have a good package you could offer us?
남	안녕하세요, 선 밸리 베케이션 여행사입니다. 저는 리오 햄튼입니다. 어떻게 도와 드릴까요?
여	안녕하세요. 저는 아이다 롤프입니다. 외딴 곳의 리조트에서 여행을 계획하고 싶습니다. 제 남편은 사람을 좋아하지 않아요. 그래서 호놀룰루나 뉴욕과 같은 곳은 당연히 상상도 못하죠.
남	네, 롤프 씨, 무슨 말씀이신지 잘 알겠습니다. 사람들이 많이 모여 있는 곳을 좋아하지 않는 고객들이 계세요. 저는 열대 섬인 피지로의 여행을 추천합니다. 거기엔 아주 조용한 몇몇의 여행 리조트들이 있고 남편분께서 고독을 즐길 수 있을 것입니다. 이 섬엔 사람보다 새가 더 많거든요.
여	저는 항상 피지를 방문하고 싶었기 때문에 이것이 매우 좋네요. 저희에게 제공할 수 있는 좋은 패키지들이 있나요?

어휘 isolated 외딴 misanthrope 사람을 싫어하는 사람
inconceivable 상상도 할 수 없는 tropical island 열대 섬
solitude 고독 adverse to ~에 부정적인

13 Why is Ida Rolf calling the travel agency?
(A) To plan a trip for her husband and herself
(B) To complain about poor services
(C) To book flight tickets
(D) To change travel itineraries

아이다 롤프는 왜 여행사에 전화를 하는가?
(A) 그녀의 남편과 그녀를 위해 여행을 계획하기 위해서
(B) 형편없는 서비스에 대해 불평하기 위해서
(C) 비행편을 예약하기 위해서
(D) 여행 일정을 변경하기 위해서

해설 대화에서 I want to plan a vacation~ 부분을 잘 들으면 쉽게 알 수 있다. 정답은 (A)이다.

14 What type of destination is she asking for?
(A) One with lots of tourists
(B) One with many hotels
(C) One with many activities
(D) One that is isolated

그녀는 어떤 종류의 목적지를 요구하고 있는가?
(A) 여행객들이 많은 곳
(B) 호텔들이 많은 곳
(C) 많은 활동들이 있는 곳
(D) 멀리 떨어진 곳

해설 대화에서 I want to plan a vacation to an isolated destination resort라고 하므로 정답은 (D)이다.

15 What place does the woman say she wanted to visit?
(A) Honolulu
(B) New York
(C) Fiji
(D) Washington

여자는 어떤 장소에 가 보기를 원했다고 말하는가?
(A) 호놀룰루
(B) 뉴욕
(C) 피지
(D) 워싱턴

해설 대화 마지막 부분에서 남자가 사람들이 한적한 곳으로 피지를 추천하자, 여자가 That sounds wonderful, as I always wanted to visit Fiji라고 하므로 (C)가 정답이다.

PART 4

신유형 연습 문제

본문 p.196

1 (D)	**2** (A)	**3** (C)	**4** (D)	**5** (A)
6 (A)	**7** (B)	**8** (A)	**9** (D)	**10** (A)
11 (B)	**12** (A)			

1-3 refer to the following announcement. 영W

Your attention please. I hope you are enjoying this year's food conference. I've been asked to make an announcement, ladies and gentleman. I am afraid those of you on both sides may not be able to see this screen because of the pillars. So I would ask you a favor. Please, those of you sitting in the front, kindly move over. If there's anything at all during the day that you might need, please look for Ms. Evans. She would be happy to help you with anything that you might need.

주목해 주시기 바랍니다. 올해 개최되는 푸드 콘퍼런스를 즐기고 계시리라 생각합니다. 내외 귀빈 여러분, 안내 말씀드리도록 하겠습니다. 양쪽에 자리 잡으신 분들이 기둥으로 인해 스크린을 볼 수 없기 때문에 한 가지 부탁드리겠습니다. 앞쪽에 계신 분들께서는 자리를 옮겨 주시기 바랍니다. 그리고 모든 일정 동안 필요하신 것이 있으시다면 에반스 씨를 찾아 주세요. 에반스 씨가 도와 드릴 것입니다.

어휘 make an announcement 발표하다 pillar 기둥 ask you a favor 부탁하다 those of you ~하는 사람들 in the front 앞쪽에 move over (자리를) 옮기다

1 Where is the announcement being made?
(A) At an department store
(B) At the shopping mall
(C) At a book store
(D) At a conference room

어디에서 안내가 이루어지고 있는가?
(A) 백화점
(B) 쇼핑몰
(C) 서점
(D) 회의장

해설 conference라는 단어가 이미 처음부터 등장한다. 첫 문장은 장소에 대한 힌트를 제공해 줄 수 있기 때문에 절대로 놓치지 말자. 이 부분만 잘 들었다면 쉽게 맞출 수 있는 문제로 정답은 (D)이다.

2 What does the speaker mean when she says "kindly move over"?
(A) It can enable some participants to see the screen.
(B) It can help participants move to a larger room.
(C) It can delay the conference severely.
(D) It can help participants register in advance.

화자가 "자리를 옮겨 주세요"라고 말한 의도는 무엇인가?
(A) 일부 참가자들이 스크린을 볼 수 있게 한다.

(B) 참가자들이 더 큰 방으로 옮길 수 있도록 도와준다.
(C) 콘퍼런스가 굉장히 지연될 수 있게 한다.
(D) 참가자들이 사전에 등록을 할 수 있도록 도와준다.

해설 '화자의 의도를 묻는 문제' 유형의 경우, 항상 바로 앞쪽 내용과 뒤쪽 내용에 집중하자. 여기에서는 not be able to see this screen because of the pillars로부터 기둥 때문에 화면이 가려지는 사람들을 위해서 조치를 취하는 행동임을 알 수 있으므로 정답은 (A)가 된다.

3 Who most likely is Ms. Evans?
(A) A guest speaker
(B) A host
(C) An event assistant
(D) An organizer

에반스 씨는 누구인가?
(A) 초청 연사
(B) 사회자
(C) 회의 진행 요원
(D) 주최자

해설 사람 이름이 갑자기 등장하게 되면 이 사람이 어떤 사람인지는 바로 뒤에 등장하게 된다. 뒤의 내용을 보면 필요한 사항이 있으면 찾으라는 대상이 되기 때문에 "행사 도우미, 행사 진행 요원"이 된다. 따라서 정답은 (C)이다.

4-6 refer to the following telephone message. [미M]

Hi, Florick. This is Bryant. I was informed that a training session on "New Cloud Computing Program" is required for all employees. Unfortunately, I was scheduled to meet an important client at that time next Monday, so I won't be able to attend. In my opinion, however, it's no brainer. I already use that system. I thought it would be pretty easy for people in my department team. As for that, it won't be necessary for our department. But if I have to participate in, please give me a call. Thanks.

안녕하세요, 플로릭, 브라이언트입니다. 새로운 클라우드 컴퓨팅 프로그램에 관한 트레이닝 세션이 모든 직원들에게 의무 사항이라고 들었어요. 안타깝게도 다음 주 월요일에 중요한 고객과 약속이 있어요. 그래서 참석을 못할 것 같아요. 그런데 제 생각에는 이거 너무 쉬운 것 같아요. 전 이미 이 시스템을 사용하고 있어요. 그리고 우리 부서 사람들에게도 꽤 쉬울 것 같아요. 이에 관해서 우리 부서 사람들에게는 필요 없을 것 같은데요. 하지만 만약에 그래도 참석을 해야 한다면 연락 주세요. 고마워요.

어휘 inform 알려 주다 be required 해야 하다 client 고객 attend 참석하다 no brainer 머리 쓸 일 없는 간단한 일 notify 알리다, 통지하다 absence 부재, 결석 facilitate 용이하게 하다 enhance 향상시키다

4 Why is the speaker calling?
(A) To rearrange a meeting
(B) To buy some products
(C) To cancel a training session

(D) To notify his absence

화자가 연락한 이유는 무엇인가?
(A) 회의를 재조정하려고
(B) 몇몇 제품을 구입하려고
(C) 세션을 취소하려고
(D) 불참을 알리려고

해설 우선 전화 내용 속에서 나왔던 단어라고 해서 무턱대고 고르지 말자. 그리고 가장 혼동을 주었던 선택지는 (C)이다. cancel은 말 그대로 세션 자체를 없애는 것이다. 이건 세션을 열고자 했던 주최 측에서 할 수 있는 행동이지 참석하는 사람에게는 어울리지 않는다. unable to attend라는 뜻이 absence라는 단어로 달리 표현되었으므로 정답은 (D)이다.

5 What does the speaker plan to do next Monday?
(A) Meet with a client
(B) Go on a vacation
(C) Attend a training session
(D) Review job application

다음 주 월요일에 화자가 계획한 것은 무엇인가?
(A) 고객과 만나기
(B) 휴가 가기
(C) 교육 참가하기
(D) 구직 신청서 검토하기

해설 next Monday라는 단어가 힌트였다. 그 말을 할 때에 I was scheduled to meet an important client이 붙었다. 따라서 정답은 (A)이다.

6 What does the speaker mean when he says "In my opinion, however, it's no brainer"?
(A) It is very easy to use.
(B) It facilitates learning of the cloud computing
(C) It enhances work efficiency.
(D) It is so difficult to use.

화자가 "하지만 제 생각에는 너무 쉬워요"라고 말한 의도는 무엇인가?
(A) 사용하기 매우 쉽다.
(B) 클라우드 컴퓨팅 학습을 용이하게 한다.
(C) 업무 능률을 향상시킨다.
(D) 사용하기 매우 어렵다.

해설 "no brainer"라는 표현을 모르더라도 문맥에서 해결할 수 있는지가 핵심이다. 이 뜻은 it's a piece of cake [누워서 떡 먹기]와 같은 의미이다. 하지만 당황하지 않고 뒤의 내용을 제대로 들었다면 쉬운 문제다. I thought it would be pretty easy라는 표현이 나온다. 또 선택지에도 혼동을 가져올 만한 표현도 등장하지 않기 때문에 집중해서 들었다면 그리 어렵지 않은 문제로 정답은 (A)이다.

7-9 refer to the following telephone message and list. [영W]

Ordered Items	Quantity
Iced Latte	10
Chocolate Monkey	5
Hazelnut Cheese Cake	2
Apple Blossom Cake	2

주문 상품	수량
아이스 라떼	10
초콜릿 몽키	5
헤이즐넛 치즈 케이크	2
애플 블라섬 케이크	2

Hello, Mr. Smith. I'm calling from Loco Café & Bistro about the dessert you ordered. I'm terribly sorry. As you already know, we only use fresh, healthy ingredients. However, the ingredients, especially fruits, are not fresh. As we make an effort to keep our principles, we cannot use such ingredients. So please remove the last item from your order. Instead, I would like to recommend our new Carrot Cake. It is made with fresh carrot and served with a wedge of Vanilla ice cream. If you want Carrot Cake, we'll offer you a 15 percent discount along with free delivery. Please let us know what your decision is. Thank you.

안녕하세요. 스미스 씨. 로코 카페 앤 비스트로에서 스미스 씨께서 주문하신 디저트 때문에 연락드립니다. 너무나도 죄송합니다. 아시겠지만 저희 가게는 오직 신선하고 건강한 재료만 사용을 하고 있습니다. 하지만 재료들 중 특히 과일이 신선하지 않아요. 저희는 원칙을 지키기 위해서 노력하고 있습니다. 때문에 이 재료를 사용할 수가 없습니다. 주문하신 마지막 상품을 빼 주세요. 대신에 이번에 저희가 새롭게 선보이는 캐럿 케이크를 추천합니다. 이 케이크는 신선한 당근에 바닐라 아이스크림을 올린 케이크입니다. 만약에 캐럿 케이크를 원하신다면 무료 배송과 함께 15퍼센트 할인을 해 드리겠습니다. 어떤 결정을 하실지 알려 주세요. 감사합니다.

어휘 ingredient 재료 make an effort 노력하다 principle 원칙
be served with ~로 제공되다 along with ~와 함께

7 Where does the caller work?
(A) At a fruit farm
(B) At a bakery
(C) At a shopping mall
(D) At a supermarket

전화를 건 사람은 어디에서 일하는가?
(A) 과일 농장
(B) 제과점
(C) 쇼핑몰
(D) 슈퍼마켓

해설 주문 상품 리스트와 담화 내용 속에서 케이크가 언급되고 상점의 이름으로 보아 (B)임을 추측할 수 있다. 과일만 듣고 과일과 관련될 수 있는 다른 장소를 고르지 않도록 주의하자.

8 What problem does the caller describe?
(A) Some item will not be made.
(B) A delivery will be delayed.
(C) An order was not placed correctly.
(D) The money was not paid.

전화를 건 사람이 언급한 문제는 무엇인가?

(A) 일부 상품이 만들어지지 않을 것이다.
(B) 배송이 지연될 것이다.
(C) 주문이 적절하게 이뤄지지 않았다.
(D) 돈이 지불되지 않았다.

해설 재료가 신선하지 않아서 과일이 들어가는 케이크를 만들 수 없기 때문에 다른 제품을 추천해 준다는 내용이다. 그래서 답은 (A). (C)의 경우 주문이 잘못되었을 것 같으면 주문을 한 사람이 목록에서 빼 달라고 해야 하는데 이 경우에는 주문을 받은 가게에서 전화를 걸었기 때문에 답이 될 수 없다.

9 Look at the graphic. What item will be removed from the order?
(A) Carrot Cake
(B) Chocolate Monkey
(C) Hazelnut Cheese Cake
(D) Apple Blossom Cake

시각 정보에 의하면, 어떤 상품이 주문에서 빠질 것인가?
(A) 캐럿 케이크
(B) 초콜릿 몽키
(C) 헤이즐넛 치즈 케이크
(D) 애플 블라섬 케이크

해설 So please remove the last item from your order만 잘 들었으면 맞출 수 있는 문제다. 따라서 정답은 제일 마지막 상품인 (D)가 정답이다. (A)를 후반부에 언급을 계속했고 과일과 관련 있는 상품이기 때문에 오답으로 많이 고를 수 있을 것이다.

10-12 refer to the following radio broadcast and chart. MM

Best-selling Books	
Rank	**Book**
1	The Revolution
2	The Life-Changing Magic
3	30 Minutes
4	Diary of an Oxygen Thief

최다 판매 도서	
순위	**도서명**
1	혁명
2	삶을 변화시키는 마술
3	30분
4	산소 도둑의 일기

Thanks for listening to MST Radio. Let's talk about our book reviewer. Anderson Bale will be speaking to us next Saturday. He has a review of the recently-released book which is currently ranked number two on the best seller chart. Also, he will give us more details about the book based on a true story. Tune in at 9 P.M. on Saturday to hear what he reveals! Now, coming up! We've got two fantastic new tracks recently released by David Wagner who unfortunately passed away last week. And plus, we've got a lot of interesting stuff to talk about today. Let's get some music on.

MST 라디오를 청취해 주셔서 감사드립니다. 우리 책 리뷰어에 대해서 얘기해 보죠. 앤더슨 베일 씨가 다음주 토요일 우리와 함께 합니다. 앤더슨 씨는 최근 발매된 책에 대해서 리뷰를 하게 될 텐데, 이 책이 현재 베스트셀러 차트에서 2위를 기록하고 있습니다. 그리고 실화를 바탕으로 한 이 책에 대해서 좀 더 자세한 내용을 알려 주실 거예요. 토요일 밤9시 앤더슨 씨가 공개하는 내용에 채널 고정해 주세요. 재 이제 지난 주에 안타깝게도 세상을 떠난 데이빗 와그너가 최근 공개한 환상적인 노래 2곡을 들어 볼 차례입니다. 뿐만 아니라 오늘 얘기할 흥미진진한 얘기가 준비되어 있어요. 음악부터 들어 보죠.

10 What special program will be broadcast next Saturday?
  (A) A famous book review
  (B) A live concert
  (C) A breaking news report
  (D) A sporting event

어떤 특별한 프로그램이 다음 주 토요일에 방송되는가?
  (A) 유명 책 리뷰
  (B) 라이브 콘서트
  (C) 속보
  (D) 스포츠 경기

해설 내용 초반에 앤더슨 베일을 언급하면서 "next Saturday"라는 말이 나온다. 앤더슨은 책 리뷰로 다음 주 토요일에 라디오 방송에 출연할 예정이므로 정답은 (A)이다.

11 Look at the graphic. What is the new book Anderson Bale will review?
  (A) The Revolution
  (B) The Life-Changing Magic
  (C) 30 Minutes
  (D) Diary of an Oxygen thief

시각 정보에 의하면, 어떤 새로운 책을 앤더슨 베일 씨가 리뷰하게 되는가?
  (A) 혁명
  (B) 삶을 변화시키는 마술
  (C) 30분
  (D) 산소 도둑의 일기

해설 리뷰하게 된다는 내용 뒤가 문제의 결정적인 힌트가 된다. which is currently ranked number two on the best seller chart를 통해서 차트 2위에 있는 도서임을 알 수 있다. 따라서 정답은 (B)이다.

12 Why does the speaker mention David Wagner?
  (A) He released new album.
  (B) He reviewed the best-selling book.
  (C) He will talk about an interesting story tonight.
  (D) His book ranked in the best-selling book chart.

데이빗 와그너를 언급한 이유는 무엇인가?
  (A) 새로운 앨범을 냈다.
  (B) 베스트셀러 도서를 리뷰했다.
  (C) 오늘 흥미로운 이야기를 할 것이다.
  (D) 그가 쓴 책이 베스트셀링 차트에 올랐다.

해설 와그너가 언급된 시점에서 화자가 말한 내용을 떠올려 보자. 노래를 2곡을 들을 것이고 이 노래는 최근에 발매되었고 이 곡을 부른 사람이 와그너이며 최근에 세상을 떠났다는 말이 나오므로 정답은 (A)이다.

Day 16 연습 문제 16

본문 p.198

1 (A)	2 (D)	3 (C)	4 (C)	5 (D)
6 (C)	7 (C)	8 (D)	9 (A)	10 (D)
11 (C)	12 (C)	13 (A)	14 (C)	15 (A)

1-3 refer to the following telephone message. 미W

Hi, Monica, this is Kimberly from the purchasing department. Some of the newly hired workers are having dinner together this evening. I'm calling to see if you're interested in joining us. We'll meet downstairs in the lobby and leave for the Italian restaurant at around 5:30. Mr. Takahasi, the human resources manager, will be coming as well. He will be driving us to the restaurant, and there is room in his car if you want to come. So, if you would like to join us for dinner, please let me know before 4 o'clock so I can make the reservation.

모니카 씨, 안녕하세요. 저는 구매부의 킴벌리입니다. 새로이 고용된 직원들 중 몇몇이 오늘 함께 저녁식사를 할 것입니다. 당신이 저희와 같이 하는 데에 관심이 있으신지 여쭤 보려고 전화드렸습니다. 저희는 아래층의 로비에서 만나서 이탈리아 레스토랑으로 약 5시 30분에 떠날 것입니다. 인사부 팀장 타카시 씨도 오실 것입니다. 그는 저희를 레스토랑까지 태워주실 것이고, 당신이 오시길 원한다면 차에는 자리가 있습니다. 그래서 만약 당신이 저녁 식사에 저희와 함께하시고 싶으시면, 제가 예약을 할 수 있도록 4시 전까지 알려 주시기 바랍니다.

1 What is the purpose of this message?
  (A) To invite someone to dinner
  (B) To recruit new staff members
  (C) To open an account
  (D) To ask someone for help

이 메시지의 목적은 무엇인가?
  (A) 누군가를 저녁 식사에 초대하려고
  (B) 새 직원을 모집하려고
  (C) 계좌를 개설하려고
  (D) 누군가에게 도움을 청하려고

해설 목적을 묻는 문제로 초반부에 저녁 식사 모임이 있는데 참석 가능하냐고 묻고 있으므로 정답은 (A)이다.

2 Where is the speaker probably calling from?
(A) A restaurant
(B) A hotel lobby
(C) Coworker's car
(D) An office

화자는 어디에서 전화를 걸고 있는 것 같은가?
(A) 레스토랑
(B) 호텔 로비
(C) 동료의 차
(D) 사무실

해설 전화를 걸고 있는 장소를 묻는 문제로 this is Kimberly from the purchasing department.에서 구매 부서라고 말하고 있다. 따라서 정답은 (D)이다.

3 What is the human resources manager offering to do?
(A) Make dinner for a friend
(B) Contact another office
(C) Give colleagues a ride
(D) Meet a new client

인사부 팀장이 해 주기로 한 것은?
(A) 동료를 위한 저녁식사 만들기
(B) 다른 사무실에 연락하기
(C) 동료에게 차량 제공하기
(D) 새 직원 만나기

해설 세부 사항을 묻는 질문이다. 세부 사항 문제는 소거법으로 제거하면서 들어야 한다. He will be driving us to the restaurant and there is room in his car if you want to come.에서 문장에서 인사팀장이 차량을 제공할 것이라는 사실을 알 수 있다. 따라서 정답은 (C)이다.

`4-6` refer to the following recorded message. 영M

Hello. We thank you for calling Metropolitan Transit Authority. Due to a labor strike, our bus service will be interrupted in the city. Buses are expected to run at least thirty minutes late, according to our calculations. We are asking the public to allow additional time to arrive at their destinations. Our regular drivers have walked off the job, leaving supervisory personnel to perform their work. We will do everything in our power to provide transportation to citizens of the city. We apologize for the inconvenience.

안녕하세요. 시 교통 당국에 전화 주셔서 감사합니다. 노동자 파업 때문에, 저희 시내버스 서비스가 중단될 것입니다. 저희 계산에 의하면 버스들은 적어도 30분 늦게 운행될 것입니다. 시민 여러분께서 목적지 도착까지의 추가 시간을 이해해 주실 것을 부탁드립니다. 정규 기사들이 업무를 중단하여, 저희 간부 직원들이 업무를 수행해야 합니다. 저희는 시민 여러분께 교통수단을 제공하기 위해 온 힘을 다할 것입니다. 불편을 끼쳐 죄송합니다.

어휘 due to ~때문에 interrupt 방해하다 run 운행하다
calculation 계산 additional 추가적인 regular driver
정규 기사 walk off 떠나버리다 supervisory personnel 간부
rental 임대 mechanical 기술적인 labor strike 근로자 파업

4 What type of company is Metropolitan Transit Authority?
(A) A car rental company
(B) An airline
(C) A bus company
(D) A train company

시 교통 당국은 무슨 종류의 회사인가?
(A) 차량 임대 회사
(B) 항공사
(C) 버스 회사
(D) 철도 회사

해설 지문의 전반부에 Due to a labor strike, our bus service will be interrupted in the city.로부터 버스 회사임을 알 수 있으므로 정답은 (C)이다.

5 Why is the office closed?
(A) Heavy traffic conditions
(B) Mechanical problems
(C) Weather problems
(D) A labor strike

사무실이 닫은 이유는 무엇인가?
(A) 교통 체증
(B) 기계 문제
(C) 기후 문제
(D) 근로자 파업

해설 지문의 전반부에 사무실이 문을 닫은 이유로 Due to a labor strike, our bus service will be interrupted in the city. 라고 제시했기 때문에 정답은 (D)이다.

6 What does the speaker suggest to commuters?
(A) Drive their own cars to work
(B) Walk to their destinations
(C) Allow more time for travel
(D) Stay home for right now

화자가 통근자들에게 제안하는 것은 무엇인가?
(A) 개인 소유의 차를 타고 오기
(B) 목적지에 걸어가기
(C) 이동하는 데 더 많은 시간을 주기
(D) 집에 있기

해설 지문의 중간 부분에 We are asking the public to allow additional time to arrive at their destinations.라고 요구하고 있기 때문에 정답은 (C)이다.

Peter's Sporting Goods announced in our telephone interview yesterday that they purchased a building on Orange Street right next to their present building on Orange Street. Business owner, Peter Warren said the company's online sales have been growing steadily for the past 2 years, so they need more space to store stocks of sports equipment for orders through the company website. The main floor of the new building will be renovated so the space can display products. The rest of the building will be used to accommodate new employees hired last month to fill the increasing number of orders placed online. Mr. Warren said he never expected so many of his customers to purchase products online.

피터스 스포팅 굿즈는 어제 전화 인터뷰에서 그들이 현재 오렌지 가에 있는 건물 바로 옆에 있는 건물 하나를 매입했다고 발표했습니다. 사업주인 피터 워렌은 그들의 온라인 판매가 지난 2년 동안 꾸준히 성장하였고, 그래서 그들은 회사 웹 사이트를 통해 주문되는 스포츠 장비들을 보관할 장소가 더 필요하다고 말했습니다. 새 건물의 주요 층은 상품을 전시하기 위해 수리될 것입니다. 나머지 건물들은 증가하는 온라인 주문들을 메우기 위해 지난달 새로 고용된 직원들을 수용하는 데에 쓰일 것입니다. 워렌 씨는 많은 고객들이 온라인으로 제품들을 구입할 것이라 기대하지 못했다고 이야기했습니다.

어휘 purchase 구입하다 owner 사장 steadily 꾸준히 equipment 장비 renovate 개조하다 display 전시하다 accommodate 공간을 제공하다 hire 고용하다 property management 부동산 관리 furniture 가구 remodel 개조하다, 리모델링하다

7 What type of business does Peter Warren own?
(A) A property management company
(B) A furniture manufacturing company
(C) A sports equipment store
(D) An Internet software company

피터 워렌이 소유한 사업체는 어떤 종류인가?
(A) 자산 관리 회사
(B) 가구 제조 회사
(C) 스포츠 장비 상점
(D) 인터넷 소프트웨어 회사

해설 뉴스 기사 중에 세부 사항을 묻는 문제로 Peter Warren said that their online sales have been growing steadily for the past 2 years, so they need more space to store stocks of sports equipment로부터 스포츠 장비를 취급하는 회사임을 알 수 있으므로 정답은 (C)이다.

8 What does Mr. Warren plan to do?
(A) Hire new employees
(B) Design a line of furniture
(C) Create a website
(D) Remodel a building

워렌 씨는 무엇을 할 계획인가?

(A) 새 직원들을 고용한다.
(B) 가구 라인을 설계한다.
(C) 웹 사이트를 만든다.
(D) 건물을 개조한다.

해설 세부 사항을 묻는 질문으로 The main floor of the new building will be renovated so the space can display products.에서 알 수 있듯이 새롭게 구매한 빌딩에 대해 리모델링을 한다고 말하고 있으므로 정답은 (D)이다.

9 How does the business receive most of its orders?
(A) Over the Internet
(B) By fax
(C) By mail
(D) Over the telephone

그들은 대부분의 주문들을 어떻게 받는가?
(A) 인터넷을 통해
(B) 팩스를 통해
(C) 메일을 통해
(D) 전화를 통해

해설 뉴스 기사 중 세부 사항을 묻는 문제이다. to fill the increasing number of orders placed online에서 알 수 있듯이 인터넷을 통한 주문이 증가되고 있다고 말하고 있으므로 정답은 (A)이다.

Thanks to all of our managers of Alberto Italian Restaurants! I am pleased to announce that for the past three years, our company has seen a drastic increase as a result of your great efforts. Today, we are going to talk about the change proposed recently. We have been thinking about how to minimize our effect on the environment so we have come up with biodegradable food containers, which are going to replace the current ones. Since these are made of recycled paper, we can save up to $15,000 dollars a year and it will be a great chance for us to serve as a great example. Starting next month, we will be using new food containers and you can check out samples here.

저희 알베르토 이탈리안 레스토랑의 모든 매니저들께 감사드립니다. 저는 지난 3년 동안, 우리 회사가 급격한 성장을 이룬 것이 여러분의 노력 덕분이라고 말씀드리게 되어 기쁩니다. 오늘, 우리는 최근 제안된 변화에 대해 이야기할 것입니다. 우리는 어떻게 환경에 끼치는 영향을 최소화할 것인가에 대해 생각해 왔고, 그래서 우리는 현재의 제품을 대체할 생물 분해성이 있는 음식 용기를 제안합니다. 이것은 재활용 종이로 만들어졌기 때문에, 일 년에 15,000달러까지 절약이 가능하고, 그것은 우리가 좋은 모범이 될 수 있는 좋은 기회입니다. 다음 달부터, 우리는 새 음식 용기를 사용할 것이고 여기서 여러분은 몇 개의 견본품들을 확인해 보실 수 있습니다.

어휘 be pleased to ~하게 되어 기쁘다 drastic 급격한 recently 최근에 biodegradable 생물 분해성이 있는 replace 대체하다 current 현재의 recycled paper 재활용 종이 serve ~으로 쓸모가 있다 example 모범, 본보기 container 용기 sample 견본 environmentalist 환경 전문가 biologist 생물학자 advertise 광고하다 eco-friendly 환경 친화적인 operational 운용하는

10 Who are the listeners?
(A) Environmentalists
(B) Cooking instructors
(C) Biologists
(D) Restaurant managers

청자들은 누구인가?
(A) 환경 전문가
(B) 요리 강사
(C) 생물학자
(D) 식당 매니저

해설 안내문을 듣는 대상을 추정하는 문제로, Thanks to all of our managers of Alberto Italian Restaurants에서 식당 매니저에게 전달하고 있음을 알 수 있으므로 정답은 (D)이다.

11 According to the speaker, why is the change being made?
(A) To increase sales of food containers
(B) To advertise the eco-friendly products
(C) To reduce the negative impact on the environment
(D) To help customers keep their food safe

화자에 의하면, 왜 변화가 이루어졌는가?
(A) 음식 용기의 판매를 증가시키려고
(B) 환경 친화적인 제품을 광고하려고
(C) 환경에 부정적인 영향을 줄이려고
(D) 고객들이 음식을 안전하게 보관하는 것을 돕기 위해

해설 We have been thinking about how to minimize our effect on the environment so we have come up with biodegradable food containers에서 환경의 부정적 요소를 감소하기 위해 음식 용기 변경을 제안하고 있으므로 정답은 (C)이다.

12 What will happen next month?
(A) A new business will be operational.
(B) More managers will be hired.
(C) A new container will be used.
(D) A budget will be revised.

다음 달에 무엇이 일어나는가?
(A) 새 사업이 운용될 것이다.
(B) 더 많은 매니저들이 고용될 것이다.
(C) 새 용기가 사용될 것이다.
(D) 예산이 개정될 것이다.

해설 담화문 후반부의 Starting next month, we will be using new food containers and you can check out some samples here.로부터 다음 달에 용기가 변경됨을 알 수 있다. 따라서 정답은 (C)이다.

13-15 refer to the following telephone message. [미M]

Hello, this is Billy Parker calling from Dr. Crane's dental. This message is for Julie Sanders. Ms. Sanders, I'm calling to remind you that you have an appointment with Dr. Crane on Thursday, December 19 at 3 P.M. Since this is your first visit with Dr. Crane, please make sure to bring any type of photo identification. If you have to cancel or put off your appointment, please notify us by Wednesday, at least 24 hours in advance. If you have any questions, contact us during our business hours. We're open from 9 to 6 Monday through Thursday and 9 to 1 on Friday. Have a nice day and we'll see you on Thursday.

안녕하세요. 저는 닥터 크레인 치과의 빌리 파커입니다. 이 메시지는 줄리 샌더스를 위한 것입니다. 샌더스 씨, 저는 당신에게 12월 19일 목요일 오후 3시에 크레인 선생님과의 예약을 알려 드리려고 전화했습니다. 이번이 당신의 첫 방문이기 때문에 사진이 있는 신분증 중 어떤 것이든 가지고 오시기 바랍니다. 당신이 예약을 취소해야 하거나 연기해야 한다면, 적어도 24시간 전, 수요일까지는 저희에게 알려 주시기 바랍니다. 어떤 질문이 있으시면, 저희 영업시간 중에 저희에게 연락 주시기 바랍니다. 저희는 월요일부터 목요일은 9시부터 6시까지, 금요일은 9시부터 1시까지 엽니다. 좋은 하루 보내시고, 목요일에 뵙겠습니다.

어휘 remind 상기시키다 make sure to 반드시 ~하다 identification 신분증 put off 연기하다 notify 알리다 at least 적어도 business hour 영업시간 dentist office 치과 insurance company 보험 회사 identification card 신분증 résumé 이력서

13 Where does the speaker most likely work?
(A) At a dentist's office
(B) At a bank
(C) At an accounting firm
(D) An insurance company

어디에서 화자는 일하는 것 같은가?
(A) 치과 진료실
(B) 병원
(C) 회계 사무소
(D) 보험 회사

해설 전화 메시지 중 전화하고 있는 사람의 장소를 묻는 문제이다. this is Billy Parker calling from Dr. Crane's dental에서 치과 진료실임을 알 수 있으므로 정답은 (A)이다.

14 When is Ms. Sanders' appointment?
(A) Monday
(B) Wednesday
(C) Thursday
(D) Friday

샌더스 씨의 예약은 언제인가?
(A) 월요일
(B) 수요일
(C) 목요일
(D) 금요일

해설 I'm calling to remind you that you have an appointment with Dr. Crane on Thursday, December 19 at 3 P.M.으로부터 목요일 예약에 대해 알려 주고 있으므로 정답은 (C)이다.

15 What does the speaker ask Ms. Sanders to bring to her appointment?
(A) An identification card
(B) A registration form
(C) A résumé
(D) A credit card

화자는 샌더스 씨에게 예약 때 무엇을 가져오라고 하는가?
(A) 신분증
(B) 등록 신청서
(C) 이력서
(D) 신용 카드

해설 please make sure to bring any type of photo identification에서 첫 방문이기 때문에 신분증 지참을 요청하고 있으므로 정답은 (A)이다.

Day
17 연습 문제 17

본문 p.200

1 (C)	2 (B)	3 (A)	4 (B)	5 (A)
6 (D)	7 (B)	8 (A)	9 (D)	10 (A)
11 (B)	12 (D)	13 (B)	14 (C)	15 (D)

1-3 refer to the following announcement. 미|W

Please be advised that all hotel guests will be charged a resort fee of 9 dollars per day during their stay. The resort fee pays for use of the hotel facilities, which include the swimming pool, sauna, gym, cabanas, phone calls, and Internet access. The reason for charging the resort fee is to pay and maintain our state-of-the-art facilities for our guests. You will find that our hotel has the finest facilities in the city. We appreciate your business and thank you for your understanding in this matter.

모든 호텔 손님들은 머무시는 동안 하루당 9달러의 리조트 요금이 부과된다는 것을 알려 드립니다. 리조트 요금은 수영장, 사우나, 체육관, 탈의실, 전화와 인터넷 접속 등의 호텔 시설의 사용에 대한 것입니다. 리조트 요금을 부과하는 것은 손님들을 위한 최첨단 시설들을 유지하기 위한 것입니다. 여러분은 우리 호텔이 시에서 가장 훌륭한 시설을 갖추고 있다는 것을 알게 되실 겁니다. 애용해 주셔서 감사드리며 이 문제에 대해 이해해 주셔서 고맙습니다.

어휘 charge 부과하다 facility 시설 maintain 유지하다 state-of-the-art 첨단의 appreciate 감사하다 policy 정책 extra fee 추가 요금

1 What is the purpose of this announcement?
(A) To mention a special offer
(B) To introduce a new facility
(C) To announce the hotel's policy
(D) To thank customers for using the hotel

이 공지의 목적은 무엇인가?
(A) 특별한 제의에 대해 알려 주려고
(B) 새로운 시설을 소개하려고
(C) 호텔의 정책을 공지하려고
(D) 고객들에게 호텔 이용에 대해 감사하려고

해설 전반부에 Please be advised that all hotel guests will be charged a resort fee of nine dollars per day during their stay.라고 하고 있으므로 정답은 (C)이다.

2 What are the listeners informed of?
(A) How to keep hotel facilities clean
(B) Extra fees for using hotel facilities
(C) A survey regarding the hotel's new facilities
(D) A special discount for using hotel facilities

청자들은 무엇을 알게 되었는가?
(A) 호텔 시설들을 깨끗이 이용하는 법
(B) 호텔 시설 이용을 위한 추가 비용
(C) 호텔의 새로운 시설에 대해 설문 조사
(D) 호텔 시설 이용에 대한 특별 할인

해설 이 공지에서 청자가 알게 된 일은 Please be advised that all hotel guests will be charged a resort fee of nine dollars per day during their stay.라고 하고 있으므로 정답은 (B)이다.

3 Which facilities will be maintained by the resort fee?
(A) Workout facilities
(B) Conference rooms
(C) Hotel suites
(D) Hotel restaurants

어떤 시설이 리조트 요금에 의해 유지 보수될 것인가?
(A) 운동 시설
(B) 회의실
(C) 호텔 스위트룸
(D) 호텔 식당

해설 세부 사항 문제이다. The resort fee pays for use of the hotel facilities, which include the swimming pool, sauna, gym, cabanas, phone calls, and Internet access.라고 말하므로 정답은 (A)이다.

4-6 refer to the following telephone message. 미|M

Hello, Mr. Simmons. This is Tim Baker from the *Chicago Daily* newspaper. I'm calling to offer a special rate for preferred subscribers like yourself. If you renew your subscription to *Chicago Daily* by the end of this month, you will receive not only 30% off the regular annual subscription rate, but also a free brand new DVD player. Go to our website, click on subscription and complete the renewal form in order to enjoy all the benefits I mentioned. Don't miss this special once-a-year opportunity and please remember this offer is only available until the end of this month.

안녕하세요, 시몬스 씨. 저는 〈시카고 데일리〉 신문의 팀 베이커입니다. 당신과 같은 우선권을 가진 구독자들께 특별한 가격을 제공하려고 전화드렸습니다. 만일 당신이 이번 달 말까지 〈시카고 데일리〉 신문의 구독을 갱신한다면, 정기 연간 구독권을 30% 할인받으실 수 있을 뿐 아니라 최신 DVD 플레이어를 무료로 받으실 수 있을 겁니다. 이미 말씀드린 혜택들을 즐기시기 위해, 저희 웹 사이트에 가셔서 구독을 클릭하시어 갱신 양식을 작성해 주시기 바랍니다. 일 년에 한 번 있는 이 특별한 기회를 놓치지 마시고, 이 제안이 오직 이번 달 말까지만 유효하다는 것을 기억하시기 바랍니다.

어휘 preferred 우선권을 가진 subscription 구독 regular annual subscription rate 정기 연간 구독료 brand new 신형의 renewal 갱신 once-a-year opportunity 1년에 한 번뿐인 기회 subscriber 구독자

4 Who is most likely the caller?
(A) A newspaper editor
(B) A newspaper salesperson
(C) A newspaper photographer
(D) A newspaper subscriber

발신자는 누구일 것 같은가?
(A) 신문사 편집자
(B) 신문 영업 사원
(C) 신문 사진 작가
(D) 신문 구독자

해설 발신자를 묻는 문제로 This is Tim Baker from Chicago Daily newspaper.에서 전화하는 사람은 신문사 직원인데 독자에게 구독 갱신과 함께 제공되는 혜택을 소개하며 이번 구독 갱신 기회를 놓치지 말라고 말하고 있으므로 정답은 (B)이다.

5 What does the caller suggest Mr. Simmons do?
(A) Visit a website
(B) Call a telephone number
(C) Create an advertisement
(D) Speak to another employee

발신자는 시몬스 씨에게 무엇을 하라고 하는가?
(A) 웹 사이트를 방문할 것
(B) 전화번호로 전화를 걸 것
(C) 광고를 만들 것
(D) 다른 직원에게 말할 것

해설 보다 많은 혜택을 받기 위해서는 웹 사이트에 방문하라(Go to our website, click on subscription and complete the renewal form in order to enjoy all the benefits I mentioned)고 말하므로 정답은 (A)이다.

6 According to the caller, what will the publisher do by the end of this month?
(A) Fax some documents
(B) Redesign a website
(C) Print interesting stories
(D) End a discount offer

발신자에 의하면, 출판업체는 이번 달 말까지 무엇을 할 것인가?
(A) 몇몇 서류들을 팩스로 보낸다.
(B) 웹 사이트를 재구성한다.
(C) 재밌는 이야기들을 인쇄한다.
(D) 할인가 제공을 끝낸다.

해설 일 년에 한 번 있는 기회로 이번 달까지만 할인을 제공한다(please remember this offer is only available until the end of this month)고 말하므로 정답은 (D)이다.

7-9 refer to the following information. (호W)

The research and development team have been working on the development of eyeglasses that change the shade from light to dark according to light conditions. While there are lenses on the market now that perform this function, there are many problems with the technology. One problem is they only respond to UV rays. Therefore, they will not work when driving a car whose windows block UV rays. Our full spectrum darkening lenses do not require UV rays and respond solely to light or dark conditions. In other words, they will work even when driving a car.

연구 개발팀은 빛의 상태에 따라 그늘을 밝음에서 어두움으로 바꿀 수 있는 안경을 개발해 오고 있다. 시장의 렌즈가 이제 이 기능을 갖춤에 따라 기술과 관련하여 많은 문제가 생겼다. 첫 번째 문제는 렌즈가 자외선에만 반응한다는 것이다. 그러므로 그것들은 차를 운전할 때 창문이 자외선을 막으면 작동하지 않는다. 우리 전 영역에서 어둡게 하는 렌즈는 자외선이 필요 없고 오로지 밝거나 어두운 환경에 반응한다. 다르게 말해서, 차를 운전할 때도 사용할 수 있다.

어휘 research and development team 연구 개발팀 shade 그늘 according to ~에 따라 perform 기능하다 UV ray 자외선 darkening 어둡게 만드는 require 필요로 하다 solely 오로지 in other words 다시 말해서 prescription (의사의) 처방 protect 보호하다 inexpensive 비싸지 않은

7 What is this information about?
(A) Prescription eyeglasses
(B) Eyeglasses that change colors
(C) Glasses for skiing
(D) Driving glasses

이 기사는 무엇에 관한 내용인가?
(A) 전문가가 처방한 안경
(B) 색을 바꾸는 안경
(C) 스키용 안경
(D) 운전용 안경

해설 주어진 지문의 주제를 찾는 문제 유형으로 전반부에 The research and development team have been working on the development of eyeglasses that change the shade from light to dark, according to light conditions.라고 하고 있기 때문에 정답은 (B)이다.

8 What was the problem with the lenses currently on the market?
(A) They do not work in certain conditions.
(B) They only work at night.
(C) They do not work when it is hot.
(D) They did not work when it is cold.

시중 렌즈의 문제점은 무엇이었나?

(A) 특정 조건에서는 효과가 없다.
(B) 밤에만 기능을 한다.
(C) 더울 때에는 기능을 하지 않는다.
(D) 추울 때에는 기능을 하지 않는다.

해설 주어진 지문에서 1세대 렌즈의 문제점으로 One problem is they only respond to UV rays.라고 하고 있기 때문에 정답은 (A)이다.

9 What is the advantage of the new darkening lenses?
(A) They protect the eyes.
(B) They are inexpensive.
(C) They replace sunglasses.
(D) They respond fully to lightness and darkness.

새로운 어둡게 하는 렌즈의 장점은 무엇인가?
(A) 눈을 보호한다.
(B) 가격이 비싸지 않다.
(C) 선글라스를 대체할 수 있다.
(D) **밝음과 어둠에 충분히 반응한다.**

해설 주어진 지문에서 렌즈의 장점으로 Our full spectrum darkening lenses do not require UV rays and respond solely to light or dark conditions.라고 하고 있기 때문에 정답은 (D)이다.

10-12 refer to the following talk. 미W

Welcome to Marilyn's 10th Annual Job Fair. Now, we'd like to ask you to proceed to the registration table where your information packets are prepared. In this packet, you can find the list of companies attending today's fair and descriptions of available positions. If you'd like to interview for an opening, please hand in a copy of your résumé to the person at the company's booth. Then, each company will choose suitable candidates to be interviewed this afternoon in the convention hall. The names of the selected candidates and the interview schedule will be posted on the bulletin board right after lunch. This board is right next to the registration table. Please remember to check the bulletin board right after lunch if you apply for any of the job openings. Thank you for your cooperation.

마릴린의 10번째 연간 채용 박람회에 오신 것을 환영합니다. 지금 저희는 여러분이 정보 책자들이 준비되어 있는 접수 테이블로 가실 것을 부탁드리겠습니다. 이 책자에서 여러분은 오늘 박람회에 참석한 회사들의 목록과 가능한 일자리에 대한 설명을 찾으실 수 있습니다. 일자리에 면접을 원하신다면, 여러분의 이력서 복사본 한 부를 그 회사 부스에 있는 사람에게 제출하시기 바랍니다. 그러면, 각 회사는 오후에 회의장에서 면접하기에 적합한 지원자를 선택할 것입니다. 선택된 지원자의 이름과 면접 일정은 점심시간 이후 즉시 게시판에 게시될 것입니다. 이 게시판은 접수 테이블 바로 옆에 있습니다. 당신이 어떤 일자리에라도 지원을 하셨다면, 점심시간 직후에 반드시 게시판을 확인하시기 바랍니다. 협조해 주셔서 감사합니다.

10 Who is this announcement primarily intended for?
(A) Job seekers
(B) Company representatives
(C) Employment counselors
(D) Conference organizers

이 안내문은 누구를 대상으로 한 것인가?
(A) **구직자들**
(B) 회사 대표자들
(C) 채용 상담가들
(D) 회의 주최자들

해설 알람의 목적을 묻는 문제로 대부분 초반부에 제시된다. Welcome to Marilyn's 10th Annual Job Fair에서 알 수 있듯이 이 안내문은 취업 박람회에서 이야기되는 내용이며, 취업 면접을 받기 위한 절차를 소개하고 있으므로 구직자에게 이야기하는 내용임을 알 수 있다. 따라서 정답은 (A)이다.

11 What information will be posted on the bulletin board?
(A) Company contact information
(B) A list of people selected for interviews
(C) Résumé-writing guidelines
(D) A description of open positions

게시판에 어떤 정보가 게시될 것인가?
(A) 회사 연락처 정보
(B) **면접에 선정된 사람들의 목록**
(C) 이력서 작성 지침
(D) 일자리 설명

해설 The names of the selected candidates and the interview schedule will be posted on the bulletin board directly after lunch.에서 점심 이후에 면접 볼 사람들의 목록이 게시된다는 점을 알리고 있으므로 정답은 (B)이다.

12 Where is the bulletin board located?
(A) At the top of the stairs
(B) In a conference room
(C) Behind the company booths
(D) Next to the registration table

게시판은 어디에 위치해 있는가?
(A) 계단의 꼭대기
(B) 회의실
(C) 회사 부스 뒤
(D) **접수 테이블 옆**

해설 게시판의 위치를 묻는 문제로 This board is right next to the registration table.에서 게시판은 접수 테이블 옆에 있음을 알 수 있으므로 정답은 (D)이다.

refer to the following advertisement. 영M

Have you considered learning about unusual vacation destinations? Then here is World Exploration with the world-famous explorer James E. Williams on channel 5. Every week James E. Williams gives detailed information about attractive locations around the world, experiences of leading explorers, and special tips given by experienced tour guides. World Exploration is broadcasted every Saturday at 10 A.M. and you can watch this show again at 10 o'clock at night on the same day. For a complete list of upcoming locations that will be discussed on the show, visit our website at World Exploration.

흔치 않은 휴가 목적지에 대해 알아보는 것을 생각해 보셨나요? 그렇다면 5번 채널에 세계적으로 유명한 탐험가 제임스 이 윌리엄스의 월드 익스플로레이션이 있습니다. 매주 제임스 이 윌리엄스가 전 세계의 매력적인 지역들과 최고 탐험가의 경험에 대한 자세한 정보들을 주고, 숙련된 여행 안내자가 특별한 조언들을 제공합니다. 월드 익스플로레이션은 매주 토요일 오전 10시에 방송되고, 여러분은 이 방송을 같은 날 밤 10시에 다시 보실 수 있습니다. 다루어질 다음 여행지에 관한 완전한 목록을 보시려면, 저희 월드 익스플로레이션 웹 사이트를 방문하십시오.

어휘 unusual 흔치 않은 exploration 탐험 explorer 탐험가 attractive 매력적인 leading 선도하는, 일류의 tour guide 여행 안내자 broadcast 방송하다 upcoming 다가오는 tour agency 여행사 radio host 라디오 진행자

13 What is being advertised?
(A) A tour agency
(B) A television show
(C) A holiday tour
(D) A tour guide book

무엇이 광고되고 있는가?
(A) 여행사
(B) 텔레비전 쇼
(C) 휴가 여행
(D) 여행 안내 책

해설 광고의 목적을 묻는 문제로 초반부를 주의 깊게 듣자. Then here is World Exploration with the world-famous explorer James E. Williams on channel 5.에서 텔레비전 쇼를 소개하고 있음을 알 수 있다. 따라서 정답은 (B)이다.

14 Who is James E. Williams?
(A) A professor
(B) A tour guide
(C) An explorer
(D) A radio host

제임스 이 윌리엄스는 누구인가?
(A) 교수
(B) 여행 안내자
(C) 탐험가
(D) 라디오 진행자

해설 광고 내용 중 소개하는 사람에 관해 묻는 문제로 Then here is World Exploration with the world-famous explorer James E. Williams에서 탐험가임을 알 수 있으므로 정답은 (C)이다.

15 What can be found on the website?
(A) An address
(B) A price list
(C) An application form
(D) A list of places

웹 사이트에 찾을 수 있는 것은?
(A) 주소
(B) 가격 목록
(C) 지원 양식
(D) 장소 목록

해설 For a complete list of upcoming locations that will be discussed, visit our website at World Exploration.으로부터 웹 사이트에서 앞으로 방송에서 다루어질 여행지 목록을 확인할 수 있다. 따라서 정답은 (D)이다.

Day
18 연습 문제 18

본문 p.202

1 (D)	2 (B)	3 (C)	4 (B)	5 (D)
6 (B)	7 (C)	8 (B)	9 (A)	10 (B)
11 (D)	12 (A)	13 (A)	14 (C)	15 (B)

refer to the following telephone message. 미W

Hi, Richard. This is Rosalie from Colorado Agency. I spoke with you a couple of weeks ago because my company is looking for some electric equipment to rent. We're having a Labor Day Picnic next month for our employees and their families, and we don't have the visual equipment we will need to show some video clips. I'd like to rent a portable screen and projector. I also need to find out whether you have other game equipment for kids. The rental would be only for the weekend of September 6th, and everything will be returned by Monday morning. Please get back to me as soon as you get this message. Thank you.

안녕하세요, 리처드 씨. 콜로라도 에이전시의 로잘리입니다. 몇 주 전에 저희 회사의 전기 장비 대여를 하려고 했던 건으로 연락 드렸습니다. 저희는 다음 달에 직원과 가족들을 위해 노동자의 날 피크닉을 갖는데, 비디오를 상영하기 위한 시청각 장비가 없습니다. 저는 휴대용 스크린과 영사기를 대여하고 싶습니다. 또한 아이들을 위한 다른 게임 장비가 있는지도 알고 싶습니다. 대여는 9월 6일의 주말만 할 예정이고 월요일 아침까지 모든 장비를 반납할 예정입니다. 이 메시지를 보시는 대로 연락 주세요. 감사합니다.

1 What is the purpose of this telephone message?
(A) To confirm an appointment
(B) To reserve a seat for a picnic
(C) To make a video clip for a picnic
(D) To ask about equipment rental

이 전화 메시지의 목적은 무엇인가?
(A) 약속을 확인하기 위해서
(B) 피크닉을 위한 좌석을 예매하기 위해서
(C) 피크닉을 위한 비디오를 만들기 위해서
(D) 장비 대여에 대해 묻기 위해서

해설 이 전화 메시지의 목적은 지문의 중간 부분에 I'd like to rent a portable screen and projector. I also need to find out whether you have other game equipment.라고 하고 있기 때문에 (D)가 정답이다.

2 What will the company do for the weekend of September 6th?
(A) Have a business meeting
(B) Host an event for employees
(C) Hold a game competition
(D) Sign a contract to purchase visual equipment

9월 6일 주말에 회사에서는 무엇을 하는가?
(A) 비즈니스 회의를 한다.
(B) 직원들을 위한 행사를 주최한다.
(C) 게임 대회를 연다.
(D) 시청각 장비 구매를 위해 계약을 한다.

해설 이 전화 메시지에서 We're having a Labor Day Picnic next month for our employees and their families라고 하고 있기 때문에 (B)가 정답이다.

3 What does Rosalie ask of Richard?
(A) To send her an email
(B) To give her a discount
(C) To return her call
(D) To attend the picnic

로잘리가 리처드에게 요청한 것은 무엇인가?
(A) 그녀에게 이메일 보내기
(B) 그녀에게 할인해 주기
(C) 그녀에게 답신 전화하기
(D) 피크닉에 참석하기

해설 이 전화 메시지의 마지막 부분에 Please get back to me as soon as you get this message.라고 하고 있기 때문에 (C)가 정답이다.

4-6 refer to the following advertisement. (미M)

Crazy Harry's Hardware is having a completely crazy sale! Crazy Harry says he needs more room in the store. Come in today to get 20% off anything in the store, and for super blowout prices on power tools, lumber, lawn furniture and gardening supplies! Supplies won't last long, so don't miss your chance. Visit Crazy Harry's on Highway 11. To find out more about the sale events, check out our website! The sale ends tomorrow, so see you soon!

크레이지 해리의 철물점이 완전히 파격 세일을 합니다! 크레이지 해리가 말하길 가게에 더 많은 공간이 필요하다고 합니다. 오늘 오셔서 가게에 있는 어떤 것이든 20% 할인가로, 전동 공구, 목재, 정원용 가구, 원예 용품 등은 파격적인 가격에 가져가세요! 용품들은 오래가지 않으니 이 기회를 놓치지 마세요. 11번 고속도로에 있는 크레이지 해리의 가게를 방문하세요. 세일 이벤트에 대해 더 많은 것을 알고 싶으시면, 저희 웹 사이트를 확인하세요! 세일은 내일 끝납니다. 곧 만납시다!

4 What is being advertised?
(A) A community event
(B) A store sale
(C) A local garage sale
(D) A local election

무엇이 광고되었는가?
(A) 주민 행사
(B) 가게의 세일
(C) 지역 중고물품 세일
(D) 지역 선거

해설 이 광고의 대상은 지문의 앞부분에 Crazy Harry's Hardware is having a completely crazy sale!이라고 하고 있기 때문에 (B)가 정답이다.

5 How can listeners get more information?
(A) By calling Crazy Harry's Hardware
(B) By viewing a bulletin board
(C) By visiting Highway 11
(D) By checking out the website

청자들은 어떻게 더 많은 정보를 얻을 수 있는가?
(A) 크레이지 해리의 철물점에 전화해서
(B) 게시판을 확인해서
(C) 11번 고속도로에 방문해서
(D) 웹 사이트를 확인해서

해설 이 광고의 마지막 부분에 To find out more about the sale events, check out our website!라고 하고 있기 때문에 (D)가 정답이다.

6 When will the sale end?
(A) This week

(B) Tomorrow
(C) The day after tomorrow
(D) Next week

세일은 언제 끝나는가?
(A) 이번 주
(B) 내일
(C) 내일 모레
(D) 다음 주

해설 이 광고의 마지막 부분에 The sale ends tomorrow라고 하고 있기 때문에 (B)가 정답이다.

7-9 refer to the following excerpt from a meeting. 호W

Welcome, council members. The first item on our agenda is replacing old signs in our city with new ones. As you probably know, the project has been postponed due to a lack of funds, and the price of materials is rising significantly. However, it is quite obvious that we need to expedite this matter for safety reasons. So, I suggest that we use the profits from the Media Festival this year. To make this happen, we need a majority of council members' votes in favor of this proposal. Please raise your hand when called upon if you support this proposal.

시의원 여러분, 환영합니다. 우리 의사 일정의 첫 번째 사항은 우리 시의 오래된 표지판을 새것으로 교체하는 것입니다. 여러분도 아시겠지만, 기금의 부족으로 이 계획이 연기되어 왔고, 재료의 가격이 상당히 인상되고 있습니다. 그러나 안전상의 이유로 우리가 이 계획을 추진해야 한다는 것은 명백합니다. 그래서 저는 올해의 미디어 페스티벌에서의 수익을 사용하는 것을 제안합니다. 그것을 실현시키기 위해서, 우리는 이 제안에 대해 찬성하는 다수 의원들의 투표가 필요합니다. 그러니 이 제안을 지지하신다면 요청 시 손을 들어 주시기 바랍니다.

어휘 council member 시의원 replace A with B A를 B로 교체하다 postpone 연기하다 fund 기금 significantly 상당히 obvious 명백한 a majority of 다수의 in favor of ~에 찬성하여 urgent meeting 긴급회의 charity event 자선 행사 generate 만들어내다 vote 투표하다

7 What has been delayed?
(A) A media festival
(B) An urgent meeting
(C) Replacement work
(D) A charity event

무엇이 연기되었는가?
(A) 미디어 축제
(B) 긴급 회의
(C) 교체 작업
(D) 자선 행사

해설 두 번째 문장에서 안건의 첫 번째 사항이 표지판 교체임(The first item on our agenda is replacing old signs in our city with new ones)을, 다음 문장에서 표지판 교체가 연기되었음(the

project has been postponed)을 밝히고 있으므로 정답은 (C)이다.

8 Why does the speaker mention the Media Festival?
(A) It wasn't successful.
(B) It generated a profit.
(C) It has been canceled.
(D) It has a safety problem.

왜 화자는 Media Festival을 언급하는가?
(A) 그것은 성공적이지 않았다.
(B) 그것은 수익을 창출했다.
(C) 그것은 취소되었다.
(D) 그것은 안전 문제가 있다.

해설 안건 추진을 위해 Media Festival에서 발생한 수익을 사용해야 한다(I suggest that we use the profits from the Media Festival this year)고 언급하고 있으므로 정답은 (B)이다.

9 What will the listener most likely do next?
(A) Vote on a proposal
(B) Raise admission fees
(C) Elect council members
(D) Propose a solution

청자는 다음에 무엇을 할 것 같은가?
(A) 제안에 대해 투표한다.
(B) 입장료를 인상한다.
(C) 시의원을 선출한다.
(D) 해결책을 제안한다.

해설 안건 결정을 위해서 투표를 해야 한다(we need a majority of council members' votes in favor of this proposal)고 언급하고 있으므로 정답은 (A)이다.

10-12 refer to the following telephone message. 미W

Hello, this is Yulia Parker. I made a dinner reservation for 4 people this coming Sunday. But I missed one person when I reserved the table. So, there will be 5 people and we would still like to be there at 6 P.M. I know it might be considered a last minute change, but it will be very much appreciated if you can change and confirm my reservation as soon as possible. If you have any questions, please call me at 563-3394. Thank you very much.

안녕하세요. 저는 율리아 파커입니다. 다가오는 일요일에 4명의 저녁 식사 예약을 했는데요. 제가 테이블 예약을 할 때, 한 사람을 빠뜨렸습니다. 그래서 5명이 갈 것이고, 저희는 오후 6시까지 거기에 있을 겁니다. 이것이 갑작스러운 변경이라는 것을 알고 있습니다만 만약 당신이 변경하여 제 예약을 가능한 한 빨리 잡아주신다면 정말 감사하겠습니다. 만일 문의 사항이 있으시면 563-3394로 전화 주세요. 정말 감사합니다.

어휘 reservation 예약 reserve 예약하다 last minute change 갑작스러운 변경 appreciate 감사하다 confirm 확정하다 as soon as possible 가능한 한 빨리 payment method 지불 방법

10 What type of business is the message intended for?
(A) A theater
(B) A restaurant
(C) A hotel
(D) An art gallery

이 메시지는 어떤 종류의 사업체에게 의도되었는가?
(A) 극장
(B) 식당
(C) 호텔
(D) 미술관

해설 저녁 식사 예약(I made a dinner reservation for 4 people this coming Sunday)에 관한 내용임을 밝히고 있으므로 답은 (B)이다.

11 What change does the speaker make to the reservation?
(A) The price
(B) The payment method
(C) The date
(D) The number of people

화자는 예약에 무슨 변화를 주려고 하는가?
(A) 가격
(B) 지불 방법
(C) 날짜
(D) 인원

해설 4명으로 예약했다가 5명으로 변경한다(I missed one person when I reserved the table. So there will be 5 people)는 내용이므로 답은 (D)이다.

12 What does the speaker ask the listener to do?
(A) Return a call
(B) Reschedule an event
(C) Email her some information
(D) Arrange for a meeting

화자는 청자가 무엇을 하기를 원하는가?
(A) 전화를 다시 줄 것
(B) 행사를 재조정할 것
(C) 몇몇 정보를 그녀에게 이메일 할 것
(D) 회의를 잡을 것

해설 문의 사항이 있을 시 전화를 주기(If you have any question, please call me at 563-3394)를 원하고 있으므로 정답은 (A)이다 .

13-15 refer to the following demonstration. 호W

Do you enjoy having home-made dishes but think you are not a great cook? Well, here. Let me introduce the all-in-one cooking oven. With this, there's nothing you can't make at home, from roasts to bread to dessert, and you don't need to worry about your food being overcooked. It comes with a built-in timer that keeps your food from being overcooked. What's more, you are never going to give up your health benefits because it doesn't require any oil. At the end of today's cooking demonstration, you will receive *Make it and Enjoy it* recipes for free. So, let's get started.

집에서 직접 음식을 만드는 것을 즐기시지만 당신이 좋은 요리사는 아니라고 생각하신다고요? 음. 여기 저희가 일체형 요리 오븐을 소개해 드리겠습니다. 이것만 있으면, 당신은 구이부터 빵, 후식까지 만들 수 없는 게 없습니다. 그리고 당신은 음식이 너무 익는 것에 대해 걱정하실 필요도 없습니다. 이것은 당신의 음식이 지나치게 익는 것을 막아줄 내장 타이머 기능을 가지고 있습니다. 게다가, 이것은 기름을 전혀 필요로 하지 않기 때문에 당신의 건강상의 이점들을 포기할 필요도 전혀 없을 것입니다. 오늘 요리 시연의 끝에, 여러분은 〈만들고 즐겨라〉 요리책을 무료로 받으실 것입니다. 그럼 시작합시다.

어휘 all-in-one 일체의 roast 구이 overcooked 너무 익힌 built-in 내장된 what's more 더구나 benefit 이점 demonstration 시연 receive 받다 kitchen appliance 주방 용품 various 다양한 distribute 배포하다 participant 참가자

13 What kind of product is being presented?
(A) A kitchen appliance
(B) A watch
(C) A piece of exercise equipment
(D) A barbecue grill

어떤 종류의 제품이 시연되고 있는가?
(A) 주방 용품
(B) 손목시계
(C) 운동 장비
(D) 바비큐 그릴

해설 요리 오븐을 소개하고(let me introduce the all-in-one cooking oven) 있으므로 정답은 (A)이다.

14 What is special about the product?
(A) It is very small.
(B) It is affordable.
(C) It is used for various dishes.
(D) It is easy to use.

이 제품의 특별한 점은 무엇인가?
(A) 매우 작다.
(B) 매우 합리적인 가격이다.
(C) 다양한 음식에 사용된다.
(D) 사용하기가 쉽다.

해설 구이, 빵, 등 만들 수 없는 게 없다(there's nothing you can't make at home from roasts to bread to dessert)고 언급

하고 있으므로 정답은 (C)이다.

15 According to the speaker, what will happen at the end of the demonstration?
(A) Food will be served.
(B) Participants will receive a book.
(C) A discount coupon will be distributed.
(D) Participants will ask questions.

화자에 따르면, 시연의 끝에 무슨 일이 일어날까?
(A) 음식이 제공된다.
(B) 참가자들은 책을 받을 것이다.
(C) 할인 쿠폰이 배분될 것이다.
(D) 참가자들은 질문을 할 것이다.

해설 요리책을 무료로 받을 것(At the end of the today's cooking demonstration, you will receive "Make it and Enjoy it" recipes for free.)이라고 하므로 정답은 (B)이다.

Day
19 연습 문제 19

본문 p.204

1 (B)	2 (A)	3 (C)	4 (C)	5 (B)
6 (C)	7 (C)	8 (B)	9 (B)	10 (A)
11 (D)	12 (C)	13 (A)	14 (B)	15 (D)

1-3 refer to the following news conference. 미M

I wish to welcome everyone to the City of San Dio's press conference on the newly proposed walking district in the downtown area. I am Mayor Luis Garcia. For years, our downtown area, like many others in the country, has experienced a slowdown in new business growth and the closing of existing businesses. In the last five years, 19% of downtown businesses have either moved to the suburbs or gone out of business. The empty buildings are a blight to the city and cause a rapid decline in quality of life and real estate values. The new walking district will change this, with a 4 billion dollar infusion to renovate downtown and create pedestrian walkways, trees, fountains, and parks that will invite the public to the area. It will also attract new businesses.

산 디오 시의 시내에 새로 제안된 도보 지역에 대한 기자 회견에 오신 것을 환영합니다. 저는 시장인 루이스 가르시아입니다. 몇 년 동안, 저희 시내에서는 다른 많은 나라가 경험한 것처럼 새로운 사업의 성장이 둔화되고 기존의 사업체들도 많이 문을 닫았습니다. 지난 5년간, 19%의 시내의 사업체들은 교외로 옮기거나 아예 사업을 접었습니다. 빈 빌딩들은 도시에 어두운 그림자를 드리우고 삶의 질과 부동산 가치의 급격한 하락을 일으켰습니다. 이 새로운 도보 지역은 시내를 개조하여 보행자 도로, 나무, 분수와 공원들을 만들 것이고 사람들을 이 지역으로 초대할 40억 달러의 투입으로 이것을 바꿔놓을 것입니다. 이것은 또한 새로운 사업을 끌어들일 것입니다.

어휘 district 지역 mayor 시장 experience 경험하다 existing 현존하는 either A or B A나 B중 하나 suburb 교외, 근교 blight 악화, 황폐 rapid 급격한 quality of life 삶의 질 real estate values 부동산 가격 billion 10억 infusion 투입 lease 임대 commissioner 위원 expand 확장하다

1 What is the purpose of the news conference?
(A) To discuss the decline in real estate
(B) To announce a renovation plan
(C) To offer leases to businesses
(D) To announce a new foot patrol

기자 회견의 목적은 무엇인가?
(A) 부동산의 하락에 대해 논의하려고
(B) 혁신 계획을 발표하려고
(C) 사업체에 임대를 제공하려고
(D) 새로운 도보 순찰에 대해 공지하려고

해설 전반부에 I wish to welcome everyone to the City of San Dio's press conference on the newly proposed walking district in the downtown area.라고 하고 있으므로 정답은 (B)이다.

2 Who is Luis Garcia?
(A) The mayor of San Dio
(B) A commissioner of San Dio County
(C) A county developer
(D) A San Dio businessman

루이스 가르시아는 누구인가?
(A) 산 디오의 시장
(B) 산 디오 자치주의 위원
(C) 자치주 개발자
(D) 산 디오 사업가

해설 지문 초반에 I am Mayor Luis Garcia.라고 신분을 밝히고 있으므로 정답은 (A)이다.

3 What has happened to the downtown area in the last five years?
(A) Businesses have expanded.
(B) 24% of businesses have left.
(C) 19% of businesses have left.
(D) Real estate values have increased.

지난 5년간 시내 지역에서 어떤 일이 벌어졌는가?
(A) 사업들이 확장했다.
(B) 24%의 사업체들이 떠났다.
(C) 19%의 사업체들이 떠났다.
(D) 부동산 가치가 상승했다.

4-6 refer to the following announcement. (호W)

Ladies and gentlemen, this is your captain speaking. Please be sure to adjust your watches. The local time here is now 9 o'clock. It's 12 hours ahead of your time back in Seattle. Please keep your seatbelts fastened until the seatbelt light goes off. Return your seats to their normal, upright position, and don't forget any luggage you have stored. Please also note that everyone should now turn off the electronic devices in use, including smart phones, computers, and electronic games. Now we will soon be arriving at Singapore National Airport. Thank you for using Northwest Airlines.

신사 숙녀 여러분, 기장입니다. 당신의 손목시계를 조정해 주십시오. 현지 시각은 오전 9시입니다. 시애틀의 시간보다 12시간 빠릅니다. 안전벨트 불이 꺼질 때까지 꼭 안전벨트를 매 주십시오. 좌석을 원래의 꼿꼿한 위치로 돌려 주십시오. 그리고 당신이 넣어 둔 짐을 잊지 마십시오. 또한 스마트 폰, 컴퓨터, 전자 게임들을 포함한 쓰고 계신 모든 전자 제품들을 꺼 주십시오. 이제 우리는 싱가포르 국립공항에 도착합니다. 노스웨스트 항공을 이용해 주셔서 감사합니다.

어휘 captain 기장 be sure to 반드시 ~하다 adjust 조정하다 ahead of 앞서 seatbelt 좌석 벨트 fasten 조이다 go off 꺼지다 luggage 짐 electronic device 전자 제품 amusement park 놀이공원 crew 승무원 passenger 승객 customs declaration form 세관 신고서

4 Where would this announcement most likely be heard?
(A) At a theater
(B) In an amusement park
(C) On an airplane
(D) At the airport

이 공지 사항이 방송되는 곳은 어디인가?
(A) 극장
(B) 놀이 공원
(C) 기내
(D) 공항

해설 장소를 고르는 문제 유형로 앞부분에 this is your captain speaking. Please be sure to adjust your watches. The local time here is now 9 o'clock.이라고 했기 때문에 정답은 (C)이다.

5 What will happen next?
(A) Breakfast will be served.
(B) The plane will land.
(C) The crew will sell watches.
(D) The passengers will exit the airplane.

다음에 무슨 일이 벌어질 것인가?
(A) 아침 식사가 제공될 것이다.

(B) 비행기가 착륙할 것이다.
(C) 승무원들이 손목시계를 판매할 것이다.
(D) 승객들이 비행기를 나갈 것이다.

해설 안내 방송의 마지막 부분에 Now we will soon be arriving at Singapore National Airport. Thank you for using Northwest Airlines.라고 했기 때문에 정답은 (B)이다.

6 What are the listeners asked to do?
(A) Stay tuned to the radio broadcast
(B) Fill out the customs declaration form
(C) Turn off the electronic devices in use
(D) Loosen the seatbelts

청자들은 무엇을 하도록 되었는가?
(A) 라디오 방송에 맞춰 놓기
(B) 세관 신고서 작성하기
(C) 사용하고 있는 전자 제품의 전원 끄기
(D) 안전벨트 느슨하게 하기

해설 주어진 안내 방송에서 Please also note that everyone should now turn off the electronic devices in use, including smart phones, computers, and electronic games.라고 했기 때문에 정답은 (C)이다.

7-9 refer to the following talk. (영M)

This year, three advertisements were nominated in the first place, and the selection committee members said that it was the toughest ever to select only one of them. Now, I am pleased to announce the advertisement of the year award. This year's recipient is BA Advertising. The company was known for its creative works for many green products such as electric cars, LED lamps, and PVC free flooring that save the environment and energy. The BA advertising's work for the electric car show how it can help the environment and save energy. The company plans to donate all of the prize money to the Earth-Friendly Federations to promote its effort to keep our planet clean and safe. Please welcome Mr. Dunkan with your round of applause.

올해, 처음에 세 편의 광고가 후보에 올랐습니다만 선정 위원회의 구성원들은 이 광고 중 하나를 선택하는 것이 지금까지 가장 까다로웠다고 얘기했습니다. 올해의 광고상을 발표하게 돼서 기쁘다는 말씀을 드리며 올해의 광고상은 BA 애드버타이징에 돌아갔음을 알려 드립니다. 이 회사는 전기 자동차나 LED 램프, 그리고 PVC가 들어가지 않은 바닥재와 같은 환경과 에너지를 보존하는 친환경 제품의 창의적인 광고로 유명합니다. BA 광고의 전기 자동차 광고는 어떻게 환경을 돕고, 에너지를 절약할 수 있는지를 보여 주었습니다. 회사는 우리 지구를 깨끗하고 안전하게 만들려고 노력하는 모습을 홍보하기 위해 모든 상금을 친 지구 연맹에 기부할 계획입니다. 던칸 씨를 박수로 환영해 주세요.

어휘 advertisement 광고 nominate (후보로) 지명하다 recipient (~을 받는) 사람, 수령자 creative 창조적인 flooring 바닥재 donate 기부하다 federation 연맹 applause 박수 eco-friendly 친환경의 contribute 기여하다

7 What is the purpose of the talk?
(A) To propose an environmental campaign
(B) To raise funds for the foundations
(C) To announce an award winner
(D) To ask for help with the project

담화의 주제는 무엇인가?
(A) 환경 운동을 제안하는 것
(B) 재단을 위한 기금을 조성하는 것
(C) 수상자를 발표하는 것
(D) 프로젝트 관련 도움을 요청하는 것

해설 주제를 묻고 있는 내용이다. I am pleased to announce the advertisement of the year award.에서 수상하는 회사를 발표한다는 것을 알 수 있으므로 정답은 (C)이다. 지문의 후반부로 가면 갈수록 환경에 대한 이야기가 나오면서 오답 함정 표현들이 나오므로 혼동하지 않도록 주의한다.

8 What is special about the company?
(A) It recently started.
(B) It focuses on advertising eco-friendly products.
(C) It produces green products.
(D) It plans to expand its business.

회사의 특별한 점은 무엇인가?
(A) 최근에 사업을 시작했다.
(B) 친환경 제품 광고에 초점을 맞추고 있다.
(C) 친환경 제품을 생산하고 있다.
(D) 사업을 확장할 계획을 가지고 있다.

해설 회사의 특징에 대해서 묻고 있다. 지문 중반의 The company was known for its creative works for many green products를 focus on advertising eco-friendly products로 패러프레이징한 (B)가 정답이다.

9 What does the company plan to do?
(A) Start the environment-related foundations
(B) Contribute money to an organization
(C) Answer questions from participants
(D) Make a presentation

회사는 무엇을 할 계획인가?
(A) 환경 관련 재단을 시작한다.
(B) 단체에 돈을 기부한다.
(C) 참석자들부터의 질문에 답변을 한다.
(D) 발표를 한다.

해설 미래의 일을 묻고 있다. 지문의 후반부에서 앞으로의 이야기를 말하는 부분에 초점을 맞춘다. The company plans to donate all of the prize money to the Earth-Friendly Federations를 contribute money to an organization이라고 패러프레이징한 (B)가 정답이다.

10-12 refer to the following announcement. 미W

Thank you for using Ginny's Theater. Before the performance begins, we would like to ask everyone to please turn off your cell phones, so as not to disrupt the performers and others. If you are accompanied by a young child who begins to cry, please take them into the lobby until they calm down. Please do not smoke in the theater, and please note that food and drinks are not allowed inside. Should you need something to eat or drink during the performance, please exit to the lobby, where you'll find a refreshment stand. Thank you for joining us today at Ginny's Theater. We are certain you will see a great performance you'll never forget!

지니 극장을 이용해 주셔서 감사합니다. 공연이 시작하기 전에, 모든 분들은 연기자와 다른 사람들을 방해하지 않도록 부디 휴대폰을 꺼주시기 바랍니다. 만약 어린 아이와 동행하고 계시고 아이가 울기 시작하면 진정할 때까지 로비에 데려가시기 바랍니다. 극장에서는 담배를 피우지 마시고 음식물 반입도 금지되어 있다는 것을 알아 두시기 바랍니다. 공연 중에 먹을 것이 필요하시면 매점이 있는 로비로 나가시면 됩니다. 오늘 지니 극장과 함께해 주셔서 감사합니다. 저희는 여러분이 절대 잊지 못할 멋진 공연을 만나실 것을 확신합니다!

어휘 disrupt 방해하다 performer 공연자 be accompanied with ~을 동반하다 calm down 진정하다 performance 공연 exit 나가다 refreshment 간식 auditorium 객석

10 What is the purpose of this announcement?
(A) To announce the rules of the theater
(B) To let people know how to get free tickets
(C) To introduce performers
(D) To advertise a new show

이 공지의 목적은 무엇인가?
(A) 극장의 규칙을 공지하기 위해
(B) 사람들에게 무료 티켓을 얻는 법을 알리기 위해
(C) 연기자들을 소개하기 위해
(D) 새로운 쇼를 광고하기 위해

해설 이 공지의 목적은 전반부에 Before the performance begins, we would like to ask everyone to please turn off your cell phones에서 볼 수 있듯이, 공연 전에 지켜야 할 규칙들을 나열하고 있으므로 (A)가 정답이다.

11 What does the woman ask everyone to do?
(A) Not leave the auditorium during the performance
(B) Only bring drinks into the theater
(C) Not bring children under five years old
(D) Turn off electronic devices during the performance

여자는 모두에게 무엇을 요청했는가?
(A) 공연 중에 객석을 떠나지 않기
(B) 극장에 마실 것만 가져오기
(C) 5세 이하의 어린이 데려오지 않기
(D) 공연 중에 전자 장비 끄기

해설 지문의 전반부에 Before the performance begins, we

would like to ask everyone to please turn off your cell phones, so as not to disrupt the performers and others.라고 하고 있는데 여기에 있는 cell phone을 전자 제품인 electronic device로 패러프레이징한 (D)가 정답이다.

12 What will happen next?
(A) The audience will leave the theater.
(B) Actors will greet the audience.
(C) A performance will begin.
(D) Some people will bring in snacks.

다음에 무슨 일이 일어날 것인가?
(A) 관객들이 극장을 나갈 것이다.
(B) 배우들이 관객과 인사할 것이다.
(C) 공연이 시작될 것이다.
(D) 몇몇 사람들이 간식을 반입할 것이다.

해설 지문에서 We are certain you will see a great performance you'll never forget!이라고 하고 있으므로 정답은 (C)이다.

13-15 refer to the following telephone message. 미M

Hi, my name is Randal Ramos. I purchased some items from your store this evening, and Christine, one of your sales clerks assisted me when I was there. I'm wondering if you've found a mobile phone. I think I left my mobile phone on the sofa in the middle when I tried a pair of shoes. My cell phone is white with a black rubber case. If you found it, could you please call me at 443-0131 -3452 or you can email me at randalrms@alp.com. Thank you so much.

안녕하세요. 저는 랜달 라모스입니다. 제가 오늘 저녁에 당신의 상점에서 몇 가지 제품을 구매했습니다. 그리고 판매 직원 중에 한 명인 크리스틴이 제가 그곳에 있는 동안 저를 도와주었고요. 혹시 휴대폰을 발견하셨는지 궁금합니다. 제가 중앙에 있는 소파에서 신발을 신어보면서 소파 위에 휴대폰을 두었거든요. 제 휴대폰은 검정색 고무 케이스가 씌어진 흰색 휴대폰입니다. 혹시 찾으셨다면 443-0131 -3452번으로 전화 주세요. 아니면 randalrms@alp.com으로 이메일 한 통 부탁드립니다. 감사합니다.

어휘 assist ~을 돕다 wonder 궁금해하다 rubber 고무(의) lost item 분실물 describe ~을 묘사하다 electronic device 전자 기기 place an order 주문을 하다

13 What is the purpose of the call?
(A) To ask about a lost item
(B) To request information on products
(C) To purchase some items
(D) To ask for the store locations

전화의 목적은 무엇인가?
(A) 분실한 아이템에 대해 물어보기 위해
(B) 제품의 정보를 요청하기 위해
(C) 몇몇 아이템을 구매하기 위해
(D) 가게 위치를 묻기 위해

해설 전화를 건 사람의 목적을 묻는 문제다. 지문 중반의 I'm wondering if you've found a mobile phone.에서 자신이 잃어버린 전화를 찾았는지를 묻고 있기 때문에 분실한 아이템에 대해 물어보기 위해서라는 (A)가 정답이다. 지문 초반부의 제품을 구매했다는 내용이나 store(상점) 등은 오답으로 유도하기 위한 함정이다.

14 What item is described in the message?
(A) A pair of shoes
(B) An electronic device
(C) A sofa
(D) A plastic case

메시지에서 묘사된 아이템은 무엇인가?
(A) 구두 한 켤레
(B) 전자 기기
(C) 소파
(D) 플라스틱 케이스

해설 지문에서 묘사되고 있는 물건을 묻고 있다. 중반부의 My cell phone is white with a black rubber case에서 휴대폰의 색과 케이스를 말하고 있다. 따라서 이를 electronic device로 패러프레이징한 (B)가 정답이다. 케이스 자체를 묘사하는 내용이 아니며 플라스틱 케이스는 지문에서의 정보와 일치하지 않으므로 (D)는 오답이다.

15 What is the listener asked to do?
(A) Log onto the website
(B) Send an email to Christine
(C) Place an order
(D) Contact Mr. Ramos

청자는 무엇을 하도록 요청받는가?
(A) 웹 사이트에 접속한다.
(B) 크리스틴에게 이메일을 보낸다.
(C) 주문을 한다.
(D) 라모스 씨에게 연락한다.

해설 앞으로의 일을 묻는 내용이다. 지문에서 could you please call me at 443-0131-3452 or you can email me at randalrms@alp.com이라고 후반부에 이야기하고 있다. 따라서 가장 초기에 등장한 라모스 씨에게 연락을 취해야 하므로 정답은 (D)이다. 후반부에 이메일을 보내도 된다는 말이 나오지만 크리스틴에게 보내는 것은 아니므로 (B)는 오답이다.

Day
20 연습 문제 20

본문 p.206

1 (A)	2 (D)	3 (B)	4 (B)	5 (A)
6 (D)	7 (B)	8 (C)	9 (C)	10 (B)
11 (D)	12 (C)	13 (B)	14 (D)	15 (C)

refer to the following announcement. 미W

Ladies and gentlemen, may I have your attention, please? There are a few changes to announce about today's events. According to the local news, heavy storms are predicted for this afternoon, so we cannot hold the outdoor luncheon as scheduled. Instead, lunch will be served indoors in the Sapphire banquet hall. We also have to move the workshop on designing websites from the Sapphire banquet hall to the main Conference room on the second floor. Please make sure to note that Mary Peterson will give a presentation at 3 P.M. Thanks for your patience, and have a good day.

신사 숙녀 여러분, 집중해 주시겠습니까? 오늘의 행사에 약간의 변화가 있습니다. 지방 뉴스에 의하면, 오늘 오후에 폭풍우가 예상되어서 계획대로 야외 오찬을 진행할 수가 없습니다. 대신에, 점심은 사파이어 실내 연회장에서 제공될 것입니다. 또한 웹 사이트 디자인에 대한 워크숍을 사파이어 연회장에서 2층에 있는 주회의장으로 옮겨야 할 것입니다. 메리 피터슨이 오후 3시에 프레젠테이션을 한다는 것을 확인하시기 바랍니다. 양해해 주셔서 감사하고, 좋은 하루 보내십시오.

어휘 attention 주의 according to ~에 관해 predict ~을 예상하다 outdoor 야외의 luncheon 오찬 banquet 연회 give a presentation 연설을 하다 patience 인내심

1 Where is the announcement most likely taking place?
(A) At a conference center
(B) In an office
(C) In a restaurant
(D) At a movie theater

안내가 어디에서 이루어질 것 같은가?
(A) 회의 센터
(B) 사무실
(C) 식당
(D) 영화관

해설 장소를 묻고 있으므로 장소에 대한 어휘를 잘 듣는다. We also have to move the workshop on designing websites from the Sapphire banquet hall to the main Conference room on the second floor.으로부터 워크숍이 회의실에서 진행됨을 알 수 있으므로 정답은 (A)이다.

2 Who is Mary Peterson?
(A) A chef
(B) A hotel manager
(C) A sales clerk
(D) A workshop speaker

메리 피터슨은 누구인가?
(A) 주방장
(B) 호텔 매니저
(C) 점원
(D) 워크숍 연설자

해설 Please make sure to note that Mary Peterson will

give a presentation at 3 P.M.에서 Mary Peterson이 연설을 한다고 말하는 것으로 Mary Peterson이 워크숍 연설자라는 것을 추론할 수 있다. 따라서 정답은 (D)이다.

3 Why are changes being made?
(A) One of the speakers arrived late.
(B) Bad weather is predicted.
(C) There are schedule conflicts.
(D) Some documents are missing.

왜 변경이 생겼는가?
(A) 연설자 중 한 명이 늦게 도착한다.
(B) 악천후가 예상된다.
(C) 스케줄이 겹친다.
(D) 몇몇 서류들이 사라졌다.

해설 There are a few changes to announce about today's events. According to the local news, heavy storms are predicted for this afternoon에서 나쁜 날씨의 영향으로 장소의 변경 있다고 언급하고 있다. According to 뒷부분에 항상 세부 내용에 관한 힌트가 숨어 있다. 따라서 정답은 (B)이다.

refer to the following talk. 미M

Hello, everyone. I want to thank you for attending the Thunderbird Business Conference in Phoenix, Arizona. We have 1,500 participants in today's conference. The conference will run Friday, Saturday, and Sunday from 9 A.M. to 5 P.M. The keynote speaker will be Jessica Holmes. She is the highest paid and most successful female CEO in the world. Her background is in the high tech industry, but she will be speaking on leadership and improving employee morale. There are a total of 45 different classes and workshops scheduled at the Shaerarton Hotel this weekend. We encourage you to attend the workshops of the most interest to you and your companies. We ask that you arrive at least 5 minutes early to all workshops to avoid disrupting the speakers.

안녕하세요, 여러분. 애리조나, 피닉스에서 열리는 선더버드 비즈니스 회의에 참석해 주셔서 감사합니다. 저희는 오늘 회의에 1,500명의 참가자가 있습니다. 회의는 금, 토, 일요일 오전 9시부터 오후 5시까지 있습니다. 기조 연설자는 제시카 홈즈입니다. 그녀는 세계에서 가장 높은 봉급을 받고 가장 성공적인 여성 최고 경영자입니다. 그녀는 첨단 산업에 배경을 두고 있지만 리더십과 직원의 사기를 향상시키는 법에 대해 이야기할 것입니다. 이번 주말 세라톤 호텔에서는 총 45개의 강좌와 워크숍이 있을 것입니다. 저희는 여러분과 여러분의 회사가 가장 흥미 있어 하는 워크숍에 참여하기를 권장합니다. 연사들을 방해하지 않기 위해 모든 워크숍에는 최소한 5분 전에 도착하시길 바랍니다.

어휘 attend ~에 참석하다 participant 참가자 keynote speaker 기조 연설자 successful 성공적인 background 배경 morale (직원의) 사기 encourage ~을 격려하다 avoid ~을 피하다 disrupt 방해하다

4 Who are the likely participants of this conference?
(A) Doctors
(B) Business people
(C) Computer programmers
(D) General public

이 회의의 참석자들은 누구인가?
(A) 의사
(B) 사업가
(C) 컴퓨터 프로그래머
(D) 일반 대중

해설 지문의 전반부에 Hello, everyone. I want to thank you for attending the Thunderbird Business Conference in Phoenix, Arizona.라고 하므로 정답은 (B)이다.

5 What is notable about Jessica Holmes?
(A) She is the highest paid female CEO.
(B) She is the first female CEO.
(C) She is the most famous CEO.
(D) She set a sales record at her company.

제시카 홈즈에 대해 주목할 만한 점은 무엇인가?
(A) 가장 높은 봉급을 받는 여성 최고 경영자이다.
(B) 최초의 여성 최고 경영자이다.
(C) 가장 유명한 최고 경영자이다.
(D) 그녀의 회사에서 기록적인 판매를 하였다.

해설 주어진 지문에서 제시카 홈즈에 대한 소개로 She is the highest paid and most successful female CEO in the world. 라고 하고 있으므로 정답은 (A)이다.

6 What is the keynote speaker's address about?
(A) Changes in technology
(B) Sales on the Internet
(C) New digital products
(D) Leadership and morale

기조 연사의 연설 주제는 무엇인가?
(A) 기술의 변화
(B) 인터넷 판매
(C) 새로운 디지털 제품
(D) 리더십과 사기

해설 지문의 중반부에 but she will be speaking on leadership and improving employee morale이라고 하고 있기 때문에 주제는 (D)이다.

7-9 refer to the following telephone message. (호W)

This is Linda Francis with Connie House. I've been informed that you would like to renovate your bedroom. I'm just calling you to confirm some of the details. According to the order we received, you would like your floors entirely refinished. But I would like to discuss with you the color of the stain. Our estimated cost for the work is $1,000. That price includes all material and labor costs. We have a variety of mattresses that you can choose from. So I would like to advise you to come down to our showroom to test them out and see which one you like best.

코니 하우스의 린다 프란시스입니다. 저는 당신이 침실을 개조하기를 원한다고 들었어요. 저는 세부 사항에 대해 결정하기 위해서 전화했습니다. 저희가 받은 주문에 따르면 당신은 계단의 표면을 완전히 새롭게 하기를 원한다고 했지요. 하지만 저는 당신의 착색제 색깔에 대해 상의하고 싶네요. 저희 작업의 추정 가격은 1,000달러입니다. 이 가격은 모든 재료와 인건비가 포함되어 있어요. 저희는 당신이 고를 수 있는 많은 종류의 매트리스가 있어요. 그래서 저는 당신이 우리 전시실에 오셔서 시험해 보시고 어떤 것이 제일 좋은지 보시는 게 좋을 것 같습니다.

어휘 inform (사실을) 알리다 renovate 개조하다 confirm 확인하다
entirely 전체의 refinish (가구 등을) 마무리 손질하다 stain 착색제
estimate 추정하다 labor cost 노동 비용

7 Why is the speaker leaving a message?
(A) To advertise a special offer
(B) To further discuss the renovation work.
(C) To cancel a renovation
(D) To arrange a new meeting

화자가 메시지를 남기는 이유는 무엇인가?
(A) 특가 판매에 대해 광고하기 위해
(B) 개조 작업 관련 추가 논의를 위해
(C) 개조를 취소하기 위해
(D) 새로운 회의를 주선하기 위해

해설 전화를 건 목적으로 전반부에 침실 개조 건으로 전화했음을 밝힌 뒤에 I'm just calling you to confirm some of the details. 라고 하고 있으므로 정답은 (B)이다.

8 What does Linda want to discuss with the recipient?
(A) The price of the carpet
(B) The labor costs
(C) The preferred stain color
(D) The materials

린다는 수신인과 무엇에 대해 논의하고자 하는가?
(A) 카펫의 가격
(B) 인건비
(C) 선호하는 착색제 색상
(D) 재료

해설 전화의 중간 부분에 여자가 But I would like to discuss with you the color of stain.이라고 하고 있으므로 정답은 (C)이다.

9 What does Linda ask the recipient to do next?
(A) Send documents to her office
(B) Create a new account
(C) Visit her office
(D) Call her back

린다가 수신인에게 하도록 제안한 것은 무엇인가?
(A) 그녀의 사무실에 문서들을 보내는 것
(B) 새 계좌를 만드는 것
(C) 그녀의 사무실에 방문하는 것
(D) 그녀에게 전화하는 것

해설 전화의 마지막 부분에 So I would like to advise you to come down to our showroom to test them out and see which one you like best.라고 하고 있으므로 정답은 (C)이다.

10-12 refer to the following advertisement. 영M

Hello, I am Curtis Hall, owner of City Scooter in the downtown area. We are the largest scooter shop in the city, with more than 500 scooters available for immediate sale. We sell every style and model of scooter on the market, including electric versions. The smallest scooters we sell are known as mopeds, which are similar in appearance to a bicycle. The largest model of scooter we sell is a 1,000cc Italian-made scooter, which is considered the cream of the crop. We look forward to serving you.

안녕하세요, 저는 커티스 홀입니다. 시내에 있는 시티 스쿠터의 주인이죠. 저희는 500대가 넘는 스쿠터들을 즉시 판매할 수 있는 시에서 가장 큰 스쿠터 가게입니다. 저희는 전기 버전을 포함한 시장에 있는 모든 스타일과 모델을 취급하고 있습니다. 모페드라고 알려진 가장 작은 스쿠터는 자전거와 외관 모양이 비슷합니다. 저희가 판매하는 가장 큰 스쿠터는 이태리에서 만들어진 1,000cc짜리이고 최상의 것으로 여겨집니다. 당신을 맞이하기를 기대하겠습니다.

> **어휘** owner 소유자 immediate sale 도매, 즉시 판매 mopeds (모터 달린) 자전거 in appearance 보기에는 the cream of the crop 가장 좋은 것 look forward to ~을 고대하다

10 What is being advertised?
(A) A bicycle shop
(B) A scooter shop
(C) A car dealership
(D) A motorcycle shop

광고되는 것은 무엇인가?
(A) 자전거 가게
(B) 스쿠터 가게
(C) 자동차 판매소
(D) 오토바이 가게

해설 주어진 지문에서 전반부에 I am Curtis Hall, owner of City Scooter in the downtown area.라고 했으므로 정답은 (B)이다.

11 According to the speaker, which scooter is considered the cream of the crop?
(A) 250 CC
(B) 500 CC
(C) 750 CC
(D) 1,000 CC

화자에 의하면, 어떤 스쿠터가 최상의 것으로 취급되는가?
(A) 250 CC
(B) 500 CC
(C) 750 CC
(D) 1,000 CC

해설 주어진 광고문에서 알짜배기 cream of crop으로 취급되는 것은 The largest model of scooter we sell is a 1,000cc Italian-made scooter, which is considered the cream of the crop.이라고 하고 있기 때문에 정답은 (D)이다.

12 What are the smallest scooters sold?
(A) Bicycles
(B) Motor bikes
(C) Mopeds
(D) Hybrid

팔리는 것 중 가장 작은 스쿠터는 무엇인가?
(A) 자전거
(B) 오토바이
(C) 모페드
(D) 하이브리드

해설 주어진 광고문에서 The smallest scooters we sell are known as mopeds, which are similar in appearance to a bicycle.이라고 했기 때문에 정답은 (C)이다.

13-15 refer to the following instruction. 미W

Thanks for your participation in the training workshop on the new computer software, Smart Office. During the 2 hour-workshop, you will learn basic features of the program and how to make your work easier. I am sure it will be very helpful for your future work in your office. All the contents that will be covered today are found in the materials you were given at the door. At the end of the workshop, you will receive a certificate for successfully completing the course. You can stay here after the workshop and ask us questions about anything that is not clear to you. Now, let's get started!

새 컴퓨터 소프트웨어인 스마트 오피스에 관한 워크숍에 참여해 주셔서 감사합니다. 2시간의 워크숍 동안 여러분은 프로그램의 기본적인 특징과 여러분의 업무를 수월하게 만들 수 있는 법을 배울 것입니다. 저는 이것이 앞으로 여러분의 사무실에서의 업무에 많은 도움을 줄 것으로 확신합니다. 오늘 다루어질 모든 내용은 여러분들이 입구에서 받았던 자료에서 찾아볼 수 있습니다. 워크숍이 끝날 때 여러분들은 과정을 성공적으로 마친 데 대한 자격증을 받을 것입니다. 여러분은 워크숍이 끝난 후 여기에 남아서 저희에게 불명확했던 부분에 대해서 질문하셔도 좋습니다. 자, 시작합시다.

> **어휘** participating in ~에 참가하는 feature 특징 content 내용 cover 다루다 materials 자료 certificate 수료증 successfully 성공적으로 complete 완수하다 policy 정책 award 상 refreshments 다과

13 What is the purpose of the talk?
(A) To inform employees of a software development plan
(B) To describe the plan for a training
(C) To announce the new policy
(D) To provide financial advice

연설의 목적은 무엇인가?
(A) 직원들에게 소프트웨어 개발 계획에 대해 알려 주기 위해서
(B) 행사를 설명하기 위해서
(C) 새로운 정책을 발표하기 위해서
(D) 재정적인 조언을 하기 위해서

해설 During the 2 hour-workshop, you will learn basic features of the program에서 다음으로 있을 일정에 대한 설명이 있다. 행사를 설명하는 연설이라는 것을 알 수 있다. 따라서 정답은 (B)이다.

14 What do the participants receive?
(A) A computer program
(B) A certificate
(C) A survey form
(D) A handout

참가자들은 무엇을 받았는가?
(A) 컴퓨터 프로그램
(B) 수료증
(C) 설문지
(D) 유인물

해설 All the contents that will be covered today are found on the materials you were given at the door.에서 자료를 받는 것을 알 수 있으므로 material과 유의어인 (D) handout이 정답이다. 그리고 뒤에 나오는 certificate는 코스를 훌륭히 인수했을 때 받는 것이라 답이 될 수 없을 알아야 한다.

15 What is going to happen after the session?
(A) An awards ceremony
(B) Light refreshments
(C) A question and answer session
(D) A presentation

워크숍이 끝나면 무슨 일이 일어날 것인가?
(A) 시상식
(B) 가벼운 다과
(C) 질의 응답 시간
(D) 발표

해설 You can stay here after the workshop and ask us questions about anything that is not clear to you.에서 확실하지 않은 것에 대한 질문을 받는다고 말하고 있다. 따라서 정답은 (C)이다. 그 뒤에 나오는 let's get started를 통해 보통 워크숍에서 연상되는 오답 선택지를 고르지 않도록 들리는 내용에만 집중한다.

Section 3

Practice Test

◀ MP3 바로 듣기

Practice Test

본문 p.208

Part 1

01 (B)	02 (D)	03 (C)	04 (C)	05 (C)
06 (B)	07 (C)	08 (B)	09 (B)	10 (B)

Part 2

11 (B)	12 (B)	13 (C)	14 (C)	15 (C)
16 (C)	17 (C)	18 (B)	19 (C)	20 (B)
21 (C)	22 (C)	23 (C)	24 (B)	25 (B)
26 (A)	27 (B)	28 (A)	29 (C)	30 (C)
31 (A)	32 (A)	33 (B)	34 (B)	35 (A)
36 (B)	37 (A)	38 (B)	39 (B)	40 (A)

Part 3

41 (B)	42 (B)	43 (D)	44 (A)	45 (B)
46 (D)	47 (D)	48 (B)	49 (C)	50 (C)
51 (B)	52 (C)	53 (C)	54 (B)	55 (C)
56 (C)	57 (A)	58 (A)	59 (A)	60 (B)
61 (A)	62 (A)	63 (A)	64 (C)	65 (C)
66 (D)	67 (B)	68 (A)	69 (C)	70 (B)

Part 4

71 (A)	72 (C)	73 (D)	74 (A)	75 (C)
76 (D)	77 (A)	78 (D)	79 (C)	80 (D)
81 (B)	82 (C)	83 (A)	84 (C)	85 (D)
86 (C)	87 (A)	88 (B)	89 (D)	90 (B)
91 (B)	92 (C)	93 (D)	94 (C)	95 (D)
96 (A)	97 (D)	98 (A)	99 (D)	100 (D)

Practice Test

Part 1

1 미W

(A) He's ironing some clothes.
(B) He's looking at merchandise.
(C) He's entering the store.
(D) He's buying a pair of shoes.

(A) 그는 옷을 다림질하고 있다.
(B) 그는 상품을 보고 있다.
(C) 그는 상점에 들어가고 있다.
(D) 그는 신발 한 켤레를 사고 있다.

해설 (A) 다림질하고(ironing) 있지는 않으므로 동작 불일치 오답이다.
(B) 상품을 보고 있는 모습을 잘 묘사한 정답이다.
(C) 상점은 맞지만 동작 불일치 오답이다.
(D) 신발(shoes)은 등장하지 않으므로 오답이다.

어휘 iron 다리미질을 하다 merchandise 상품 enter 들어가다

2 미M

(A) A window is being cleaned.
(B) A man is carrying a ladder.
(C) A man is making some furniture.
(D) A man is installing a window.

(A) 창문 한 개가 닦여지고 있다.
(B) 한 남자가 사다리를 나르고 있다.
(C) 한 남자가 가구를 만들고 있다.
(D) 한 남자가 창문을 설치하고 있다.

해설 (A) 창문은 보이지만 닦고(clean) 있지 않으므로 동작 불일치 오답이다.
(B) 사다리(ladder)는 보이지만 운반하고 있지는 않으므로 오답이다.
(C) 가구(furniture)도 보이지 않고 만들고 있지도 않으므로 오답이다.
(D) 남자가 창문을 설치하고 있는 사진이므로 정답이다.

어휘 ladder 사다리 install 설치하다

3 호W

(A) Ships are docked at a pier.
(B) A person is being served by a waiter.
(C) A woman is seated by herself.
(D) A table has been set up for dinner.

(A) 배들이 부두에 정박해 있다.
(B) 한 사람이 종업원에 의해서 서빙을 받고 있다.
(C) 한 여자가 혼자서 앉아 있다.
(D) 테이블이 저녁식사를 위해서 마련되었다.

해설 (A) 배들은 보이지만 pier(부두)나 dock(배를 부두에 대다)을 설명할 수 없으므로 오답이다.
(B) 종업원이 보이지 않으므로 오답이다.
(C) 여자가 혼자 앉아 있는 모습을 적절히 묘사한 정답이다.
(D) table이 set up되어 있는 것은 맞지만 저녁식사를 위해서(for a dinner)는 주관적인 설명이므로 오답이다.

어휘 dock (배를) 부두에 대다 pier 부두 be seated 앉다
by oneself 혼자서, 스스로의 힘으로

4 영M

(A) A car is being washed.
(B) One of the men is getting out of the car.
(C) One of the men is holding the steering wheel.
(D) Men are getting into the car.

(A) 차 한 대가 세차되고 있다.
(B) 남자들 중 한 명이 차에서 내리고 있다.
(C) 남자들 중 한 명이 운전대를 잡고 있다.
(D) 남자들이 차에 타고 있는 중이다.

해설 (A) 차는 보이지만 세차되고 있지는 않으므로 오답이다.
(B) 두 남자 모두 차에 앉아 있으므로 동작 불일치 오답이다.
(C) 남자 한 명이 운전대를 잡고 있는 모습이 보이므로 정답이다.
(D) 남자들이 차에 있기는 하지만 차를 타는 동작은 아니므로 오답이다.

어휘 get out of a car 차에서 내리다 steering wheel 운전대

5 호W

(A) The laptop is being turned on.
(B) The cup is being filled with coffee.
(C) Documents are scattered on the desk.
(D) The calculator is being used.

(A) 노트북 컴퓨터가 켜지고 있다.
(B) 컵에 커피가 채워지고 있다.
(C) 서류들이 책상 위에 흩어져 있다.
(D) 계산기가 사용 중이다.

해설 (A) 노트북(laptop)은 이미 켜져 있으므로 동작 불일치 오답이다.
(B) 컵에 커피가 채워지는 동작은 보이지 않으므로 오답이다.
(C) 책상 위에 서류들이 흩어져 있는 모습을 잘 묘사한 정답이다.
(D) 계산기(calculator)는 보이지만 사용하고 있지는 않으므로 오답이다.

어휘 scatter 흩어지다, 흩뿌리다   calculator 계산기

6 (미M)

(A) The sink is full of dishes.
(B) Pots are placed on the stove.
(C) A door of the cupboard has been opened.
(D) Vegetables are being cut.

(A) 싱크대가 접시들로 가득 차 있다.
(B) 냄비들이 스토브 위에 놓여 있다.
(C) 찬장의 문 하나가 열려 있다.
(D) 채소들이 썰리고 있다.

해설 (A) 싱크대와 접시는 보이지만 접시가 싱크대에 가득 차 있지는 않으므로 오답이다.
(B) 냄비들이 스토브 위에 놓여 있으므로 정답이다.
(C) 찬장(cupboard)은 보이지만 열려 있는 문은 없으므로 오답이다.
(D) 채소들은 보이지만 누군가 그것을 썰고 있지는 않으므로 오답이다.

어휘 sink 싱크대   pot 냄비   cupboard 찬장

7 (미W)

(A) Some furniture is being made.
(B) Workers are assembling some furniture.
(C) Workers are loading a piece of furniture into a truck.
(D) A truck is being parked.

(A) 가구들이 만들어지고 있다.
(B) 인부들이 가구들을 조립하고 있다.
(C) 인부들이 가구 하나를 트럭 안으로 싣고 있다.
(D) 트럭이 주차되고 있다.

해설 (A) 가구는 보이지만 만들어지고 있지 않으므로 동작 불일치 오답이다.
(B) 인부들이 가구를 조립하는 동작은 보이지 않으므로 오답이다.
(C) 인부들이 트럭에 가구를 싣고 있는 모습을 잘 묘사한 정답이다.
(D) 트럭은 보이지만 현재 주차되고 있지는 않으므로 오답이다.

어휘 assemble 조립하다   load 싣다

8 (영M)

(A) Glasses are being filled with water.
(B) The restaurant is empty.
(C) Tables are set for dinner.
(D) Some of the tables are occupied.

(A) 잔들에 물이 채워지고 있다.
(B) 식당이 텅 비어 있다.
(C) 테이블들이 저녁식사를 위해 세팅되어 있다.
(D) 테이블들의 일부가 채워져 있다.

해설 (A) 잔은 보이지만 물을 따르는 동작은 보이지 않으므로 오답이다.
(B) 사람이 없이 텅 빈 식당의 모습을 잘 묘사한 정답이다.
(C) 저녁식사를 위해서라는 것은 주관적인 판단이므로 오답이다.
(D) 사람이 앉아 있는 테이블은 보이지 않으므로 오답이다.

어휘 empty 텅 빈   occupied 채워져 있는

9 (미W)

(A) People are marching in a row.
(B) People are crossing a bridge.
(C) A bridge is being built.
(D) People are posing for a picture on the bridge.

(A) 사람들이 한 줄로 행진하고 있다.
(B) 사람들이 다리를 건너고 있다.
(C) 다리가 건설되고 있다.
(D) 사람들이 다리 위에서 사진을 찍기 위해 자세를 취하고 있다.

해설 (A) 사람들이 한 줄로 서서 행진하고 있지는 않으므로 오답이다.
(B) 사람들이 다리를 건너는 모습을 적절하게 묘사한 정답이다.
(C) 다리는 보이지만 건설되고 있지는 않으므로 오답이다.
(D) 다리 위에서 사진을 찍기 위해 자세를 취하는 사람은 없으므로 오답이다.

어휘 march 행진하다   in a row 한 줄로   pose for a picture 사진을 찍기 위해 자세를 취하다

10 (미M)

(A) A customer is trying on a jacket.
(B) Some clothes are hanging on the racks.

(C) Some shirts are being placed on the shelves.
(D) The store is crowded with customers.

(A) 손님 한 명이 재킷 하나를 입어보고 있다.
(B) 몇 개의 옷들이 옷걸이에 걸려 있다.
(C) 몇 개의 셔츠들이 선반 위에 놓이고 있다.
(D) 상점이 손님들로 붐빈다.

해설 (A) 재킷을 입어 보는 사람은 보이지 않으므로 오답이다.
(B) 옷들이 옷걸이에 걸려 있는 모습이 보이므로 정답이다.
(C) 선반 위에 셔츠들이 있기는 하지만 현재 놓이는 중은 아니므로 오답이다.
(D) 사람은 한 명도 보이지 않으므로 손님들로 붐빈다는 것은 적절하지 않다.

어휘 customer 손님 hang 걸다 rack 옷걸이 place 놓다 be crowded with ～으로 붐비다

Part 2

11 (미W) (미M)
What was the charge for purchasing a copy machine?
(A) It should be shipped by tomorrow.
(B) You can find it on the estimate.
(C) This copier is the cheapest.

복사기 구입비는 얼마인가요?
(A) 내일 안에 보내질 것입니다.
(B) 견적서를 보면 알 수 있어요.
(C) 이 복사기가 가장 저렴해요.

해설 What과 charge를 사용해 가격을 묻는 질문에 견적서를 보면 알 수 있다고 우회적으로 답하는 (B)가 정답이다. (A)는 When 의문문에 대한 대답이 될 수 있고, (C)는 copy machine과 copier라는 같은 의미의 어휘를 사용하고 가격과 관련된 cheap이 나오지만 질문의 내용과 어울리지 않는 오답이다.

어휘 charge 요금 estimate 견적서 copier 복사기

12 (영M) (미W)
Are you sure Jason took the document?
(A) No. He went away.
(B) I'm pretty sure he did.
(C) Please bring this document to him.

제이슨이 그 문서를 가지고 간 게 확실합니까?
(A) 아뇨. 그는 나갔어요.
(B) 그가 가져간 게 확실해요.
(C) 이 문서를 그에게 가져다주세요.

해설 sure를 사용하여 확실한지 확인하는 be동사 의문문에 확실하다고 답하는 (B)가 정답이다. (A)는 질문의 내용과 관계없이 엉뚱하게 답한 오답이며, (C)는 질문의 document와 동일한 어휘를 이용한 오답이다.

어휘 sure 확신하는, 확실히 아는 bring A to B B에게 A를 가져다주다

13 (호W) (미M)
Did you cancel the ticket for the show?
(A) I got the ticket.
(B) You wouldn't do it.
(C) I already took care of it.

공연 표를 취소하셨나요?
(A) 제가 그 표를 가지고 있어요.
(B) 당신은 하지 않을 거예요.
(C) 벌써 제가 그것을 처리했습니다.

해설 표를 취소했냐고 묻는 조동사(Do) 의문문이다. 이때 시제가 Did로 과거임을 유의해서 들어야 한다. 정답은 이미 처리했다고 하는 (C)이다. (A)는 ticket을 반복 사용하여 혼동을 유도하는 오답이며, (B)는 질문과 관계없는 오답이다.

어휘 cancel 취소하다 take care of ～(일)을 처리하다

14 (미M) (영M)
How long does Lina have to stay in Tokyo?
(A) She has a lot of time.
(B) It takes around 10 hours.
(C) It depends on how soon she finishes her project.

리나는 도쿄에 얼마나 오래 있어야 하나요?
(A) 그녀는 시간이 많습니다.
(B) 10시간 정도 걸립니다.
(C) 그녀가 프로젝트를 얼마나 빨리 끝내느냐에 달렸죠.

해설 도쿄에 머무르는 기간을 묻는 How long 의문문에 얼마나 빨리 프로젝트를 끝내느냐에 달렸다고 우회적으로 답하는 (C)가 정답이다. (A)는 time을 써서 혼동을 준 오답이며, (B)는 10 hours라는 기간이 등장했으나 질문의 내용과 어울리지 않는 오답이다.

어휘 around 대략 depend on ～에 달려있다

15 (미W) (미M)
There were a few messages from Mr. Johnson.
(A) I'll take it in my office.
(B) Sorry, I'm a little tied up now.
(C) Did he say anything important?

존슨 씨에게서 온 메시지들이 몇 개 있어요.
(A) 그것은 제 사무실로 가지고 갈게요.
(B) 미안하지만 지금 제가 좀 바쁘네요.
(C) 그가 뭔가 중요한 것을 말했나요?

해설 존슨 씨에게 온 메시지가 있다고 정보를 전달하는 평서문이다. 메시지에 뭔가 중요한 내용이 있었냐고 되물어보는 (C)가 정답이다. (A)는 Where 의문문에 대한 대답이며, (B)는 부탁에 대한 응답으로 어울리는 오답이다.

어휘 a few 조금의 be tied up (일이) 바쁘다 important 중요한

16 (미M) (호W)
What happened to the computer system?
(A) I didn't know it was necessary.
(B) Let me check the schedule.
(C) I hope to know why.

컴퓨터 시스템에 무슨 일 있었어요?
(A) 그게 중요한 건지 몰랐습니다.
(B) 스케줄을 확인해 볼게요.
(C) 왜 그랬는지 알고 싶네요.

해설 What happened로 시스템에 뭔가 문제가 있었는지 물어보고 있다. 이유를 답하지 않고 자신도 이유를 알고 싶다고 말하는 (C)가 정답이다.

어휘 check 확인하다 necessary 필수의, 중요한

17 미W 영M

How about having a staff gathering this week?
(A) I will gather some information.
(B) Thanks for coming with me.
(C) Can we delay it another week?

이번 주에 직원 모임을 갖는 게 어떨까요?
(A) 정보를 좀 모을 것입니다.
(B) 같이 와 주셔서 감사합니다.
(C) 일주일 후로 미룰 수 있을까요?

해설 이번 주에 직원 모임을 갖자는 제안 의문문에 일주일 후로 미룰 수 있을지 물어보는 (C)가 정답이다. (A)는 질문의 gather를 중복 이용한 오답이며, (B)는 질문의 내용과 전혀 상관없는 오답이다.

어휘 staff 직원 gathering 모임 delay 미루다, 연기하다

18 미M 미W

Why couldn't you meet the deadline?
(A) It was much more than he thought.
(B) I didn't realize the schedule changed.
(C) We haven't met before.

왜 마감을 지키지 못했습니까?
(A) 그가 생각하는 것보다 훨씬 많았습니다.
(B) 스케줄 변경을 몰랐습니다.
(C) 우리는 전에 만난 적이 없습니다.

해설 마감을 지키지 못한 이유를 묻는 Why 의문문에 스케줄 변경을 알지 못했다고 이유를 말하는 (B)가 정답이다. (A)는 질문의 주어를 못 들었을 때 혼동할 수 있는 오답이며, (C)는 질문의 meet을 과거형 met으로 사용해 혼동을 유도하는 오답이다.

어휘 meet ~을 충족하다 deadline 마감 realize 깨닫다, 알아차리다

19 호W 미W

Where is the financial report that needs the director's approval?
(A) You just came from the supply room.
(B) Not until next week.
(C) It should be on your desk.

부장님의 승인이 필요한 재정 보고서가 어디에 있나요?
(A) 방금 비품실에서 오셨잖아요.
(B) 다음 주까지 안 돼요.
(C) 당신의 책상 위에 있을 거예요.

해설 재정 보고서의 위치를 묻는 Where 의문문이다. 책상 위라고 위치를 알려 주는 (C)가 정답이다. (A)는 supply room이라는 위치를 이용한 오답이며, (B)는 Where을 When으로 잘못 들으면 고를 수 있는 오답이다.

어휘 financial 재정의 approval 승인 supply room 비품실

20 미M 영M

Haven't we analyzed the marketing report already?
(A) You won't remember it.
(B) Not that I know of.
(C) The market sales have gone up.

저희가 마케팅 보고서를 전에 분석하지 않았나요?
(A) 기억 못하실 겁니다.
(B) 제가 알기로는 아닙니다.
(C) 시장 판매가 올랐습니다.

해설 마케팅 보고서를 분석하지 않았었냐는 부정 의문문에 자기가 알기로는 아니라고 부정하는 (B)가 정답이다. (A)는 미래 시제를 사용한 시제 불일치 오답이며, (C)는 marketing과 market의 파생어를 이용한 오답이다.

어휘 analyze 분석하다 marketing report 마케팅 보고서 go up 오르다, 올라가다

21 미W 미M

Where do I submit the job application?
(A) We have some positions.
(B) Hand it in whenever you like.
(C) The employment office is on the second floor.

입사 지원서를 어디에 제출해야 하나요?
(A) 자리가 좀 있습니다.
(B) 언제든지 넘겨주세요.
(C) 직업소개소는 2층에 있습니다.

해설 입사 지원서를 어디에 제출해야 하는지 장소를 묻는 질문에 직업소개소의 위치를 알려 주는 (C)가 정답이다. (A)는 job application으로 연상할 수 있는 position을 이용한 오답이며, (B)는 submit과 hand라는 관련 어휘를 이용한 오답이다.

어휘 submit 제출하다 job application 입사 지원서 position 자리, 위치 employment office 직업소개소

22 영M 호W

What's the sale price on this jacket?
(A) The sale starts next Monday.
(B) It seems a good deal.
(C) Let me check the tag.

이 재킷의 판매가는 얼마인가요?
(A) 판매가 다음 주 월요일에 시작됩니다.
(B) 좋은 조건 같습니다.
(C) 가격표를 확인해 보겠습니다.

해설 What ... price로 가격을 물어보는 질문에 가격표를 확인해 보겠다고 우회적으로 답변하는 (C)가 정답이다. (A)는 질문의 sale을 반복 사용한 오답이며, (B)는 sale과 연관 표현인 good deal을 써서 혼동을 준 오답이다.

어휘 seem ~인 듯하다 tag 가격표

23 미W 미M

I think we should take turns revising these files.
(A) Jane is the replacement.
(B) You need to take a left turn soon.
(C) OK, I'll go ahead and do it first.

우리 교대로 이 파일을 수정해야 할 것 같아요.
(A) 제인이 대체자입니다.
(B) 곧 좌회전을 해야 합니다.
(C) 네, 제가 먼저 하겠습니다.

해설 파일을 교대로 수정해야 할 것 같다고 의견을 말하고 있다. 그 의견에 동의하며 자기가 먼저 하겠다고 말하는 (C)가 정답이다. (A)는 질문의 내용과 관계없는 오답이며, (B)는 질문에 나온 take turns를 take a left turn과 혼동하도록 유도하는 오답이다.

어휘 take turns ~을 교대로 하다 revise 수정하다 replacement 대체(자)

24 영M 미W

Are you able to give me some time off this month?

(A) It's great to have a holiday.
(B) I don't think it will be a problem.
(C) You're right. I'll get it for you.

이번 달에 휴가를 좀 주실 수 있나요?
(A) 휴가를 갖는 것을 좋은 일이죠.
(B) 문제가 될 것 같이 보이지는 않습니다.
(C) 맞아요. 제가 가져다 드리죠.

해설 휴가를 줄 수 있는지 가능 여부를 묻는 be동사 의문문에 문제없을 것 같다고 우회적으로 말하여 가능함을 표현하는 (B)가 정답이다. (A)는 time off와 유사 어휘인 holiday를 이용한 오답이고, (C)는 질문의 get을 반복 사용하여 혼동을 유도하는 오답이다.

어휘 time off 휴가

25 (호W) (미M)
When do we leave for the retirement ceremony?
(A) The meeting hasn't started.
(B) Any time soon when you are ready.
(C) Let's go together.

은퇴식으로 언제 출발할까요?
(A) 회의는 아직 시작하지 않았습니다.
(B) 당신이 준비되는 대로 곧이요.
(C) 같이 갑시다.

해설 언제 떠날지 때를 묻는 When 의문문에 준비되는 대로 곧이라고 때로 응답한 (B)가 정답이다. (A)는 현재완료 시제로 시제 불일치 오답이며, (C)는 leave for의 연관 어휘인 go를 이용한 오답이다.

어휘 retirement ceremony 은퇴식 ready 준비가 된

26 (미M) (미W)
Have you ever considered working overseas?
(A) Not at all.
(B) Yeah, I want to be independent.
(C) I really think you have to consider it.

해외에서 일하는 것을 고려해 본 적 있나요?
(A) 전혀요.
(B) 네, 저는 독립하고 싶네요.
(C) 제 생각은 당신이 그것을 고려해 봐야 한다고 봅니다.

해설 지금까지 해외 근무를 생각해 본 적 있는지 묻는 조동사 의문문에 전혀 없다고 대답하는 (A)가 정답이다. (B)는 work overseas와 관련하여 independent를 연상하도록 유도하는 오답이고, (C)는 질문의 consider를 반복 사용하여 혼동을 준 오답이다.

어휘 consider ~을 고려하다 work overseas 해외 근무를 하다 independent 독립한

27 (호W) (미W)
The supervisor turned down the export proposals.
(A) You shouldn't have proposed to her.
(B) I'm not surprised.
(C) He attended a seminar.

감독자가 수출 제안서를 거절했습니다.
(A) 당신은 그녀에게 청혼을 하지 말았어야 했어요.
(B) 놀랍지 않네요.
(C) 그는 세미나에 참석했어요.

해설 supervisor가 제안을 거절했다고 정보를 주는 평서문에 그 이유가 짐작되므로 놀랍지도 않다고 응답하는 (B)가 정답이다. (A)는 proposal과 propose라는 파생어 관계를 이용한 오답이며, (C)

는 유사 발음 어휘인 turned down과 attended를 이용한 오답이다.

어휘 supervisor 관리자, 감독자 turn down 거절하다 proposal 제안, 청혼

28 (미M) (미M)
Why is the entrance to the office closed?
(A) I'll ask the manager.
(B) I have an idea.
(C) You can't use the entrance.

왜 사무실 입구가 폐쇄되었나요?
(A) 부장에게 물어보겠습니다.
(B) 생각이 떠올랐습니다.
(C) 입구를 사용할 수 없습니다.

해설 입구가 폐쇄된 이유를 묻는 Why 의문문에 부장에게 물어보겠다고 우회적으로 답하는 (A)가 정답이다. (B)는 질문의 내용으로 연상을 유도하는 오답이며, (C)는 질문의 entrance를 반복 사용하여 혼동을 유도하는 오답이다.

어휘 entrance 입구 close 닫다, 폐쇄하다

29 (미W) (미M)
Did you contact the maintenance manager about fixing leaks on the wall?
(A) That's not what I think.
(B) He will do that for you.
(C) Yes, but he is busy at the moment.

벽의 누수를 고치라고 유지 보수 책임자와 연락을 취했습니까?
(A) 그것은 제가 생각하는 것이 아닙니다.
(B) 그가 당신을 위해 해 줄 거예요.
(C) 네, 근데 그가 지금 바쁩니다.

해설 벽의 문제를 해결하기 위해 책임자와 연락을 취했는지 묻는 조동사 (Do) 의문문에 연락했지만 지금 바쁘다고 우회적으로 답하는 (C)가 정답이다. (A)는 관련 없는 내용이면서 시제 불일치 오답이며, (B)는 he가 maintenance manager를 의미하므로 질문과 논리적 연결이 어색한 오답이다.

어휘 maintenance 유지 contact 연락하다 at the moment 지금

30 (영M) (미W)
What is the best way to reach you later?
(A) You just called me.
(B) No problem.
(C) You can email me.

나중에 당신과 연락할 수 있는 가장 좋은 방법이 무엇일까요?
(A) 당신 방금 제게 전화했습니다.
(B) 문제없어요.
(C) 이메일을 보내시면 됩니다.

해설 연락할 수 있는 좋은 수단이 무엇인지 묻는 What 의문문에 이메일이라고 직접적으로 수단을 언급한 (C)가 정답이다. (A)는 내용상 전화라는 수단이 등장하지만 과거 시제이므로 시제 불일치 오답이며, (B)는 의문사가 있는 의문문에 대한 응답으로 적절하지 않다.

어휘 reach ~와 연락하다, ~에 닿다

31 (미W) (미M)
Doesn't this plan look kind of strange?
(A) How so?
(B) Hang in there.
(C) It came to me first.

이 계획은 좀 이상해 보이지 않나요?
(A) 어떻게요?
(B) 조금만 버티세요.
(C) 저한테 먼저 온 거예요.

해설 계획이 이상해 보이지 않으냐고 묻는 부정 의문문이므로 어떻게 이상한지 되묻는 (A)가 정답이다. (B), (C)는 질문의 내용과 무관한 오답이다.

어휘 kind of 조금 hang in 견디다, 버티다

32 영M 미W
Could you please get me Sean Valley on the line?
(A) Sorry, but he's traveling at the moment.
(B) I'd better talk to Sean or Sarah.
(C) You told me about the outline.

션 밸리와 전화를 연결해 주시겠어요?
(A) 죄송하지만 그는 지금 여행 중입니다.
(B) 션이나 사라랑 얘기하는 게 좋겠어요.
(C) 당신은 제게 개요에 대해서 말씀하셨어요.

해설 전화 연결을 부탁하는 조동사 의문문이므로 전화를 연결해 주거나 자리에 없다는 응답을 예상할 수 있다. 따라서 여행 중이라고 답한 (A)가 정답이다. (B)는 Sean이라는 이름을 반복 사용한 오답이며, (C)는 line의 유사 발음 outline을 이용한 오답이다.

어휘 get … on the line ~을 (전화로) 바꿔주다 outline 윤곽, 개요

33 호W 미M
I'm getting behind. It's time for me to complete the draft.
(A) Good. I'll see you tomorrow then.
(B) I don't think you can manage it.
(C) Don't feel like you have to come here.

늦어지고 있네요. 초안을 끝내야 할 시간인데요.
(A) 좋아요. 그럼 내일 봅시다.
(B) 제 생각에 당신은 그거 못 해낼 것 같아요.
(C) 여기 꼭 오실 필요는 없어요.

해설 일이 늦어져서 서두르는 상황으로 일을 완성하거나 포기하는 대답을 예상할 수 있다. 해낼 수 없을 것 같다며 포기를 종용하는 (B)가 정답이다. (A)는 time의 연관 어휘 tomorrow로 연상을 유도하는 오답이며, (C)는 유사 어휘 need to와 have to를 이용한 오답이다.

어휘 complete ~을 완성하다 draft 초안 manage ~을 해내다

34 영M 미W
What was the address for the shipping company where we placed an order last week?
(A) Here is their phone number.
(B) Check the directory, please.
(C) It closed last week.

지난주 우리가 주문을 했던 배송 회사의 주소가 어떻게 되나요?
(A) 여기 전화번호가 있습니다.
(B) 주소록을 확인해 보세요.
(C) 지난주에 폐쇄되었습니다.

해설 주소를 물어보는 What 의문문으로 address가 질문의 핵심이다. 주소록을 확인해 보라는 내용의 (B)가 정답이다. (A)는 address와 phone number로 혼동을 유도하는 오답이며, (C)는 질문의 어휘 last week를 반복 사용한 오답이다.

어휘 place an order for ~을 주문하다 directory 주소록

35 미W 미M
Does this electronic device only come in red?
(A) Unfortunately, it comes in one color.
(B) That's my favorite one.
(C) You preferred it with sauce.

이 전자기기는 빨간색만 있나요?
(A) 안타깝게도, 한 색상밖에 없어요.
(B) 그것은 제가 제일 좋아하는 거예요.
(C) 그걸 소스랑 같이 좋아했잖아요.

해설 전자기기가 빨간색만 있는지 묻는 질문에 한 가지 색상(빨간색)밖에 없다고 응답하는 (A)가 정답이다. (B), (C)는 질문과 관계없는 오답이다.

어휘 device 기기 favorite 제일 좋아하는 prefer ~을 (더) 좋아하다

36 영M 호W
What would you say to joining me at the conference?
(A) I already saw it.
(B) I perhaps could.
(C) You can say that again.

회의에 저랑 가시는 게 어때요?
(A) 그거 벌써 봤어요.
(B) 가능할 수도 있어요.
(C) 정말 맞는 말씀이에요.

해설 What would you say to -ing?(~하는 게 어때?) 의문문을 써서 회의에 같이 가자고 제안하고 있다. 아마 같이 갈 수 있을 거라고 응답하는 (B)가 정답이다. (A)는 say의 유사 발음 어휘 saw를 이용한 오답이며, (C) 역시 질문의 say를 반복 사용하여 혼동을 유도하는 오답이다.

어휘 join 함께 하다 perhaps 아마도 you can say that (again) 정말 그렇다, 전적으로 동의한다

37 미W 영M
Would you stow this file away, as it is confidential?
(A) I need it now to make a report.
(B) Planes are better than ships for it.
(C) Yeah, it should be on the way now.

이 파일은 기밀이니까 안전한 곳에 잘 넣어둬 주시겠어요?
(A) 지금 보고서 만들고 있어서 필요해요.
(B) 그것에는 비행기가 배보다 나을 겁니다.
(C) 네, 지금 가고 있는 중일 거예요.

해설 파일을 어딘가 안전한 곳에 넣어 두어 달라고 요청하는 조동사 의문문에 보고서를 만들고 있어서 그 파일이 필요하다고 응답하는 (A)가 정답이다. (B)는 질문과 전혀 관련 없는 내용이며, (C)는 away와 way라는 유사 발음 어휘를 이용한 오답이다.

어휘 stow (안전한 곳에) 집어넣다 confidential 기밀의 on the way 오는[가는] 중인

38 미M 미W
Weren't you supposed to check the water supply?
(A) The supply has run out.
(B) Yes. Thanks for reminding me of that.
(C) You already checked it.

당신이 수도관을 검사하기로 되어 있지 않았나요?
(A) 보급품이 떨어졌습니다.

(B) 네. 알려 주셔서 감사합니다.

(C) 당신은 벌써 확인했습니다.

해설 수도관이 검사해야 하지 않는지를 묻는 부정 의문문이다. 질문이 부정이라도 긍정이면 Yes, 부정이면 No로 대답한다. Yes라고 긍정한 뒤 알려 줘서 고맙다고 답하는 (B)가 정답이다. (A)는 질문의 supply를 반복 사용해 혼동을 유도하는 오답이며, (C) 역시 check를 반복 사용한 오답이다.

어휘 be supposed to ~하기로 되어 있다 water supply 수도관 supply 보급(품), 보급하다 run out ~이 떨어지다, 다 되다 remind ~을 알려 주다

39 미W 영M

The banquet has been postponed to the end of next month, hasn't it?

(A) How many people are there?

(B) Where did you hear that?

(C) I guess you can't delay it at this time.

만찬이 다음 달 말로 연기되었네요, 그렇죠?

(A) 얼마나 많은 사람들이 거기 있나요?

(B) 어디서 그걸 들으셨어요?

(C) 지금은 미루시면 안 될 것 같습니다.

해설 일정의 변경을 전달하는 부가 의문문에 그것을 어디서 들었는지 되묻는 (B)가 정답이다. (A)는 banquet이라는 어휘로 연상을 유도하나 질문과 관련 없는 내용이며, (C)는 postpone과 같은 의미를 가진 delay를 이용해 혼동을 유도하는 오답이다.

어휘 postpone ~을 연기하다 guess 생각하다, 추측하다 delay 미루다, 연기하다

40 미M 호W

Do you think we should trust the manager at the dealership?

(A) You seem like you don't.

(B) You got a deal.

(C) We have plenty of managers.

우리가 그 대리점의 관리자를 신뢰해야 할까요?

(A) 당신은 그렇지 못하는 것처럼 보여요.

(B) 당신과 거래하겠습니다.

(C) 우리는 책임자를 많이 보유하고 있습니다.

해설 대리점의 관리자를 믿어야 하는지 의견을 구하고 있다. 믿지 못하는 것처럼 보인다고 우회적으로 의견을 말하는 (A)가 정답이다. (B)는 상대의 제안을 받아들일 때 쓸 수 있는 표현으로 충고를 구하는 질문과 어울리지 않으며, (C)는 manager를 반복 사용해 혼동을 준 오답이다.

어휘 dealership 대리점 manager 관리자 deal 거래 plenty of 많은

Part 3

41-43 refer to the following conversation. 미W 미M

W David, I'm planning to show a client the quarterly sales report tomorrow. Is it done?

M I had some technical difficulties with my computer so I'm still working on it. You could try last quarter's report. It'll give your client the general idea.

W I prefer using the latest report, so is it possible for you to finish it today?

M Hmm, I'm not sure if I can finish it today, but I'll have it ready tomorrow morning.

여 데이비드, 내일 분기 매출 보고서를 고객에게 보여 주려고 하는데요, 다 됐나요?

남 제 컴퓨터 작동에 약간의 기술적 문제가 있어서 아직 작업 중입니다. 지난 분기 보고서를 사용하실 수 있어요. 그걸로 고객에게 기본적인 정보는 드릴 수 있을 겁니다.

여 최신 보고서를 사용하는 것이 더 좋은데요, 오늘 끝낼 수 있겠어요?

남 흠, 오늘 끝낼 수 있을지는 확실하지 않지만 내일 아침까지는 준비해 놓겠습니다.

어휘 quarterly 분기별의 sales report 판매 보고서 general idea 개념, 기본 정보 prefer 더 좋다, 선호하다 latest 최신의, 최근의 agenda 안건, 의제 directory 주소록, 인명부 contact 연락하다, 접촉하다 repair shop 수리점, 정비 공장

41 What does the woman ask for?

(A) An agenda for a meeting

(B) Quarterly sales data

(C) Information about a computer

(D) An updated employee directory

여자가 원하는 것은 무엇인가?

(A) 회의 안건

(B) 분기별 판매 데이터

(C) 컴퓨터에 관한 정보

(D) 업데이트된 직원 명부

해설 여자가 원하는 것을 묻는 문제이다. 여자는 대화 전반부에서 고객에게 분기별 판매 보고서를 보여 줄 계획(I'm planning to show a client the quarterly sales report tomorrow)이라고 언급하며 보고서가 다 됐는지 남자에게 묻고 있으므로 (B)가 정답이다. 여기서 sales report가 sales data로 패러프레이징된 것을 알아두자.

42 When will the woman meet her client?

(A) Today

(B) Tomorrow

(C) Next month

(D) Next quarter

여자는 언제 고객을 만날 것인가?

(A) 오늘

(B) 내일
(C) 다음 달
(D) 다음 분기

해설 여자가 고객을 만나는 시점을 묻는 When 의문문이므로 여자의 말을 집중해서 들어야 한다. 여자가 I'm planning to show a client the quarterly sales report tomorrow.라고 했으므로 (B)가 정답이다.

43 What does the man suggest the woman do?
(A) Contact the sales department
(B) Postpone the meeting
(C) Visit the repair shop
(D) Use an older report

남자가 여자에게 제안한 것은 무엇인가?
(A) 판매부에 연락한다.
(B) 회의를 연기한다.
(C) 수리점을 방문한다.
(D) 지난 보고서를 사용한다.

해설 남자가 여자에게 제안한 내용을 묻고 있으므로 남자의 말을 잘 듣는다. 남자가 지난 분기의 보고서를 사용할 수 있다(You could try last quarter's report.)고 했으므로 정답은 (D)이다. 여기서 last quarter's report는 older report로 패러프레이징되었다.

`44-46` refer to the following conversation. 호W 영M

W Hello, this is the LJB Furniture store. How may I help you?

M Can you give me directions to your store from 13th Street? I was wondering if I can look at the desks you had advertised in the newspaper today. I was going to drop by on my way home.

W The closest way to get to our store is to take a left turn at 15th Street and drive down the road for three blocks. There will be an LJB Furniture store on your right. But we're closing in a few minutes. Do you want to come tomorrow? We open at 10 A.M.

여 안녕하세요. LJB 가구점입니다. 무엇을 도와 드릴까요?
남 13번가에서 가구점까지 어떻게 가는지 길 좀 알려 주시겠습니까? 오늘 신문에 광고하신 책상들을 볼 수 있을지 궁금해서 집에 가는 길에 잠깐 들를까 했습니다.
여 저희 가게로 오는 제일 가까운 길은 15번가에서 좌회전한 다음 세 블록 내려오시는 거예요. 오른편에 LJB 가구점이 있을 겁니다. 그런데 몇 분 후면 가게 문을 닫을 거예요. 내일 오시겠습니까? 저희는 오전 10시에 문을 엽니다.

어휘 furniture store 가구점 give directions to ~로 가는 길을 알려 주다 advertise 광고하다 drop by 잠깐 들르다 closest 가장 가까운 close (문을) 닫다, 끝나다 in a few minutes 몇 분 안으로 business hours 영업시간 move to ~로 이사하다 location 장소, 위치 be about to 막 ~하려던 참이다 be out of ~이 떨어지고 없다 job opening 빈 (일)자리

44 Why is the man calling?
(A) To get directions to the store
(B) To ask about the store's business hours
(C) To request a delivery
(D) To place an order for furniture

남자는 왜 전화하는가?
(A) 가게로 가는 길을 알아보려고
(B) 가게의 영업시간을 물어보려고
(C) 배달을 요청하려고
(D) 가구를 주문하려고

해설 남자가 전화하는 이유를 묻고 있다. Can you give me the directions to your store from 13th Street?이라는 남자의 말에서 가게로 가는 길을 물어보는 걸 알 수 있다. 가구(desks)를 보고 싶어 하긴 하지만 주문하겠다는 말은 없으므로 (D)는 정답이 될 수 없다.

45 What does the woman say about the store?
(A) It is moving to a new location.
(B) It is about to close.
(C) It is out of some items.
(D) It has several job openings.

여자는 가게에 대해 뭐라고 하는가?
(A) 새로운 장소로 이사할 것이다.
(B) 막 문을 닫으려던 참이다.
(C) 몇 가지 물품이 떨어지고 없다.
(D) 비어 있는 일자리가 몇 개 있다.

해설 여자가 말한 내용을 묻고 있으므로 여자의 말을 잘 들어야 한다. 여자가 몇 분 후에 문을 닫을 것(we're closing in a few minutes)이라고 했으므로 정답은 (B)이다. 가까운 미래를 나타내는 현재진행 시제 표현을 be about to로 패러프레이징한 것에 유의한다.

46 What does the woman ask the man to do?
(A) Visit the website
(B) Call again later
(C) Close the store
(D) Visit the store tomorrow

여자는 남자에게 무엇을 하라고 요청하는가?
(A) 웹 사이트를 방문하라고
(B) 나중에 다시 전화하라고
(C) 가게 문을 닫으라고
(D) 내일 가게를 방문하라고

해설 여자가 남자에게 요청하는 내용이 무엇인지 묻고 있으므로 여자의 말을 집중해서 들어야 한다. 잠시 후면 가게 문을 닫을 거라는 말 뒤에 여자가 내일 오시겠느냐(Do you want to come tomorrow?)고 묻고 있으므로 정답은 (D)이다. come을 visit으로 패러프레이징했다.

refer to the following conversation. 미W 영M

W   Where is the shuttle bus? It's running late. I think we might miss the opening session of the conference if the bus doesn't come soon.

M   According to the schedule, the bus was supposed to stop at this hotel 15 minutes ago. I think the driver missed our stop.

W   I think so, too. I want to get there on time so I can see the opening speaker. I've heard she is excellent.

M   We should hurry and find another way to get there. Might I suggest a taxi? I'll ask the receptionist to get us a cab.

여   셔틀버스는 어디에 있나요? 늦어지네요. 버스가 금방 오지 않으면 회의의 개회식을 놓칠지도 모르겠어요.

남   운행 시간표대로라면 버스는 15분 전에 이 호텔에서 출발했어야 합니다. 제 생각에 기사가 우리 정류장을 지나친 것 같습니다.

여   제 생각도 그래요. 제때에 거기 도착해서 개회 연설자의 얘기를 듣고 싶은데요. 그녀가 아주 훌륭하다고 들었거든요.

남   거기 가는 다른 방법을 서둘러 찾아야겠어요. 택시를 제안해도 될까요? 제가 안내원에게 택시 좀 불러 달라고 부탁하겠습니다.

어휘 miss 놓치다 receptionist 접수 담당자 accommodation 숙소 transportation 수송, 차량 payment 지불

47   What are speakers mainly discussing?
     (A) Accommodations at a hotel
     (B) The location of a building
     (C) The bus schedule
     (D) Transportation to an event

화자들은 주로 무엇에 대해 이야기하고 있는가?
(A) 호텔에서의 숙박
(B) 건물의 위치
(C) 버스 운행 시간표
(D) 행사에 가는 교통편

해설 대화의 주제를 묻는 문제는 대화 전반부에서 정답의 단서를 찾아야 한다. 선택지가 명사 어휘로 구성되어 있으므로 도입부의 내용을 주의 깊게 들으면서 유사 어휘나 관련 키워드를 찾도록 한다. 도입부에서 여자가 셔틀 버스가 오지 않아 회의에 늦을까 걱정하고 결국 남자가 회의에 늦지 않도록 택시를 부르겠다고 하는 내용으로 이어지므로 정답은 (D)이다. conference가 event로 패러프레이징되었다.

48   What is the woman concerned about?
     (A) Completing a report
     (B) Missing the speech
     (C) Making a payment
     (D) Preparing for a job interview

여자는 무엇에 대해 걱정하는가?
(A) 보고서를 완성하는 것
(B) 연설을 놓치는 것
(C) 대금을 지불하는 것

(D) 취업 면접을 준비하는 것

해설 여자가 걱정하는 것을 묻고 있으므로 여자의 말을 잘 들어야 한다. 버스가 늦어지는 상황에서 I want to get there on time so I can see the opening speaker.를 듣고 개회 연설을 놓칠까 걱정하고 있음을 알 수 있다. 따라서 정답은 (B)이다.

49   What does the man suggest?
     (A) Finding a new driver
     (B) Canceling a reservation
     (C) Taking a taxi
     (D) Rescheduling a conference

남자가 제안하는 것은 무엇인가?
(A) 새로운 기사를 찾는 것
(B) 예약을 취소하는 것
(C) 택시를 타는 것
(D) 회의 일정을 다시 잡는 것

해설 남자가 제안하는 내용을 묻는 질문이므로 남자의 말에 정답의 단서가 있다. Might I suggest a taxi? I'll ask the receptionist to get us a cab.에서 택시를 타자고 제안하는 걸 알 수 있다. 따라서 정답은 (C)이다.

50-52 refer to the following conversation. 미W 미M

W   Hi, Steve. Can I talk to you for a second? I don't have any idea what I'm supposed to do with the consumer survey results.

M   Sure, I can help. What do you need? I assume the survey is about the new phone we're developing.

W   Yes. Most of the testers liked the product very much. They especially liked its design and the technological innovations. The only problem was the price. They said they didn't want to spend that much money on a phone.

M   That's not good. Maybe I'll ask the development team to discuss some price adjustments.

여   안녕, 스티브. 잠깐 얘기 좀 할 수 있을까? 소비자 조사 결과로 내가 뭘 해야 할지 모르겠어.

남   좋아. 내가 도와줄게. 뭐가 필요한 거야? 내 생각에 조사는 우리가 개발 중인 새로운 전화기에 관한 것일 텐데.

여   맞아. 조사자들 대부분이 그 상품에 매우 만족했어. 그들은 특히 디자인과 기술 혁신을 마음에 들어 했지. 유일한 문제는 가격이야. 그들은 전화기 하나에 그렇게 많은 돈을 쓰고 싶지 않다고 했어.

남   그거 곤란하군. 내가 개발팀에 가격 조정에 대해 논의하도록 요청해 볼까 봐.

어휘 be supposed to do ~해야 한다, ~하기로 되어 있다 consumer survey 소비자 조사 result 결과 assume 추측하다, 추정하다 develop 개발하다 technological innovation 기술 혁신 spend (돈, 시간 등을) 쓰다 price adjustment 가격 조정 laptop computer 노트북 컴퓨터 refrigerator 냉장고 unattractive 볼품없는, 매력 없는

50 What product are the speakers discussing?
(A) A laptop computer
(B) A television
(C) A telephone
(D) A refrigerator

화자들은 어떤 상품에 대해 이야기하는가?
(A) 노트북 컴퓨터
(B) 텔레비전
(C) 전화기
(D) 냉장고

해설 대화의 주제를 묻고 있으므로 대화의 전반부에서 정답의 단서가 될 키워드를 찾는다. 남자가 I assume the survey is about the new phone we're developing.이라고 언급하고 여자가 계속 new phone에 대해 이야기하므로 정답은 (C)이다.

51 What complaint was made about the product?
(A) It is too big.
(B) It is expensive.
(C) It is difficult to use.
(D) It is unattractive.

상품에 대해 어떤 불만이 제기되었는가?
(A) 너무 크다.
(B) 비싸다.
(C) 사용하기 어렵다.
(D) 볼품이 없다.

해설 상품에 대한 소비자들의 불만이 무엇인지 묻고 있다. The only problem was the price. They said they didn't want to spend that much money on a phone.이라는 여자의 말에서 비싼 가격이 유일한 문제라는 것을 알 수 있으므로 정답은 (B)이다.

52 What does the man say he will do?
(A) Interview a customer
(B) Visit a factory
(C) Set up a meeting
(D) Develop a new product

남자는 무엇을 하겠다고 이야기하는가?
(A) 고객을 인터뷰한다.
(B) 공장을 방문한다.
(C) 회의를 마련한다.
(D) 신제품을 개발한다.

해설 남자가 다음에 할 일을 묻고 있다. 대화의 마지막 부분에서 남자가 개발팀에 가격 조정 회의를 요청하겠다(Maybe I'll ask the development team to discuss some price adjustments.)고 했으므로 정답은 (C)이다.

53-55 refer to the following conversation. 미M 호W

M I have been so busy lately moving into my new condo that I couldn't go out. I'm hoping that I get the chance to explore the neighborhood when I get done unpacking.

W I heard there's going to be an outdoor music festival this Saturday.

M I was actually reading about that in the local newspaper. I read that the city holds it every year.

W Yes, except for the fact that there's going to be a lot of people there, it will be fun. The local restaurants give out free samples of their food, and there are going to be music stations set up all around town. I think you'll like it.

남 최근에 새 아파트로 입주하느라 바빠서 밖에 나갈 수가 없었어요. 짐을 다 풀고 나면 근처를 둘러볼 기회가 있었으면 좋겠습니다.

여 이번 주 토요일에 야외 음악 축제가 있을 거라고 들었어요.

남 사실은 지역 신문에서 음악 축제에 대한 기사를 읽고 있었어요. 시에서 매년 축제를 주최한다고 하는군요.

여 네, 사람이 많다는 사실을 제외하면 음악 축제는 재미있을 거예요. 지역 식당들은 음식을 무료로 시식하게 내놓고, 도시 곳곳에 음악 방송국이 세워질 겁니다. 당신도 좋아할 거예요.

어휘 lately 최근에 condo 분양 아파트 explore 탐험하다, 답사하다 unpack (짐을) 풀다 music festival 음악 축제 hold 열다, 개최하다 music station 음악 방송(국) set up 세우다, 설치하다 outdoor activity 야외 활동 subscribe to ~을 구독하다 travel agent 여행사 직원

53 What did the man do recently?
(A) Apply for a job
(B) Start a new business
(C) Move to a new apartment
(D) Go on a trip

남자는 최근에 무엇을 했는가?
(A) 일자리에 지원했다.
(B) 새 사업을 시작했다.
(C) 새 아파트로 이사했다.
(D) 여행을 갔다.

해설 남자가 최근에 한 일을 묻고 있다. I have been very busy lately moving into my new condo that I couldn't go outside.라는 남자의 말에서 최근에 새 아파트에 입주했음을 알 수 있다. 따라서 정답은 (C)이며 lately와 recently가 유사 어휘라는 것을 알면 쉽게 답을 찾을 수 있는 문제이다.

54 What does the woman suggest?
(A) Planning an outdoor activity
(B) Going to a music festival
(C) Subscribing to a magazine
(D) Contacting a travel agent

여자는 무엇을 제안하는가?

(A) 야외 활동 계획하기
(B) 음악 축제에 가기
(C) 잡지를 구독하기
(D) 여행사 직원에게 연락하기

해설 여자가 제안하는 내용을 묻고 있으므로 여자의 말을 잘 들어야 한다. 여자가 I heard there's going to be an outdoor music festival this Saturday.라고 야외 음악 축제에 대해 언급한 뒤 축제에 대해 설명해 주므로 정답은 (B)이다.

55 What will the local restaurants provide?
(A) Free cooking classes
(B) Service until midnight
(C) Free food samples
(D) New menus

지역 식당들은 무엇을 제공할 것인가?
(A) 무료 요리 강좌들을 주최한다.
(B) 한밤중까지 영업한다.
(C) 무료 음식 샘플을 제공한다.
(D) 메뉴를 바꾼다.

해설 지역 식당들이 제공할 것이 무엇인지 묻는 질문이므로 local restaurant와 관련된 부분을 집중해서 들어야 한다. 대화의 후반부에서 여자가 The local restaurants give out free samples of their food라고 했으므로 정답은 (C)이다.

56-58 refer to the following conversation. 호W 미M

W Jared, are you willing to work with Ian to launch a new line of energy drinks? The project has already started, but Ian told me he needed some help.

M All right. I've worked with him before and everything went well.

W Ian actually asked for you to work with him, probably because he knows that you have experience marketing drinks. He thinks your help would be very valuable.

M I'll call Ian and see if we can talk. I would like to start this project as soon as possible.

여 재러드, 신제품 에너지 음료를 출시하기 위해 이안과 함께 일해 주시겠어요? 그 프로젝트는 이미 시작되었지만 이안이 내게 도움이 필요하다고 말했어요.

남 좋아요, 전에 그와 일한 적이 있는데 모든 게 순조로웠습니다.

여 사실 이안이 당신과 함께 일하게 해 달라고 부탁했어요. 아마 당신에게 음료 마케팅 경험이 있다는 걸 알기 때문일 거예요. 이안은 당신의 도움이 매우 유용할 거라고 생각해요.

남 제가 이안에게 전화해서 얘기를 나눌 수 있는지 알아보겠습니다. 최대한 빨리 이 프로젝트를 시작하고 싶네요.

어휘 be willing to do 기꺼이 ~하다 launch (상품 등을) 출시하다 go well 잘 되어가다 valuable 유용한, 귀중한 shipping 운송, 발송 support 지원 personnel 인사의, 인원 approval 승인, 허가 transfer 이동, 전출 branch 지사, 지점

56 What department do the speakers most likely work in?
(A) Shipping department
(B) Technical Support department
(C) Marketing department
(D) Personnel department

화자들은 어느 부서에서 일하겠는가?
(A) 발송부
(B) 기술지원부
(C) 마케팅부
(D) 인사부

해설 화자들이 일하는 부서를 묻고 있다. 대화의 전반부에서 신제품 출시와 관련하여 도움이 필요하다는 내용이 언급되었으며 he knows that you have experience marketing drinks라는 여자의 말에서 남자가 마케팅 일을 한다는 것을 알 수 있으므로 정답은 (C)이다.

57 What does the woman say Ian requested?
(A) Help with a project
(B) Approval to go on a marketing trip
(C) A different project
(D) A transfer to another branch

여자는 이안이 무엇을 요청했다고 말하는가?
(A) 프로젝트에 대한 도움
(B) 마케팅 출장을 가는 것에 대한 승인
(C) 다른 프로젝트
(D) 다른 지사로의 이동

해설 이안이 여자에게 요청한 내용을 묻고 있다. 프로젝트가 시작되었고 이안이 도움이 필요하다고 말했다(The project already started, but Ian told me he needed some help.)는 여자의 말에서 정답이 (A)라는 것을 알 수 있다.

58 What will the man do next?
(A) Contact a coworker
(B) Meet with some clients
(C) Attend a meeting
(D) Interview a job applicant

남자는 다음에 무엇을 할 것인가?
(A) 동료에게 연락한다.
(B) 일부 고객들과 만난다.
(C) 회의에 참석한다.
(D) 취업 지원자를 면접한다.

해설 남자가 다음에 할 일을 묻는 질문으로 대화의 후반부 남자의 대사를 주의 깊게 들어야 한다. 남자는 이안에게 전화해서 얘기를 나눌 수 있는지 알아보겠다(I'll call Ian and see if we can talk.)고 했으므로 정답은 (A)이다.

M Hi, I'd like a bus ticket to San Diego at 10:00 A.M.

W Hmm. I'm sorry but the ticket has already been sold out. That must be due to Comic-Con festival.

M Right. A lot of people are trying to get there today. But I didn't expect it to be so popular.

W Absolutely true. The festival would bring about a lot of traffic congestion in the city.

M But I desperately need to be in San Diego. Is there any way I can reach San Diego by 6 P.M.? I have a job interview.

W If I were you, I would just take a cab if your job is very important to you. Also the fare wouldn't be much more than you imagine.

M But taxi also could be influenced by.

W Oh, I forgot. That's right. So, I figured you could save some time by taking the train.

남 안녕하세요. 오전 10시 샌디에고 행 버스 한 장 주세요.

여 음. 죄송합니다. 버스표가 매진되었어요. 아마도 코믹콘 페스티벌 때문인 것 같아요.

남 그렇죠. 많은 사람들이 오늘 가려고 하겠죠. 하지만 이렇게 인기가 있을 줄은 몰랐어요.

여 네 맞아요. 이번 페스티벌로 도시에 교통체증이 심할 거예요.

남 그런데 정말 샌디에고로 가야 하거든요. 오후6시까지 샌디에고로 갈 수 있는 방법이 있을까요? 면접이 있거든요.

여 제가 손님이라면 전 택시를 타겠어요. 만약에 손님에게 중요한 일이라면 말이죠. 뿐만 아니라 요금도 상상하는 것만큼 그렇게 비싸지도 않아요.

남 하지만 택시도 역시 영향을 받을 수 있죠.

여 아.. 제가 깜빡했네요. 그렇죠. 그러면 제 생각에는 기차를 타면 시간을 단축시킬 수 있겠네요.

어휘 bring about 야기하다 (=cause, lead to, give rise to) traffic congestion 교통 체증 fare 교통 운임 be influenced by ~에 영향을 받다 figure [구어체] ~라고 생각하다 be crowded with ~로 가득 차다 gain popularity 인기를 얻다 get to ~에 도달하다 (=reach)

59 Where most likely are the speakers?
(A) At a bus terminal
(B) At an airport
(C) At a festival venue
(D) At a train station

화자는 어디에 있는가?
(A) 버스 터미널
(B) 공항
(C) 페스티벌 행사장
(D) 기차역

해설 이 문제에서 핵심 단어는 has already been sold out 즉, 표가 매진되었다는 것에서 (A)가 정답임을 알 수 있다.

60 What does the woman mean when she says, "Absolutely true"?
(A) Road will be crowded with traffic.
(B) The festival gains much popularity.
(C) Taxi fare is more expensive than bus fare.
(D) It is very hard to get to San Diego.

여자가 "확실히 맞아요"라고 말한 의도는 무엇인가?
(A) 도로에 차로 꽉 막힐 것이다.
(B) **페스티벌이 엄청난 인기를 얻었다.**
(C) 택시 요금이 버스 요금보다 훨씬 비싸다.
(D) 샌디에고로 가는 것이 매우 힘들다.

해설 absolutely true라는 말은 전적으로 상대방 말에 맞장구를 칠 때 사용한다. 그렇기 때문에 바로 앞에 나와 있는 내용에 대한 '동의' 정도라고 생각하면 쉽게 이해할 수 있을 것이다. 따라서 정답은 (B)이다.

61 What advice does the woman offer?
(A) To take another transportation
(B) To spend more money
(C) To check a schedule
(D) To take a plane

여자가 제안한 조언은 무엇인가?
(A) **다른 교통 수단 타기**
(B) 돈 좀 더 쓰기
(C) 일정 확인해 보기
(D) 비행기 타기

해설 take train이 되어야 하지만 직접적으로 "기차"라고 언급한 답이 존재하지 않는다. 시험에는 이런 식으로 pharaphrasing된 표현이 정답이 될 수 있다는 것을 기억하자. 여기에서는 기차로 버스를 대체할 수 있는 다른 교통 수단이기 때문에 (A)가 정답으로 적절하다.

M You know what? Jamie. It would be a great idea to extend our business hours for the upcoming season.

W1 Yeah. You're right. The sales on air-conditioner will go up particularly in this summer. This summer would be the hottest ever.

W2 And a new advertising campaign will be launched next Month. And then.. we will be very busy. So, we need to hire someone for extra hours.

M Oh, right. I almost forgot about that.

W2 Well, we will check out how much this would cost and will decide how many employees we should hire.

M A friend of mine has been recently looking for a job working at night. I'll contact him.

W1 And find out how much he wants to get paid.

M Okay. As soon as I can do, I'll let you know.

남	있잖아, 제이미. 다가올 시즌을 대비해 우리 운영 시간을 연장하는 방안은 정말 좋은 생각인 것 같아.
여1	응, 네 말이 맞아. 이번 여름에 특히 에어컨 판매량이 증가할 거야. 이번 여름이 그 어느 때보다도 덥다고 하거든.
여2	그리고 새로운 광고가 다음 달에 시작해. 그렇게 되면 우리는 바빠지겠지. 그래서 추가 시간에 일할 사람을 고용해야 해.
남	아, 맞아. 그걸 잊어버릴 뻔 했네.
여2	얼마나 돈이 드는지, 얼마나 많은 직원들을 고용해야 할지도 알아봐야 해.
남	내 친구 한 명이 최근에 밤에 일할 수 있는 자리를 찾고 있던데 내가 한 번 연락해 볼게.
여1	그리고 얼마나 보수를 받고 싶은지도 알아봐 줘.
남	응. 연락하는 대로 알려 줄게.

어휘 extend 연장하다 business hour 근무 시간(=working hour) sales 판매(량) go up 증가하다 be launched 시작되다 get paid 돈을 받다 sweltering heat 무더위

62 What will the business do?
(A) Hire more staff members
(B) Purchase a new air-conditioner
(C) Buy a warehouse
(D) Work on night shift

이 회사가 할 일은 무엇인가?
(A) **추가로 직원 고용하기**
(B) 새 에어컨 사기
(C) 창고 구입하기
(D) 야간 조로 근무하기

해설 중반 이후 일관적으로 직원을 더 뽑는 얘기가 주를 이룬다. 돈을 얼마를 줄지, 몇 명을 고용할지, 지인 중에 아는 사람이 일자리를 구하고 있다는 얘기 등을 통해 정답이 (A)라는 것을 알 수 있다.

63 What does the man mean when he says, "I almost forgot about that"?
(A) A new advertisement will start.
(B) Business hours will be extended.
(C) Air-conditioner will be sold out.
(D) There will be sweltering heat in summer.

남자가 "그걸 잊을 뻔 했네"라고 말한 의도는 무엇인가?
(A) **새로운 광고가 시작할 것이다.**
(B) 운영 시간이 연장될 것이다.
(C) 에어컨이 매진될 것이다.
(D) 여름에 무더위가 예상된다.

해설 문장에서 that이 언급하는 대상을 찾아보자. that은 여기에서 앞에서 언급한 내용을 받는 지시대명사로 사용됐다. 바로 앞 문장을 보면 광고가 다음 달에 시작될 것이라는 얘기에 대한 내용을 잊을 뻔했다고 볼 수 있다. (D)는 남자가 첫 문장에서 '다가올 시즌을 대비해서 (for upcoming season)'라고 했기 때문에 이미 인지하고 있다고 볼 수 있으므로 정답은 (A)이다.

64 Why will the man call to his friend?
(A) To confirm the schedule of advertising campaign
(B) To ask business hours
(C) To inquire about the availability for the job
(D) To recommend an air-conditioner

남자가 친구에게 전화를 걸려고 하는 이유는?
(A) 광고 일정을 확인하기 위해서
(B) 업무 시간을 물어보기 위해서
(C) **일을 할 수 있는지 물어보기 위해서**
(D) 에어컨을 추천하기 위해서

해설 마지막 부분에서 힌트를 찾을 수 있다. '일자리를 찾고 있다', '얼마를 받고 싶은지 알아봐라' 등에서 전화를 걸어서 그 친구가 자신의 회사에서 일할 수 있는지 묻는 전화일 것이므로 정답은 (C)이다.

65-67 refer to the following conversation and list. 영W 미M

Hard Drive	$50
Sound Card	$35
Monitor	$225
LAN Card	$15
Keyboard	$20

하드 드라이브	50달러
사운드 카드	35달러
모니터	225달러
랜 카드	15달러
키보드	20달러

W	Hi, I bought a laptop from your store a year ago, but my computer is too slow. Especially websites take ages to load.
M	Usually, the problem may not be your computer's fault.
W	But only a few days ago, it worked perfectly. But it was suddenly going crazy.
M	Have you checked Internet connection? That might be a problem, not a computer itself.
W	I did whatever I can. Restarting my computer, reinstalling operating system, changing Internet cable.
M	Okay. Let me check. You're right. It's a very common "LAN card" problem. I will replace it. It will take only five minutes.
W	Also, I would like to buy a keyboard.

여	안녕하세요. 제가 1년 전에 이 상점에서 노트북을 샀는데요. 컴퓨터가 느려졌어요. 특히 웹 사이트를 여는데 한참 걸려요.
남	보통 문제는 손님 컴퓨터가 아닐 수도 있어요.
여	하지만 며칠 전만 하더라도 너무나 완벽하게 작동을 했어요. 그런데 갑자기 이상해진 거예요.
남	인터넷 연결은 확인해 보셨나요? 컴퓨터 자체가 아닌 그게 문제일 수도 있어요.
여자	제가 할 수 있는 건 다 해봤어요. 컴퓨터 재시작, 운영 체제 재설치, 인터넷 케이블도 바꿔 봤어요.
남	네. 그럼 확인해 볼게요. 손님 말씀이 맞네요. 이건 흔한 랜카드 문제예요. 교체해 드릴게요. 교체하는데 5분정도 걸릴 거예요.
여	그리고 키보드도 살게요.

65 Where does this conversation most likely take place?
(A) At a computer manufacturer
(B) At a computer class
(C) At an electronics store
(D) At an Internet service company

이 대화가 일어나고 있는 장소는 어디인가?
(A) 컴퓨터 제조 회사
(B) 컴퓨터 수업
(C) 전자 제품 상점
(D) 인터넷 서비스 회사

해설 정직하게 computer store라고 제시되면 좋겠지만 역시 paraphrasing되어서 출제되었다. (A), (B)에 computer라는 단어가 들었다고 해서 고르는 우를 범하지 말자. 정답은 (C)이다.

66 What problem does the woman mention?
(A) A part needs to be replaced.
(B) Some components are out of stock.
(C) A repair process is too slow.
(D) A laptop is not working properly.

여자가 언급한 문제는 무엇인가?
(A) 부품을 교체할 필요가 있다.
(B) 일부 부품이 품절이다.
(C) 수리 절차가 너무 더디다.
(D) 노트북이 제대로 작동하지 않는다.

해설 제대로 듣지 않는다면 (A)를 고를 수 있다. 이는 여자가 언급한 것이 아니라 대화 후반부에서 남자가 컴퓨터가 느리게 만드는 것의 원인인 랜카드를 교체해야 한다는 말을 한 것이다. 따라서 정답은 (D)이다.

67 Look at the graphic. How much will she pay?
(A) $15
(B) $35
(C) $50
(D) $225

시각 정보에 의하면 여자가 지불해야 할 금액은 얼마인가?
(A) 15달러
(B) 35달러
(C) 50달러
(D) 225달러

해설 랜카드 교체 비용과 키보드 구매 비용을 합산한 비용을 생각하면 정답은 (B) 35달러이다. 랜카드를 교체하지 않겠다는 말도 안 나왔고, also라는 말로 암묵적으로 합의했다고 생각해도 된다. 앞의 내용과 더불어서 키보드도 구매하겠다는 것이기 때문이다. 숫자가 표에 있는 것과 동일하다고 해서 무조건적으로 한 품목만 생각하면 안 되고 어렵게 출제되면 합산을 물을 수도 있으니 주의하자.

68-70 refer to the following conversation and schedule.
미M 영W

Sessions	Time
Contents discussion	9:00 - 10:00 A.M.
Book cover design	10:00 - 11:00 A.M.
Lunch	12:00 - 1:00 P.M.
Proofreading	1:00 - 2:00 P.M.
Market analysis	2:00 -3:00 P.M.

세션	시간
콘텐츠 논의	오전 9:00 – 10:00
표지 디자인	오전 10:00 – 11:00
중식	오후 12:00 – 1:00
교정	오후 1:00 – 2:00
시장 분석	오후 2:00 –3:00

M Hi, Kelly. I am now searching for an error in the desktop at the conference room.

W What's the matter with that?

M Seemingly, the computer looks great. But there is a connection problem between a desktop and a projector.

W I figured it is attributable to improper settings on company's desktop.

M In the first place, I thought the same way. But settings are fine.

W My department manager said the desktop at that room isn't working.

M I called technical support team and we need another desktop or laptop by 3 P.M. Unfortunately, they will not make it on time.

W Book cover design session will need a presentation to show several images. So, we have to switch the times for the second and the last.

남 안녕, 캘리. 지금 콘퍼런스룸에 있는 데스크탑 에러를 찾고 있는 중이야.
여 뭐가 문제야?
남 외견상으론 컴퓨터는 괜찮아 보여. 그런데 데스크탑과 프로젝터를 연결하는 데 문제가 있는 것 같아.
여 내 생각에는 아마도 회사 데스크탑에 세팅이 잘못된 것 같아.
남 처음에는 나도 같은 생각을 했어. 그런데 세팅은 괜찮아.
여 우리 부서장님이 그 데스크탑이 작동을 하지 않는다고 말씀하셨어.
남 기술 지원팀에 전화를 해서 오후 3시까지 다른 컴퓨터가 필요하다고 했어. 그런데 안타깝게도 제 시간에 해주질 못한대.
여 표지 디자인 세션에는 이미지를 보여줘야 해서 프리젠테이션이 필요해. 그러니깐 두 번째 시간과 마지막 시간을 바꿔야 해.

68 Where is the conversation most likely taking place?
(A) At an office
(B) At a department store
(C) At a book store
(D) At a home appliance shop

어디에서 이 대화가 이루어지고 있는가?
(A) 사무실
(B) 백화점
(C) 서점
(D) 가전 제품 상점

해설 conference room, company's desktop, department manager 등을 통해 회사에서 이루어지고 있다는 것을 알 수 있다. book design나 computer 등의 단편적인 정보만 가지고 문제를 풀지 않도록 하자. 정답은 (A)이다.

69 What is the conversation mainly about?
(A) Fixing the desktop at the conference room
(B) Finding an error and testing a computer
(C) Preparing sessions
(D) Reviewing book cover designs.

대화에서 주로 다루고 있는 내용은 무엇인가?
(A) 콘퍼런스 룸 데스크탑 고치는 것
(B) 오류를 찾고 컴퓨터를 테스트하는 것
(C) 세션 준비하는 것
(D) 표지 디자인 검토하는 것

해설 선택지의 내용들이 한 번씩 다 언급이 되었던 부분이다. 그렇다고 해서 (A), (B), (D)가 내용의 핵심이라고 할 수는 없다. 결국에는 그런 오류, 테스트, 컴퓨터 고치기, 세션 옮기기 등을 통해서 하고자 하는 것은 '세션 준비'이므로 따라서 정답은 (C)이다.

70 Look at the graphic. According to the speaker which session will be held last?
(A) Contents discussion
(B) Book cover design
(C) Proofreading
(D) Market analysis

시각 정보에 의하면, 화자가 어떤 세션이 마지막에 열릴 것이라고 말하는가?
(A) 콘텐츠 논의
(B) 표지 디자인
(C) 교정
(D) 시장 분석

해설 표지 디자인 세션에는 프리젠테이션이 필요하다는 말과 3시까지는 컴퓨터 교체가 되지 않는다는 점, 가장 결정적으로 제일 마지막 문장에서 두 번째 세션과 마지막 세션을 바꾸자고 한다. 이를 토대로 마지막 세션은 두 번째 세션이었던 (B) 표지 디자인이 된다.

Part 4

71-73 refer to the following message. (미M)

Mrs. Schultz, good afternoon. This is Andrew Payne from Bloomsbury Landscaping services. I'm calling to confirm that I'll be visiting your office on Tuesday afternoon to mow the front lawn. As always, I'll give the bill to your receptionist at the main desk. Please keep in mind that we've switched banks, which means our account number has changed. I'll leave a post-it as a reminder. Thank you and have a nice day.

슐츠 씨, 안녕하세요. 저는 블룸즈베리 조경 서비스의 앤드류 페인입니다. 화요일 오후 앞 잔디를 깎으러 당신의 사무실을 방문할 거라는 걸 확인드리려고 전화했습니다. 늘 그렇듯 프런트 안내원에게 청구서를 드리겠습니다. 저희가 은행을 바꿨는데 그것은 저희 계좌번호가 바뀐 걸 의미함을 명심해 주십시오. 상기시켜 드릴 수 있도록 메모지를 남기겠습니다. 감사드리며 좋은 하루 보내세요.

어휘 landscaping 조경 confirm 확인하다 mow 베다, 베어내다 lawn 잔디(밭) as always 늘 그렇듯 main desk 프런트, 메인 데스크 keep in mind 명심하다 switch 바꾸다, 바뀌다 account number 계좌번호 reminder 생각나게 하는 것 appointment 약속 inquiry 문의, 조사 reservation 예약 billing 청구서 발부 maintenance 유지, 관리 financial 재정상의, 재무의 payment 지불 previous 이전의, 앞서의 electronically 전자적으로 accept 받다 cash payment 현금 결제 recently 최근에

71 What is the purpose of the message?
(A) To confirm an appointment
(B) To place an order
(C) To make an inquiry
(D) To make a reservation

메시지의 목적은 무엇인가?
(A) 약속을 확인하기 위해
(B) 주문하기 위해
(C) 문의하기 위해
(D) 예약하기 위해

해설 목적을 묻는 문제는 지문 전반부에 정답의 단서가 있다. 자기 소개 이후 세 번째 문장 I'm calling to confirm that I'll be visiting your office on Tuesday afternoon to mow the front lawn에서 방문 약속 확인이 목적임을 알 수 있으므로 (A)가 정답이다.

72 What type of service does the company provide?
(A) Carpeting service
(B) Billing service
(C) Lawn maintenance
(D) Financial advice

회사는 어떤 종류의 서비스를 제공하는가?
(A) 카펫 서비스
(B) 청구서 발부 서비스
(C) 잔디 관리

(D) 재무 자문

해설 회사가 제공하는 서비스의 종류를 묻고 있다. 회사의 이름이 Bloomsbury Landscaping services이고, 이어 I'll be visiting your office on Tuesday afternoon to mow the front lawn이라고 하므로 잔디 깎는 일과 관련된 서비스를 제공한다는 걸 알 수 있다. 따라서 정답은 (C)이다.

73 What does the caller say about the payment?
(A) He has not received payment for previous services.
(B) Payment should be sent electronically.
(C) His company accepts only cash payments.
(D) An account number for payments has recently changed.

전화 거는 사람은 지불에 대해 뭐라고 하는가?
(A) 이전의 서비스 대금을 지불 받지 못했다.
(B) 지불은 전자 결제되어야 한다.
(C) 그의 회사는 현금 결제만 받는다.
(D) 지불 계좌번호가 최근에 바뀌었다.

해설 지불과 관련해서 남자가 무슨 말을 했는지 묻는 세부 사항을 묻는 문제이다. 지문 후반부의 계좌번호가 바뀌었다는 our account number has changed가 선택지에서 An account number for payments has recently changed.로 패러프레이징되었다. 따라서 정답은 (D)이다.

74-76 refer to the following talk. (영M)

I'd like to welcome and congratulate everyone on the start of your new career here at Laika Corporation. My name is Gerome Heffley and I'll be guiding you through this orientation. I've noticed that some of you have already started on the forms in your human resources packets. I'd like to ask everyone to start filling out your packets at this time. You can hand the forms to me when you're done. Please remember to review all the other materials in the packets we've handed out. It contains important information that will help you go through the first few weeks here. In a few minutes, Mildred from Payroll will be here to give a short demonstration. She'll show you how to work the payroll system.

라이카 사에서 새로운 경력을 시작하게 된 여러분을 환영하고 축하합니다. 제 이름은 제롬 헤플리이며 이번 오리엔테이션 동안 여러분을 안내하게 될 겁니다. 저는 여러분들 중 일부가 이미 인사부 자료 묶음에 있는 서식들을 시작한 걸 알고 있습니다. 지금 자료 묶음 작성을 시작하도록 부탁합니다. 양식을 다 작성하면 저에게 제출해 주십시오. 나눠 드린 묶음 안의 모든 다른 자료들을 검토해야 한다는 걸 기억하세요. 여러분이 이곳에서 지낼 처음 몇 주를 도와줄 중요한 정보가 들어 있습니다. 잠시 후에 경리부의 밀드레드가 여기 와서 약간의 시연을 할 텐데요. 그녀는 여러분에게 정산 시스템 작동법을 알려 줄 것입니다.

어휘 career 경력 notice 알아채다, 인지하다 fill out 기입하다, 작성하다 hand 제출하다 hand out 나눠주다, 배포하다 contain 포함하다 Payroll 경리부 demonstration 시연 personnel 인원, 직원들 support 지원 public relations 홍보 (활동) contact information 연락처 present 내놓다, 제출하다 identification 신분증 paperwork 서류 submit 제출하다, 맡기다 refreshments 다과 survey form 설문지 distribute 분배하다, 배포하다

74 What department does the speaker probably work in?
(A) Personnel department
(B) Technical Support department
(C) Public Relations department
(D) Marketing department

화자는 어느 부서에서 일하는가?
(A) 인사부
(B) 기술 지원부
(C) 홍보부
(D) 마케팅부

해설 전반부의 I'll be guiding you through this orientation. I've noticed that some of you have already started on the forms in your human resources packets.에서 화자가 인사부에서 일한다는 것을 추론할 수 있다. 따라서 정답은 (A)이다. 지문의 human resources가 선택지에서 personnel department로 패러프레이징되었다.

75 What are the listeners instructed to do?
(A) Give contact information
(B) Present identification
(C) Complete paperwork
(D) Submit a résumé

듣는 사람들은 무엇을 하도록 지시 받는가?
(A) 연락처를 준다.
(B) 신분증을 제시한다.
(C) 서류를 완성한다.
(D) 이력서를 제출한다.

해설 화자가 듣는 사람들에게 뭘 하라고 지시하는지 묻고 있다. I'd like to ask everyone to start filling out your packets at this time. You can hand the forms to me when you're done.에서 꾸러미의 서류를 작성해야 함을 알 수 있으므로 정답은 (C)이다. fill out packets가 complete paperwork로 패러프레이징되었다.

76 What will most likely happen in a few minutes?
(A) Light refreshments will be served.
(B) A survey form will be distributed.
(C) A president will be introduced.
(D) A procedure will be explained.

잠시 후에 무슨 일이 일어날 것인가?
(A) 가벼운 다과가 제공될 것이다.
(B) 설문지가 배포될 것이다.
(C) 회장이 소개될 것이다.
(D) 절차가 설명될 것이다.

해설 잠시 후에 일어날 일을 묻고 있다. 미래의 일정, 계획 문제는 후반부에서 단서를 찾는다. In a few minutes, Mildred from Payroll will be here to give a short demonstration.

She'll show you how to work the payroll system.에서 정산 시스템 작동법에 대한 시연과 설명이 있을 거라는 걸 알 수 있다. 따라서 정답은 (D)이다.

77-79 refer to the following announcement. 미W

Attention, passengers. The 1:30 P.M. train from London to Liverpool will be departing shortly from Track 2. Your passports must be checked before you board the train, so please have it out for the attendants to see. The overhead compartments are reserved for smaller luggage, so please keep that in mind. Please check large items before you get on the platform to ensure they are stored in the baggage cart. For safety reasons, please double-check that the items in the overhead compartment are securely in place when the train is moving. Again, this train is headed to Liverpool on Track 2.

승객 여러분, 주목해 주십시오. 오후 1시 30분 런던발 리버풀행 기차가 2번 선로에서 곧 출발하겠습니다. 기차에 타시기 전에 여권이 확인되어야 하니 직원들이 볼 수 있도록 제시해 주시기 바랍니다. 작은 짐들을 위해 좌석 위에 짐칸이 마련되어 있으니 기억해 두십시오. 큰 짐은 승강장에 들어서기 전에 확인해야 수하물 카트에 실리게 됩니다. 안전을 위해 좌석 위 짐칸의 물건들이 기차가 움직여도 안전하게 있는지 재확인해 주시기 바랍니다. 다시 한 번 알려 드립니다. 이 열차는 2번 트랙에서 리버풀로 갑니다.

어휘 attention 주목하다 passenger 승객 depart 출발하다 board 탑승하다 attendant 안내원, 종업원 overhead compartment 머리 위 짐칸 be reserved for ~을 위해 마련되다 luggage 여행 가방, 수하물 platform 승강장 baggage cart 수하물 카트 double-check 재확인하다 securely 안전하게, 단단하게 head ~로 향하다 travel itinerary 여행 일정표 boarding pass 탑승권 customs form 세관 신고서 overhead bin 머리 위 짐칸 baggage car 수하물 차

77 Where should passengers who travel to Liverpool go?
(A) To Track 2
(B) To Track 11
(C) To Track 18
(D) To Track 20

리버풀로 여행하는 승객들은 어디로 가야 하는가?
(A) 2번 트랙
(B) 11번 트랙
(C) 18번 트랙
(D) 20번 트랙

해설 리버풀로 여행할 승객들이 어디로 가야 하는지 장소를 묻는 문제이다. The 1:30 P.M. train from London to Liverpool will be departing shortly from Track 2.에서 리버풀 행 기차가 2번 트랙에서 출발한다는 걸 알 수 있으므로 정답은 (A)이다.

78 What are the passengers asked to have ready?
(A) Travel itinerary
(B) Boarding passes
(C) Customs forms

(D) Passports

승객들이 준비해서 가지고 있도록 요청받은 것은 무엇인가?
(A) 여행 일정표
(B) 탑승권
(C) 세관 신고서
(D) 여권

해설 화자의 요청 사항을 묻는 문제이다. Your passports must be checked before you board the train, so please have it out for the attendants to see.에서 여권을 확인받도록 요청하는 것을 알 수 있다. 따라서 정답은 (D)이다.

79 Where should small luggage be placed?
(A) On the luggage cart
(B) Under the seats
(C) In the overhead bin
(D) In the baggage car

작은 짐들은 어디에 놓여야 하는가?
(A) 짐 카트에
(B) 좌석 아래에
(C) 머리 위 선반에
(D) 수하물 차에

해설 작은 짐들을 어디에 두어야 하는지 장소를 묻고 있다. 키워드인 small luggage를 유의해 들으면 대화 중반부에 The overhead compartments are reserved for smaller luggage, so please keep that in mind.가 나온다. 따라서 정답은 (C)이다. overhead compartments가 overhead bin으로 패러프레이징되었다.

80-82 refer to the following announcement. 미M

I just want to give you guys a quick reminder about our work schedule for the rest of the day. Our first guest will arrive at 5 P.M., which means that we need to make sure all of the appetizers are ready at that time. We will serve dinner at 7 P.M., which is right after the executive director's speech. For the people in charge of the main course, you need to start preparing right at 6. We are expecting about 150 guests to come this evening, so it will be important to work and get things done as soon as possible.

저는 여러분에게 남은 하루의 작업 일정에 대해 간단히 상기시켜 드리고자 합니다. 우리의 첫 손님은 오후 5시에 도착할 예정이며, 그것은 우리가 그때까지 모든 애피타이저 준비를 확실히 해야 함을 의미합니다. 우리는 저녁 7시에 저녁식사를 제공하게 되며 바로 이어서 전무님의 연설이 있을 것입니다. 주요리를 책임지는 사람들은 6시에 곧바로 준비를 시작해야 합니다. 오늘 저녁에는 약 150명의 손님들이 오실 예정이므로 최대한 빨리 일해서 끝내는 것이 중요합니다.

어휘 reminder 상기시키는 것 appetizer 애피타이저, 전채 요리 executive director 전무 in charge of ~을 맡아서, ~을 담당해서 main course 주요리 get things done 일을 해치우다 guest speaker 초청 연설자 set the table 상을 차리다 assistance 지원, 도움 introduction 소개, 도입 ballroom dance 사교댄스 closing ceremony 폐회식

80 What is the purpose of the announcement?
(A) To introduce a guest speaker
(B) To set the tables
(C) To ask for assistance with a project
(D) To give introductions about a job

안내의 목적은 무엇인가?
(A) 초청 연설자를 소개하기 위해
(B) 테이블을 세팅하기 위해
(C) 프로젝트에 지원을 요청하기 위해
(D) 일에 대해 소개하기 위해

해설 안내의 목적을 묻는 문제이므로 특히 전반부를 주의 깊게 들어야 한다. 첫 문장에서 I just want to give you guys a quick reminder about our work schedule for the rest of the day.라며 작업 일정을 상기시켜 주겠다고 하므로 정답은 (D)이다. quick reminder가 introductions로, work schedule이 job 으로 패러프레이징되었다.

81 What is taking place in the evening?
(A) A music concert
(B) A dinner
(C) A ballroom dance
(D) A closing ceremony

저녁에는 무슨 일이 일어날 것인가?
(A) 음악회
(B) 저녁식사
(C) 사교댄스
(D) 폐회식

해설 저녁에 일어날 일을 묻고 있다. evening을 키워드로 하여 관련 부분을 유념해 들어야 한다. 안내 중반부에서 We will serve dinner at 7 P.M., which is right after the executive director's speech.라고 했으므로 정답은 (B)이다.

82 How many people will attend the event?
(A) 50
(B) 70
(C) 150
(D) 200

얼마나 많은 사람들이 행사에 참석할 것인가?
(A) 50명
(B) 70명
(C) 150명
(D) 200명

해설 행사의 참가자 수를 묻는 문제이므로 숫자 관련 표현에 집중할 필요가 있다. 후반부의 We are expecting about 150 guests to come this evening에서 150명이 참가할 것임을 알 수 있으므로 정답은 (C)이다.

83-85 refer to the following telephone message. 호W

Hello, Mrs. Hughes. This is Katy Jackson calling from World Carpets & Fabrics. We have some issues with the carpeting you ordered for your living room. I'm aware that you were scheduled to come in to watch the installation on Wednesday but the factory sent the wrong color. I called the manager of the factory and made sure the right color would be delivered this weekend. This moves our schedule to Monday. Please call us and let me know what time you'd like us to come and install the carpet. Also, we can arrange another day if you are not available that day.

안녕하세요, 휴 씨. 저는 월드 카펫 앤 패브릭스의 케이티 잭슨입니다. 당신이 거실 용으로 주문하신 카펫과 관련하여 몇 가지 문제가 있습니다. 수요일에 설치를 지켜보러 오시기로 되어 있었다는 걸 알고 있지만 공장에서 다른 색깔을 보내 왔습니다. 제가 공장 책임자에게 전화를 걸어 맞는 색상이 이번 주말에 반드시 배달될 수 있도록 조치를 취했습니다. 따라서 우리의 일정은 월요일로 바뀝니다. 몇 시에 저희가 가서 카펫을 설치하길 바라시는지 전화로 알려 주세요. 월요일에 시간이 안 되시면 저희가 다른 날을 잡을 수도 있습니다.

어휘 issue 문제, 쟁점 aware 알고 있는 be scheduled to ~하기로 되어 있다 installation 설치 move 바꾸다, 바뀌다 arrange 마련하다, 처리하다 available 이용할 수 있는, 시간이 있는 car dealership 자동차 영업소 delivery truck 배달 트럭 out of order 고장 난 order form 주문서 incorrectly 부정확하게 product 상품 purchase 구입, 구매 shipping 배송, 발송 vehicle 차량, 탈것 confirm 확인하다, 확정하다

83 Where does the speaker work?
(A) At a carpet store
(B) At a furniture store
(C) At a car dealership
(D) At a paint factory

화자는 어디에서 일하는가?
(A) 카펫 가게에서
(B) 가구점에서
(C) 자동차 영업소에서
(D) 페인트 공장에서

해설 화자가 일하는 곳을 묻고 있다. 전화 녹음 메시지에서 전화를 건 사람의 신분 및 소속에 관한 내용은 대체로 전반부에서 나온다. 메시지의 첫 문장 Hello, Mrs. Hughes. This is Katy Jackson calling from World Carpets & Fabrics.에서 언급된 업체명 World Carpets & Fabrics를 통해 카펫 매장임을 짐작할 수 있으므로 정답은 (A)이다.

84 What is the problem?
(A) The delivery truck is out of order.
(B) An order form was completed incorrectly.
(C) The wrong item was delivered.
(D) A product is not available for purchase.

무엇이 문제인가?
(A) 배달 트럭이 고장이다.
(B) 주문서가 제대로 작성되지 않았다.

(C) 다른 상품이 배달되었다.

(D) 상품 하나가 구입 불가능하다.

해설 어떤 일을 진행하는 데 있어 '계획이나 의도와 달라진 점'이 핵심임을 간파하고 메시지를 들어야 정답 찾기가 수월하다. I'm aware that you were scheduled to come in to watch the installation on Wednesday but the factory sent the wrong color.에서 공장에서 다른 색상을 보내왔다는 걸 알 수 있다. 따라서 정답은 (C)이다.

85 What does the speaker ask Mrs. Hughes to do?

(A) Change her order

(B) Pay for shipping

(C) Purchase a new vehicle

(D) Confirm a date and time

화자는 휴 씨에게 무엇을 하라고 부탁하는가?

(A) 주문을 변경하라.

(B) 배송비를 지불하라.

(C) 새 차를 구입하라.

(D) 시간과 날짜를 확인하라.

해설 화자의 요청 사항을 파악하는 문제이다. 담화에서 화자의 요청 및 제안 사항은 대체로 후반부에서 언급된다. 후반부의 Please call us and let me know what time you'd like us to come and install the carpet.에서 원하는 카펫 설치 날짜를 알려 달라고 하므로 정답은 (D)이다.

86-88 refer to the following talk. (미|M)

Good evening, everyone. I am Robert Burlington. As CEO, I welcome everyone to our annual awards banquet. I will now announce that the winner of this year's most innovative achievement award goes to Carol Anderson. She has developed a water purifier that is energy efficient and easy-to-use. This product has received many positive ratings, which assures our title as a reliable water supplier. Carol will be making a trip to the Southwest next week. Please welcome our winner, Carol.

안녕하세요, 여러분. 저는 로버트 벌링턴입니다. 대표 이사로서 저는 여러분이 저희 연례 시상 연회에 오신 것을 환영합니다. 이제 올해의 최고 혁신 업무상이 캐롤 앤더슨에게 돌아갔음을 발표합니다. 그녀는 에너지 효율적이며 사용하기 쉬운 정수기를 개발했습니다. 이 상품은 믿을 수 있는 물 공급업체로서의 우리의 직함을 확인해 주는 많은 긍정적 평가를 받았습니다. 캐롤은 다음 주에 남서부로 여행을 가게 됩니다. 우리의 수상자 캐롤을 환영해 주십시오.

어휘 annual 연례의 award 상 banquet 연회 announce 발표하다 winner 수상자 innovation 혁신 achievement 업적, 성과 water purifier 정수기 energy efficient 에너지 효율적인 easy-to-use 사용하기 쉬운 positive rating 긍정적인 평가 assure 확인하다, 보장하다 reliable 믿을 수 있는 supplier 공급자, 공급업체 make a trip 여행을 하다 raise funds for ~에 대한 자금을 모으다 reorganize 재조직하다, 개편하다

86 What is the purpose of the talk?

(A) To report research results.

(B) To raise funds for research

(C) To introduce an award winner

(D) To announce a promotion

담화의 목적은 무엇인가?

(A) 연구 결과를 보고하기 위해

(B) 연구 자금을 모으기 위해

(C) 수상자를 소개하기 위해

(D) 승진을 발표하기 위해

해설 담화의 목적을 묻는 문제이므로 초반부에 집중해서 들어야 한다. annual awards banquet 이후에 I will now announce that the winner of this year's most innovative achievement award goes to Carol Anderson.에서 수상자를 발표하겠다고 하므로 정답은 (C)이다.

87 According to the speaker, what did Carol Anderson do?

(A) She developed a new product.

(B) She wrote a book.

(C) She designed a building.

(D) She reorganized a department.

화자에 따르면 캐롤 앤더슨은 무엇을 했는가?

(A) 신상품을 개발했다.

(B) 책을 썼다.

(C) 건물을 설계했다.

(D) 부서를 개편했다.

해설 캐롤 앤더슨이 한 일이 무엇인지 묻고 있다. She has developed a water purifier that is energy efficient and easy-to-use.라는 화자의 말에서 캐롤 앤더슨이 정수기를 개발했음을 알 수 있다. 따라서 정답은 (A)이다. water purifier가 new product로 패러프레이징되었다.

88 What will Carol do next week?

(A) Open a new business

(B) Take a trip

(C) Begin a research project

(D) Attend a meeting

캐롤 앤더슨은 다음 주에 무엇을 할 것인가?

(A) 새 사업을 시작한다.

(B) 여행을 간다.

(C) 연구 프로젝트를 시작한다.

(D) 회의에 참석한다.

해설 캐롤이 다음 주에 할 일을 묻고 있다. ~ do next? 유형의 질문은 담화 후에 이어질 상황에 대한 것이므로 담화 후반부에 주로 정답의 단서가 나온다. 후반부의 Carol will be making a trip to the Southwest next week.에서 캐롤이 남서부로 여행을 갈 거라고 했으므로 정답은 (B)이다. make a trip이 take a trip으로 패러프레이징되었다.

Are you looking for a non-iron shirt? It is very hard to find a true non-iron shirt unless you pay a lot of money on this. Or, you should pay someone at least $5 per shirt for ironing. If you want to save some money, there is no choice but to do it on your own. But, you want to use your extra time to sit on the couch to watch movies or take a walk through the park. That's really what you want to do instead of ironing wrinkles out. Then look no further than Brook Lauren Shirt. Our high-quality non-iron shirt is still crisp at the end of the day. If you want to look around what we have, just visit our website at www.brooklauren.com.

다림질이 필요 없는 셔츠를 찾고 있나요? 돈을 많이 지불하지 않는다면 진짜 다림질이 필요 없는 셔츠를 찾기란 여간 어려운 일이 아니죠. 아니면 셔츠 다림질을 위해선 최소 5달러를 지불해야 하죠. 만약에 돈을 절약하고 싶다면 스스로 하는 수밖에 없어요. 그렇지만 쉬는 시간을 소파에 앉아서 영화를 본다거나 공원을 산책하고 싶죠. 주름을 펴는 것 대신에 여러분이 진정으로 하고 싶은 것들일 거예요. 그렇다면 더 볼 필요 없이 브룩 로렌 셔츠를 선택하세요. 우리 제품은 최상의 품질의 다림질이 필요 없는 셔츠로 하루 종일 주름이 빳빳한 채로 유지돼요. 저희들이 보유한 제품에 대해서 살펴보길 원하신다면 www.brooklauren.com으로 방문해 주세요.

어휘 non-iron 다림질이 필요 없는 ironing 다림질 take a walk 산책하다 iron wrinkles out 주름을 펴다 look no further than ~ 말고는 더 볼 것 없다 high-quality 최상의 품질인 crisp (주름 하나 없이) 빳빳한 look around 둘러보다

89 What type of business is being advertised?
(A) Website design
(B) Home furnishing
(C) Dry cleaning
(D) Apparel company

어떤 종류의 비즈니스가 광고되고 있는가?
(A) 웹 사이트 디자인
(B) 집 꾸미기
(C) 드라이 클리닝
(D) 의류 회사

해설 주름이 가지 않는 셔츠를 판매하는 업체에 대한 광고를 하고 있기 때문에 (D)가 정답으로 적절하다.

90 What does the speaker mean when she says "Then look no further"?
(A) Its shirt is overpriced.
(B) Its shirt brings you a quality life.
(C) Its shirt is underestimated.
(D) Its shirt looks perfect for a relaxing day.

화자가 "더 볼 필요 없어요"라고 말한 의도는 무엇인가?
(A) 그 셔츠가 너무 비싸다.
(B) 그 셔츠가 당신에게 좋은 삶을 가져다 줄 것이다.
(C) 그 셔츠가 과소평가 되었다.
(D) 그 셔츠가 쉬는 날에 입기 완벽해 보인다.

해설 이런 화자의 의도를 묻는 문제는 그 문장의 전후의 내용이 결정적인 힌트가 된다. 셔츠를 다림질을 하지 않아도 된다면 삶의 질이 좋아진다고 하므로 이에 부합하는 (B)가 정답이 된다.

91 What are the listeners asked to do if they're interested?
(A) Check the price
(B) Visit company's homepage
(C) Reserve a consultation
(D) Request a sample

관심이 있다면 청자들은 무엇을 하도록 요청 받았는가?
(A) 가격 확인
(B) 회사 홈페이지 방문
(C) 상담 예약
(D) 샘플 요청

해설 제일 마지막 부분에 정답의 힌트가 있다. 이런 유형은 쉽지만 자주 출제되는 경향이 뚜렷하기 때문에 반드시 기억하자. If you want to look around what we have, just visit our website at www.brooklauren.com을 통해서 홈페이지를 방문해 보라는 말이 언급된다. 따라서 정답은 (B)이다.

Thank you for calling *Chagall Fashion Magazine*, a leading magazine publisher. Our office is currently closed. Please call back during regular business hours Monday through Friday, from 9 AM to 5 PM. If you are calling to leave a message, please press 1, and make an appointment for placing an advertisement, press 2. or repeat this menu, press 3. Outside of these, please press 0. To read some of our newest articles on fashion, please visit our website at www.chagallfashionmagazine.com. Thank you and have a nice day.

업계 선두 주자인 〈샤갈 패션 매거진〉에 연락 주셔서 감사합니다. 저희 사무실은 현재 업무를 마감했습니다. 일반 업무 시간에 다시 연락해 주시기 바랍니다. 업무 시간은 월요일부터 금요일까지 오전 9시부터 오후 5시까지입니다. 메시지를 남기시고 싶으시면 1번을, 광고 문의로 인한 약속을 잡으시길 원하시면 2번을 다시 듣고 싶으시면 3번을, 그 밖에 다른 문의가 있으시면 0번을 눌러 주세요. 패션에 대한 저희 최신 기사를 읽길 원하시면 웹 사이트 www.chagallfashionmagazine.com을 방문해 주세요. 좋은 하루 되세요. 감사합니다.

어휘 leading 선두의 publisher 출판사 currently 현재 make an appointment 약속을 잡다 place an advertisement 광고를 내다 article 기사

92 What kind of business recorded this message?
(A) A fashion design company
(B) An advertisement agency
(C) A magazine publishing company
(D) An art gallery

어떤 종류의 회사가 이 메시지를 녹음했나?

(A) 패션 디자인 회사
(B) 광고 회사
(C) 잡지 출판사
(D) 미술관

해설 첫 문장에서 언급을 두 번이나 했다. Chagall Fashion Magazine, a leading magazine publisher에 대한 동의어만 찾으면 된다. 따라서 정답은 (C)가 된다.

93 According to the speaker, why should customers visit the Website?
(A) To make an appointment
(B) To get a discount coupon
(C) To find the location of company's headquarters
(D) To view a story

화자에 따르면 왜 소비자들이 웹 사이트를 방문하는가?
(A) 약속을 잡기 위해서
(B) 할인 쿠폰을 얻기 위해
(C) 회사 본사 위치를 찾기 위해
(D) 기사를 보기 위해

해설 read articles를 달리 표현한 말을 찾아야 한다. read 대신에 view를, article 대신에 story라고 바꾼 (D)가 정답이다.

94 What does the speaker mean when she says "Outside of these"?
(A) Customers live outside of the city limits.
(B) Customers reach outside office hours.
(C) Customers want to request other inquiries.
(D) Customers want to contact directly the president.

화자가 "그 밖에는"이라고 말한 의도는 무엇인가?
(A) 고객이 시외에 산다.
(B) 고객이 업무 시간 이외에 연락을 한다.
(C) 고객이 다른 문의를 요청하길 원한다.
(D) 고객이 직접 사장과 연락하길 원한다.

해설 화자의 의도를 묻는 문제는 반드시 바로 앞에 언급한 문장을 토대로 문제를 해결해야 한다. 때때로 뒤의 문장이 힌트가 되는 경우도 있지만 압도적으로 앞 문장이 힌트가 될 것이다. 이 문제도 마찬가지로 앞에서 메뉴 선택에 대한 얘기가 나오고 그 항목에 전화를 건 사람이 원하는 부분이 없는 경우, "그 밖의 문의는"이라고 의미를 이해하는 것이 자연스럽다. 물론 inquiry라는 말을 직접적으로 언급하지는 않았지만 내용상 문의를 하는 상황임을 추측할 수 있으므로 정답은 (C)이다.

`95-97` refer to the following announcement and program. 미M

Session	Time
Leadership in workplace	1:00 - 1:40 P.M.
Creative thinking	1:45 - 2:20 P.M.
Coffee break	2:25 - 2:40 P.M.
Communication skills	2:45 - 3:25 P.M.
Cooperative work	3:30 -4:10 P.M.

세션	시간
직장 리더십	오후 1:00 – 1:40
창의적 사고	오후 1:45 – 2:20
휴식 시간	오후 2:25 – 2:40
커뮤니케이션 스킬	오후 2:45 – 3:25
협업	오후 3:30 – 4:10

Distinguished guests, ladies and gentlemen. Thank you for taking valuable time from your busy schedules to attend the seminar this afternoon. For those of you that were unable to join us in the morning session, information packets along with today's agenda are being provided to you at the registration table. Before proceeding to consider our agenda, I have to refer to an apology for absence. Dr. Sanchez, our last presenter, is not able to deliver a lecture and he regrets his inability to attend due to other commitments. Fortunately, Dr. Barkley will share his thoughts instead of him.

귀빈 여러분. 바쁘신 가운데도 이번 오후 세미나에 참석해 주시기 위해 소중한 시간 내 주신 점 감사드립니다. 오전 세션에 참석하지 못하신 분들은 등록 테이블에서 오늘 다룰 의제가 포함된 자료 묶음집을 제공하고 있습니다. 오늘 의제를 시작하기에 앞서 불참으로 인한 사과의 말씀을 드리겠습니다. 마지막 연사인 산체스 박사는 강의를 할 수 없고 다른 일 때문에 참석하지 못함을 유감스럽게 생각하고 있습니다. 다행스럽게도 바클리 박사가 그를 대신해서 의견을 공유하도록 하겠습니다.

어휘 distinguished 기품 있는, 구별되는 information packet 자료 묶음 along with ~와 함께 agenda 의제 proceed to ~로 나아가다, 향하다 presenter 연사, 발표자 deliver a lecture 연설을 하다[=give a lecture] inability 불능, 불가능 commitment 약속 share one's thoughts (on) ~에 대해 의견을 공유하다

95 Where most likely is the speaker?
(A) At a fund-raising dinner party
(B) At an art festival
(C) At an anniversary celebration
(D) At an education seminar

연사는 어디에 있나?
(A) 자선 모금 만찬
(B) 예술 축제
(C) 기념 행사
(D) 교육 세미나

해설 첫 문장에서 to attend the seminar this afternoon이라는 말이 나온다. 이를 토대로 정답이 (D)라는 것을 알 수 있다. 표를 통해서도 알 수 있는데 세션이 나눠져 있고 세션의 내용들이 (D)와 가장 밀접한 관계가 있다는 것을 찾아낼 수 있다.

96 What are listeners asked to do?
(A) Bring some materials
(B) Remain in their seats
(C) Move over to the front seats
(D) Set their phones to silent mode

청중들에게 요청되는 것은 무엇인가?
(A) 자료 가져가기
(B) 좌석에 앉아 있기
(C) 앞쪽 좌석으로 옮기기
(D) 휴대전화를 무음으로 바꾸기

해설 오후 세션에 참석하지 못하신 분들에게 자료 묶음집을 가져가라는 말을 하고 있으므로 가장 적절한 답은 (A)이다.

97 Look at the graphic. Which session was Dr. Sanchez supposed to lecture on?
(A) Leadership in the workplace
(B) Creative thinking
(C) Communication skills
(D) Cooperative work

시각 정보에 의하면, 산체스 씨는 어떤 세션을 강연하기로 했었나?
(A) 직장 리더십
(B) 창의적 사고
(C) 커뮤니케이션 스킬
(D) 협업

해설 산체스 씨의 이름이 언급된 바로 뒤 내용이 문제의 힌트인데 the last presenter. 즉, 마지막 강연자이다. 표에서 마지막 강연은 Cooperative work이므로 정답은 (D)가 된다.

`98-100` refer to the following telephone message and list. 영W

Houston Victoria Office Supply Order Form	
Item	**Unit**
Binder	100
Clipboard	20
Ruler	40
Paper	50

휴스턴 빅토리아 사무용품 주문 양식	
종류	단위
바인더	100
클립보드	20
자	40
종이	50

Hello, Judy. This is Alice Cooper from the Department of Human Resources. My understanding is that you are in charge of ordering and delivering office supplies. And you are about to place an order to Houston Victoria Office Supply. I've checked out the order form from the company's intranet. Our department needs some office supplies to provide new employees with hand-out materials at the orientation taking place this afternoon. So, please add 10 units to the last item on our order form. If there's any questions and problems I have to deal with, please feel free to call me. Thanks.

안녕하세요. 주디 씨. 인사과 앨리스 쿠퍼라고 합니다. 제가 알기론 사무용품 주문과 배송을 담당하고 계신 걸로 알고 있어요. 휴스턴 빅토리아 사무용품으로 주문을 하신다고 들었어요. 회사 내부망으로 주문 양식을 확인해 봤는데요. 오늘 오후에 저희 부서에서 오리엔테이션을 담당하는데 이때 핸드아웃 자료를 새로 입사한 직원들에게 나눠 주기 위해 사무용품이 필요해요. 그래서 주문 양식 제일 마지막 항목을 10개 추가해 주세요. 만약에 제가 처리해야 할 문제나 질문 사항이 있으시면 주저말고 연락 주세요. 고마워요.

어휘 my understanding is that 제가 알기로는 be in charge of ~을 담당하다 be about to 막 ~하려고 하다 place an order 주문하다 office supply 사무용품 deal with 처리하다

98 What most likely will happen in this afternoon?
(A) An orientation
(B) A staff meeting
(C) An office relocation
(D) A job interview

오늘 오후에 어떤 일이 있는가?
(A) 오리엔테이션
(B) 직원 회의
(C) 사무실 이전
(D) 면접

해설 인사과에서 새로운 직원들을 위한 오리엔테이션을 하는데 그 시기가 오늘 오후라고 하므로 정답은 (A)이다.

99 What is Judy asked to do?
(A) Give a hand with preparing a meeting
(B) Visit the store firsthand
(C) Guide new employees
(D) Revise an order

주디에게 요청한 것은 무엇인가?
(A) 회의 준비 돕기
(B) 상점 직접 방문하기
(C) 신규 직원 안내하기
(D) 주문 수정하기

해설 결국 이 전화 메시지에서 하고 싶었던 말은 주문을 추가해 달라는 것이다. 주문을 추가하는 것과 주문을 수정하는 것은 동일한 의미로 해석이 가능하므로 정답은 (D)이다.

100 Look at the graphic. Which item will be added to the order?
(A) Binder
(B) Clipboard
(C) Ruler
(D) Paper

시각 정보에 의하면, 어떤 상품이 주문에 추가되는가?
(A) 바인더
(B) 클립보드
(C) 자
(D) 종이

해설 주문서 제일 마지막 항목을 추가해 달라는 말과 핸드아웃 자료에서 유추할 수 있는 정답은 (D)이다.

토익
한번에
끝내기
LC

신토익
개정판

20일만에 끝내는
가장 빠른 토익 솔루션

• 깔끔한 문제 풀이 전략 & **풍부한 실제 문제** 수록
• 정확하게 핵심만 콕콕 짚어 주는 **문제 해설 포인트**
• 매일매일 **섹션별 · 단계별 학습**으로 듣기 완성

스마트폰으로
MP3 파일 다운로드

콜롬북스 APP